KB169173

시간의 압력

時間的 壓力

시간의 압력

時 間 的 壓 力

—

불멸의 인물 탐구

샤리쥔夏立君 지음
홍상훈 옮김

글항아리

노래는 끝나도 사람은 보이지 않고
강 위엔 봉우리들만 푸르다.

曲終人不見, 江上數峰靑.
_ 당唐 전기錢起, 「성시상령고슬省試湘靈鼓瑟」

일러두기
• 이 책은 夏立君, 『時間的壓力』(譯林出版社, 2017)을 번역한 것이다.
• 본문의 인용문은 역자가 원작과 대조하여 교감하고, 출처를 좀 더 구체적으로 밝혔다.
　예 司馬遷 →『史記』「李斯列傳」/ 杜甫 →杜甫,「天末懷李白」
• 인용문의 출처는 번잡함을 피하기 위해 한글을 병기하지 않았다.
• 본문 가운데 인용된 일부 구절은 그 출처와 전후 구절까지 포함해서 주석에 싣기도 했다.

차례

숨쉬는시간

> **＞ 자멍웨이賈夢瑋 ＜**

샤리쥔夏立君이 역사적 인물에 관해 시리즈로 쓴 산문『시간의 압력』은 내게 강렬하고 지속적인 독서를 경험하게 해주었다. 깔끔하게 껍질을 벗겨 뼈대를 보여주어 이따금 물이 줄어 잠겨 있던 바위가 드러나는 것 같은 효과를 나타내는 이 글들은 감정과 이치에 모두 통달하여 읽으면 간명하고 통쾌한 느낌이 들고, 또 종종 정신을 일깨워 상당히 많은 고심에 잠기게 한다.

이 책을 위해 저자는 수십 년간 공을 들였다. 쉰 살이 넘어서 비로소 글쓰기에 전념할 수 있었는데, 여러 해를 들여 이 책을 썼으며 종종 글 한 편을 위해 반년, 심지어 일 년을 바치기도 했다. 이런 글을 쓰려면 상당한 학문적 소양이 있어야만 한다. 이런 작가는 학자형 작가라고 할 수 있다. 물론 샤리쥔이 추구하는 것은 문학적 표현이다. 그는 거의 모든 시간을 옛 서적을 뒤적이는 데에 썼다. 요즘에 누가 또 이렇게 여러 해를 들여서 책 한 권을 쓰겠는가! "작가는 늦은 나이에 될수록 좋다"라는 말은 그에게 딱 맞는다.『시간의 압력』과 같은 책은 젊어서는 정말 쓸 수 없다. 그것은 작가가 일정한 수준에 올라 옛사람과 시선을 맞추고 세세하게 체득하면서 대화할 수 있으며, 심지어 옛사람의 잘못에 대해 충고해주는 친구가 될 수 있어야만 쓸 수 있다.

더 이상 클 수 없는 두 가지 척도가 이 글을 뒤덮고 있으니 바로 시간과 인성人性이다. 시간은 무게가 없으나 압력이 있어서 냉담하고 냉혹하면서도 생기발랄하게 파괴와 탄생의 유희를 영원히 상연하고 있다. 옛사람이 우리 앞에서 마주 보고 있다. 그들은 더 이상 우리의 시선을 피하려고 자기를 가리지 않는데, 우리는 오히려 종종 그들을 보면서도 발견하지 못하거나 감히 똑바로 바라보지 못한다. 역사의 풍상을 피할 수 있는 사람은 없다. 역사를 관찰하고 옛사람을 헤아리며 시간의 거울을 닦는 것은 자신을 비춰보기 위해서다. 샤리췬은 '시간대unit'라는 개념을 제시한다. 글을 읽으면 여러분도 분명히 느낄 것이다. 그 시간은 압력이 있을 뿐만 아니라 깊이 숨 쉬고 있다.

> 흰머리 궁녀가
> 느긋하게 앉아 현종을 이야기하고 있구나.
> 白頭宮女在, 閑坐說玄宗.　　　　　　　　　　_元稹, 「行宮」

시간은 이처럼 강개慷慨하고 무정하여, 모든 이를 느긋하게 앉아 현종에 관해 이야기할 자격을 가진 '흰머리 궁녀'로 만들어버릴 수 있다. 시간의 단위가 전환될 때 옛사람을 미적 감상의 대상으로 삼을 수 있다면, 또한 자기를 그 시간대에 둘 수 있을 것이다. 이 책은 생생한 현장감을 제공한다. 나는 여기에서 옛사람의 생동하는 눈을 '보았고' 나 자신도 역사의 현장에서 옛사람을 따라 몸부림치고 부침浮沈했다.

작자는 옛사람에 대한 '동정적 이해'를 해냈다. 이것은 또 다른 척도인 인성과 관련된 것이다.

지극히 긴 인류 역사 가운데 인간은 결국 짐승에서 사람이 되었으니, 그 변화가 매우 크다. 그러나 최근 수천 년 동안의 이 시간대를 자세히 살펴보면 갑자기 비통한 느낌이 든다. 인성의 변화는 얼마나 느린가? 상앙商鞅과 굴원屈原, 사마천司馬遷 등의 인성을 지금 사람들의 그것과 비교해 보면 어떤 질적 변화를 말하기 어렵다. 그러니 그보다 작은 시간대는 말할 필요도 없다. 이는 바로 "후세 사람이 지금을 보는 것도 지금 사람이 옛날을 보는 것과 같다"라는 말이 성립할 수 있는 인성의 기초이자, 지금 사람이 옛사람을 이해하고 옛사람이 더 옛날 사람을 이해하는 인성의 기초다.

인성에 접근하여 글을 쓰는 것은 종종 소설가에게 요구되는 일이다. 그런데 '인성에 접근할 필요가 없는' 글이 있을 수 있겠는가? 관건은 '인성에 접근하여 글을 쓸' 능력을 기를 수 있느냐는 것이다. 샤리쥔은 계속해서 자신을 각각의 '시간대' 안에다 들여놓고 그곳에서 옛날의 책더미 속으로 파고 들어갔다가 또 여기서 뚫고 나온다. 온 지면에 통각nociception이 가득 넘친다. 옛사람의 아픔과 지금 사람의 아픔이 하나의 아픔으로 변한다.

샤리쥔의 펜 아래에서 옛사람은 모두 몸과 정신이 꼭 닮았다. 그의 판단은 이성과 감성의 깊이가 교직되어서 이사李斯를 연민하고 사마천과 굴원을 존경하며, 조조曹操와 도잠陶潛, 이백李白을 좋아하고, 상앙商鞅과 한비韓非를 경계한다. 역사는 부들부들 떨고 있고 시간은 숨 쉬고 있으며 인성은 몸부림치고 있다. 나는 이처럼 큰 국면과 작은 부분이 함께하고, 점과 면이 결합하며 풍부한 인성이 넘치는 글을 좋아한다. '전통을 비판'했다거나, '전통을 확장'했다는 등의 개념으로 이 글을 평가하기는 어렵다. 작자의 '독선'과 깊은 반성은 함께 존재한다. 글은 모두 길지만 길다고 느껴지지 않는다. 이것은 침중沈重하면서도 아주 흥미로운 글이며 커다란 시야로 뿌리를 살피고, 하늘로 대지를 덮는 것과 같은 글이다. 작자가 등장해야 옛사람도 등장할 수 있다. 중국의 훌륭한 산문의 흉금은 시작부터 웅대하고 호방하며 우렁차다. 선진 제자백가나 사마천에게서 산문이 나타내는 것은 바로 세계와 우주, 아득하고 복잡하면서도 섬세한 인간의 마음이다. 『시간의 압력』은 웅대함을 추구함과 동시에 철학적 사유의 경계 및 인성의 깊이를 향해 매진한다.

2016년부터 2017년까지 잡지 『종산鐘山』에서는 첫머리에 평어評語를 붙이는 방식으로 샤리쥔의 역사 인물에 관한 일련의 산문을 게재했는데, 모두 7편 14만 자에 상당한다. 이 글들이 『시간의 압력』의 중심에 있다. 이런 식의 산문 게재는 우리 잡지에서도 처음이다. 『시간의 압력』이 내게 준 거대한 압력과 동력 때문에 이럴 수밖에 없었다. 이제 내가 편집해서 발행했던 작품에 서문을 쓸 수 있게 된 것은 행운이라 하겠다. 당초에 이 글을 중점적인 원고로 사용하기로 할 때는, 이 글이 나중에 어떻게 될지 여러 상상을 할 수밖에 없었다. 나는 이 책의 출판을 위해 능동적으로 나서서 연락했지만 잠시 추세를 살펴보기로 했다. 작가가 성장하기 위해서는 '시간의 압력'이 없을 수 없고, 작품의 생명력도 그 압력에 의지해 검증될 것이다.

『시간의 압력』은 난도가 조금 높아서 심층적인 독서 습관을 아직 함양하지 못한 독자들, 특히 선정적이고 영혼을 자극하는 가벼운 글에 익숙한 독자는 꽁무니를 뺄 수도 있다. 그러나 이것은 염려할 필요 없다. 샤리쥔은 이렇게 말했다.

"나는 그저 시간만이 두려울 따름이다."

머리말

一

예전에 쓴 부족한 글 「혼자만의 의식一個人的儀式」을 책의 첫머리에 얹어놓은 것은 다음과 같은 이유에서다. 우선 여러 해 동안 옛사람에 관해 읽고 글쓰기에 몰두했던 '먼 원인'을 설명하고, 어느 정도 자신과 직면하려는 뜻을 나타내고자 한 것이다. 중년의 남자가 300년 전에 살았던 어느 소년을 위해 뜨거운 눈물을 하염없이 흘린 것은 내 인생에서 특별한 사건이었다. 이후로 가끔 이 의외의 통곡 사건을 떠올리곤 했다. 겨우 7, 8년밖에 지나지 않았지만 내 개인의 역사에서 그 경험은 '고전적' 의미를 지닌 듯한데, 그러한 통곡을 또 하는 것은 아마 불가능할 것 같다. 글을 발표할 때 사람들이 나를 제정신이 아니라고 여기지 않을까 하는 불안한 마음은 없었다. 오히려 그렇게 통곡하는 일이 다시 생기기를 진심으로 바랐다.

쉰 살 무렵 나는 더 이상 수준 낮은 삶을 반복할 수 없다는 두려움과 초조함을 느꼈다. 그래서 독서와 글쓰기에 전념할 수 있도록 가능한 한 일에서 물러났다. 나는 독서의 깊이가 글쓰기의 깊이를 결정한다고 확신했다. 얕은 독서를 피하려고 이전에 책을 읽던 방식을 따라 조금 야심에 찬 5년간의 독서와 글쓰기 계획을 세웠다. 선진先秦 시기부터 명明·청淸 시기에 이르기까지 스무 명 정도의 대표적인 문인을 골라 그들의 글을 깊이 연구하며 읽고, 각자에 대해 장편의 글을 쓰는 것이었다. 원래 계획은 석 달 전후로 한 사람에 관해 읽고 쓰는 것이었으나 실제로는 한 사람에 반년, 심지어 그보다 더 오래 걸렸다. 책상 옆의 책더미가 하나씩 바뀌면서 순식간에 5년이 지났으나 합쳐서 겨우 20만 자도 되지 않는 몇 편밖에 쓰지 못했다. 글의 길이도 차이가 많이 나서 이백에 관한 글은 5만 자에 이르렀다. 독서와 글쓰기가 명·청 시대 인물에 이르렀을 때는 스스로 자부할 만한 철저한 이해에 이르렀다는 느낌도 들었다. 글은 대부분『종산』을 통해 발표되었고『서옥書屋』과『광명일보光明日報』등에도 일부 게재되었다.

혜강嵇康[1]과 왕수인王守仁,[2] 이지李贄,[3] 황종희黃宗羲[4] 등 옛사람에 관해서는 정도가 다를지라도 글을 읽으며 연구한 적이 있었지만, 모두 응집하여 글을 쓰기는 어려워서 어쩔 수 없이 내려놓아야 했다. 이지의 글을

---

1   혜강嵇康(224~263 또는 223~262, 자는 숙야叔夜)은 삼국시기 조위曹魏의 사상가이자 문학가로서 조조曹操의 증손녀인 장락정주長樂亭主와 결혼하여 낭중郎中과 중산대부中散大夫를 역임했다. 이후 은거해서 벼슬길에 나아가지 않았으나 모함을 받아 대장군 사마소司馬昭에 의해 처형되었다. 죽림칠현으로 현학玄學의 유행을 선도했다.
2   왕수인王守仁(1472~1529, 자는 백안伯安, 별호는 양명陽明)은 홍치弘治 12년 진사에 급제하여 형부주사刑部主事와 여릉지현廬陵知縣, 양광총독兩廣總督, 도찰원좌도어사都察院左都御史 등을 역임하고 신건백新建伯에 봉해졌다. 명나라 때의 심학心學을 집대성하여 양명학陽明學을 수립했다.
3   이지李贄(1527~1602, 자는 굉보宏甫, 호는 탁오卓吾)는 가정嘉靖 31년(1552) 거인擧人이 되었으나 회시會試에 응시하지 않고 국자감박사國子監博士와 요안지부姚安知府 등을 역임했다. 곧 벼슬을 버리고 강학에 전념했으며, 만년에는 모함을 받아 옥에 갇혔다가 자살했다. 양명학좌파의 대표적 사상가로 꼽히며『분서焚書』와『장서藏書』등을 남겼다.
4   황종희黃宗羲(1610~1695, 자는 태충太沖 또는 덕빙德氷, 호는 남뢰南雷)는 동림당東林黨의 주요 지도자였던 황존소黃尊素의 장자로 "천하가 주인이고 군주는 손님天下爲主, 君爲客"임을 강조하며 민권民權을 중시했다. 고염무顧炎武, 왕부지王夫之와 함께 명말·청초 3대가로 꼽히며『명유학안明儒學案』『명이대방록明夷待訪錄』『맹자사설孟子師說』등을 남겼다.

읽고 연구하는 데에만 반년이 소요되었다. 이 책의 원고를 제출할 때 가장 유감스러웠던 부분이 바로 '이지' 편을 완성하지 못한 것이었다. 다행히 독서의 목적은 달성한 셈이다. 계획에 들어 있던 조설근曹雪芹[5]과 포송령蒲松齡,[6] 공자진龔自珍[7] 등 다른 몇 사람에 관해서는 아직 글을 읽고 연구하지 못했으니 나중으로 미루어두기로 하자. 이 옛사람들에 대해 똑같이 읽고 연구하여 글을 쓰는 것은 나처럼 느려터진 수준으로는 적어도 다시 5년이 필요할 것이다. 시간은 정말 두렵다.

二

이 책의 원고는 지금까지 내 일생의 모든 힘을 기울여 완성한 것이다.

사람은 역사와 정신 기억을 가진 유일한 종種, species이다. 자아 인식의 강화라는 측면에서 역사는 종종 현실에 비해 유용하고 쓰기에 용이하다. 옛사람들은 내 생존을 보살피고 보우할 수 있다. 그들은 인정적이고 진실한 모습으로 나를 대하면서 자신들을 전혀 가릴 줄 모른다. 웅장하고 흥미로운 무수한 옛사람이 내게 커다란 은혜를 베풀면서도 조금의 보답도 바라지 않으며, 살아 있는 사람들과 교유하는 데에 조금의 불편도 끼치지 않는다. 상앙과 이사 등 내 쓸데없는 공론空論의 대상이 된 옛사람들도 내게 해를 끼치지 않는다. 어떤 역사적 고질병이 다시 발작했음을 느낀

<hr />

5   조설근曹雪芹(1715?~1763? 이름은 첨霑, 자는 몽완夢阮)은 강녕직조江寧織造를 지낸 조인曹寅의 손자로서 장편소설 『홍루몽紅樓夢』의 작자로 알려져 있다.
6   포송령蒲松齡(1640~1715, 자는 유선留仙 또는 검신劍臣)은 문언文言으로 된 단편소설집 『요재지이聊齋志異』의 작자다.
7   공자진龔自珍(1792~1841, 자는 슬인瑟人, 호는 정암定庵)은 내각중서內閣中書와 종인부주사宗人府主事를 역임한 후 사직하고 강소江蘇 단양丹陽의 운양서원雲陽書院에서 학생들을 가르쳤다. 개량주의改良主義의 선구자 가운데 한 명이며 저작으로는 『정암문집定盦文集』이 있다.

다면 그것은 아마 살아 있는 사람이 꾸민 못된 장난일 것이다.

역사가 한없이 아득한 책인 까닭은 인성이 한없이 아득한 책이라는 데에서 비롯된다. 역사를 읽는다는 것은 바로 이 두 권의 방대한 책을 읽는 것과 같다.

자신을 다독여 길러준 전통에 보답할 길이 없음을 늘 통감하는 나로서는 전통이 길러낸 걸출한 옛사람을 이해하는 것을 일종의 보답으로 간주한다. 나는 길러진 인물의 면모가 바로 그를 기른 전통의 면모라고 확신한다. 전통을 숭배해서도, 허무하게 간주해서도 안 된다고 확신한다. 위대한 사람은 있지만 완벽한 사람은 없고, 위대한 전통은 있지만 완벽한 전통은 없다. 전통은 반발한다고 하지만, 무엇이 반발하게 하고, 무엇에 반발할까 경계하는 것은 의심할 바 없이 시대의 커다란 과제다.

三

시간은 시작도 끝도 없어 보인다. 시작과 끝이 있는 것은 영원히 시간의 일부일 뿐이다. 사물은 길든 짧든 그저 어떤 '시간대'에 존재할 수밖에 없다. 육안으로 보는 살아 있는 것들은 거의 모두 '격동'하는 듯하다. 식물이 생장하고 시들어가는 과정도 이런 느낌을 준다. 모든 사물은 한 가지 사실, 즉 시간은 유한하다는 사실을 잘 알고 있는 듯하다.

나는 조금 애매하게 살아 있고, 조금 심각하게 존재하는 것을 상상해본다. 세상에 이렇게 편한 일이 있을까? 그래도 적당히 고민함으로써 생명이 마비되어 슬그머니 달아나버리지 않게 되기를 바란다. 그저 시간만이 두려울 따름이다.

2016년부터 나는 새로운 습관을 길렀다. 냉수욕을 계속하는 것이다.

냉수를 다리와 가슴, 배, 머리에 붓고 마지막으로 등에 붓는다. '찬물을 등에 끼얹는다冷水澆背'라는 말이 왜 생겨났는지 나는 너무나 잘 안다. 냉수를 등에 끼얹는 것과 신체의 다른 부위에 끼얹는 것은 전혀 맛이 다르다. 냉수를 등에 끼얹어야만 비로소 그 냉기가 얼음처럼, 돌처럼 차가우면서도 골수와 신경에 급격하게 가까워지는 것을 느낄 수 있다.

작가나 시인은 당연히 자기 혁신의 바람을 가지고 있으며, 정신의 마비에 대해 늘 경계할 것이다.

살아가노라면 어쩌면 조금 몽롱하고 애매해지는 일을 피할 수 없을 것이다. 그러나 마비 상태에 들어가버리면 아무리 차가운 물도 쓸모가 없어진다.

2017년 11월 9일

혼자만의 의식

2008년 한가을, 광시廣西 류저우柳州에서 회의를 마치고 산둥으로 돌아오는 길에 일부러 상하이로 길을 에둘러 왔다. 목적은 분명했다. 하윤이夏允彝, 하완순夏完淳 부자[1]의 무덤과 진자룽陳子龍[2]의 무덤에 참배하기 위해서였다. 이것은 '남에게 말할 수 없는' 목적이었다. 이 세 사람, 특히 앞의 두 사람을 아는 이들은 이미 소수 가운데 극소수가 되어 있다. 그들의 무덤을 참배하려는 계획은 아무에게도 말하지 않는 것이 이런저런 설명을 해야 하는 번거로움을 피하는 길이었다.

평생 처음으로 상하이 쑹장松江의 샤오쿤산진小崑山鎮과 서산진佘山鎮 일대에 와보았다. 300년 전에 연이어 목숨을 바친 세 사람이 모두 여기에

1　하윤이夏允彝(1596~1645, 자는 이중彝仲, 호는 원공瑗公)는 만력 16년(1618) 거인이 되어 숭정 연간 초기에 진자룽 등과 함께 기사幾社를 설립했다. 이후 숭정 10년(1637) 진사에 급제하여 복건 장락현長樂縣 지현이 되었는데, 숭정 17년(1644)에 이자성이 북경을 함락한 후 남명 홍광弘光 조정에서 이부고공사주사吏部考功司主事가 되었다. 그해에 청나라 군대가 강남을 공격하자 진자룽 등과 함께 대항하다가 패전하자 연못에 몸을 던졌다. 그의 아들 하완순夏完淳(1631~1647, 자는 존고存古, 호는 소은小隱)은 진자룽의 제자로 14살에 종군하여 청나라에 대항했으나 패전하여 포로가 되자 굴복하지 않다가 순국했다. 유복자는 태어나서 얼마 후 요절하여 집안의 대가 끊겼다.

묻혀 있다.

벌써 여러 해가 되었는데, 나는 명·청 교체기의 역사와 인물들에게 깊은 관심을 품었고 하씨 부자, 특히 소년 하완순에 대한 생각은 가장 떨쳐버리기 어려웠다. 명나라 말엽의 지사志士이자 시인인 진자룡은 하윤이와 절친한 벗이었고, 하완순은 그의 제자이자 전우였다.

이곳은 대도시에서 멀리 떨어진 조용한 교외다. 멀리 둘러보면 낮은 해발 고도의 평원 풍경이 펼쳐져 있는데, 푸른 부들과 갈대가 우거지고 논두렁, 밭이랑이 종횡으로 얽힌 들판에는 원근 곳곳에 2, 3층의 집들이 가지런히 세워져 있었다. 멀리 나지막한 산언덕이 있고, 근처에는 강과 도랑이 번갈아 엮여 있었다. 나는 눈앞의 산수와 진자룡, 하완순의 시문詩文 속에 늘 언급되는 산수를 대응시키기 어려웠다.

혼자 느긋하게 길을 걸었다. 손에 지도를 들고 만나는 사람이 있으면 길을 물었다. 나중에 알게 된 사실이지만, 무덤은 지척에 있었으나 그것을 아는 사람은 극소수였다.

먼저 서산진 광푸린촌廣富林村에 도착했다. 진자룡의 무덤이 여기에 있었다.

마을은 이미 철거되어 이전했고 옛터에는 무너진 담벼락만 남아 있었다. 주민들은 이미 현대화된 주거 단지로 떠난 뒤였다. 무너진 담벼락과 습지濕地 하나, 작은 개울이 이어져 있고, 주변에는 부레옥잠 비슷한 수초가 무성했다. 진자룡의 무덤은 바로 그 습지 중간의 조금 높은 땅에 있었고, 묘지와 물 사이에는 작은 길이 나 있었다. 대략 2묘畝, 그러니까 약 60

---

2 진자룡陳子龍(1608~1647, 본명은 개介, 자는 인중人中, 개명 후 자를 와자臥子로 고침)은 숭정 10년(1637) 진사에 급제하여 병과급사중兵科給事中이 되었으나 곧 명나라가 망했고, 남명 홍광 조정에서 병과급사중으로서 태호太湖에서 무장 세력을 규합해 청나라에 대항했다. 그러나 거사가 실패하여 체포되자 영력永曆 1년(1647)에 강물에 몸을 던졌다. 뛰어난 시사詩詞 작가이자 문장가로서 『황명경세문편皇明經世文編』을 편찬하고, 서광계徐光啓의 『농정전서農政全書』를 개편하기도 했다.

평쯤 되는 묘지는 담으로 둘러싸여 있었고, 안에는 푸른 대나무와 초록의 나무들이 가득 자라고 있었다. 무덤의 봉분은 무척 낮아서 거의 땅과 높이 차이가 없었고, 주위에 몇 개의 돌비석이 세워져 있었다. 이것은 높다란 철제 난간을 얹은 대문 사이로 보인 풍경이었다. 대문에 자물쇠가 채워져 있어 안으로 들어가지는 못했다. 무덤 앞에서 애도하지도, 그 비석들에 새겨진 글을 읽지도 못했으니 어찌 마음이 편했겠는가? 여기저기 물어서 마을위원회를 찾아갔다. 그곳 직원이 열쇠를 보관하고 있는 사람과 통화했는데, 뜻밖에도 그는 일이 있어서 올 수 없었다.

직원은 별로 볼 게 없다고 했다. 대문 너머로 슬쩍 보면 되지, 들어가 봐야 그게 그거라는 것이었다.

나도 모르게 "됐습니다!" 하고 큰소리로 대답했다. 그러나 마음속으로는 이미 생각을 굳혔다.

다시 묘지로 돌아와 그 대문 밖에 혼자 섰다. 철제 난간은 무척 높았고 꼭대기에는 날카롭게 날이 서 있었다. 그걸 넘어가기로 했다. 주위를 둘러보니 인적이 전혀 없었다. 진자룡이여, 그대는 위대한 영웅이지만 요즘 사람들에게 돈벌이가 되지 않으니 적막 속에 쓸쓸히 지낼 수밖에 없는 운명이구려! 다행히 진정한 영웅은 적막을 두려워하지 않는다. 문의 높이를 헤아리며 속으로 중얼거렸다.

'그저 한 번만 계명구도鷄鳴狗盜[3] 무리가 되어보지 뭐!'

배낭은 너무 커서 대문 밖에 내려놓고, 난간 사이로 사진기를 밀어 넣고, 외투와 신도 벗어 같은 틈으로 밀어 넣은 뒤에 손발을 함께 써서 조심스럽게 난간을 넘는 데에 성공했다. 이번에는 분명히 봐야 할 것들을 분

---

3 전국시대 제齊 나라의 귀족 맹상군孟嘗君 전문田文(?~기원전 279)의 문객 가운데 닭 울음소리를 흉내 내고, 개구멍으로 잘 드나드는 재주를 가졌던 이들을 가리킨다. 대개 자잘한 재능이나 특기를 가진 어중이떠중이를 비유하곤 한다.

명히 볼 수 있었다. 무덤 앞에는 '원강정沅江亭'이라는, 돌기둥을 세운 네모난 정자가 있었으나, 이미 건륭 연간에 세웠던 원래 건물이 아니라 1980년대에 다시 지은 것이었다. 묘비는 청나라 건륭 51년(1786)에 세운 원래의 것이었다. 그 외에 네 개의 돌비석에는 각기 진자룡의 생애와 사적, 그의 모습을 새긴 조각상이 있었다. 무덤 주위를 돌며 비문을 꼼꼼히 살펴보고, 사진을 찍고, 몇 분 묵념을 했다. 그런 다음 다시 한 바퀴 돌아보고 이전의 방법대로 밖으로 나왔다.

진자룡이여, 그대가 순국할 때 마흔 살이었는데, 나는 이미 쉰 살에 가까워졌소. 그러니 그대는 청년이었구려! 그대가 보기에 이 늙은이의 솜씨가 어떠했소? 너그럽게 웃어넘겨주시기 바라오.

서산진을 떠나 샤오쿤산진 당완촌蕩灣村으로 갔다. 하완순이 여기에 묻혀 있다.

300년 전에도 있었던 이 마을은 300년 후에도 여전히 크지 않다. 이리저리 둘러보니 마을은 무척 조용했고, 대부분 노인이나 어린아이들뿐이고 젊은이는 보이지 않았는데, 모두 직장에 출근한 듯했다. 1644년에 명나라가 망한 후 하씨 가문은 송강부松江府에서 소곤산小崑山 발치의 조계촌曹溪村으로 거처를 옮겼는데, 그곳은 당완촌에서 겨우 몇 리 떨어진 곳이었다. 그 잔혹한 시대에 친우가 하완순을 여기에 묻기로 한 것은 응당 안전을 고려한 결정이었을 것이다. 하씨 부자의 무덤은 마을 북쪽의 널따란 들판 가운데 있었는데, 묘지를 둘러싼 담장은 세운 지 얼마 되지 않은 듯 아주 새것이었다. 단정한 나무 대문에는 자물쇠가 채워져 있었다. 다행히 묘지기가 마을에 있었다.

쉰 살쯤 되는 중년의 묘지기는 대문을 열어주고 심드렁하게 떠났다.

하씨 부자의 무덤은 진자룡의 무덤과 격식이 비슷했으나 묘지는 더 커서 180평에 가까웠다. 돌 기반에 둘러싸인 대뜰平臺 위에 얹힌 반월형의 봉분은 높이가 2미터쯤에 폭은 30미터쯤 되었다. 오래된 비석은 없고 "하윤이 하완순 부자의 무덤"이라고 새겨진 지금의 비문은 1961년에 천이 陳毅[4]가 쓴 것이다. 무덤이 있는 언덕에는 푸른 대나무가 두루 자라고 있고, 무덤 앞에는 아홉 그루의 아름드리 녹나무가 제법 무성한 가지와 잎으로 덮인 채 서 있었다. 이들 부자가 이곳에 묻힌 지 이미 300여 년이 되었다. 부친은 순국할 때 쉰 살이었고, 아들은 열일곱 살에 순국했으니, 그들은 종교에 가까운 경건한 마음으로 앞서거니 뒤서거니 목숨을 바쳤다. 생명은 그들이 고국의 산하에 바칠 수 있는 유일한 제물祭物이었다.

1645년, 청나라 순치順治 2년 을유년 9월 17일에 하윤이는 청나라에 대항하다가 패전한 후 고향에서 송당宋塘에 스스로 몸을 던졌다. 그가 순국하려는 마음을 품은 유래는 이미 오래되었으니, 예전부터 여러 차례 가족에게 이렇게 말했다고 한다.

"내가 연못에 들어가더라도 절대 구하지 마라!"

그가 몸을 던졌을 때 집안사람들은 연못 주위에 둘러서 있었다. 연못이 얕아서 몸이 잠기지 않자 그는 연못물에 엎드려 죽었다.

부친이 세상을 떠난 후 하완순은 다시 두 해 동안 굳건히 청나라에 대항했다. 그리고 1647년 정해년 9월 19일에 하완순 등 43명의 의사가 남경에서 동시에 처형되었는데, 처형 방식은 참수斬首였다. 하완순이 동시에 체포된 유서劉曙와 손을 잡고 당당히 나가 무릎 꿇기를 거절하자, 망나니는 어쩔 수 없이 턱 아래에서 목을 향해 칼을 그을 수밖에 없었다. 다섯 살 때 신동으로 불리고, 열 살 남짓할 때 쓴 시와 글이 세상을 놀라게 했던 소년, 무한한 잠재력을 지녔던 천재가 열일곱의 나이에 역사의 깊은 곳에 고정되었다. 목숨이 정말이지 너무 짧지 않았던가!

---

4 천이陳毅(1901~1972, 본명은 스쥔世俊, 자는 중홍仲弘)는 중국인민해방군 창설자 중 하나로 국무원 부총리와 중앙군사위원회 부주석, 외교부장, 상하이시 인민정부 초대 시장을 역임했다.

이 노소老少는 천지가 무너지는 변란의 시국에서 차분하게 운명의 비가悲歌에 직면했다. 그들의 죽음은 일종의 의식, 제물을 바치는 의식에 가까웠다.

나는 그곳에서 한참 동안 서성거리며 차마 떠나지 못했다.

이곳도 진자룡의 무덤과 마찬가지로 사방이 고요했고, 내가 찾아와서 떠날 때까지 묘지기를 제외하고 한 사람도 보지 못했다. 혼자서 애도할 수 있는 것도 응당 삶에서 얻기 어려운 좋은 기회인 셈이다.

묘비 앞에 섰다. 손을 내리고, 눈을 감은 채 묵념을 올렸다. 이것은 나 혼자만의 의식이었다. 억지로 잡념을 정리할 필요도 없이, 잡념은 이미 흔적조차 없이 사라진 상태였다.

얼마나 오래 묵념했는지는 모르겠다. 어쨌든 일반적인 3분보다는 훨씬 긴 시간이었다. 여태 이런 식의 묵념을 해본 적은 없다. 그러나 그것을 즐겼다. 감정과 생각이 점점 세찬 파도처럼 몰려와 묵념에서 스스로 벗어나기 어려웠다. 한바탕 바람이 공중에서 발아래로 짓누르듯이 불어와 녹나무 잎과 대나무 잎, 묘지 안의 모든 식물의 잎이 휘스스 소리를 냈다. 마치 300년 전의 처연하기 그지없었던 비바람이 갑자기 몰려온 것 같았다. 갑자기 가슴에서 슬픔이 치밀어 목구멍이 흐느끼는 것을 억누르지 못했다. 이들 부자가 죽은 방식과 그 가족과 친척, 그리고 사우師友들의 장렬함, 특히 어린 나이와 미적인 색채, 장렬한 열정을 한몸에 집약한 특별히 빼어난 하완순이 남긴 글과 그의 죽음 및 그 밖의 모든 것을 나는 반복적으로 열심히 읽고 연구한 바 있어서, 그 순간 내게 맹렬한 충격을 주었다. 어둠 속에서 한 줄기 힘이 내게 명령하는 것 같았다. 소리쳐 통곡하라!

나는 목 놓아 울며 뜨거운 눈물을 흘렸다. 한바탕 통곡하고 나자 지쳐서 멈추었다. 그런데 얼마 후 다시 그 명령이 내려왔다. 너무 울다가 지쳐서 무덤 앞에 드러눕고 싶었다. 대성통곡하던 그 부인들이 왜 무엇도 아랑곳하지 않고 땅바닥에 드러눕는지 이해되었다. 한바탕 커다란 파도가 밀려오는 것처럼 스스로 멈출 수 없었다. 상처 입은 야생 늑대가 된 기분이었다. 내 통곡 소리가 어떠했는지, 뜨거운 눈물이 어떤 모양새로 흘렀는지는 모르겠다.

살다가 이렇게 깊고 오랜 통곡을 하게 될 줄은 생각지도 못했다. 어머님 말씀에 따르면 어릴 적 나는 이웃에 유명했는데, 한나절이나 한밤중까지 울어서 사람들이 아주 싫어했다고 한다. 배가 고파서 울었는지 아파서 울었는지는 알 수 없다. 성년이 된 뒤에도 눈물을 흘려본 적은 있지만 이렇게 통곡한 적은 없었다.

많은 눈물을 흘리고 나니 머리가 어지럽고 사지, 특히 손가락이 저려왔다. 사람이 통곡하고 나면 이런 증상이 있을 수 있다는 것을 그제야 알았다. 마지막으로 나는 비석 앞에 허리를 숙이고 차가운 비신碑身을 두 손으로 어루만졌는데, 한참이 지나서야 평정을 되찾을 수 있었다. 지치기도 하고 목도 말라서 배낭에서 생수 한 병을 꺼내 무덤 앞에도 조금 뿌렸다. 이 부자와 물 한잔이라도 함께 마시는 셈으로 말이다.

무한한 상심을 느끼고 나자 또 깊은 위안이 되는 듯했다.

이 통곡에 나르시시즘의 성분이 들어 있을까? 알 수 없다. 한 시인이 바다를 바라보며 울자 누군가 미쳤다고 비평했다. 내가 미쳤는가? 대답할 수 없다.

언제인지 모르게 묘지기가 돌아와 있었다. 그는 돈후하고 성실하게 생긴 사람이었다. 그가 내 통곡 소리를 들었을 수도 있다. 그가 나를 괴물로 여기지도 않고 약간 이상하게 여기면서도 존경하는 표정을 보여서 무척 감격했다.

그가 나를 보며 이름을 물었다.

내 대답을 듣더니 그는 조금 놀라면서 무덤을 향해 손짓하며 물었다.

"저분들의 후손이십니까?"

"아닙니다. 하완순은 형제도 없고 대를 이을 남자도 없었습니다. 이건 댁도 아실 텐데요?"

"그건 저도 알지요. 저는 댁이 그 가족의 후손인가 했습니다."

"아닙니다."

묘지기는 더 묻지 않았다.

최근 몇 년 동안 나는 『하완순집夏完淳集』과 몇몇 관련 자료를 읽고 연구했다. 명나라 말엽의 사인士人은 모두 깊은 정을 느낄 만한 정신적 풍모를 갖추고 있는 듯했다. 짧은 인생에서 하완순은 거듭 통곡했다. 고국과 군왕, 부친과 스승, 벗을 위해. 그는 노자와 장자, 육조의 시와 문장을 즐겨 낭송했으니 분명 낭만적이고 속된 감정을 버린 사람이었을 것이다. 그러나 그는 감정을 버리지 않았을 뿐만 아니라 오히려 거기에 집착했다. 그는 속된 감정을 잊고 깊은 정을 품었다. '대를 잇는 것'은 고대 중국인들에게 가장 큰 관심사였는데, 그는 유언에서 누구에게도 '대를 잇게' 하지 말라고 단호하게 선언했다.

천지天地는 아득하나니
끝내 후사를 남기지 않고 돌아가리라!
大造茫茫, 終歸無後.

유언에 담긴 이 말은 얼마나 투철한가! 겨우 열일곱 살이 아닌가!

위대한 영웅 하완순이여, 300년 뒤 나의 이 통곡을 그대의 통곡 하나에 대한 보상으로 여길 수 있소이까? 부디 받아들여주기 바라오.

하완순은 역사에서 보기 드문 소년이었다. '충성'은 그와 동시대 사인들의 종교였다. '충성'은 복잡한 문제다. 그가 충성을 바쳤던 특정한 대상은 어쩌면 칭송할 가치가 전혀 없을 수도 있지만, 이것이 그의 위대함을 매몰하지는 않는다. 그의 위대함은 인성과 인격의 위대함이다. 그의 글이 황제를 포함한 집권자들을 비판하고 있는 것은 중요하다고 하지 않을 수 없다. 그의 충성에는 지극히 깊고 넓은 문화적, 사회적 연관성이 담겨 있다. 이 소년은 겨우 5840일 동안 세상에 살았을 뿐이지만 늠름한 대의 앞에 분명하게 죽었으니, 고금의 역사에서 그 짝을 찾아보기 어렵다. 하완순이라는 인성과 인문의 '과숙아過熟兒'는 더 광활한 성장 가능성을 따라가지 못하고 요절했다. 특히 슬픈 것은 그 요절 역시 자주적이고 능동적이었다는 사실이다.

그를 단지 소년 영웅으로만 보는 것은 불충분하다. 그의 삶과 죽음에는 모두 풍부한 인성과 인문이 포함되어 있다. 어떤 이는 나중에 민족이 융합되었다는 사실을 들어 하완순과 같은 사람의 위대함을 부정한다. 그러나 이는 지극히 무감각한 현실주의다. 역사와 인성의 가치는 실용주의로 문질러 평탄하게 만들어버릴 수 없다.

청나라 시기 내내 하씨 부자의 묘지는 줄곧 보호되었다. 건륭제 때에는 청나라에 항거한 이런 의사들에게 표창을 내리기도 했다. 만주족 청나라 통치자들은 어떤 부분에서는 절대 무감각하지 않았다. 나중에 지극히 무감각한 일은 오히려 새로운 시대의 한족이 저질렀다. 1955년 4월, 당완촌에 살던 판潘 아무개와 주諸 아무개가 그들의 마을과 수백 년을 함께한 하씨 부자의 무덤을 도굴했다. 하윤이의 관을 열고 묘지명 하나와 인장 2개, 송강포松江布 몇 필, 접는 부채와 부채 손잡이에 다는 장식 등을 꺼냈는데, 대부분 마을 주민들에게 탈취당했다. 지극히 귀중한 수고手稿 한 권과 선장본線裝本 10여 책이 그 자리에서 훼손되었다! 집 주변에 수백 년 전의 무덤이 있다면 그 안에 누가 묻혔든 간에 자연스럽게 어떤 경외심을 품게 되는 것이 일반적이다. 그런데 하완순 부자의 무덤에 대해서조차 경외심을 갖지 못했다는 것은 일반적인 무감각이 아니다.

다시 샤오쿤산진 숙소로 돌아갔다. 그러다가 문득 앞쪽에 '이륙독서대二陸讀書臺' 유적이 있다는 이정표를 발견했다. '이륙'이 누구인가? 육기陸機[5]와 육운陸雲[6] 형제다. 이 형제는 샤오쿤산 출신으로 모두 진晉나라 때 큰 명성을 날린 재사才士다. 그들은 '팔왕의 난'[7]이 일어났을 때 적시에 벼슬길에서 물러나지 못한 바람에 모두 위魏·진晉 시기 특유의 지독한 권력 투쟁 와중에서 목숨을 잃었고, 형인 육기는 삼족이 몰살당하기까지 했다. 그 지역에는 그들과 관련된 명소가 많았는데, 모두 비교적 붐비는 곳들이다. 옛날의 재사는 비참하게 죽었으나 후세 사람들이 그들을 '소비'하는 데에는 문제가 없다. 재사는 늘 영웅보다 흥미롭다.

갑자기 하씨의 묘지에 있던 그 닭과 오리들이 생각났다. 묘지기가 그곳에서 많은 닭과 오리를 키우고 있었는데, 그놈들은 무덤 뒤쪽의 숲에서 제국을 이룬 채 줄곧 시끌벅적 토론하고 있는 것 같았다. 묘지기가 자기의 특권을 이용해 약간의 경제적 이득을 추구하는 것은 그다지 비판할 수 없는 듯했다.

갑자기 들리는 통곡 소리를 그 닭과 오리들만이 가장 잘 들었을 것이

---

5   육기陸機(261~303, 자는 사형士衡)는 동오에서 대사마를 지낸 육항陸抗의 넷째 아들로 아문장牙門將을 지냈고, 동오 멸망 뒤에는 서진西晉에서 태부좨주太傅祭酒와 저작랑著作郎 등을 역임했고, 조왕趙王 사마륜司馬倫이 집권할 때 상국참군相國參軍으로서 관중후關中侯에 봉해졌다. 사마륜이 처단된 후 죽을 위기에 처했으나 성도왕成都王 사마영司馬穎의 도움으로 목숨을 구해 평원내사平原內史에 임명되었고, 이후 하북대도독 등을 지냈으나 참소를 당해 처형당하고 삼족이 멸해졌다.
6   육운陸雲(262~303, 자는 사룡士龍)은 태강太康 10년(289)에 형 육기와 함께 낙양에 들어가 명성을 날리고 오왕 사마안司馬晏의 낭중령을 시작으로 상서랑과 시어사侍御史. 중서시랑中書侍郎, 청하내사淸河內史 등을 역임했다. 그러나 육기가 팔왕의 난 때 죽고 삼족이 멸해진 후 이에 연루되어 옥에 갇혔다가 결국 처형되었다.
7   서진西晉 때 황후 가남풍賈南風이 정치를 농단하는 와중에 중앙의 정권을 장악하기 위해 황족들 사이에서 벌어진 내란으로서 무려 16년 동안 이어졌다. 여기에 주도적으로 참여한 황족은 여남왕汝南王 사마량司馬亮과 초왕楚王 사마위司馬瑋, 조왕 사마륜, 제왕齊王 사마경司馬冏, 장사왕長沙王 사마예司馬乂, 성도왕 사마영, 하간왕河間王 사마옹司馬顒, 동해왕東海王 사마월司馬越 등 여덟 명이다.

다. 혹시 놀랐을까? 그놈들이 "이게 무슨 짓이야!" 하고 개탄했을까? 내가 통곡할 때는 천지와 우주, 그리고 그들의 제국까지 잊어버렸다. 영웅에 대해서라면 그놈들은 확실히 무감각했다.

몇 년 이래로 나는 가끔 이 경험을 되새기곤 한다. 당시 나는 영령英靈의 무덤을 빌려 가슴에 쌓인 충동을 풀어낼 필요가 있었다. 그러한 통곡이 이번 생에 또 가능할까?

2009년 10월 초고

2017년 10월 수정

1장

시인의
시공

> 굴원과 조조, 도잠, 이백의 경우 ◄

사람은 모두 일정한 시공時空의 환경에 놓인다. 위대한 시인은 반드시 그가 살았던 시공과 복잡한 깊이의 연관을 맺으며, 아울러 그가 남긴 문화적 혜택은 생존했던 시공의 한계를 돌파하여 후세의 기나긴 시공으로 연장해 이르게 된다. 이런 의미에서 그들은 자신에게 속한 시공을 창조했다고 할 수 있다. 인성과 인격이 표현되는 강도와 미적 감상의 성취, 역사적 영향을 고려하여 특히 굴원屈原과 조조曹操, 도잠陶潛, 이백李白을 예로 들어 '시인의 시공'에 관해 시험 삼아 설명해보고자 한다. 확연히 다른 생존 시공에서 그들의 문화적 창의력은 모두 극도로 발휘되었고, 말로는 다 설명하지 못할 문화의 '유령'이 되었다. 유령이라고 한 것은 육신은 이미 소멸했으나 정신은 길이 존재한다는 뜻이다. 그들은 현실의 시공에 도달할 능력을 영원히 지니고 있으며 언제 어느 곳에서든 후세의 문화 창조에 참여할 수 있다.

아마 굴원보다 더 깊고 무거운 억울함을 생산할 수 있는 시인은 없을 것이다. 그의 시공은 아득히 넓고 고도로 긴장되어 있었다. 그는 사상과 문화의 분위기가 상당히 자유롭게 열린 선진先秦 시기의 사람이다. "나라에는 정해진 영토가 없고 사인士人에게는 정해진 군주가 없어邦無定土, 士無定主"[1] 사인들은 처세에서 상당히 자유로운 선택권을 가지고 있었다. 그러나 굴원은 기어이 초楚나라에서 억울한 일을 당하고 그로 인해 죽음에 이르고자 했다. 「이소離騷」와 「회사懷沙」 등 굴원이 노래한 초사楚辭는 우리를 데리고 그 시공에서 떠나 자욱한 향기에 덮인, 보통 사람은 생각하기 어려운 세계로 들어가게 해줄 것이다. 그리고 이 모든 것은 결국 그가 비상한 현실적 압박, 즉 군주가 우매하여 나라가 위태로운데 거듭 소외당하고 추방당하는 압박을 받았기 때문이다.

절망할수록 유일한 희망을 군왕에게 투사했다. 군주에 대한 그의 충성은 사랑 같았다. 자기 노래 속의 굴원은 반복적으로 하늘과 땅을 오가며 '여인 찾기求女'를 시작하지만, 모두 실패로 끝나고 만다. 굴원은 지속적으로 자기뿐만 아니라 군왕을 '미인'으로 상상한다. 군왕을 향한 이 '비첩婢妾 심리'에는 심각한 정치적, 심리적 원인이 담겨 있다. 절대 권력이 존재한다면 신하와 백성이 군왕에 대해 비첩 심리를 갖는 것이 전혀 이상하지 않다. 또 비첩 심리는 나라에 대해 진정한 마음을 가진 백성으로서 그의 인격이 극단적으로 나타난 것이라고 할 수 있다. 아침에 진秦나라를 섬겼다가 저녁에는 초나라를 섬길 수 있었다면 인간 세계에 이 굴원이라는 사람은 없었을 것이다. 이것은 굴원의 노래에 담긴 아름답고 비범한 미학적 특징을 읽어내고, 보통 사람들과는 다른 그의 감정과 인격을 이해하는 데에 필요한 토대다. 그는 남방 문화의 심오함과 열렬함을 지닌 채 중원 문명의 한복판에 갑작스럽게 쐐기를 박아 넣었다. 그는 고국 산하에 목숨으로 제물을 바쳤다. 그는 자신의 생존 시공 앞에 서는 데에 완전히 무력했으나

---

1 고염무顧炎武, 『일지록日知錄』 「주말풍속周末風俗」: "邦無定交, 士無定主."

충분히 웅장하고 위대한 문학의 시공을 창조하여 독립 시인의 길을 기적적으로 열었으며, 아울러 중국 문학의 수준을 끌어올렸다.

굴원의 무력한 절망과는 달리 조조는 오랫동안 천하를 좌우할 수 있는 상태에 있었다. 한漢나라 말엽 대혼란의 시대를 살았던 그는 무수한 격류와 험난한 여울을 건넜으니, 그가 살았던 시공 안의 흉험함과 복잡함은 극한에 이르렀다고 할 수 있다. 그가 구현한 터무니없음과 기이함, 망망함, 웅혼함 등 다양한 분위기는 어렵지 않게 이해할 수 있다. 정치가이자 군사가의 인격에 시인의 인격으로 보조한 것이 바로 조조다. 정치와 군사적 기획을 운용하는 데에 필요한 재능에 비하면, 시적 재능은 너무 미미하여 언급하기에 부족한 듯하다. 그러나 이 시적 재능이야말로 대단히 험악했던 현실의 전쟁터에 대응하니, 조조는 망망한 정신의 전쟁터를 지니고 있었다. 사람을 죽이고도 눈 하나 깜짝하지 않는 효웅梟雄이었던 조조나 깊고 부드러운 정감을 가진 시인 조조는 모두 같은 사람이었다. 그가 얼마나 많은 음모를 조종했든 간에 그 영혼의 시적인 정취와 아름다움은 소홀히 여길 수 없다.

조조와 건안建安(196~220) 연간의 문인들이 직면한 것은 피비린내 나는 황량한 들판이었다. 조조는 이른바 '건안풍골建安風骨'[2] 가운데 가장 단단하면서도 맛있는 뼈였다. 너무나 복잡했던 생존의 시공이 비범한 장력張力을 가진 조조의 인격과 미적 격식을 만들어냈다. 거기에는 원대한 뜻을 품은 기개와 쾌락의 극단에서 생기는 비애의 허무가 함께 존재한다. 조조는 풍부하면서도 웅장하여, 그의 존재는 줄곧 시선을 끌었다. 위魏 ·

---

2   건안 연간의 문학 작품들은 현실의 동란과 백성의 고난을 사실적으로 반영하면서 공업을 세우려는 이상과 진취적인 정신을 나타냈다. 동시에 그들은 짧은 인생에 대한 비탄을 웅대하고 시원스러운 필치로 묘사했는데, 문학사에서는 '건안풍골' '위진풍골' 등으로 부른다.

진晉 시기부터 북송北宋에 이르기까지 사람들은 기본적으로 그에 대해 객관적으로 평가할 수 있었다. 그러나 남송南宋 이후로는 갈수록 그를 똑바로 바라볼 수 없게 되었다. 빠르게 쇠약해지고 경직되던 황제 권력의 관점에서 보면, 슬그머니 찬탈한 조조가 공공연히 봉기한 진승陳勝과 오광吳廣[3]에 비해 훨씬 두렵고 가증스러웠다. 명·청 시기에 와서 조조는 절대적인 속임수를 쓰는 음험하고 냉혹 무정한 불한당으로 묘사되었다. 나라의 세력이 쇠약해질수록 노예근성에 대한 갈망은 더욱 커지고, 노예근성의 모범을 빚어내고 도덕적인 소인小人을 만들어내는 데에 더욱 열중하게 된다. 정통 중화민족의 사내이자 위대한 시인인 조조가 창조해낸 정신의 시공은 특별한 품격을 갖추었다고 할 수 있다.

사람들은 도잠이 머문 시공이 예전부터 아무 근심 없이 조용하고 엄숙했다고 믿고 싶어한다. 그는 줄곧 이와 같은 시구절 안에 있었다.

동쪽 울타리 아래에서 국화를 따고
느긋하게 남산을 바라본다.
採菊東籬下, 悠然見南山.
_「飮酒」其五

사람은 아무 근심 없이 조용하고 엄숙한 경지에 쉽게 도달할 수 없다. 도잠은 일생의 대부분을 이를 악물고 살아야 했다. 정치적인 진퇴는 고대의 사인이라면 누구에게나 중대한 일이었고, 도잠도 예외가 아니었다.

---

3 진승陳勝(?~기원전 208, 자는 섭涉)과 오광吳廣(?~기원전 208, 자는 숙叔)은 기원전 209년에 대택향大澤鄕(지금의 안후이성 쑤저우)에서 진나라의 폭정에 반기를 들고 진군陳郡을 점령했다. 왕을 자칭했던 진승은 진나라 장수 장감章邯에게 패전했다가 수레꾼 장고莊賈에게 살해당했다. 훗날 유방이 그를 '진은왕陳隱王'에 추봉해주었다. 진승의 휘하에서 도위都尉를 지냈던 오광은 형양滎陽을 공격하는 데 실패하고 부장部將인 전장田臧에게 살해당했다.

그가 예전부터 벼슬길과 공명을 분토糞土처럼 여겼다면 다섯 번이나 벼슬길에 나섰다가 은거하는 기나긴 노력과 배회는 없었을 것이다. 다른 여러 사인과 마찬가지로 도잠의 이상적인 인생은 "공을 이루고 물러나는 것攻成身退"이었다. 은사隱士는 되어야겠지만, 우선 어느 정도 공명을 이루어 생존의 바탕을 마련하는 것이 가장 좋았다. 그래서 그는 벼슬길이 험악하다는 것을 알면서도 공명을 획득하는 데에 급급했다.

　벗들과 주고받은 시에서 도잠은 늘 상대방에게 목숨을 소중히 여겨 잘 지키라고 경계해주었다. 효웅이 난립한 시대에 활시위 소리에 놀란 새와 같은 신세가 아닌 사인이 어디 있었겠는가? 그는 '죽음'을 두려워해서 오직 자기의 '삶'을 지켜내지 못하고 무력하게 죽어가는 것만을 두려워했다. 마흔한 살이 되던 해에 벼슬길에서 하나도 얻은 게 없었던 도잠은 철저하게 전원으로 돌아가 은거했다. 그리하여 기본적으로 안전은 보장되었으나 빈곤은 갈수록 가중되었다. 전원생활을 하던 중에 먹을 것을 구걸하고, 고독하고 적막했던 모든 것에 관해 시인은 시와 산문을 통해 사실대로 기록했는데, 그것들은 독자를 슬프게 한다. 그는 인생의 종점까지 전원생활을 견지했다. 세상 사람들의 찬탄을 얻으려는 바람은 전혀 이루지 못했으나, 다만 그의 '독백'은 거듭 시공을 초월하여 후세 사람들의 마음에 도달했다. 도잠은 위진풍도魏晉風度의 조류가 물러난 뒤에 가라앉은 진주로서, 문화의 '씨앗元種'에 가까웠다. 그는 사인의 정신을 확대하여 노장사상 밖에서 중국 문화에 하나의 영혼, 즉 전원혼田園魂을 더해주었다.

　불현듯 떠오른 영감이야말로 이백의 전형적인 인격이라고 할 수 있다.

　황량한 초원에 갑자기 나비가 가득해졌구나.
蝴蝶忽然滿荒草.　　　　　　　　　　　　　　_「山人勸酒」

이백 이전에 누가 이런 시구절을 보여주었는가? 이질적인 것을 포함하면서 순식간에 활짝 피어나는 이 천부적 재능은 불현듯이 영감을 떠올리는 사람이 필요하고, 또 불현듯이 영감을 떠올리는 황제가 필요했다. 이 황제는 이것저것 따지지 않고 즉시 그에게 고급 관직을 하사했다. 이백은 비범한 시적 재능에 대해서는 동의하지 않았으나 자기의 정치적 재능은 세상에 짝이 없이 훌륭하다고 완고하게 생각했다. 위대한 당나라에는 그래도 정말 불현듯이 영감이 떠오르는 시기가 있어서, 현종玄宗은 쑥대 휘날리는 초야에서 시인을 찾아내 조정으로 불러들였다. 그러나 시인이 정치적인 지혜에서는 약하다는 사실이 즉시 드러났다. 황제는 무거운 임무를 감당하지 못하는 재사才士에게 황금을 하사해 고향으로 돌려보내는 지극히 우아한 방식을 택해 내보냈다. 궁정은 그대에게 어울리지 않으나 위대한 당나라의 강산은 지극히 넓으니 그대가 갈 만한 곳이 있으리라는 것이다. 당 황제는 항상 긴장해 있던 여느 왕조의 황제들과는 달랐다. 2000년 동안 지속된 황권皇權의 시대에 총애를 잃은 문인 가운데 이처럼 '우아'하게 처리된 이가 어디 있었던가? 당나라가 없었다면 이백도 없었을 것이다.

마치 시인의 어린애 같은 순수함을 유지하기 위해 이백은 정치에서 시종일관 철이 들지 못했다.

홀연히 다시 배 타고 해 곁으로 가는 꿈을 꾼다.
忽復乘舟夢日邊. ____「行路難」

그대의 은애恩愛 이미 끝났으니
이 몸은 장차 어찌합니까?
君子恩已畢, 賤妾將何爲. ____「古風」四十

큰 꿈에서 깨어나지 못한 이백은 오로지 조정으로 돌아가고 싶은 마음뿐이었으나 그럴 수 없었다. 그러니 여기서 그의 '비첩 심리'를 얘기하지 않을 수 없다. 황권의 시대에는 모든 여자가 잠재적으로 버려진 아낙인 것과 마찬가지로 모든 신하도 잠재적으로 버려진 신하일 수밖에 없었다. 그러므로 남자들은 모두 그윽한 원망을 품은 궁정의 비첩으로 변신할 가능성이 있었다. 궁중에 있었을 때와 궁을 나왔을 때의 이백은 은밀한 원망을 담은 규원시閨怨詩와 시름겨운 아낙의 사부시思婦詩를 대량으로 창작했는데, 그것들은 모두 산과 강물을 사이에 두고 황궁에 던지는 추파였다. 호탕한 시인 이백과 무척 마음 무거운 비첩 시인 이백이 공존했던 것이다.

이 두 가지 심리 사이에서 나는 여러 스펙트럼을 가진 정신세계, 인성의 몸부림과 힘겨운 투쟁을 목격한다. 누가 훌륭한 대장부이자 영웅으로서 호기롭게 살고 싶지 않겠는가? 그러나 모든 사람을 사역하게 할 수 있는 절대적이고 강력한 힘이 머리를 짓누르면 영혼에는 이변이 발생하게 된다. 구국의 희망이나 공명을 이루고 싶은 원천은 전부 군왕에게 달려 있다. 그러므로 열렬히 갈구하는 신하일수록 종종 더 쉽게 비첩 심리를 갖게 된다. 굴원과 이백 등은 비첩 심리를 지녔으나 결국에는 그를 극복하고 위대한 시를 창조했다.

굴원의 노래는 숨도 쉬지 못하고 말도 못할 만큼 끝없이 상심하고 실망하여 통곡함으로써 자기 목숨을 제물로 바쳤고, 조조는 아득히 망망한 속임수를 쓰면서 창을 비껴들고 시를 읊었으나 효웅의 야심이 순진한 어린애의 마음을 저해하지는 않았다. 도잠은 숨어 인내하며 내적으로 성찰하고 독백을 내뱉어 자신의 '삶'을 살고 싶어했으며, 이백은 고함을 지르며 멋대로 날뛰면서 자신의 심장을 가슴 밖에 내걸었다. 특정한 역사의 시공에서 시인들은 모든 감정을 쏟으며 독특한 '연기'를 함으로써 개성과 인격을 남김없이 표현할 수 있었다. 비첩 심리를 가졌지만 절대 노비는 아니었고, 속임수를 부렸지만 위선적인 군자는 아니었으며, 공명을 기대했지만 줏대 없는 추종자는 아니었다. 터무니없거나 독백을 중얼거려도, 속임수를 써도 순수한 어린아이였고, 비첩 심리를 지녀도 오히려 더 어린아이다웠다. 생존 환경이 확연히 달랐으나 순수한 어린아이의 마음은 서로 비슷했다. 오직 진정한 영혼을 갖추고 광대한 인격과 관련을 맺어야만 주체적인 문화의 시공을 창조할 수 있다.

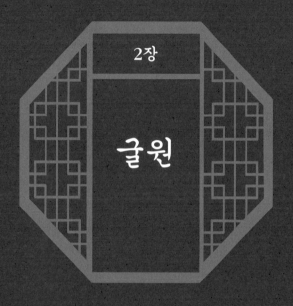

2장

굴원

➤ 홀로 노래한 최초의 영혼 ◄

굴원이 역사에 남긴 최후의 표정은 억울함이다.

그는 무척 억울했고, 역사도 이 점을 완전히 인정한다.

시성詩聖 두보杜甫나 시선詩仙 이백李白이 있는데, 성인聖人과 선인仙人보다 높은 것이 신神이다. 중국의 시신詩神이 굴원이다. 한 명의 인간이자 시인이 종교에 가까운 위의威儀를 갖추고 있다. 그의 거대한 존재는 제왕에서 평민까지 모두 소홀히 여기기 어렵다. 민간에서 그는 확실히 신에 준하는 위의를 갖추고 있으나 사람들은 그를 다른 신들과 구별한다. 백성은 그에게 기원하거나 그를 숭배하지 않고 그저 독특한 하나의 명절로 그를, 너무나도 억울한 그 사람을 기념한다.

가슴 가득한 충정과 억울함을 품은 굴원은 곳곳에 귤나무 숲이 우거진 초楚나라의 연못가를 거닐면서 읊조리며 역사의 깊은 곳, 물기 축축한 명절로 들어갔다.

이 명절이 바로 단오절端午節이다.

단오절은 굴원 이전에도 이미 존재했다. 고대에 단오는 두려운 시기로 여겨졌다. 하夏나라 때의 달력에 따르면 5월 초닷새는 바로 소만小滿과 하지夏至의 중간에 해당되는데, 이때는 양기陽氣가 극성하여 역병이 유행하기도 아주 쉽다. 옛사람들은 기피의 방식으로 5월은 나쁜 달, 5월 5일은 그 나쁜 달 가운데 나쁜 날이라고 불렀다. 이날 태어난 아이는 심지어 살려둘 수도 없었다. 전국戰國 시기의 네 군자君子 가운데 한 명인 제齊나라의 맹상군孟嘗君[1]이 바로 이날에 태어나서 하마터면 부친에게 버려질 뻔했다. 동진東晉의 명장名將 왕맹王猛[2]에게 이날 손자가 한 명 태어났는데, 호기가 남달랐던 그는 손자를 내보내야 한다는 다른 사람의 주장을 거절했을 뿐만 아니라 아이의 이름을 '진악鎭惡'이라고 지어주었다. 훗날 왕진악王鎭惡[3]도 명장이 되었다. 명·청 시기에 이르기까지 민간에서는 이날에 물 긷기와 이사, 침대에 까는 돗자리牀席 말리기 등을 하지 않는 금기를 지켰다. 고대에 사람들은 단오절 전후에 개지추介之推[4]와 오자서伍子胥,[5] 굴원을 덧붙였다가 결국 굴원에게 고정시켰다. 이 세 사람은 모두 성격이 독특하고 매서운 정기正氣를 지녔으며 또 모두 비명非命에 죽었다. 그러니 이

---

1 전국시대 제나라 위왕威王 전인제田因齊의 손자이자 정곽군靖郭君 전영田嬰의 아들인 전문田文(?~기원전 279)을 가리킨다. 부친의 작위를 세습했기 때문에 설공薛公이라고도 부르며, 맹상군은 호다. 물려받은 많은 재산으로 수천 명의 식객을 양성했고, 민왕湣王의 상국相國으로 한韓, 위魏와 연합하여 초楚와 진秦의 군대를 격파했다. 그러나 기원전 294년에 귀족 전갑田甲이 반란을 일으킨 사건을 계기로 민왕의 의심을 받자 병을 핑계로 사직하고 봉지인 설읍薛邑으로 갔다가 위나라로 망명하여 상국이 되었다. 사후 자식들이 후계 자리를 놓고 싸우다가 제와 위의 합공으로 설읍이 소멸되었다.
2 왕맹王猛(325~375, 자는 경략景略)은 16국 시대 전진前秦 부견苻堅(338~385) 정권에서 승상 겸 중서감, 상서령을 역임하고 청하군후에 봉해져 18년 동안 북방을 통일하는 데 기여했다.
3 왕진악王鎭惡(379~418)은 전진이 패망한 뒤에 숙부 왕요王曜를 따라 동진으로 들어갔다가 의희義熙 5년(409)에 권신 유유劉裕(363~422)의 추천으로 태위참군太尉參軍이 되어 많은 전공을 세우고 얼마 후 진무장군振武將軍으로 승진했고, 이후 반란을 일으킨 형주자사 유의劉毅를 처단하여 한수현자漢壽縣子에 봉해졌다. 다시 의희 12년(416)에는 형주자사 사마휴지司馬休之를 제거하여 유격장군이 되었고, 명장 단도제檀道濟와 연합하여 북벌을 감행해 낙양과 동관, 장안을 점령해 후진後秦을 멸망시켰다. 이 공로로 정로장군征虜將軍 겸 풍익태수馮翊太守가 되었으나 심전자沈田子에게 살해당했다.
4 춘추시대 진晉나라의 대신이었던 개자추介子推(?~기원전 636)를 가리킨다. 그는 허벅지 살을 베어 군주에게 바치고도 봉록을 바라지 않고 은거한 것으로 유명하다. 진나라 문공文公은 그가 은거한 면산綿山을 개산介山으로 개명했으며, 청명절 하루 전날인 한식일에 그를 기리는 풍속이 남아 있다.

날은 세속적인 의미에서 '훌륭한 운명'을 타고난 사람과 연계시킬 수 없다. 옛사람들은 예로부터 이날을 예사로운 날로 여기지 않았으니, 그들이 쏟은 감정은 짐작할 만하다. 나는 굴원이 단오절에 죽었다는 주장에 무척 회의적이다. 내 생각에 사람들이 이날을 통해 굴원을 기념했을 때 처음에는 틀림없이 올바른 사람으로 사악한 것을 진압하고 상서로운 것을 기구祈求한다는 의미를 두었을 것 같다.

역사를 통해 보면 민중이 누군가에게 감정을 쏟은 것은 정말 선전과 교육의 결과가 아니었다.

一

북쪽 모래섬에 신이 강림하셨는데
아득히 멀어 보이지 않으니 나를 시름겹게 하네.
살랑살랑 가을바람 불어
동정호에 파도 일고 나뭇잎 떨어지네.
帝子降兮北渚, 目渺渺兮愁予.
兮秋風, 洞庭波兮木葉下. _『九歌』「湘夫人」

이것은 굴원이 노래한 초사楚辭 「상부인湘夫人」의 첫머리다. 주석을 보지 않은 채 깊이 해석하지 않고 그저 가볍게 읊조려보기만 해도 특이한

---

5 오원伍員(기원전 559~기원전 484, 자는 자서子胥)은 춘추 말엽 초나라 사람으로 평왕平王의 치하에서 태부太傅로 있던 부친 오사伍奢와 형 오상伍尙이 억울하게 살해되자 오나라로 망명해서 합려에게 중용되어 대부大夫로서 신申 땅에 봉해졌다. 기원전 506년에 그는 손무孫武와 함께 초나라를 공격하여 평왕의 무덤을 파헤쳐 시신에 채찍질해 원수를 갚고, 오나라를 패자霸者로 만들었다. 합려의 뒤를 이어 왕위에 오른 부차夫差가 태재太宰 백비伯嚭의 참언을 믿고 칼을 내려 자살하게 했다.

자연의 소리 같은 미감이 한없이 얼굴을 덮친다. 꽃 같은 생명과 구름 같은 신령神靈, 깊은 정감의 초목을 통해 사람과 신이 서로 의지한다. 이것은 인간의 속된 맛을 풍기는 『시경詩經』의 노래들과는 너무나 다르다. 이 모든 것은 어디서 어떻게 왔는가?

굴원(기원전 340~기원전 278)은 이름이 평平이고 자가 원原인데, 초나라 회왕懷王과 경양왕頃襄王을 중심으로 섬겼고, 진秦나라가 초나라 도읍을 함락한 뒤 멱라강汨羅江에 몸을 던져 죽었다. 그는 '초사'라는 문체를 창립했는데, 「이소離騷」를 비롯한 25편이 그의 작품으로 여겨지고 있다.

상고上古시대의 남방은 문화가 북방보다 늦게 발전하여, 형초荊楚 지역은 오랫동안 화하문명華夏文明으로부터 차별 대우를 받고 정벌을 당해왔다. 최초의 시가詩歌 모음집인 『시경』 「국풍國風」에 초 지역 노래가 채록되지 않은 이유도 아마 여기에 있을 것이다. 전국시대 말기에 이르러 초 문화는 이미 상당히 발달하여 북방과 나란한 형세를 이루었지만, 문화의 경계는 여전히 뚜렷했다. 『시경』은 황하 유역의 문명 형태를 기록했다. 이 책에 수록된 노래들은 묘당廟堂의 송가頌歌나 초야의 노래를 막론하고 모두 정감이 소박하고 상상想像이 부족하다. 거기에서는 기장과 보리 같은 곡식의 냄새, 때로는 온화하고 향기로우며 때로는 숨이 막힐 듯이 코를 찌르는 인간의 속된 냄새가 풍긴다. 그러나 이 시기 초 지역은 여전히 신화가 자라는 비옥한 벌판으로서, 무속巫俗의 기풍이 만연하여 사람과 신이 함께 살았다. 초나라 북부 출신인 노자老子와 장자莊子는 남북 과도기를 대표하는 인물들이라고 할 수 있으니 소박함은 조금 모자라지만 상상과 낭만은 조금 더 많았다. 장강 주변에 살았던 굴원은 순수한 남방 사람이다. 그가 지닌 근심과 애수, 따스함과 비애의 강도는 얼마나 시선을 끄는가!

굴원은 기존의 합창에 참여하기 위해서가 아니라 혼자만의 노래를, 물 기운 축축하고 향기가 코를 찌르며 처절하고 아름다운 혼자만의 노래를 시작하기 위해 왔다. 어떤 징조도 복선伏線도 없는 것처럼 중국 최초의 시인이 우뚝 나타나 비통한 오열을 억누르지 못하자 초목이 감정을 나타내고, 바람과 구름이 표정을 바꾸며, 신령이 멀리 쫓겨났다. 「이소」와 「천문天問」 「애영哀郢」 「회사懷沙」…… 한 편, 한 편씩 모두 읊조리고 나자 그는 스스로 강물에 몸을 던져 생을 마쳤다. 굴원이 죽자 초나라도 망했다. 그가 일으킨 이 물결은 점점 퍼지면서 커져 그는 아주 신속하게 중국 문화사에서 가장 민감한 신경神經이 되었다.

　시를 읊고 시를 교제의 수단으로 삼은 것은 일찍이 『시경』 시대의 일상생활이었다. 공자는 "『시경』을 배우지 않으면 할 말이 없다"[6]라고 했다. 당시에는 시가 도구처럼 보편적으로 사용되었으나 독립된 시인은 없었다. 굴원이 나타난 것은 참으로 예삿일이 아니었다.

　초사는 형식적으로 『시경』의 노래들과는 확연히 달라서 구절의 형식과 편폭이 길이에 얽매이지 않고 필요에 따라 자연스럽게 변형되면서 그윽한 정서를 자세히 묘사함으로써 표현력이 대대적으로 해방될 수 있었다. 유가에서는 시를 통해 가르치면서 "원망하되 분노하지 않고, 애통해하되 지나치게 상심하지는 말라怨而不怒, 哀而不傷"[7]고 했다. 그런데 굴원은 원망하고 분노하며, 너무나 애통해하고 상심한다. 북방의 여러 인사를 기준으로 헤아리자면 굴원의 노래는 적절하지도 않고 경전에도 어긋나는데, 바로 이 때문에 그의 노래는 스스로 경전이 될 수 있는 품격을 갖추게 되었다. 「이소」는 세계 문학사에서 최초의 서정시 가운데 하나로서, 중국 문학의 중요한 원천이기도 하다. 이로부터 중국 문인의 슬픔은 깊이를 지니

6　『논어論語』 「계씨季氏」: "不學詩, 無以言."
7　『논어』 「팔일八佾」: "「관저」는 즐거워하되 정도를 넘어서지 않으며, 애통해하되 지나치게 상심하지 않는다關雎, 樂而不淫, 哀而不傷." 다만, "원망하되 분노하지 않는다怨而不怒"라는 말은 후세 사람들이 덧붙인 것이다.

게 되었고, 참조할 것을 갖게 되었으며, 이로부터 『시경』과 「이소」가 나란히 우뚝 섰다. 나아가 이들을 아울러 칭하는 '풍소風騷'라는 말이 문학의 대명사가 되었다.

춘추전국 시기는 화하문명이 성숙해가고 사상과 철학이 자각되던 시대로서, 사조思潮가 격렬히 일렁이는 가운데 주류主流가 이미 나타났다. 이 거대한 조류 속에서도 초 문화는 여전히 청춘의 기상 즉 열광과 순결, 왕성한 원기, 원시의 숨결을 보전하고 있었다. 굴원은 이 문화의 집대성자이자 극단적인 대표자다. 제자백가의 글은 모두 문학 작품이라고 할 수 있지만, 문학은 기생하는 상태로 존재했다. 굴원의 등장은 자각의 시대가 도래했다는 표지다. 그는 남방 비옥한 벌판의 신선한 피를 품은 채 화하문명의 한복판에 쐐기를 박아 넣었다.

중국 최초로 홀로 노래하는 시혼詩魂의 통곡이 등장한 것이다. 연못가를 거닐며 읊조리는데 안색은 초췌하고, 팔방八方에 신령함이 있건만 사방을 둘러봐도 망연하기만 하니, "동쪽에서도, 서쪽에서도, 땅 위에도 하늘 위에도 한 구절씩"[8] 혼잣말이 끝없이 이어진다. 그는 마치 우리를 데리고 역사와 삶의 현장을 떠나 현실인지 환상인지 모를, 은근하고 한없이 넓으면서 아련한 향기에 덮여 있는, 보통 사람은 생각해낼 수 없는 세계로 들어간다. 그리고 이 모든 것은 결국 그가 보통을 초월한 현실의 무거운 압박을 받았기 때문이다. 군주는 우매하고 나라는 위태로운데 당파黨派가 창궐하여 조정의 정치는 나날이 잘못되며, 궁궐은 멀어지고 그는 거듭 쫓겨나 아무 도움도 받지 못한 채 절망이 깊어졌다.

---

8 "東一句西一句, 地上一句天上一句." 원주: 청나라 때 유희재劉熙載의 『예개藝槪』에서 「이소」를 비평한 말이다.

二

길게 탄식하고 눈물 닦으며
너무나 고단한 민생을 애달파한다.
長太息以掩涕兮, 哀民生之多艱.   _「離騷」

또한 내 마음이 좋아하는 바이니
아홉 번 죽더라도 후회하지 않으리라!
亦余心之所善兮, 雖九死其猶未悔.   _「離騷」

길은 아득히 멀지만
내 장차 오르내리며 모색하리라.
路漫漫其修遠兮, 吾將上下而求索.   _「離騷」

「이소」는 굴원이 처음 회왕懷王에게 소외당했거나 첫 번째로 쫓겨난 뒤에 지어졌다. 심장이 타는 듯 근심하면서 너무나 슬퍼하고 괴로워하는데, 가사는 애달프나 기개는 활달하다. 이때의 굴원은 아직 희망을 잃지 않고 마음속에 환상이 남아 있어서 회왕이 후회하여 자신이 다시 도읍에 돌아가 나라를 위해 헌신할 수 있게 해주기를 간절히 바랐다. 여기 인용한 몇 구절은 그의 인격에 담긴 주요 특징과 곤경 속의 의식을 충분히 나타내고 있다.

굴원이 곤경에 빠진 것은 초나라가 곤경에 빠진 데에서 비롯되었다.

그는 초나라 귀족 출신으로 주로 회왕 때에 활동했다. 굴원은 회왕이 태자였을 때 오랫동안 학문을 가르쳤다. 회왕이 즉위한 후에는 깊이 신임을 받아 좌도左徒와 삼려대부三閭大夫를 역임했다.

그는 박학다식하고 의지가 강하며, 나라가 잘 다스려지고 혼란에 빠지는 원인을 잘 알고, 외교적 응대에 능숙했다. 조정에 들어가면 왕과 함께 나랏일을 계획하고 의논하여 정령政令을 내렸고, 밖에 나가면 빈객을 접대하고 제후를 응대했다.

博聞强志, 明於治亂, 嫺於辭令, 入則與王圖議國事, 以出號令, 出則接遇賓客, 應對諸侯.　　　　　　　　　　　　　　　　　_『史記』「屈原賈生列傳」

그는 풍채가 출중했고 기도氣度가 우아했다. 옛사람들은 관상에 대한 미신이 있었다. 그것은 어쩌면 운명의 어떤 형식이었다. 재능과 관상은 모두 남들의 질투와 미움을 유발한다. 굴원은 작품 속에서 여러 차례 자신이 질투와 미움 때문에 곤욕을 치렀다고 하소연했다.

당시 중국은 대통일 전야였다. 신속하게 부상한 진秦나라는 위풍당당하게 서북쪽을 차지한 채 맹수의 눈으로 기회를 노리고 있었는데, 그들에게는 야심과 실력, 행동이 있었고 나머지 여섯 나라로서는 존망이 눈앞에 닥친 현실이었다. 국제 관계는 복잡하게 뒤얽혀 있었다. 진나라에 대항할 능력을 지닌 나라는 제齊나라와 초나라였는데 제나라는 이미 정치적으로 쇠락하는 추세였고, 초나라는 영토도 더 넓고 인구도 많고 물자도 풍요로웠다. "연횡連橫하면 진나라가 제왕이 되고, 합종合縱하면 초나라가 제왕이 된다"[9]라고 했으니, 천하는 진나라 아니면 초나라로 돌아갈 수밖에 없었다. 실제로 진나라가 대통일을 완성하기 전에 초나라가 중국 남방의 통일을 먼저 이루었다.

여섯 나라는 진정으로 성공적인 합종을 이룬 적이 없었으나, 진나라의 연횡은 시도할 때마다 매번 효과가 있었다.

9　유향劉向, 「전국책서戰國策序」: "橫則秦帝, 縱則楚王."

이미 바람 소리와 학 울음소리조차 적병이 오는 소리로 의심할 만큼 다들 겁을 집어먹은 형국이었다. 이런 천하의 대세를 굴원은 분명하게 간파했다. 그는 시종일관 제나라와 연합하여 진나라에 대항하려고 힘을 기울였다. 여러 차례 제나라에 사신으로 간 것은 모두 같은 목적 때문이었다. 그러나 그의 주장과 분투는 거듭 좌절되었고, 초나라는 점차 진나라에 의해 지배당하는 상태로 빠져들었다. 굴원도 점차 소외당해 그대로 쫓겨났다. 초나라 회왕 30년(기원전 299)에 회왕은 무관武關의 회맹會盟 요청에 응했다가 진나라에 억류되어 삼 년 뒤 타국에서 객사했다. 초나라 경양왕 21년(기원전 278)에 진나라 장수 백기白起[10]가 초나라의 수도 영도郢都를 함락했다. 기록에 따르면 이때 절망한 굴원은 「회사懷沙」를 짓고 나서 스스로 멱라강에 몸을 던졌다고 한다.

춘추전국시대의 제자백가는 일찍부터 천하가 반드시 새롭게 통일되어 '새로운 천하'를 이루리라는 것을 인정하고 있었다. 천하가 나라(제후국)보다 중요하다는 것은 제자백가의 공통된 인식이었다. 전국시대에 이르러 "나라에는 정해진 영토가 없고 사인士人에게는 정해진 군주가 없는" 상황에서 본국 출신이 아닌 이를 고위 관료로 임용하는 객경제客卿制가 성행하고 종횡가縱橫家가 인기가 높아서, 아침에 진나라를 섬겼다가 저녁에는 초나라를 섬기더라도 인품을 평가하는 데에는 아무 영향이 없었다. 이에 따라 사인들은 전례 없는 활동 공간을 갖게 되었다. 이렇게 애국 감정이 희박했던 시대에 굴원은 자신과 나라의 운명을 단단히 묶어놓았던 것이다.

후세 사람들은 끊임없이 묻는다. 굴원의 재능이라면 어느 나라에선

---

10 백기白起(?~기원전 257)는 진나라 소왕昭王을 보좌하고 여러 차례 전공을 세웠다. 특히 이궐伊闕의 전투에서 위魏·한韓 연합군을 격파하고 초나라의 수도 영성郢城을 함락하고, 장평長平의 전투에서 조趙나라의 주력을 궤멸하기도 했다. 이 덕분에 무안후武安侯에 봉해지기도 했으나 오히려 군주의 경계를 받아 연달아 관직이 강등되다가 소왕 50년(기원전 257)에 두우杜郵에서 사약을 받고 죽었다.

들 받아들여지지 않았겠는가? 그런데 왜 초나라를 떠나지 않았는가? 그 것을 몰랐던 것이 아니라 행하지 못했을 따름이다. 그가 제자백가의 천하 관天下觀을 부정한 것은 절대 아니지만, 천하가 초나라에 의해 통일되지 않더라도 적어도 초나라는 오랫동안 존속해야 한다는 것이 그의 정치와 사상, 감정의 마지노선이었다. 그는 유가를 중심으로 한 제자백가의 사상 을 융합적으로 받아들여 요순과 대우大禹, 상탕商湯을 칭송하고 어진 정 치를 주장했으니 그의 주도사상主導思想은 북방적인 것이었으나 정감과 문 화는 남방 초나라의 것이었다. 초나라 귀족으로서 대대로 나라와 지극히 긴밀한 관계를 유지해왔으며, 그 자신도 한때 정치계의 중심적인 자리에 있었다. 이 모든 것이 그가 개인의 운명과 조국의 운명을 자발적으로 한 데 묶도록 했다. 초나라가 남의 나라에 병탄되는 것을 그로서는 용납할 수 없었다. 온 천하를 둘러봐도 그가 편안하게 의탁해 살 만한 곳이 없었다. 천하가 그럴 수 없었던 것이 아니라 그가 그럴 수 없었다. 아침에 진나라 를 섬겼다가 저녁에는 초나라를 섬길 수 있었다면 인간 세상에 굴원이라 는 존재는 없었을 것이다. 이것이 바로 굴원의 노래를 해석하고, 일반적인 것과는 다른 그의 감정을 이해하는 데에 필요한 토대다.

　어떤 작품도 「이소」처럼 개인의 감정과 정치적 조우遭遇, 나라의 운 명을 한데에 결합하지 못했다. 이른바 소리 높여 노래하는 것으로 통곡을 대신하는 '장가당곡長歌當哭'이라는 말에 딱 들어맞는 것이 바로 「이소」요, 저절로 자연의 소리가 되고 "저절로 위대한 문장이 만들어진"[11] 것이 바 로 「이소」다.

11　『문심조룡文心雕龍』「변소辨騷」: "경전의 뜻을 녹여 저절로 위대한 문장을 만들었다取熔經意, 自 鑄偉辭."

유협劉勰[12]은 "굴원이 없었다면 어찌 「이소」를 볼 수 있었겠는가?"[13] 라고 했는데, 초나라가 없었어도 굴원을 보기 어려웠을 것이다. 초나라와 굴원, 「이소」는 삼자가 서로 실증하는 관계다.

초나라는 큰 나라인데, 그것이 망하자 굴원을 통해 울었다.
楚, 大國也. 其亡也, 以屈原鳴. _韓愈, 「送盤谷序」

초나라에 굴원이 있었던 것은 우연이 아니다. 각 나라는 망하면 그만 이어서 금방 혼란이 끝나 결말이 나버리지만, 오직 초나라만은 나라가 망해도 '혼백'은 남아 있었다. "초나라에 세 가구만 남아 있어도 진나라를 멸망시키는 것은 틀림없이 초나라일 것"[14]이라고 했다. 초나라 사람들은 회왕이 객사했을 때 이 구호를 외쳤다. 여섯 나라 가운데 왜 초나라와 초나라 사람들만이 특별히 '원수를 기억'하고 고국을 그리워할 수 있었을까? 전국 말엽의 천하 대세 외에 아마 문화에서도 원인을 찾을 수 있을 것이다. '전국칠웅戰國七雄' 가운데 초나라의 문화적 면모가 가장 선명하고 독특했다는 점은 인정하지 않을 수 없으니, 역사가 과연 증명한다. 진나라에 반대하는 투쟁에서 초나라 사람들이 가장 활발했는데, 진승陳勝이 맨 먼저 거사를 일으키고 '장초張楚' 즉 초나라를 확장한다는 것을 구호로 내세웠으며, 항량項梁[15]은 민간에서 초나라 회왕의 손자를 찾아 다시 옹립하

---

12 유협劉勰(465?~521?, 자는 언화彦和)은 남조南朝 양梁나라에서 보병교위步兵校尉와 태자통사사인太子通事舍人 등을 역임하다가, 소명태자 소통蕭統이 죽자 출가하여 법호法號를 혜지慧地라고 했고 정림사定林寺에서 입적했다. 저작으로 『문심조룡』을 남겼다.
13 유협, 『문심조룡』 「변소」: "不有屈原, 豈見離騷."
14 『사기史記』 「항우본기項羽本紀」: "楚雖三戶, 亡秦必楚."
15 항량項梁(?~기원전 208)은 진秦나라 말엽 반란군의 수령 가운데 하나로 초나라 귀족 항연項燕(?~기원전 223)의 아들이자 훗날 서초패왕이 된 항우項羽의 숙부다. 그는 회계會稽에서 군대를 일으켜 회왕懷王을 옹립하고 스스로 무신군武信君이 되었으나, 교만하여 적을 경시하다가 정도定陶의 전투에서 진나라의 상장군 장한章邯(?~기원전 205)의 군대에 패하여 전사했다.

여 '초회왕楚懷王'이라고 했다. 한漢나라 고조高祖 유방劉邦이 항량의 부하였을 때 초사 「대풍가大風歌」를 지은 적도 있다. 새로 일어난 한 왕조는 굴원을 포함한 초나라 사람들을 특별히 존중했다.

> 저 밝게 빛나는 하늘에 올랐다가
> 갑자기 옛 나라를 내려다보노라.
> 마부는 시름겨운 내 말을 슬퍼하나니
> 몸을 구부린 채 돌아보며 나아가려 하지 않는구나.
> 陟陞皇之赫戲兮, 忽臨睨夫舊鄉.
> 僕夫悲余馬懷兮, 蜷局顧而不行.　　　　　　　　_「離騷」

「이소」는 한바탕 백일몽처럼 허공을 날아 멀리 여행하는 것으로 마무리된다. 이것은 장자의 「소요유逍遙遊」와 유사하다. 그러나 굴원이 하늘에서 고향을 내려다보고 나자 천상의 쾌락 등 모든 것이 더는 존재하지 않게 되고 오직 고향, 오매불망 그리운 고향만이 있을 따름이다. 「소요유」는 상상 속에서 현실에 대한 초월을 완성하지만, 굴원은 언제나 지상으로 세차게 추락하고 만다. 하늘에서 추락하는 것은 굴원의 초사에 거듭 나타나는 이미지다. 그에게는 중국에서 가장 일찍 형성된, 가장 심각한 향수鄉愁가 있었다. 그의 고향은 어느 산이나 강, 고을, 성城이 아니라 아득히 넓고 먼, 곳곳에 귤나무 숲이 우거진 초나라다.

三

후토后土와 황천皇天의 아름다운 나무

귤나무가 하늘에서 와서 남방에 익숙해졌구나.

타고난 천명 바꿔 심을 수 없어

강남에서 생장하지.

깊고 단단히 뿌리박혀 있어 옮겨 심기 어려우니

다시 그 의지를 오롯이 하나로 하는구나.

푸른 잎과 하얀 꽃

무성하니 기꺼워할 만하구나.

后皇嘉樹, 橘徠服兮,

受命不遷, 生南國兮.

深固難徙, 更壹志兮,

綠葉素榮, 紛其可喜兮.　　　　　　　　　　　_「橘頌」

세상이 혼탁하여 나를 알아주지 않으니

인심은 말할 수 없구나.

죽음은 사양할 수 없음을 알고 있나니

바라건대 이 몸을 애석하게 여기지 말아야지.

분명히 말하노니, 군자여

내 그대를 모범으로 삼으리라!

世溷濁莫吾知, 人心不可謂兮.

知死不可讓, 願勿愛兮.

明告君子, 吾將以爲類兮.　　　　　　　　_『九章』5「懷沙」

굴원의 인생은 밝고 아름다운 「귤송橘頌」의 즐거움에서 출발하여 캄캄한 「회사」의 고통에 이르러서 끝났다.

굴원이 노래한 초사는 「귤송」과 「국상國殤」 등 몇 편 외에는 대부분

꽃무리가 황폐해지고 저무는 날 막다른 길에 이른 듯한 강렬한 이미지를
보여준다. 「회사」는 갈 길이 없어진 뒤에 쓴 절명사絶命詞다. 굴원에게 죽음
은 최후의 수단이었다. 그가 '분명히 말한' 군자는 상商나라 때 강물에 몸
을 던져 자살한 팽함彭咸[16]이다. 「이소」 등의 작품에서 굴원은 옛날의 이
현자를 일곱 차례에 걸쳐서 정중하게 언급했고, 「이소」의 마지막 두 구절
에서는 단호하게 이렇게 말했다.

> 나라에 사람 없어 아무도 나를 알아주지 않으니
> 또 어찌 고향을 그리워하랴?
> 기왕 훌륭한 정치를 함께 할 사람이 없다면
> 나는 장차 팽함이 사는 곳으로 따라가리라!
> 國無人莫我知兮, 又何懷乎故都.
> 旣莫足與爲美政兮, 吾將從彭咸之所居.

뜻은 아주 분명해 팽함처럼 강물에 몸을 던지리라는 것이다. 이때는
아직 장년이었다. 그는 자각한 희생자로서 제단祭壇으로 올라갔다.

「귤송」은 굴원의 작품 가운데 창작 시기가 가장 이른 것으로 여겨진
다. 그는 젊었을 때 마찬가지로 젊었던 회왕에게 중용되었다. 그는 초나라
곳곳에 자라면서 겨울에도 시들지 않는 귤나무에 자신을 비유하면서 조
국에 뿌리를 내리고 호탕하게 자신감에 차 있었다. 찬란한 햇빛을 받으며
천지와 여러 신, 군왕, 사회와 무척 조화를 이룬 채 강렬한 사명감을 드러

---

16   왕일王逸(?~?, 자는 숙사叔師)의 『초사장구楚辭章句』에 따르면, 팽함은 상나라 때의 현대부賢大
夫로 군주에게 간언했으나 들어주지 않자 스스로 강물에 몸을 던져 죽었다. 그의 신분에 대해서는 여러
가지 설이 있는데 우선 팽조彭祖의 제34대 후손으로 자가 복강福康이라 하기도 하고, 전욱顓頊의 후손
으로 초나라의 조상이라고도 한다. 또 어떤 이는 상나라 때 정인貞人이었던 무팽巫彭과 상나라의 옛 신
하로서 지위가 이윤과 비슷했던 무함巫咸 두 사람을 합쳐 부르는 호칭이라고 하기도 한다.

냈다. 「귤송」은 자신이 조국 초나라에 대해 진정한 마음을 가진 백성임을 나타냈다. 상대적으로 단순한 국면에 임했을 때 그 백성은 물을 만난 물고기처럼, 이미 지니고 있는 인격 구조에 따라 용맹하게 정진할 수 있다. 그러다가 국면이 복잡해지고 자기 뜻과 달라지면 곤경에 빠질 수밖에 없다. 굴원의 이후 인생이 바로 이러했다. 그는 진정한 마음을 가진 백성의 인격을 생의 끝까지 견지했다.

「귤송」에서는 잘 수양하여 아름다움을 추구하고 자존감을 지키며 현명한 길을 모색하려는 단서가 드러난다. 그와 동시에 '아름다운 정치美政'라는 이상에 집착하며 군왕이 요순과 같은 성왕이 되도록 보좌하기를 희망했다. 자신을 애석해하면서도 조정에 은근한 기대를 품고 있었으니, 이것이 진정한 마음을 가진 백성으로서 그의 인격에 담긴 핵심적인 내용이라고 할 수 있다. 실현될 수 없는 애석함과 기대는 결국 궤멸할 수밖에 없다.

「이소」에 이르러서는 이런 인격의 특징이 더욱 두드러진다. 이 작품의 첫머리에서 자신의 출신과 생일을 찬미하고, 아름다운 자질과 능력을 수양하는 것에 관해 거듭 서술하면서 나는 듯이 지나가버리는 시간에 대한 초조한 염려를 나타냈다. 그의 근본적인 바람은 바로 회왕과 초나라를 위해 전력을 바치면서 아울러 자기 개인의 '훌륭한 명성修名'을 확립하는 것이었다. 초나라의 정국이 악화함에 따라 그는 이런 인격을 더욱 단단히 추구했으며, 회왕 및 조정 내부의 당파와 대치 상태도 더욱 팽팽해졌다. 회왕을 원망하면서도 동시에 그는 당파를 강력하게 비판했다.

오직 당파가 구차하게 쾌락을 추구하니
길은 어둡고 험하고 좁구나.
惟夫黨人之偸樂兮, 路幽昧以險隘.

두려운 국면이 눈앞에 닥치니 "나라가 무너질까 두려워하는恐皇興之敗績"것이 마음에 수시로 떠오르는 악몽이 되었다.

수신修身을 중시하고, 자존감을 지키며 현명한 길을 모색하며, 도를 실현하는 것을 자기의 소임으로 여겨서 왕후王侯를 오시傲視하거나 적어도 정시正視하는 것은 공자와 맹자를 포함한 선진先秦 시기 제자백가가 모두 지니고 있던 기상이다. 다만 정도와 풍모가 각기 다를 뿐이었다. 이것은 탄식을 자아낼 만한 특징이었다. 굴원은 바로 이런 기상을 갖추고 있었다. 「이소」의 첫머리에서 자기소개를 마친 후 곧바로 호탕하게 선언했다.

천리마 타고 치달리나니
군주를 위해 성왕의 길을 인도하리라!
乘騏驥以馳騁兮, 來吾導夫先路.

이야말로 제왕의 스승으로서 기도가 충만한 말이다. 굴원은 항상 다른 이들보다 극단적이었다. 그는 거듭해서 표명했다.

또한 내 마음이 좋아하는 바이니
아홉 번 죽더라도 후회하지 않으리라!
亦余心之所善兮, 雖九死其猶未悔.

나는 변할 수 없으니 차라리 죽고 싶다는 뜻이다. 그러니 그와 회왕, 당파가 조화를 이루기 어려웠던 것은 필연적인 결과였다.

실의한 신하로서 굴원은 갈 길이 없을 수밖에 없었다. 절망할수록 더욱 유일한 희망을 군주에게 걸었다. 그는 오랫동안 줄곧 마음속의 성왕이라는 척도로 회왕을 이끌고 성왕답게 만들어보려고 시도했다. '군왕을 사랑하는 콤플렉스'는 강렬했으나 군왕은 그를 사랑하지 않았다. 그의 노래 곳곳에는 회왕에 대한 지극한 사랑과 깊은 원망의 심정이 뒤얽혀 있다. 사랑하듯이 군왕에게 충성했던 그가 바라는 군신 관계는 더없이 친밀한 '연인' 관계와 유사했다. 군왕에게 충성하는 것은 그가 영원히 깨어날 수 없는 무서운 꿈이었다. 충성의 극단은 사랑이고, 사랑의 극단은 원망이었으니, 사랑과 원망은 동전의 양면과 같은 것이었다. 사람에게 가장 강렬한 감정은 사랑이다, 비록 반드시 오래 지속될 수 있는 것은 아니지만. 그의 이러한 '사랑 비슷한 것'은 강렬했을 뿐만 아니라 오래 지속되기도 했다. 노래 속에서 그는 천상과 지하를 오가며 '여인을 찾는' 여행을 반복적으로 시작하는데 언제나 실망과 실패로 끝난다. 그러나 그는 그 '짝사랑'을 뒤돌아보지 않고 끝까지 밀고 나가서 제대로 된 사랑도 도저히 이를 따라잡을 수 없을 정도였다. 군왕을 향한 이 '비첩의 심리'에는 심각한 정치적·심리적 원인이 있다. 우환과 시름을 품은 '실연한 신하'인 굴원은 이렇게 넓은 시의詩意와 미세하면서도 거대한 의미, 보통 사람은 생각해낼 수 없는 '사랑 비슷한 것'을 한데에 융합했다. 정말 대대로 근심을 풀려는 이들을 난감하기 그지없게 했다.

후세의 문인과 신하들이 작품에서 '여인을 찾는' 전통을 갖게 된 것은, 단순하게 굴원의 그러한 이미지를 본뜬 것이라고 간주될 수 없다. 군왕에 대한 비첩의 심리도 굴원이 발명한 것이 아니다. 절대 권력이 존재한다면 신하가 군왕에 대해 비첩의 심리를 갖는 것은 전혀 이상한 일이 아니다. 누군가 당신의 모든 것을 결정할 권한을 부여받는다면 당신은 비첩의 심리로 그를 대할 가능성이 지극히 크다. 영혼은 진즉 무릎을 꿇었음에도 정작 자신은 전혀 자각하지 못하는 이들이 얼마나 많은가? 굴원은 비첩처럼 성실하고 진지하게 회왕에게 권유했으나 결코 완전하게 무릎을 꿇지는 않았다. 나라를 구하려는 그의 바람은 오직 최고 통치자에게 기탁할 수밖에 없었다. 군왕에 대한 충성은 절망 속의 희망이었다. 비첩의 심리를 떨치기는 사실 아주 쉽다. 애국의 감정을 풀어 다른 나라로 가버리면 되는 것이다. 굴원은 그것을 모르지는 않았으나 실행에 옮기지는 못했다.

요즘의 몇몇 학자는 심리학이나 병리학으로 굴원을 해석하여 이따금 신선한 견해를 제시하기도 한다. 그러나 굴원을 초나라와 그 시대에 두지 않고 그저 그의 노래 속에서 비늘 하나나 손톱 한 조각을 찾아내 그가 성욕 도착fetishism에 빠졌다거나 동성애자, 양성애자라거나 혹은 복장 도착transvestism에 빠졌다거나 정신병자라는 등의 결론을 도출하는 것은 사실상 「천문天問」보다 더한 상상력의 산물이다. 오랫동안 역경에 처해 갖은 고난을 겪어 심신이 모두 피로하고 건강마저 잃었던 굴원이 종종 질병의 고통이나 정신적으로 몽롱한 상태에 빠졌으리라는 것은 인정할 만하고, 그의 글이 구애됨 없이 호방하고, 착란적이며, 매우 기이한 풍모를 보이는 것도 응당 그와 관련이 있을 것이다. 그러니까 어느 정도의 정신이상이 그의 정신적 역량을 폭발시키고 창작 능력을 강화하는 데에 영향을 주었을 수도 있다. 그러나 굴원의 인격은 시종일관 분열되거나 붕괴하지 않았으며 심지心智의 질서를 잃은 적이 없다는 것도 인정할 만하다. 노래가 그것을 증명한다. 「회사」는 강물에 몸을 던지기 전 그의 철저한 절망과 고도로 맑게 깨어 있는 정신을 동시에 보여준다. 차분하게 죽음으로 나아간 것은 인격을 수호하고 도를 위해, 나라를 위해 목숨을 바친 결과였다. 죽음은 그가 가장 오랫동안 운영하고 가장 깊은 정성을 쏟은 한 편의 시였다.

굴원의 '하늘'은 무너졌다.

「천문」은 만년의 작품이다. 작품 전체에는 172개의 질문이 들어 있는데, 무엇에 관해 의문을 품더라도 그저 묻기만 하고 대답은 하지 않으며, 질문이 바로 대답이다. 이 작품은 전체적으로 문채文彩와 수식을 추구하지 않은 채 천지와 고금, 자신의 이 고통스러운 생에 관해 묻는다. 그는 마치 니체가 "신은 죽었다"라고 선언하듯이, 자신이 이전에 가지고 있던 '하늘'이 무너졌다고 선포하는 듯하다. 니체는 미쳤고, 굴원은 「회사」를 노래한 후 강물에 몸을 던졌다. 굴원을 미치게 한 압력이 니체를 미치게 한 압력보다 더 컸을 수도 있지만, 굴원은 미치지 않았다. 그는 최종적으로 자신을 초나라의 강산에 묻는 것밖에 할 수 없었다. 「회사」는 정 많은 그가 무정한 세계에게 주는 절명사絕命辭였고, 죽음은 절망한 그가 깊은 정감을 지닌 자신에게 불러준 노래였다.

四

굴원이 쫓겨나 초야에 노닐며 연못가를 거닐며 읊조리는데 안색이 초췌하고 몸과 표정이 비쩍 말라 있었다. 어부가 보고 물었다.

"그대는 삼려대부가 아니오! 어쩌다가 이런 지경에 이르렀소?"

"온 세상이 모두 혼탁한데 나만 혼자 맑고, 사람들이 다들 취해 있는데 나만 혼자 깨어 있어서 쫓겨났다오."

"성인은 사물에 정체되지 않고 세상의 추이와 함께할 수 있어야 하오. 세상 사람이 모두 혼탁하다면 어째서 진흙을 휘저어 물결을 일으키지 않고, 사람들이 다들 취해 있으면 어째서 그 술지게미를 먹고 거른 술을 마시지 않았소? 왜 깊이 생각하고 고상하게 행동하여 스스로 쫓겨나게 만들었소?"

"듣자 하니 새로 목욕하면 반드시 갓을 털고 옷을 털어야 한다고 하더이다. 어찌 청결한 몸으로 남의 더러운 것을 받아들일 수 있겠소? 차라리 상수 강물로 가서 몸을 던져 물고기 뱃속에 묻힐지언정 어찌 한없이 결백한 몸으로 세속의 먼지를 뒤집어쓸 수 있겠소?"

어부는 빙그레 웃더니 노를 두드리고 떠나면서 노래를 불렀다.

"창랑의 물이 맑으면 내 갓끈을 씻을 수 있고, 창랑의 물이 흐리면 내 발을 씻을 수 있지."

어부는 다시 말을 나누지 않고 그대로 떠났다.

屈原旣放, 遊於江潭, 行吟澤畔, 顔色憔悴, 形容枯槁. 漁父見而問之曰, 子非三閭大夫與. 何故至於斯. 屈原曰, 擧世皆濁我獨淸, 衆人皆醉我獨醒, 是以見放. 漁父曰, 聖人不凝滯於物, 而能與世推移. 世人皆濁, 何不淈其泥而揚其波. 衆人皆醉, 何不哺其糟而啜其醨. 何故深思高擧, 自令放爲. 屈原曰, 吾聞之, 新沐者必彈冠, 新浴者必振衣, 安能以身之察察, 受物之汶汶者乎. 寧赴湘流, 葬於江魚之腹中. 安能以皓皓之白, 而蒙世俗之塵埃乎. 漁父莞爾而笑, 鼓枻而去, 乃歌曰, 滄浪之水淸兮, 可以濯吾纓, 滄浪之水濁兮, 可以濯吾足. 遂去, 不復與言.

_「漁父辭」

민족마다 끝없이 이야기의 소재가 되는 화제의 인물이 있으니, 굴원이 그중 하나다. 아울러 그는 막 죽었거나 혹은 아직 죽지 않았을 때도 아마 이런 화제의 인물이었던 듯하다.

「어부사」는 초사 가운데서도 특이한 작품이다. 작자가 누구인지는 알 수 없는데, 굴원 이후의 도가 정신을 지닌 초사 작가가 굴원에 대한 사회적 반향을 처음으로 폭로한 글이라 하겠다. 사마천은 이 작품을 「굴원열전屈原列傳」에 수록하여 굴원에 관한 자신의 평가로 삼았다.

「어부사」는 대단히 희극적이면서 무척 음미할 만하여, 마치 물가에서 두 사람이 공연하는 단막극 같다. 굴원과 어부는 모두 감동적일 만큼 친근하지만, 작자는 오히려 어부가 정신적으로 더 우월해 보이도록 했다. 이 작품은 굴원이 강물에 몸을 던진 후 그에 관한 초나라 사람의 최초의 해석일 것이다.

이 단막극은 풍부한 장력을 품고 있으며, 두 가지 도덕 정신의 충돌과 조명을 보여준다. 어부의 관점에서 이 세계는 그다지 미묘하지 않고 그런대로 참고 견디면서 세속과 어울릴 만한 곳이다. 굴원은 시시포스 Sisyphus처럼 터무니없는, 세계에 반항하는 터무니없지만 위대한 영웅이다. '어부'는 그것을 잘 알고 있다. 구애받지 않는 활달한 마음의 어부와 집착하는 굴원은 상대를 설득시키기 위해서라기보다 각자 정서를 풀어내는 듯한 진술을 이어간다. 「어부사」는 굴원의 내재적 모순을 문학적으로 표현한 작품이라고 할 수 있다. 이 모순은 「이소」 등의 작품에서도 모두 표현된다. 빙그레 웃은 어부는 훌쩍 떠나버리고, 비쩍 마르고 초췌한 굴원은 물고기 뱃속에 자신을 묻는다.

굴원은 눈에 띄게 존재했을 뿐만 아니라, 중요한 것은 그의 존재가 후세에 깊은 영향을 주고 있다는 점이다. 그 영혼은 후세의 문화적 폭과 정감의 깊이를 확장했다.

왕공王恭[17]은 이렇게 말했다.

"명사가 반드시 기이한 재능을 가질 필요는 없으나 늘 별다른 일이 없이 통렬하게 술을 마시고 「이소」를 숙독하면 명사라고 부를 만하다."

王孝伯言, 名士不必須奇才, 但使常得無事, 痛飲酒, 熟讀離騷, 便可稱名士.

_『世說新語』「任誕」

왕공은 동진 말엽의 쓸모없는 인간 가운데 하나로서, 『세설신어』의 작자가 여기서 사용한 것은 당연히 반어적인 풍자이나, 그래도 이를 통해

---

17   왕공王恭(?~398, 자는 효백孝伯)은 동진 때 광록대부를 지낸 왕온王薀의 아들이자 효무정황후孝武定皇后 왕법혜王法慧의 오빠로서 저작좌랑著作郎과 이부랑, 중서령 등을 역임하고 전장군前將軍 겸 청연이주자사靑兗二州刺史를 지내기도 했으나 유뇌지劉牢之의 반란군에게 패해 죽었나.

사대부 세계에 미친 굴원의 영향을 볼 수 있다.

한나라 때부터 사대부들은 「이소」를 읽고 굴원을 이해하는 것을 품격 높은 정신 활동이라고 여겼다. 그러나 굴원을 이해하는 데에는 종종 곡해曲解가 따른다. 「이소」는 중국 사대부에게 따끈하게 데운 한 항아리의 술이다. 어떤 이는 통렬하게 마시고, 어떤 이는 슬쩍 맛만 보고, 아예 거들떠보지도 않는 사람과 항아리를 발로 차 엎어버리는 사람도 있다.

한나라 무제武帝가 회남왕淮南王 유안劉安[18]에게 「이소전離騷傳」을 편찬하게 하자, "아침에 조서를 받고 그날 밤 때에 진상했으니" 유안이 진즉부터 「이소」에 대해 잘 알고 있었음을 알 수 있다. 사마천은 『사기』 「굴원가생열전」에서 다음과 같은 유안의 말을 인용했다.[19]

> 「국풍」은 여색을 좋아하나 정도를 넘어서지는 않았고, 「소아」는 원망하고 비방하나 법도를 어지럽히지는 않았다. 「이소」는 그것을 겸비했다고 할 수 있다. (…) 이런 뜻을 미루어보면 해와 달과 빛을 다툴 수도 있다.
>
> 國風好色而不淫, 小雅怨誹而不亂. 若離騷者, 可謂兼之矣. (…) 推此志也, 雖與日月爭光可也.

사마천은 유안의 관점을 완전히 계승하고, 한 걸음 더 나아가 이렇게 평했다.

---

18 『한서漢書』 권44 「회남형산제북왕전淮南衡山濟北王傳」: "旦受詔, 日食時上."
19 유안劉安(기원전 179~기원전 122)은 고조 유방의 손자이자 회남력왕淮南歷王 유장劉長의 아들로서 처음에는 부릉후阜陵侯에 봉해졌다가 기원전 164년에 회남왕에 봉해졌다. 그는 수천 명의 빈객을 초빙해 『내서內書』(『회남자淮南子』)와 『외서外書』 『중편中篇』 등을 편찬했고 「이소전離騷傳」을 지어 무제에게 바치기도 했으나, 훗날 모반을 꾀하다가 발각되자 자살했다.

신뢰를 보여주었으나 의심받고 충성을 바쳤으나 비방을 당했으니 원 망이 없을 수 있겠는가? 굴원이 「이소」를 지은 것은 아마 원망 때문이 었을 것이다.

信而見疑, 忠而被謗, 能無怨乎. 屈平之作離騷, 蓋自怨生也.

이것은 굴원이 틀림없이 원망했을 것이고, 그의 노래가 원망에서 나 왔다는 점을 강조한 말이다. 유안과 사마천은 굴원에 대해 높이 평가한 가장 이른 시기의 인물들이다.

이후로 굴원을 둘러싸고 역대의 문인들은 아끼고 기리거나 미워하며 폄하하여 뚜렷하게 대비되는 관점을 보여왔는데, 그것은 오늘날까지도 이 어지고 있다. 전한前漢 초기의 가의賈誼[20]와 전한 말엽의 양웅揚雄[21]은 모 두 유명한 사부辭賦 작가로서 굴원의 작품을 격찬함과 동시에 그의 불우不 遇를 애석해하면서, 그가 초나라를 떠나 재앙에서 멀리 떨어지지 못한 바 람에 개미 떼 같은 소인배 무리에게 멸시당한 것을 비판했다.

후한後漢 때의 반고班固는 젊은 시절에는 굴원을 격찬했다. 그러나 중 년에 어명을 받고 역사서를 편찬한 뒤에는 종전의 입장을 바꾸어 유안과 사마천의 관점에 격렬히 반대하고, 「이소서離騷序」 등의 글에서 굴원을 전 면적으로 부정했다. 그는 굴원이 "재주를 드러내 자기를 과시했고露才揚己" "군주를 원망하며 윗사람을 풍자했으니怨主刺上" "현명한 지혜를 가진 인물 이 아니었고非明智之器" 「이소」는 유가의 '법도'에 합치되지 않는다고 비판

---

20 가의賈誼(기원전 200~기원전 168)는 문제 때 박사가 되어 이후 태중대부太中大夫가 되었으나 권 신들에게 배척당해 장사왕長沙王 태부太傅로 좌천되었다. 3년 뒤에는 다시 양회왕梁懷王 태부가 되었 는데, 왕이 낙마하여 죽자 역시 상심해 죽었다. 「과진론過秦論」과 「조굴원부弔屈原賦」 등을 남겼다.
21 양웅揚雄(기원전 53~기원후 18, 자는 자운子雲)은 성제成帝 때 「감천부甘泉賦」와 「하동부河東 賦」 등을 지어 바치고 급사황문시랑給事黃門侍郎에 임명되어 천록각天祿閣에서 일하면서 왕망王莽과 교분을 맺었다. 『법언法言』『태현太玄』 등의 저작을 남겼다.

했다. 반고가 이렇게 관점을 뒤바꾼 것은 지위가 생각을 결정한다는 격언을 입증하는 고대의 사례라고 할 수 있다.

후한 말엽 왕일王逸[22]의 『초사장구楚辭章句』는 『초사』에 대한 최초의 주석본으로서 후세에 대단히 큰 영향을 미쳤다. 그는 반고의 관점에 반대하면서 굴원을 표준적인 유가의 문도門徒로 보았다. 이를 위해 그는 발을 깎아서 신발에 맞추는 불합리한 방법을 동원하는 것도 마다하지 않았다. 예를 들어서 그는 「천문」을 이렇게 해석했다.

왜 '하늘에 묻는다'라고 하지 않았는가? 하늘은 존엄하여 문책할 수 없으니 하늘이 묻는다고 한 것이다.
何不言問天. 天尊不可問, 故曰天問也.

'천문天問'과 같이 제목을 붙이는 방법은 굴원의 노래뿐만 아니라 제자백가의 저작에서도 아주 보편적이었으며, 굴원의 노래에 「귤송」과 「국상國殤」 같은 작품도 있다. 중요한 것은 왕일의 해석이 「천문」의 주제와 어긋난다는 사실이다. 「천문」은 바로 드높은 하늘 아래에서 "날은 저물고 길도 끝난" 굴원이 '하늘'에 대해 격렬히 반항하며 힐문詰問한 작품이다.

반고와 왕일의 관점은 첨예하게 대립하지만 그 사상이 본질적으로 다른 것은 결코 아니다. 동중서董仲舒[23]가 "제자백가를 내치고 유학만 존중할 것罷黜百家, 獨尊儒術"을 건의해 무제가 그것을 시행한 뒤에 유교는 신

---

22 왕일王逸(?~?. 자는 숙사叔師)은 예주자사豫州刺史와 예장태수豫章太守를 지낸 인물로 『초사』에 대한 최초의 완정한 해설서인 『초사장구』를 편찬했고, 굴원을 애도한 「구사九思」를 짓기도 했다.
23 동중서董仲舒(기원전 179~기원전 104)는 한나라 경제 때의 박사로서 『공양춘추公羊春秋』를 강의했다. 그는 유가의 윤리를 '삼강오륜'으로 개괄했고, 무제는 그의 건의를 받아들여 이른바 '독존유술' 정책을 펼쳤다. 특히 동중서는 '대일통大一統'과 '천인감응天人感應'의 이론을 제시하여 봉건왕조의 통치이데올로기를 위한 토대를 제공했다. 그의 주요 저작들은 『춘추번로春秋繁露』에 모아져 있다.

속하게 삼강오륜三綱五倫으로 변했다. 반고는 굴원을 유가 문도로 대하기가 사실상 아주 어렵다고 느끼고 아예 "굴원을 타도해"버린 것이다. 왕일은 "굴원을 이해"하려고 엄청나게 고심하여 그를 표준적인 유가 문도로 꾸미려 했다.

한나라 때부터 당나라 때까지는 오랜 기간 난세가 지속되었다. 양梁나라와 북제北齊, 북주北周, 수隋나라까지 네 왕조에서 벼슬살이했던 안지추顔之推[24]는 『안씨가훈顔氏家訓』「문장편文章篇」에서 수십 명의 '경박한' 문인을 꼽으면서 굴원을 맨 먼저 내세워 공격했다.

> 예로부터 문인이 경박함에 빠지는 경우가 많았다. 굴원은 재능을 과시하며 자신을 내세웠고, 군주의 과실을 밖으로 드러냈으며……
> 自古文人, 多陷輕薄. 屈原揚才露己, 顯暴君過……

안지추는 '세 차례나 나라를 망하게 한 사람三爲亡國之人'이라고 스스로 탄식했으나 아침에 진나라를 섬기고 저녁에는 초나라를 섬기면서 모두 '충신'으로 평가받으며 재주를 부려 재앙을 피하면서 결국 천수를 다 누렸다. 이 놀라운 일생을 고려하면 그는 틀림없이 깊은 '마음의 깨달음'이 있었을 것이다. 그가 이처럼 굴원을 평가한 것은 폐부에서 우러난 것이라 할 수 있다.

당나라 때부터는 통치자들이 끊임없이 굴원을 추봉追封하여 그를 군주에게 충성한 도덕의 신으로 만들려는 것 같았다. 체제가 자기 필요에

---

24 안지추顔之推(531~597?, 자는 개개)는 남조 양나라에서 국좌상시國左常侍와 교서校書를 역임하고, 서위西魏에 포로가 되었다가 풀려나 북제北齊에서 20년 동안 벼슬살이하여 황문시랑黃門侍郎까지 올랐으며, 북제가 망한 후 북주北周에서 어사상사御史上士를 역임했다. 이후 수나라 때는 학사學士를 지냈다. 『안씨가훈顔氏家訓』과 『환원지還寃志』를 남겼다.

적합한 우상을 만들고자 하는 충동은 강렬하다. 남송南宋의 이학가理學家 주희朱熹는 『초사집주楚辭集注』를 지어서 굴원의 노래에서 군신 간의 대의 大義를 읽어내면서, 그의 노래가 드러내는 하늘을 찌를 듯한 원망과 꿈속 인 듯 미친 듯한 정신 상태는 무시한 채 '원망'을 완전히 '충성'으로 해석하 여 굴원을 공문孔門 태묘太廟의 희생으로 삼았다. 원元나라와 명·청 시기 에는 굴원에 대한 포폄褒貶이 이전 시기의 그것을 넘어선 참신한 의미가 전혀 없었다. 명말·청초의 사상가 왕부지王夫之[25]는 '군주에 대한 충성'을 '나라에 대한 충성'으로 해석했고, 같은 시기의 김성탄金聖歎[26]은 굴원이 충효 정신으로 창작했다는 주장을 부정하고 우환憂患 때문에 창작했다는 주장을 제시했다. 두 사람은 명나라의 멸망이라는 아픔을 함께 겪었기 때 문에 시선이 사나워졌고 속된 유생들과는 전혀 달랐다. 그들의 견해는 특 별한 사람의 특별한 것에 속했다.

황권皇權의 시대에 굴원을 둘러싼 논쟁에서 예술 비평의 의미는 적 었고, 대부분 정치와 도덕에 뒤얽혔다. 그 근본적인 원인은 황제의 독재가 2000년 동안 일관되게 이어짐으로써 새로운 의미가 제기될 수 없었던 데 에 있다.

진정한 시인이나 문학가는 굴원에 대해 어떤 마음이었을까? 유안과 사마천 이후에 가의와 양웅, 이백, 두보, 유종원柳宗元, 신기질辛棄疾[27], 소 식蘇軾 등이 모두 굴원을 무척 좋아했다. 그들이 논쟁에 참여한 경우는 무

---

25 왕부지王夫之(1619~1692, 자는 이농而農)는 고염무, 황종희와 더불어 명말·청초의 '3대가'로 꼽히 며 『주역외전周易外傳』『상서인의尙書引義』『독통감론讀通鑑論』『송론宋論』등 많은 저작을 남겼다. 청년 시기에 적극적으로 반청 운동에 참여했고 만년에 석선산石船山에 은거하여 선산병수船山病叟, 남 악유민南嶽遺民 등의 필명을 써서 흔히 선산선생으로 불린다.
26 김성탄金聖歎(1608~1661, 이름은 채采, 자는 약채若采)은 원래 성이 장씨張氏라는 설도 있으며, 명나라가 망한 후 이름을 인서人瑞로 바꾸고 자를 성탄이라고 했으며, 자칭 늑암법사泐庵法師라고 했 다. 문학비평가로서 『수호전水滸傳』『서상기西廂記』『좌전左傳』등과 두보를 비롯한 당시를 비평하면서 '육재자서六才子書'라는 호칭을 만들어냈다.

척 드물었지만, 굴원의 노래에 담긴 정수를 자신들의 핏속에, 시와 문장에
녹여 넣었다.

> 문장은 운명의 현달顯達을 미워하고
> 도깨비는 사람 지나가는 것을 좋아하지.
> 응당 원통한 혼령과 말하여
> 시를 던져 멱라강에 주리라!
> 文章憎命達, 魑魅喜人過.
> 應共冤魂語, 投詩贈汨羅.　　　　　　　　_ 杜甫, 「天末懷李白」

두보의 상상 속에서 억울한 일을 당해 호남湖南 일대를 떠도는 이백
은 시를 지어 멱라강에 던짐으로써 굴원의 혼령과 서로 아끼고 동정했을
것이다.

> 정성正聲은 어쩌나 아득하고 모호한지
> 애절한 원망은 시인을 일으키지.
> 正聲何微茫, 哀怨起騷人.　　　　　　　　_ 李白, 「古風」 其一

진정한 시인들은 확실히 굴원과 서로 아끼고 동정하는 심정을 쉽게
가질 수 있었다.
　시인 가운데 굴원을 증오한 이도 있었다. 당나라 중엽의 시인 맹교孟

27　신기질辛棄疾(1140~1207, 자는 탄부坦夫 또는 유안幼安)은 금나라에서 청년 시절을 보내고 남
송에 귀순하여 강서와 호남, 복건 등지를 지키며 비호군飛虎軍을 창설하여 호상湖湘 지역을 안정시켰
다. 그러나 정치적으로 주화파主和派와 맞지 않아 자주 탄핵을 당했고 결국 산속에 은거했다. 이후 개희
북벌開禧北伐이 진행될 때 다시 추밀도승지樞密都承旨에 임명하려 했으나 사양하고 병사했다. 뛰어난
사詞를 썼던 그는 『가헌장단구稼軒長短句』를 남기기도 했다.

郊[28]가 「여행 도중 상강과 완강에 들러 굴원을 회상하다旅次湘沅有懷靈均」라는 시에서 굴원을 낮게 평가한 것은 극히 드문 경우다.

이름은 군자의 영역에 들어갔는데
행위는 개인의 명망만 추구하는 유생이구나.
名參君子場, 行爲小人儒.

죽어서는 조문조차 받지 못할 물귀신이 되고
살아서는 시기와 비방받는 무리가 되었지.
死爲不弔鬼, 生作猜謗徒.

「회사」를 짓고 목숨 없앴으니
효행을 어찌 갖출 수 있었으랴?
懷沙滅其性, 孝行焉能俱.

지금은 성스럽고 영명한 황제가 다스리는 시절이라
외롭게 떠도는 신하는 기르지 않지.
如今聖明朝, 養育無羈孤.

이것은 차라리 저주에 가까우며, 굴원의 자살마저 불효로 간주했다. 그야말로 눈이 휘둥그레지게 한다. 정치적 강령과 원칙에 입각한 듯한 엄중한 비판은 옛사람들도 이해했다. 강령과 원칙에 입각한 비판의 역할은

---

28   맹교孟郊(751~814, 자는 동야東野)는 두 차례 과거에서 낙방하고 46세에야 진사가 되어 율양현위溧陽縣尉를 역임했고, 이후 하남윤河南尹 정여경鄭餘慶을 보좌하다가 죽었다. 그는 백성의 고난을 읊은 시를 많이 지어서 '시수詩囚'라고 불리기도 한다.

바로 본래 관련 없는 의미를 관련시킨 뒤에 특별히 놀랍고 두려운 효과를 거두는 것이다. 이 시는 마지막에 "우리 황제께서 성스럽고 영명하시어_{吾皇聖明}" 사회의 복리_{福利}가 아주 훌륭하다고 칭송했다. 대단한 성취를 이룬 시인이 왜 이렇게 굴원을 원수처럼 여겼을까? 맹교는 또 「과거에 급제하고 나서_{登科後}」라는 시에서 이렇게 썼다.

> 지난날 속 좁게 굴었던 일 자랑하기에 부족하고
> 오늘은 거침없어 생각도 한없다.
> 봄바람에 의기양양 말발굽도 질풍 같아
> 하루에 장안의 꽃들 모두 구경했다.
> 昔日齷齪不足夸, 今朝放蕩思無涯.
> 春風得意馬蹄疾, 一日看盡長安花.

과거에 급제한 후의 미친 듯한 즐거움이 이런 정도에 이를 줄이야! 맹교는 '고음파_{苦吟派}' 시인을 대표하는데 공명을 추구하는 마음은 컸으나 반평생을 어렵게 지내다가 아마 "아침에는 농부였다가 저녁에는 천자의 신하가 된"[29] 듯한 몽상을 계속 품고 있었을 테니, 생기 없이 시들어 있는 정신과 인격의 면모를 이 시를 통해서도 조금 엿볼 수 있다. 이미 '개인의 명망만 추구하는 유생_{小人儒}'이 되어 있음에도 전혀 자각하지 못하고 있다. 맹교의 심리는 완전히 개인적인 공명_{功名}의 토대 위에 세워진 철저한 비첩의 심리였다.

굴원을 둘러싸고 고대의 문인들은 몇 줄로 세울 수 있을 듯하다. 첫째 줄은 유안과 사마천, 가의, 이백, 두보, 왕부지, 김성탄 등이다. 둘째 줄

---

29 왕수王洙, 「신동시神童詩」: "朝爲田舍郎, 暮登天子堂."

은 반고와 안지추, 맹교 등이다. 셋째 줄은 왕일과 주희 등이다. 굴원에 대한 그들의 태도는 각기 고도로 긍정하거나 대부분 긍정하고, 기본적으로 부정하거나 전반적으로 부정하며, 고도로 긍정하거나 기본적으로 긍정하나 곡해한 경우로 설명할 수 있다. 셋째 줄은 두 사람밖에 나열되지 않았으나 실제로 엄청난 대군大軍, '예술'을 정치에 견강부회하는 대군이 뒤따르고 있다. 이 세 줄에 늘어선 인물들의 사상과 감정, 개성, 문화적 취향을 꼼꼼히 헤아려보는 것도 대단히 흥미로운 일일 것이다.

굴원에 대한 해석은 량치차오梁啓超와 왕궈웨이王國維 등 현대 학자들에 이르러 기본적으로 황제 권력의 그림자를 떨쳐내고 현대의 이성理性이라는 햇빛 아래 놓이기 시작했다. 그러나 지금까지도 굴원은 여전히 황당무계하게 취급되거나 마구 덧칠되고 있다.

한 명의 시인이 역대의 독자들에게 아무리 읽어도 물리지 않는 가치를 지니고 있다면 그는 틀림없이 독자가 '자아'를 발견하게 하는 능력을 구비하고 있을 것이다. 완전히 해설하기는 불가능한 굴원은 마치 문인이나 문인이 아닌 이들까지 모두 가져다가 자신을 비춰볼 수 있는 거울과 같다. 그것으로 가면을 비춰보거나 자신의 가슴에 담긴 진심을 비춰보기도 할 테고, 자기가 무엇을 비춰보고 있는지 모르는 이도 있을 것이다.

五

영도郢都로 가는 길 아득히 멀구나
몽혼夢魂은 하룻밤에도 아홉 번이나 달려가지.
惟郢路之遼遠兮,
魂一夕而九逝.   _『九章』4「抽思」

굴원 이후로 유가를 위주로 하다가 유가와 불가佛家, 도가道家를 융합하는 국면이 이어지면서 중국 사대부의 인격과 정서는 길들임 당하고 균형을 이루어서 굴원과 같은 비극적 영웅은 드물어졌다.

굴원은 곤경에 빠진 인류의 한 유형을 대표한다. "몽혼夢魂은 하룻밤에도 아홉 번이나 달려갔다"라는 구절에서, 쫓겨난 곳에 있는 굴원은 하룻밤에 '아홉 번'이나 초나라의 도읍인 영도로 달려갔다고 했다. "군왕에게 충성하고 나라를 사랑하며 당파를 미워한다"라는 말로 굴원의 정신세계를 개괄하는 것은 분명 큰 잘못이 아니다. 군왕과 나라, 당파, 굴원은 풀어질 수 없는 곤경을 형성한다. "하룻밤에 아홉 번이나 달려간" 그 몽혼이 생각한 것은 나라를 보존하고, 보존하고, 또 보존하는 것이었다. 군왕에 대한 충성? 그는 군왕에게 충성하지 않을 수 없었으니, 나라의 존망이 군왕의 한몸에 달려 있었기 때문이다. 군왕이 어리석어 나라가 위태로운 것이 눈앞에 닥친 현실이다. 군왕에 대한 그의 충성과 사랑, 원망, 분노는 바로 비첩의 심리인데, 그 근원이 모두 여기에 있다.

굴원의 비극은 심각하고도 철저했다. 어쩌면 비극이 굴원을 만들어냈다고도 할 수 있다. 물론 이것은 오늘날의 해석이지 굴원이 자각한 것은 아니다. 그는 자각의 희생양이지 자각한 시인이자 자각한 문화 창조자가 아니었다. 이것은 앞서 "굴원은 중국 문학에서 자각의 시대가 도래했다는 표지"라고 했던 것과 전혀 모순되지 않는 진술이다. 이른바 '자각의 시대'는 후세 역사에서 인정한 것이지 굴원은 결코 이런 자각이 없었다. 그가 추구한 것은 초나라가 통일한 천하, 초나라의 상존常存, 그리고 개인적으로 '아름다운 명성'을 성취한다는 '희극'이지 '위대한 시인'이 되는 것은 아니었다. 위대하든 보잘것없든 간에 사람이 자각적으로 역사에 진입할 가능성은 지극히 작다.

위치우위余秋雨[30]가 굴원에 대해 해설한 「시인이란 무엇인가詩人是什

麼」라는 글에 이런 내용이 들어 있다.

후세에서 보기에 당시에 진정으로 '국가'에 비교적 가까이 근접한 것은 오히려 진나라였으니, 바로 그 나라가 중국을 통일하고 엄격한 의미의 국가 개념을 만들어서 량치차오가 말한 '중국의 중국'을 형성했기 때문이다. 중국이 통일과정에서 만난 대치적 호소를 어떻게 거꾸로 '애국'이라고 할 수 있겠는가?

어떤 이는 이것이 단지 초나라의 그때 그 자리의 관념을 반영할 뿐이라고 변명할 것이다. 그러나 굴원을 '애국자'라고 한 것은 현대인이다. 시인으로서 굴원이 진즉부터 그때 그 자리의 인물이 아니었음을 현대인이 어떻게 모를 수 있겠는가? 신속하게 부패하는 요소와 영원한 요소를 한 덩어리로 반죽하고, 부분적 요소와 보편적 요소를 억지로 하나로 붙이고, 또 결국 신속하게 부패하고 부분적인 요소를 더 높이 끌어올리는 것이야말로 많은 문화 연구자가 저지르는 오류다.

일반적인 백성이 그들보다 훨씬 훌륭해서, 매년 단오절마다 굴원을 기념하기 위해 쭝쯔粽子를 만들고 용주龍舟의 노를 저을 때는 전혀 지역을 나누지 않는다. 당시에 초나라에게 침략당했던 지역이든 초나라를 멸망시킨 지역이든 상관없이 모두가 기념한다. 당시의 '국가 경계'는 진즉 시구절에 의해 소통되어 정치적 애증 따위는 근본적으로 존재하지 않게 되었다.

작자는 여러 종류의 영문을 알 수 없는 기묘한 요소들을 '한 덩어리로 반죽'하여 문장의 뜻이 복잡해 보이지만, 사실 대단히 명백하다. 즉, 진

---

30 위치우위余秋雨(1946~)는 문화사학자이자 산문가로서『중국희극사』『관중심리학』『문화의 고된 여행文化苦旅』『중국문맥中國文脈』등의 저작이 있다.

나라가 초나라를 멸망시키자 초나라는 신속하게 부패해 부분적으로 변해 버렸고, '정치적 애증'은 먼지와 연기로 변해버렸으니 굴원이 애국주의자라는 주장은 터무니없고 이치에 맞지 않는다는 것이다. 이런 논리가 성립한다면 인류는 '애국자'를 찾기 어려울 것이다. 송나라가 원나라에 의해 멸망하자 판도가 많이 확장되고 나라의 경계도 소통되었는데, 이 또한 '대치적 호소'라고 할 수 있는가? 작자의 고견과는 반대로 "현대인이 어떻게 모를 수 있겠는가?" 구체적인 국가와 왕조, 당파는 종종 신속하게 가버리고 신속하게 부패하지만, 진정한 애국정신은 결코 신속하게 부패하지 않는다. 물어보자. 고금에 중국 안팎에서 진정한 애국자의 형상이 '대치' 와중에 확립되지 않은 경우가 어디에 있는가? 굴원이 노래한 초사의 모든 글자에는 초나라를 사랑한 그의 피눈물이 스며들어 있다. 그는 바로 이 때문에 '그때 그 자리'를 초월하여 중국적이고 세계적인 인물이 될 수 있었다. 그가 어느 나라에서 태어났든, 그런 정신을 지니고 그런 창작을 진행했다면, 그 나라의 존망과 상관없이 그는 틀림없이 불후의 위대한 인물이 되었을 것이다. 혹자는 초나라와 대치하던 다른 나라들에 굴원과 같은 인물이 나타났더라면 역사는 똑같이 그를 존경했을 것이라고 한다. 다시 말해서 굴원이 애국자라는 주장이 어떻게 '현대'에 시작되었다는 것인가? 한나라 때부터 명·청 시기에 이르기까지 모두 굴원은 군왕에게 충성한 애국자라고 했다. 군권君權의 시대에는 군왕에 대한 충성과 애국을 구분하기 어려웠다. 왕부지는 아예 굴원이 군왕에게 충성했다는 주장을 애국했다고 바꿔버렸다.

진정한 문화는 반드시 진흙 속에서, 혈액과 골수 속에서 생장하지 입심에서 나오지 않는다. 굴원에게 '문화'는 없었고 정신이 아주 또렷한 상태에서 초나라를 사랑하고 당파를 증오했다는 것은 조금도 애매하지 않다. '정치적 애증'은 반드시 구체적이고 시대적이며, '국가 경계'도 시구절로 소통시킬 수 있는 것이 아니다. "시구절로 국가 경계를 소통시킨다"라는 것 자체가 하나의 시구절이라고 할 수밖에 없다. 굴원이 '애국자'라는 주장에 현대인을 포함한 후세 사람들이 견강부회로 쌓아 올린 부분이 있음은 부인할 수 없는데, 이것은 옛사람의 공통적 운명이다. 다만 그가 초나라를 사랑했다는 점은 부인할 수 없다. 위치우위의 말에서 보통 사람은 생각하기 어려운 고견을 자연스럽게 찾아낼 수 있다. 즉, 나는 굴원이 초나라를 사랑했다는 것을 절대 부인하지 않지만, 초나라를 사랑하는 것이 애국이라고 할 수 있는가라는 것이다. 굴원이 사랑한 것이 훗날 천하를 통일한 강력한 진나라라면 그가 애국자라는 주장이 비로소 성립할 수 있다. 아아, 슬프도다, 그 또한 즐겁지 아니한가! 애국 여부도 결국 "성공하면 제왕이요 실패하면 역적"이라는 강호의 원칙으로 판단하니, 또 '오류'에 빠져들어 이해하기는 어려운 듯하다.

굴원의 어리석음은 충정과 비첩의 심리를 비판할 수 있고, 그가 제자백가처럼 달관하지 못한 것을 애석하게 여길 수도 있다. 그러나 영리하고 민첩하게 중용을 지키고, 아침에 진나라를 섬겼다가 저녁에 초나라를 섬기며, 종종걸음으로 배회하는 인물이었다면 위대한 문화를 창조하지 못했으리라는 점은 분명하다. 현실의 곤경 속에 시달린 굴원이 가장 강렬하게 바랐던 것은 분명히 시를 써서 '국가 경계'를 소통시킴으로써 역사에 이름을 남기거나 심지어 문화를 창조하는 것이 아니라 나라를 보존하는 것뿐이었다. 그의 위대한 문화적 가치는 후세 역사가 인정한다. 그런데 이 인정을 통해 그가 애국자라는 사실을 부인하거나, 그가 애국자라는 것을 승인하는 것이 그의 문화적 가치를 깎아내리는 것이라고 여긴다면, 그것은 의심의 여지 없이 극단적이고 황당무계하다. 그가 노래한 초사의 위대한 문화적 격정과 초나라에 대한 애국의 정서는 불가분의 밀접한 관계를 맺고 있으며, 이 둘은 역사 현실에서 모두 보편적 요소와 부분적 요소의 관계를 구성하지 않는다. 이렇게 구분한다면 이성적 사유라 하기도 어렵고 심지어 정리情理에 통하지도 않는다고 할 수 있다. 굴원은 분명히 '문화적 배회자文化蹀躞家' 역할을 연기하며 제나라로, 노나라로, 진나라로, 초나라 등등으로 종종걸음치며 배회하지 못했다.

비첩의 심리는 역사에, 조야朝野에 두루 퍼져 있었고, 당연히 현실에도 두루 퍼져 있을 수 있다. 비첩으로 살아야 하는 환경이 주어진다면 누구든 비첩이 될 수 있다. 심지어 이미 비첩이 되는 길을 갈 필요가 없어졌는데도 여전히 기꺼이 그렇게 되기를 바라거나, 더욱이 비첩이 되고 노예가 되기를 쟁취하려고 노력하는 사람도 있다.

"문무의 기예를 배워 완성하면 제왕의 가문에 판다"[31]라는 말이 있다. 예로부터 사대부가 생각하는 것은 기껏 자기를 파는 것인데, 교역이 성공하더라도 겹겹의 흑막 뒤에서 주재하며 사들이는 것은 영원히 제왕일 뿐이다. 당나라 태종太宗은 새로운 사대부들이 줄줄이 임용되는 것을 보고 흥분하여, "천하의 영웅이 모두 내 사정거리에 들어왔구나!"[32]라고 말했다. 그가 직접 말하지는 않았지만, 그 말을 통해 암시하는 것에는 응당 이런 내용이 포함되어 있을 것이다.

"내가 끝내 이 '영웅'들을 비첩으로 만들 수 있겠구나!"

교역에서는 평등을 원칙으로 삼은 적이 이제껏 없었다.

비첩의 심리는 분명히 굴원이 타고난 것이 아니었다.

수천 년 동안 굴원은 우리에게 지극히 귀중한 문화의 영양분을 제공해주었다. 그러나 왕일과 주희 등이 반복적으로 감상하며 음미했던 것은 실제로 굴원의 비첩 심리였다. 비첩 심리를 인격적 주체로 삼은 사람이 볼

---

31   원元 무명씨無名氏,『방연이 밤중에 마릉의 길을 가다龐涓夜走馬陵道』「설자楔子」:"學成文武藝, 貨與帝王家."
32   오대五代 왕정보王定保,『당척언唐撫言』권1:"天下英雄入吾彀中矣."

수 있는 것은 모두가 비첩 심리다. 비첩 심리는 굴원의 인격적 주체가 아니라 그의 인격에서 왜곡된 일부분이다. 비첩 심리는 굴원이 자살하는 데에 힘을 더해주었다. 그 자살은 비첩 심리를 죽여버리고 싶은 행위였을까?

> 굴원의 노래 해와 달처럼 높이 걸렸는데
> 초왕의 누각과 정자 산언덕에 공허하구나.
> 屈平詞賦懸日月, 楚王臺榭空山丘.　　　　　　　　　　_李白, 「江上吟」

이백의 이 시는 쇠망치처럼 내리친다. 현실에서 항상 실패하던 시인은 또 시구절로 한 번의 승리를 거둔다.

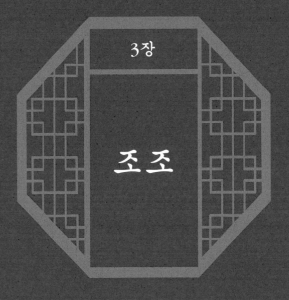

3장

조조

> 호랑이도 제 말 하면 온다 <

조조는 유령의 맛을 가장 진하게 풍기는 인물이다.

"호랑이도 제 말 하면 온다說曹操曹操到(조조를 말하면 조조가 온다)."

이 말을 모르는 사람은 없을 것이다. 누구나 이런 경험이 있을 것이다. 여러 사람이 그 자리에 없는 누군가에 관해 얘기하고 있는데 하필 그 사람이 찾아오는 경험 말이다. 이때 누군가 이렇게 한마디 덧붙일 것이다. "호랑이도 제 말 하면 온다더니!" 이 속담을 쓰는 상황은 늘 독특하고, 되풀이되기 어렵다. 되풀이되는 것은 오직 '호랑이' 즉 '조조曹操'뿐이다. 속담 속의 '조조'는 다른 어떤 옛사람으로도 치환할 수 없다. 오직 조조만이 어디에나 존재하는 유령의 기질, 터무니없는 기질을 모두 갖추고 있다.

왜 조조인가?

역사 속의 진짜 조조는 호협豪俠과 영웅, 문인, 제왕, 재야인사, 간웅의 기질을 한몸에 집약한, 대단히 복잡한 인물이다. 그러나 그는 단순화되는 과정에 들어왔다가 끝내 철두철미한 악역을 담당하는 익살꾼이 되어 버렸다. 너무 이상한 것은 그가 늘 대단히 재미있는 인물이라는 사실이다.

악역을 맡은 간신 조조가 등장하면 단번에 공간이 확대된다. 마치 우리에게 못된 꿍꿍이가 없음을 증명하기 위해 언제나 못된 꿍꿍이를 품은 조조가 필요한 듯하다.

> 술잔 앞에 놓고 풍악 듣나니
> 인생이 얼마나 되랴?
> 마치 아침이슬처럼
> 가버린 날 너무 많아 괴롭구나!
> 對酒當歌, 人生幾何.
> 譬如朝露, 去日苦多.   _「短歌行」

조조는 인생이 아침이슬처럼 취약하고 짧아 가련하다고 했다. 조조라는 아침이슬이 떨어진 지도 이미 1800년이 되었다. 이것은 조조의 66년 생애의 27배에 해당한다. 이 아침이슬은 그래도 조금 특별해서, 떨어진 후 역사 속으로 들어가 여러 세대 사람들의 신경에 영향을 미치다가 우리에게까지 이어졌다.

예사롭지 않은 시대에 태어난 조조는 자신을 현실과 역사 속의 어떤 거대한 존재로 만들었으니, 그가 걸었던 길은 분명 간단하지 않았을 것이다. 그와 시대의 깊은 관련성은 후세의 도의와 인심과 비상한 갈등을 일으켰는데, 이것은 중국 역사에서 이채로운 것이라고 할 만하다.

조조, '뜻을 말하다'

조조가 등장했을 때 눈에 보이는 것은 모두 말세의 풍경이었다. 방대했던 한 왕조는 붕괴하여 예측불허의 풍파가 몰아치는 강호의 조각으로 변해 비참한 세계가 되어 있었다. 한나라 영제靈帝가 죽은 해(189)에 원소袁紹[1]가 군대를 일으키고 동탁董卓[2]이 경사로 진입하여 외척外戚과 환관宦官이 동시에 와해하면서 핏물이 낭자한 후, 한나라 조정은 여기저기 망가진 껍질만 남게 되었다.

조조는 아주 일찍부터 앞장서 일어났다. 당황스럽게 변화하는 이 세계에 직면하여 그는 어떤 발판을 찾아야 했을까?

여러 해가 지나서 무수한 심계心計를 쓰고, 무수한 싸움과 살인을 거친 후에 그는 북방을 통일하고 한나라의 승상丞相이 되었다.

이 추가적인 야심과 의도가 미친 듯이 자라고, 살육주의가 횡행하던 시대에 그는 너무나 위험스럽게 살아남아 높은 곳에 우뚝 섰다. 쉽게 끝나지 않는 이 난세는 진정 인성을 전시하는 커다란 무대였다. 생존에 대한 보편적 두려움이 주는 압박 아래 사람들은 저마다 영혼을 어두운 동굴로 만들었다. 다른 사람이 수단을 가리지 않을 것을 염려하여 자신도 수단을 가리지 않고, 다른 사람이 먼저 손을 써서 강해질까 걱정하여 자신이 먼저 손을 써서 강해지려 했다. 조조의 수단은 남들 못지않게 잔인했으니, 그렇지 않았더라면 100명의 조조라 할지라도 다른 효웅이나 준準 효웅에게 제거되었을 것이다.

건안建安 15년(210), 조조가 쉰여섯 살이 되었을 때는 군대를 일으켜

1 　원소袁紹(?~202, 자는 본초本初)는 젊은 나이에 중군교위中軍校尉와 사예교위司隸校尉에 발탁되어 환관을 처단하는 데에 기여했고, 초평初平 1년(190)에는 동탁을 토벌하기 위해 봉기한 관동 연합군의 사령관이 되었다. 군웅할거 상황에서 공손찬公孫瓚을 격파하고 하북을 통일하기도 했다. 그러나 건안建安 5년(200) 관도官渡의 전투에서 조조 군대에 대패하여 기세가 꺾였고, 건안 7년(202)에 기주冀州의 반란을 평정한 후 병사했다.

2 　동탁董卓(?~192, 자는 중영仲穎)은 헌제獻帝 때의 군벌로서 '십상시十常侍'를 토벌하면서 공을 세워 정권을 장악하고 태사太師에 올라 미후郿侯에 봉해졌다. 그러나 초평初平 1년(190)에 원소가 관동의 자사와 태수 등을 규합하여 토벌에 나섰고, 이듬해 손견孫堅에게 패배해 장안으로 물러갔다가 여포에게 살해당했다.

전쟁을 시작한 지 이미 20년이 넘었고, "천자를 내세워 제후들을 호령한" 지 15년, 승상이 된 지 3년이 되어 있었고, '천하가 셋으로 나뉘는' 국면이 이미 형성되어서 통일의 몽상은 더욱 아득해졌다. 정적政敵들은 그를 한나라의 역적이라고 공격했고, 내부에서 한나라를 옹호하는 파벌들도 의심을 품었으며, 또 아주 많은 이가 조조가 속히 황제가 되기를 갈망했다. 그는 이때 자신의 심사를 정리하여 그 일생에서 가장 긴 '공문公文'인 「술지령述志令」(「양현자명본지령讓縣自明本志令」이라고도 함)을 지었다. 그는 이미 자신의 심사心事가 바로 천하의 것인 사람이 되어 있었다. 천하는 조조의 심사와 욕망을 엿보았고, 조조도 그것을 천하에게 보여줘야 했다.

「술지령述志令」(일부 생략)

나는 처음 효렴孝廉으로 천거되었는데 나이가 젊었고 스스로 본래 암혈巖穴에 은거하여 명성을 날린 인사가 아니라 여기고 천하 사람들에게 평범하고 우매하게 보일까 염려하여, 한 군郡의 군수郡守로서 정치와 교화를 잘 베풀어 명예를 세움으로써 세상의 인사들이 잘 알게 하고 싶었다. 그래서 제남濟南에서 국상國相으로 있을 때 정치의 병폐를 제거하고 공평한 마음으로 인재를 천거하다가 상시常侍들의 뜻을 거스르게 되었다. 이 때문에 강력한 권력자들의 미움을 사서 집안에 재앙이 미칠까 두려워 병을 핑계로 고향으로 돌아갔다.

관직에서 떠난 뒤에도 나이가 아직 젊었는데, 같은 해에 효렴에 천거된 이들을 돌아보니 쉰 살이 된 이도 아직 늙은이라는 말을 듣지 않았다. 내심 헤아리기로, 지금부터 20년 동안 관직을 떠나 있으면서 천하가 깨끗이 정리될 때까지 기다리기로 하여, 이제 같은 해에 처음 천거된 이들과 똑같아졌을 따름이다. 그러므로 사철 고향에 돌아가 초현譙縣에서 동쪽으로 50리 떨어진 곳에 정사精舍를 짓고 가을과 봄에는 책을 읽고, 겨울과 봄에는 사냥하며, 낮은 곳을 찾아가 진흙으로 자신을 가린 채 손님의 왕래를 끊고자 했다. 그러나 뜻대로 할 수 없었다. 나중에 도위都尉에 발탁되었다가 전군교위典軍校尉로 승진하자 다시 나라를 위해 역적을 토벌해 공을 세우고 제후에 봉해져서 정서장군征西將軍이 되어 훗날 묘비명에 '한나라 정서장군 고 조후曹侯의 무덤'이라 쓰고 싶었다. 내 뜻은 이러했다. (…) 나중에 연주兗州를 다스리면서 황건적黃巾賊 30만 명을 격파해 투항시켰다. (…) 재상으로서 신하 가운데 이미 가장 높은 자리에 올랐으니 바람은 이미 초과했다. 이제 내가 이렇게 말하는 것은 거만한 자랑 같지만, 남들이 다시는 무슨 말을 하지 않도록 하려고 거리낌 없이 말한 것일 따름이다. 설령 나라에 내가 없더라도 황제나 왕이라고 자칭할 사람이 몇 명이겠는가?

혹시 내가 강성하고 또 천성적으로 천명天命과 같은 일을 믿지 않는 것을 보고 몰래 비판하면서 내가 불손한 뜻을 품고 있다고 멋대로 추측할까 두려워 항상 마음이 불안했다. 제齊나라 환공桓公과 진晉나라 문공文公이 지금까지 명성을 드리우는 까닭은 그 병력이 광대했음에도 여전히 주周나라 왕실을 섬겼기 때문이다. 『논어』「태백泰伯」에서는 "천하의 3분의 2를 차지하고도 엎드려 은殷나라를 섬겼으니, 주周나라의 덕은 지극하다고 할 만하다"라고 했다. 큰 세력을 가지고도 작은 세력을 섬길 수 있었기 때문이다. (…) 그러나 내가 편한 대로 통솔하던 병력을 버리고 조정의 담당자에게 돌려준 후 무평후武平侯의 봉국封國으로 돌아가는 것은 사실 불가능하다. 왜냐? 병력을 버리면 남에게 재앙을 입을까 실로 두렵기 때문이다. 이미 자손을 위해 계획을 세웠는데 또 내가 실패하면 나라가 위태로워진다. 이런 식으로 헛된 명성을 추구하다가 실질적인 위험에 처할 수 없는 까닭에 어쩔 수 없다. 저번 황제께서 은혜를 베푸시어 세 아들을 제후에 봉해주셨으나 한사코 사양하여 받지 않았는데, 이번에 다시 주려 하시니 다시 이것을 영예로 삼고 싶어서가 아니라 외부의 지원으로 삼아 만전萬全의 계획을 만들고자 했기 때문이다.

든자 하니 개자추介子推는 진나라 문공이 관작官爵에 봉해주려 하는 것을 피해 달아났고, 신포서申包胥[3]는 초楚나라 소왕昭王이 상을 내리는 것을 피해 달아났다고 하는데, 나는 항상 책을 내려놓고 탄식하며 이를 통해 스스로 반성했다. 나라의 신령한 위엄을 받들어 천자께서 내리신 부월斧鉞에 의지하여 정벌에 나서서 작고 미약한 힘으로 크고 강한 적을 이겼다. 마음으로 도모하여 실행한 일은 실패한 경우가 없었으며, 속으로 염려했던 것들도 줄곧 잘 해결되었다. 이제 천하를 탕평蕩平하여 주군의 명령을 욕되게 하지 않았다. 이것은 하늘이 한 왕실을 도운 것이지 사람의 힘으로 해낸 것이 아니다. 그러나 네 현縣에 아울러 봉해지고 3만 호戶의 부세賦稅를 거두게 되었으니, 내가 무슨 덕으로 그것을 감당하겠는가! 천하가 아직 평정되지 않아서 지위를 내놓을 수는 없지만, 식읍食邑은 사양할 수 있다. 이제 양하현陽夏縣과 자현柘縣, 고현苦縣까지 세 현의 2만 호에 해당하는 부세를 조정에 반납하고 무평현武平縣에서 거두는 1만 호의 부세만 받아 쓰겠다. 이를 통해 비방을 덜고 나에 대한 문책을 조금이나마 줄이고자 한다.

孤始擧孝廉, 年少, 自以本非巖穴知名之士, 恐爲海內人之所見凡愚, 欲爲一郡守, 好作政敎, 以建立名譽, 使世士明知之. 故在濟南, 始除殘去穢, 平心選

3　신포서申包胥(?~?)는 미성羋姓 분모씨蚡冒氏로서 이름이 포서包胥인데 신읍申邑에 봉해졌기 때문에 신포서라고 불린다. 춘추시대 초나라 대부였다. 기원전 506년에 그의 친한 벗 오자서가 오나라의 군대를 이용해 초나라 수도 영성을 공격했고 초나라 소왕昭王은 수隨 땅으로 탈출했다. 오자서는 초나라 평왕의 무덤을 파서 시신에 채찍질하여 부친과 형의 원수를 갚았는데, 산으로 도피해 있던 신포서는 사람을 보내 그 일이 지나쳤다고 꾸짖었다. 이후 그는 진秦나라로 가서 성 밖에서 이레 밤낮 동안 통곡해 구원병을 파견하게 하여 결국 오나라가 물러났다. 소왕은 다시 초나라로 돌아와서 그에게 상을 내리려 했으나 끝내 사양하고 가족과 함께 산중에 은거해버렸다.

舉, 違忤諸常侍. 以爲强豪所忿, 恐致家禍, 故以病還. 去官之後, 年紀尙少, 顧視同歲中, 年有五十, 未名爲老. 內自圖之, 從此却去二十年, 待天下淸, 乃與同歲中始擧者等耳. 故以四時歸鄕里, 於譙東五十里築精舍, 欲秋夏讀書, 冬春射獵, 求底下之地, 欲以泥水自蔽, 絶賓客往來之望. 然不能得如意. 後征爲都尉, 遷典軍校尉, 意遂更欲爲國家討賊立功, 欲望封侯作征西將軍, 然後題墓道言漢故征西將軍曹侯之墓, 此其志也 (…) 後領兗州, 破降黃巾三十萬衆 (…) 身爲宰相, 人臣之貴已極, 意望已過矣. 今孤言此, 若爲自大, 欲人言盡, 故無諱耳. 設使國家無有孤, 不知當幾人稱帝, 幾人稱王. 或者人見孤强盛, 又性不信天命之事, 恐私心相評, 言有不遜之志, 妄相忖度, 每用耿耿. 齊桓晉文所以垂稱至今日者, 以其兵勢廣大, 猶能奉事周室也. 論語云, 三分天下有其二, 以服事殷, 周之德可謂至德矣. 夫能以大事小也. (…) 然欲孤便爾委捐所典兵衆, 以還執事, 歸就武平侯國, 實不可也. 何者. 誠恐一離兵爲人所禍也. 旣爲子孫計, 又已敗則國家傾危, 是以不得慕虛名而處實禍, 此所不得爲也. 前朝恩封三子爲侯, 固辭不受, 今更欲受之, 非欲復以爲榮, 欲以爲外援, 爲萬安計. 孤聞介推之避晉封, 申胥之逃楚賞, 未嘗不舍書而歎, 有以自省也. 奉國威靈, 仗鉞征伐, 推弱以克强, 處小而禽大. 意之所圖, 動無違事, 心之所慮, 何向不濟, 遂蕩平天下, 不辱主命. 可謂天助漢室, 非人力也. 然封兼四縣, 食戶三萬, 何德堪之. 江湖未靜, 不可讓位, 至於邑土, 可得而辭. 今上還陽夏柘苦三縣戶二萬, 但食武平萬戶, 且以分損謗議, 少減孤之責也.

이 「술지령」을 이해하려면 먼저 조조의 출신부터 이야기해야 한다.

위대한 인물은 종종 큰 곤경에 처하곤 했다. 조조가 첫 번째로 맞은 심각한 곤경은 바로 자신의 출신이었다.

조조의 부친 조숭曹嵩은 지위 높은 환관 조등曹騰의 양자養子였다. 환관은 외척보다 도덕적 기초가 더 박약해서, 그 권세가 아무리 대단하다

해도 사회 여론은 영원히 상종 못할 '탁류濁流'로 취급했다. 조조가 평범한 사람이었다면 틀림없이 부친과 조부의 은택에 안주하면서 영광스럽지 못한 출신을 어찌 해보려는 생각도 하지 않고 그럴 능력도 없었을 것이다. 그러나 그는 이 문제에 대해 상당히 민감했다. 그는 열두 살에 효렴으로 천거된 이래 낙양북부위洛陽北部尉나 의랑議郞이든 제남상濟南相이든 간에 항상 험악한 상황을 피하지 않고 환관 세력에게 대항하는 태도를 보였다. 이렇게 하기 위해서는 용기와 정기正氣, 그리고 멀리까지 내다보는 식견이 필요했다. 성공적으로 자기를 나타내고 앞에 나서서 시선을 끌기 위해서, 그리고 인생이라는 항해에서 배가 뒤집히지 않기 위해서 이것들은 필요했다. 그런 의미에서 조조는 인격과 정치적인 측면에서 모두 아주 일찍부터 성숙해 있었다.

청년 조조는 이상주의적인 색채를 띠고 있었는데, 이것은 어느 시대의 청년이나 마찬가지였다.

청년 조조의 마음에는 진즉부터 자기가 되고 싶은 인간상이 있었고, 아울러 그것을 위해 분투하기를 바랐다. 그가 거듭해서 억지로 청하자 청의淸議로 명성을 날리던 허소許劭[4]는 그에 대해 이런 평가를 내놓았다.

그대는 잘 다스려지는 시대에는 유능한 신하가 되겠고, 난세에는 간웅이 되겠다.

子治世之能臣, 亂世之奸雄.

_『三國志』「武帝紀」의 주석에 인용된 孫盛의 『異同雜語』

---

4 허소許劭(150~195, 자는 자장子將)는 후한 말엽 월단평月旦評을 주도하던 청의淸議의 명사로서 하남군공조汝南郡功曹를 역임했다. 이후 양주자사 유요劉繇에게 투신했으나 유요가 손책에게 격파당한 후 그를 따라 예장군豫章郡으로 피신했다가 그곳에서 죽었다.

이에 조조는 껄껄 웃음으로 대답했다고 한다. 허소의 말은 추켜세우는 듯하기도 하고 깎아내리는 것 같기도 하여 아주 깊은 뜻을 담고 있다. 조조의 긍정적인 측면과 부정적인 측면을 한마디로 다 얘기하여 '잠재적 조조'를 드러냈고, 조조 본인조차 잘 이해하지 못했던 '잠재의식'을 정확히 지적했다. 이에 대해 조조는 그저 껄껄 웃음으로 대답하는 수밖에 없었다. 인생 초기의 이 껄껄 웃음은 나중에 끊임없이 메아리쳐 들려오는 웃음이었다. 이 웃음은 조조가 '자신의 조조'를 세상에 제대로 서게 할 능력이 있음을 나타낸다. 그는 진즉부터 그 '조조'를 받아들였고, 청년 조조의 영혼에 이미 심오하고 복잡한 조조의 형상이 존재했다. 그는 모든 용기를 발휘하여 능동적이고 생동적으로 이 살기등등하고 핏빛 가득한 세계에 반응했다.

그는 기본적으로 '출신'이라는 곤경을 돌파할 능력이 있었다. "천자를 내세운" 것은 그가 능동적 혹은 피동적으로 또 다른 곤경으로 들어간 사건이었다. 천하의 입장에서는 뱉은 말이 그대로 법이 되는 한나라 최고의 신하였고, 한 왕실의 입장에서 그는 찬탈 가능성이 가장 큰 존재였다. 이것은 더욱 깊고 광대한 곤경과 관련이 있었다. 그가 이 곤경을 타파할 유일한 길은 바로 천하를 통일하는 것이었다. 천하가 통일되면 강력한 적은 사라지게 될 테니 한나라의 신하가 되든, '주나라 문왕'이 되든, 아니면 한나라 황제를 폐위하고 스스로 황제가 되든 간에 자기의 '의지'를 보여줄 수 있다. 어쩔 수 없다면 그는 평생 '자유'를 누릴 수 없다.

조조는 이미 지고한 자리에 올랐지만 자기가 기대했던 자기를 아직 완성하지 못했다. 이 모든 것에 직면하자 그는 확실히 이 「술지령」이 필요했다.

「술지령」은 천하에 공포한 공문임에도 천고의 빼어난 문장이라 할 만하다. 글 전체가 황당한 거짓말이라고 여기는 사람도 있고 정말이라고 여기는 사람도 있다. 그러나 이것들은 모두 이 글의 진정한 뜻에 어긋난다. 「술지령」은 '조조 수준'의 정치적 선언이자 외교적 언사言辭다. 제왕의 기강이 풀어져 구속력을 잃은 왕조의 말엽에 사회는 일종의 괴이한 상태로 '삼국 환경'이라고 할 만한 언론의 자유가 나타났다. 그러니 조조가 글 하나로 천하를 속이려는 어리석은 망상에 사로잡힐 까닭이 없었다. 「술지령」은 오만한 겸허이자 패기에 찬 사양, 근심 가득한 간절함이다. 이 글에서 조조는 두려움과 사랑, 책임감, 포부를 지니고 있으며 또 자신감과 무력감을 함께 보이고 있다. 그는 자기의 무력함을 알고 있었으며, 특이하게도 세상 사람들도 자기에 대해 무력하다는 것을 자신하고 있었다.

이 글의 전반부(처음부터 "왕이라고 자칭할 사람이 몇 명이겠는가?"까지)는 자기 생애 태반에 대해 느낀 심사와 처지를 자술하여 낮은 음조의 자서전과 비슷하다. 그러나 그가 가장 하고 싶었던 말은 바로 이것이다.

"설령 나라에 내가 없더라도 황제나 왕이라고 자칭할 사람이 몇 명이겠는가?"

이 말이 망치처럼 내리쳐지면서 낮은 음조는 금방 고음으로 바뀐다.

이 말에는 심원한 역사적, 현실적 배경이 있다.

진시황은 기적적으로 끝없는 강산을 수중에 넣었다. 그리고 그는 선포했다. 역사는 끝났다, 바로 자기 가문인 영성嬴姓에서! 이것은 아마 인류 역사에서 최초의 '역사 종결론'일 것이다. 그러나 그의 예상과는 달리 역사는 전혀 끝날 기미가 없었고, 그가 만세에 전하려던 황제의 자리, 그 무한한 강산은 신속하게 피비린내를 풍기며 다른 가문으로 넘어갔다. 이때부터 후세의 제왕 가운데 누구도 감히 진시황처럼 역사를 끝내려 하지 못했다. 그러나 역사 종결론은 소리 소문 없이 '도덕 종결론'으로 변했다. 모반은 천하제일의 죄이고 찬탈은 천하제일의 악이었다. 황제 자리는 천하제일의 '독점물禁臠'[5]이 되었다. 그러나 통치자의 바람과는 상반되게 제1의 독점물은 지극히 쉽게 제1의 유혹이 되었다. "황제는 돌아가면서 하는 것이니 내일은 내 차례"[6]라고 했으므로, 황제 자리는 강산 위에 놓아두어야 한다. '강산몽江山夢'은 중국인에게 가장 큰 꿈이었다. 유방劉邦은 공략한 강산을 한없는 재산으로 여기고 자기 아버지에게 자랑했다. 사실은 강산몽을 꿈꿀 자격을 지닌 사람은 극소수다. 그러나 문제는 복잡하다. 천하가 소란스러워질 때마다 황제의 자리는 요동치고, 강산몽은 즉시 격렬하게 살아난다. 심지어 그 즉시 한두 명에 그치지 않는, 흉악하기 그지없는 '황제'가 나타나기도 한다. 너의 '하늘'이 무너졌으니 나의 '하늘'이 그 자리를 대신한다는 것이다. 천하에는 이런 대담한 사람이 없지 않다. 아울러 황제 자리를 빼앗은 사람은 도덕의 고지高地를 점령하고, "군권君權은 신이 수여한 것"이라는 원칙을 해석할 권리를 갖게 된다. 184년에 "푸른 하늘은 죽었으니 노란 하늘이 자리에 오르리라蒼天已死, 黃天當立!"라는 구호를 내세운 황건기의黃巾起義가 폭발한 것은 엄청난 궤멸의 도래를 알리는, 독점물의 유혹이 금방 천하에 가득 퍼질 것을 알리는 표지였다. 난세는 "뒷일은 생각하지 않고 눈앞의 재미를 추구하는" 수많은 해충을 풀어놓았을 뿐만 아니라, 또 세상을 구제하려는 마음을 가슴 가득 품은 영웅호걸의 탄생을 재촉했다.

건안 1년(196)에 피비린내 속에서 장엄하게 봉기한 조조는 모개毛玠[7]의 건의에 따라 헌제獻帝를 허현許縣으로 영입하는 데에 성공했다. 그리고

---

5   금련禁臠은 원래 임금이 먹는 상등품의 저민 고기로서, 종종 임금이 애지중지하는 것을 비유한다. 이에 따라 남이 손댈 수 없는 진귀한 것이나 독점물을 비유하기도 한다.

6   이것은 원래 『서유기』 제7회에서 손오공이 "황제는 돌아가면서 하는 것이니 내년은 내 차례皇帝輪流做, 明年到我家"라고 한 것을 변형한 말이다.

7   모개毛玠(?~216, 자는 효선孝先)는 후한 말엽의 동란을 피해 형주로 피난하던 도중 유표에 대한 평가가 좋지 않다는 것을 알고 노양魯陽으로 갔다가 나중에 조조에게 투신했다. 그는 최염崔琰과 함께 인재 선발을 주관하면서 청렴한 인사를 중용했다. 조조가 위공에 봉해진 후 모개는 상서복야로서 다시 인재 선발을 담당했으나, 최염이 피살된 후 모함을 받아 옥에 갇혔다. 이후 환계桓階(?~221, 자는 백서伯緖) 등의 노력으로 죽음은 면하고 벼슬만 잃었으며, 얼마 후 집에서 세상을 떠났다.

허현을 도읍으로 정하여 "천자를 끼고 제후를 호령하는" 새로운 장을 시작했다. 그는 비바람에 요동치던 한 왕실이라는 뗏목을 건져내고, 헌제를 목숨의 안전을 보장받은 꼭두각시로 만들었다.

조조는 군사적으로도 삶에서도 큰 잘못을 많이 저질러서 목숨을 잃을 뻔한 위기를 여러 차례 겪었다. 그러나 황제 자리와 관련된 문제에는 줄곧 신중했다. 황제를 어떻게 대하는가 하는 것은 당연히 가장 큰 정치 행위였다. 조조의 위상이 높아지자 각종 세력에서 그를 끌어들여 관계를 맺으려 했다. 중평中平 5년(188)에 왕분王芬[8] 등이 황제의 폐위를 모의하면서 조조와 결탁하려 했으나, 그는 엄정하게 거절했다. 이듬해에 동탁이 멋대로 헌제를 옹립하면서 조조를 효기교위驍騎校尉에 임명하자, 그는 성명을 감추고 도피해버렸다. 다시 그 이듬해에 원소袁紹가 폐위를 모의하면서 조조를 끌어들였을 때도 엄정하게 거절했다. 이런 일은 일단 참여하면 미래를 완전히 잃게 될 가능성이 컸다. 그가 보기에 동탁 같은 무리에게는 미래가 없었다.

헌제는 매일 상징적으로 조정에 나올 수 있었다. 이것은 천하 사람들에게 조금이나마 위안을 줄 수 있었다. 원술袁術[9]은 칭제稱帝의 야심을 억누르지 못하고 서둘렀다가 오히려 곧 조조에게 패하고 말았다. 황제를 자처할 수도 있었던 자들이 조조에게 억제되었다. 그러므로 「술지령」 속의

---

8 왕분王芬(?~188, 자는 문조文祖)은 이름을 왕고王考라고도 한다. 연희延熹 8년(166)에 당고黨錮의 재앙이 일어났을 때 이른바 '팔주八廚' 가운데 한 명으로 명성을 날리던 그도 피해를 입었다. 이후 중평中平 1년(184) 황건적의 난이 일어나면서 당고가 해제되자 왕분도 기주자사에 임명되었다. 이후 군대를 이끌고 환관들을 죽이고 영제靈帝를 폐위한 후 합비후合肥侯를 천자로 옹립하려 했으나 조조의 반대에 부딪혔고, 결국 일이 실패하자 자살했다.

9 원술袁術(?~199, 자는 공로公路)은 원소의 이복동생이며, 효렴 출신으로 하남윤과 호분중랑장을 역임했다. 동탁이 경사에 진입하여 후장군에 임명하자 재앙을 피해 남양군南陽郡으로 갔으며, 초평初平 1년(190)에 원소와 조조 등 관동의 제후들과 연합하여 동탁을 토벌했다. 그러나 이후 원소·조조와 대립하다가 패전하여 구강九江으로 피신한 후 양주에 할거했다. 건안 2년(197)에는 수춘壽春에서 황제를 자칭하기도 했으나 여포와 조조의 공격을 받고 몸이 상해 얼마 후 피를 토하고 죽었다.

그 말을 통해 조조는 천하가 이를 느끼고 헤아리기를 바랐다. 즉 지금 자신의 이런 모습은 시대의 추세가 만들어낸 것이고, 자신은 아무 야심도 없이 나라(한 왕조)를 보전하고 천하를 안정시킬 중요한 그릇이라는 것이다.

야심의 유무와 크기에 관해 당연히 조조의 말을 전적으로 믿을 수는 없다.

「술지령」의 하반부 문장은 완전히 '충성'을 주제로 진술하고 있다.

조조는 자기 마음속의 모범이 되는 역대의 인물들로 제나라 환공과 진나라 문공, 주나라 문왕, 악의樂毅,[10] 몽염蒙恬[11]을 꼽았다. 그들은 모두 천하가 칭송하는 충의로운 성현聖賢 또는 영웅이었다. 조조는 앞쪽 세 사람이 "병력이 광대"했음에도 군주를 충심으로 모신 점을 자기와 비교한 후, 뒤쪽 두 사람을 통해 자기가 대대로 충성을 바친 현량한 장수임을 나타냈다. 주지하다시피 제나라 환공과 진나라 문공은 나중에 패자霸者가 되었고, 주나라 문왕은 상商나라를 멸망시키지 않았으나 그의 아들 무왕武王이 그렇게 했다. 이 세 '모범'은 정말 역량을 지니고 있었다. 역사상 더 많은 명장과 대신이 몽염처럼 군주를 두렵게 할 정도로 큰 공을 세우는 바람에 죽임을 당했다. 조조는 몽염을 칭송했으나 그의 비참한 운명은 조조가 반드시 피해야 할 것이었다. 뒤쪽에서 그는 이렇게 말했다.

마음으로 도모하여 실행한 일은 실패한 경우가 없었으며, 속으로 염려

---

10 악의樂毅(?~?, 자는 영패永霸)는 위魏나라 장수 악양樂羊의 후예로 연나라의 상장군으로서 창국 군昌國君에 봉해졌다. 기원전 284년에는 연나라를 중심으로 한 다섯 나라의 연합군을 통솔하여 제나라를 공격하여 연승을 거둠으로써 약한 전력으로 강적을 이기는 모범적인 사례를 보여주었으나, 나중에 연나라 혜왕惠王이 시기하자 조나라로 망명하여 관진觀津에 봉해져서 망제군望諸君이라고 불렸다.

11 몽염蒙恬(기원전 259?~기원전 210)은 진나라의 내사內史를 지낸 몽무蒙武의 아들로 제나라를 공격해 격파한 공로로 내사에 임명되어 진시황의 신임을 받았다. 6국을 통일한 뒤에는 30만 대군을 이끌고 흉노를 공격하여 하남 일대를 수복하고, 만리장성의 축조 및 구주의 직도直道 건설을 감독했다. 진시황이 죽은 후 중거령 조고와 승상 이사李斯, 공자 호해가 정변을 일으키는 바람에 음독자살하게 되었다.

했던 것들도 줄곧 잘 해결되었다.

意之所圖, 動無違事, 心之所慮, 何向不濟.

자기가 하고자 하는 일 가운데 이루지 못한 게 없다는 것이다. 이것은 분명히 천하를 두렵게 할 말이었다. 그는 목숨을 걸고 적과 싸울 능력과 욕망, 필요가 있었으며, 당연히 그럴 수 있었다. 이것과 오늘날 세계에 보편적으로 퍼진 무력을 자랑하는 행위는 기본적으로 똑같은 인성과 국가의 성격을 바탕으로 하고 있다.

조조는 자신이 군대를 포기하지 않는 것은 자손과 자신의 목숨을 우선으로 고려했고 또 그것이 나라의 안위와 연관되어 있기 때문이라고 했다. 또 천하가 평정되지 않아서 자리에서 물러날 수 없다고도 했다. 그는 나라를 위해 자신과 가족의 목숨을 돌보지 않겠다는 말은 하지 않았다. 그는 남들이 그런 말은 믿지 않으리라는 것을 알았다. 말이 나온 김에 덧붙이자면, 참말과 거짓말인지는 보는 사람에 따라 견해가 다를 수 있으나, 그 말이 간절하고 솔직하다는 것은 쉽게 부인하기 어렵다. 다만 심오하고 복잡한 조조가 세계에 보여준 것은 여전히 빙산의 일각에 지나지 않았다.

이미 패주霸主가 된 조조는 어떤 인물이 되고 싶었을까?

그는 늘 주나라 문왕과 주공周公을 인생의 모범으로 제시했다. 그들 가운데 한 명은 성인이자 성왕이었고, 다른 한 명은 '원성元聖'이라고도 불리는 현량한 신하였다. 자신에 대한 조조의 기대는 분명했다. 즉 살아서는 한 왕실의 '주공'이 되고, 죽어서는 '주나라 문왕'과 같은 존재가 되는 것이었다. 이 선택에는 현실과의 타협, 도덕적 자율성, 자기 기대가 모두 포함되어 있었다. 문왕 희창姬昌은 정치와 외교에서 수완을 발휘해 강토를 개척해 주 왕조의 토대를 마련했으나 상나라를 멸망시키지는 않았다.

「술지령」은 표면적으로는 '충성'에 관해 진술하고 있는데, 그 심층적 동기는 천하라는 이 피비린내 나는 강호를 향해 자라는 거대한 존재를 표명하는 것이었다. 그러나 그는 황제 권력과 도덕의 제약을 무시할 수 없었다. 그는 그 시대를 잘 알고 자신의 역량과 한계를 이해했다. 이것이 바로 조조다. 그의 태도는 어쩌면 이렇게 말하고 있었던 듯하다.

"나 자신은 죽을 때까지 황제가 되지 않을 테니, 한 왕실과 천하, 역사 앞에 떳떳하다."

그는 황제 자리를 내려다보는 흥금을 지니고 있었으니, 황제 자리는 그가 최고로 추구하는 것이 결코 아니었다. 오로지 황제가 될 거창한 꿈만 꾸었던 동탁 등의 무리와는 달리 그의 이상은 '성인이자 성왕'이 되는 것이었다. 이 점이 바로 그가 남들보다 뛰어났던 이유다. 그것은 또 그의 인격의 뼈대 안에 담긴 유가의 인격을 나타낸다. 그러나 역사는 결코 인정해주지 않는다. 성인과 성왕은 분명히 될 수 없고, 악역을 하는 어릿광대라는 평가만 계속 들러붙어 그를 괴롭혔다.

「술지령」은 그가 성인이 아니라 성인이 되려고 추구한다고 밝혔다. 오늘날의 관점에서 보면 성뿔을 추구하는 것은 긍정할 가치가 없을 수도 있지만, 그래도 그것은 조조의 웅대한 기상의 원천 가운데 하나다. 그가 「술지령」을 통해 세상을 향해 외쳤을 때는 분명히 적지 않은 이들이 알아들었을 것이다. 그러나 나중에는 누구도 알아듣지 못했고, 아무도 귀 기울여 들으려 하지 않았다. 미래 사회는 「술지령」 속의 조조와는 완전히 무관한 조조를 사람들에게 찔러 넣어줄 것이다.

어릿광대와 성인

조조가 살던 시대에 사회는 이미 철저하게 밀림으로 변해 있었다. 이 밀림은 결코 조조에게서 시작된 것이 아니었고, 한나라 말엽 또는 한나라 중·후기에 형성되었다. 밀림에서는 자연히 약육강식이라는 밀림의 법칙이 실행된다. 도덕 명분이라는 허울의 냄새는 더욱 진하게 풍기게 된다.

성인과 성왕에 대한 그의 콤플렉스는 「술지령」에만 드러난 게 아니다.

조조가 죽기 한 해 전에 손권孫權이 서신을 보내서 신하로 자처하면서 황제가 되라고 권했고, 조조의 진영 안에서도 많은 세력이 그가 속히 황제가 되기를 바랐다. 그는 손권의 편지를 부하들에게 공개하며 이렇게 말했다.

> 이 아이가 나를 화롯불 위에 앉히려는 게 아니냐!
> 是兒欲踞吾著爐火上邪. 　　_『三國志』「武帝紀」의 주석에 인용된 『魏略』

주변 사람들은 굴하지 않고 이미 조조가 황제가 되지 않는다면 하늘의 이치에 용납되지 않는다고 말했다. 목숨을 바쳐 따르는 주인이 황제가 되려 하지 않으니 그들도 명실상부한 공신功臣이나 명신名臣, 충신이 될 수 없게 되어버렸다. 그러나 조조는 그들의 바람을 단념시켰다.

> 천명이 내게 있다면 나는 주나라 문왕과 같은 사람이 되리라.
> 若天命在吾, 吾爲周文王矣. 　　_『三國志』「武帝紀」의 주석에 인용된 『魏氏春秋』

조조의 뜻은 분명했다. 즉 황제가 되는 일은 자손에게 맡기자는 것이었다. 한 왕실이 이것을 '불손한 뜻'으로 여기지 않을 수 있었겠는가? 헌제의 주변에서 나온 미미한 반발들에 대해 조조는 모두 피비린내 나게 진압하여 동승董承[12]과 길본吉本,[13] 위풍魏諷[14] 등이 모조리 참살되었을 뿐만 아니라 황후와 황자皇子, 귀비貴妃까지도 예외가 아니었다. 조조를 위해 '품팔이'했던 헌제가 설마 그에게 '불손한 뜻'이 전혀 없다고 여겼겠는가?

조조는 줄곧 투지를 드높이며 단번의 결전으로 승부를 가르려 했으나, 유감스럽게도 적벽대전赤壁大戰 이후로는 그럴 가능성이 없어져버렸다. 가장 격렬하게 싸운 사람이 통일과 평화를 획득할 수 있으며, 잠재적인 개국 군주가 된다. 조조가 그것을 꿰뚫어 보았으니 손권과 유비 등이 그러지 못할 리가 없었다. 공융孔融[15]과 순욱荀彧[16]처럼 소박하고 정직한 사인士人들은 진정으로 한 왕실을 마음에 품고 염려했겠으나 효웅들이야 어떤 눈으로, 어떤 심정으로 강산과 황제 자리를 헤아렸겠는가? 효웅들이 모두 그 유명무실한 한 왕실을 염려한 까닭은 황제의 면류관이 어떤 방식으로 내려오든 간에 결국 한 왕실에서 내려올 수밖에 없었기 때문이다. 유비는

---

12 동승董承(?~200)은 후한 말엽 외척으로서 헌제의 비빈 동귀인董貴人의 부친이다. 그는 장안에서 낙양으로 돌아가는 헌제를 호위하여 위장군衛將軍에 임명되고 열후에 봉해졌다. 건안建安 4년(199)에는 거기장군에 봉해졌는데, 헌제가 허리띠에 숨겨 전한 조서를 받았다고 주장하며 유비와 종집種輯, 오자란吳子蘭 등과 비밀리에 모의하여 조조를 죽이려 했으나 계획이 누설되는 바람에 그 자신과 동귀인까지 모두 목숨을 잃었다.

13 길본吉本(?~218)은 후한 말엽 태의령太醫令을 지낸 인물로 건안 23년(218)에 소부少府 경기耿紀 등과 함께 허도許都를 쳐서 장사 왕필王必을 죽이고 유비를 도우려다가 실패하여 참수되었다.

14 위풍魏諷(?~219, 자는 자경子京)은 건안 24년(219)에 관우가 번성樊城의 조인曹仁을 포위하자 형주 지역의 세력과 연합하고 장락위위長樂衛尉 진위陳褘와 결탁하여 위魏나라의 도읍인 업성을 습격했다. 그러나 진위가 겁을 먹고 조비曹丕에게 밀고하는 바람에 대대적인 숙청이 벌어져서, 위풍을 비롯한 수천 명이 연루되어 죽었다.

15 공융孔融(153~208, 자는 문거文擧)은 후한 말엽 건안칠자建安七子로 꼽히는 문학가이자 정치가로서 헌제獻帝 때에 북군중후北軍中侯와 호분중랑장, 북해상北海相 등을 역임했다가 다시 조정의 태중대부太中大夫가 되었다. 그러나 직설적이고 격렬한 언사 때문에 조조의 미움을 받아 피살되었다.

16 순욱荀彧(163~212, 자는 문약文若)은 후한 말엽 효렴으로 천거되어 수궁령守宮令을 지내다가 벼슬을 버리고 귀향해 원소의 빈객이 되었다. 이후 조조에게 투신하여 시중, 상서령을 역임하고 세정후歲亭侯에 봉해졌다. 그는 한때 조조가 '나의 장자방張子房'이라고 칭송할 정도로 아꼈으나, 조조가 위공을 칭하면서 그를 멀리하는 바람에 우울증에 걸려 죽었다.

황실의 후손이라는 금가루로 쓴 간판이 있으니 무슨 짓을 하더라도 난신적자亂臣賊子로 취급되지는 않을 것 같았으나, 그가 끊임없이 격동하고 거듭해서 낯 두껍게 분투했던 근본 동력은 그래도 자기가 황제가 된다는 멋진 전망이 있었기 때문이다. 손권은 내세울 명분이 없으니 누군가 먼저 나서서 칭제稱帝하기만을 바랐다. 그 틈에 자기도 순풍을 탄 배에 타려는 속셈이었던 것이다.

거센 바람과 격렬한 파도 같은 투쟁의 마당에 선 효웅은 오직 조조뿐이었다.

그가 '성인'을 추구한 것은 사실 현묘하기 그지없는 전략이었다. 황제권력과 도덕의 천라지망天羅地網 안에서 조조는 엄청난 기형아가 될 수밖에 없었다.

역사는 기본적으로 조조의 구상에 따라 진행되었다. 그가 죽은 후 한 왕실과 조위曹魏 사이에서 아주 그럴싸하고 천지가 감동하기 전에는 절대 멈출 것 같지 않던 선양극禪讓劇의 공연을 통해 왕조 교체를 완성했다. 제위에 오른 조비曹丕는 주나라 무왕이 자기 부친을 문왕에 추봉했던 것처럼 조조를 위나라 무제武帝에 추봉했다. 손권과 유비도 연이어 "양심에 물어 부끄러울 게 없이" 칭제했다. 기록에 따르면 조비는 제위에 오르라고 권하는 거센 물결 앞에서 제위를 마주하고 여전히 진심으로 황공惶恐했다고 한다. 그는 거듭거듭 사양하는 연기로 도덕적 두려움을 치장해 가렸다. 공자는 도덕적으로 요·순 등 고대 성왕을 우러르는 전통을 다져놓았는데, 조씨 부자는 어쩌면 자기들이야말로 그렇게 했다고 여겼을 것이다. 그들은 충분히 광대놀음을 하고 나서 수줍게 제위를 챙겼는데, 후세에는 오히려 그들이 요·순이 선양했을 때 보여준 고상함도 없을 뿐만 아니라 '탕무혁명湯武革命'17의 영광은 더욱 없다고 여겼다.

조비가 주도한 선양은 어쩌면 허위라는 비판을 피하기 어려울 테지만, 어느 정도 정치적 협상의 의미가 있다. 살인을 하지도, 지난 왕조의 황제를 죽이지도 않은 것은 작지 않은 공덕이었다. 그러나 황제 권력과 도덕이 가장 증오하고 두려워하는 것은 바로 조씨 부자가 연출한 이런 식의 수줍은 '선양'이었다. 황제 권력과 도덕은 단지 강산을 공략해 점령하는 것만을 인정할 따름이다. 칼자루에서 황제가 나오는 것이다. 공격이 사나울수록 더 설득력 있고 더 합법적이다. 그와 반대로 한다면 합법적이지 않거나 합법성이 부족하다. 진승陳勝과 오광吳廣은 제왕의 공개적인 적이었으나 조조는 제왕이 떨쳐내지 못한 악몽이었다.

> 조조를 언급하기만 해도 황제들은 자기의 면류관이 땅에 떨어질 위험을 느꼈을 것이다.
> 只要提起曹操, 皇帝們就會感到自己的皇冠有滾落地下的危險.　_翦伯贊[18]

이것은 아마 조조의 예상을 조금 벗어나는 것이었으리라.

강산을 가업으로 삼는 제왕의 입장에서 가장 비참하고 가장 두려운 일은 당연히 왕조가 바뀌는 것이다. 동중서董仲舒의 군권신수론君權神授論은 왕조 교체에 활용되어 천하를 얻는 것도 잃는 것도 모두 천명天命에 의한 것이라는 논리가 만들어졌다. 조조가 좀 더 흉험하게 싸웠고 수단이 좀 더 사나워서 천하를 통일하고 아예 제위를 찬탈하여 후손들에게 충분히 오랫동안 제위가 전승되었더라면 후세에는 아마 관례에 따라 그 '개국군주'에게 송가頌歌를 바쳤을 것이다. 용기와 모략, 흥취, 문화의 측면에서

17　탕무혁명은 상나라 탕임금과 주나라 무왕이 무력으로 이전 왕조를 전복시킨 혁명을 가리킨다.
18　젠보짠翦伯贊(1898~1968)은 위구르족 출신의 역사학자이자 교육자로서 옌징대학과 베이징대학 교수를 역임하고 정부의 각종 위원회에서도 활동했으나, 류샤오치 사건과 연계된 압박을 받자 부인과 함께 수면제를 먹고 자살했다. 『역사철학교정歷史哲學教程』『중국사강中國史綱』 등의 저작을 남겼다.

보면 황제 권력의 시대에는 아마 조조에게 필적할 만한 '개국 군주'는 아무도 없을 것이다. 황제의 권력이 독재 권력이 되자 그 도덕 체계는 스스로 강력한 권력을 인정하도록 수시로 조정되었다. 강력한 권력은 때로 '천명'과 동등했다. 칼자루에서는 황제가 나올 수도 천명이 나올 수도 있다.

조조가 어릿광대가 된 것은 역사적 숙명인 듯하다.

도덕의 길은 갈수록 경직되고 좁아졌다.

송나라 이전에 조조에 대한 평가는 기본적으로 역사적 사실을 존중했다. 『삼국지』의 작자 진수陳壽가 그에 대해 "비범한 사람이자 세인世人을 능가한 호걸이라고 할 수 있다可謂非常之人, 超世之傑"라고 한 평가는 널리 인정받았다. 당나라 사람들은 조조를 '조공曹公'이라 부르며 대단히 높이 평가했다. 남송에 이르러 대륙 한 귀퉁이에서 안주하는 국면이 펼쳐지자 통치자들은 기세가 약해서 위축되는 바람에 천하를 생각할 힘이 없어지자 곧 촉한蜀漢을 정통으로 여기고 조위가 반역을 저질러 찬탈했다고 간주했다. 제왕들이 간신히 목숨을 이어가고 있는 자신들의 상태를 깨달을수록 조조는 더욱 악몽이 되었다. 명·청 시기에 이르러 황권체제는 더욱 경직되었고, 소설 『삼국연의三國演義』와 삼국시대를 소재로 한 희곡들이 유행함에 따라 철두철미한 어릿광대로서 조조가 진짜 조조를 대체해버렸다.

『삼국연의』는 삼국시대의 삶의 본질을 반영한다기보다는 황제 권력의 말세인 명·청 사회의 그것을 드러낸다고 할 수 있다. 이 작품은 이전에 이야기꾼의 대본이었다. 그러므로 그것은 정치적으로도 정확해야 했을 뿐만 아니라 충분한 오락적 가치를 담음으로써 이야기꾼이 자잘한 재능을 바치면서도 시대의 금기를 저촉하지 않고 또 청중을 붙들어 몇 푼의 돈을 벌 수 있도록 보증해야 했다. 조조를 매도하는 것이 바로 정치적으로 정확한 판단이었다. 명·청 시기 특히 청나라 때는 보편적인 '제왕의 노비'가 이미 만들어져 있었다. 노비는 설사 아무것도 없을지라도 '충성'은 있었다. 이것은 '간신' 조조를 경시할 수 있는 충분한 밑천이 될 수 있었다. 더욱 충실한 노비가 될수록 어떤 도덕적 우월감을 더욱 필요로 한다.

『삼국연의』의 작자 나관중羅貫中은 충효와 절의節義를 천지에 충만한 도덕적 가치로 표현하고자 했으며, 유비와 조조는 그것을 위한 플러스와 마이너스 두 극이 되었다. 그러나 『삼국연의』를 보면 조조의 간사함 안에서는 종종 사랑스러운 부분이, 심지어 충후忠厚함까지 읽히지만, 유비의 충후함 안에서는 오히려 종종 허위가 읽히곤 한다. 루쉰魯迅은 이 점을 분명히 간파했다.

> 유비의 정중함과 관대함을 드러내려 하니 거짓 같아졌고, 제갈량의 뛰어난 지혜를 묘사하려 하니 요사함에 가까워졌다.
>
> 欲顯劉備之長厚而似僞, 狀諸葛之多智而近妖.   _ 魯迅, 『中國小說史略』

나관중은 유비 등의 '완벽한 영웅高大全'[19]의 전형典型을 묘사할 때 비교적 강렬한 외부 조종성操縱性을 드러내고, 간사한 조조를 묘사할 때는 때로 자기도 모르게 자유로운 창조의 경지로 들어갔다. 간사한 조조는 가면이 상대적으로 작은 인물이 되었다. 유비나 손권 등의 진면모를 설명할 수 있는 이가 어디 있겠는가? 나관중은 자신도 의식하지 못했을 수도 있지만, 사실 조조를 좋아했다. 조조에게서 그의 위대한 창작 재능이 가장 잘 표현되었던 것이다.

청나라 통치자들은 각종 소설을 대부분 배척하거나 금지했지만, 유

---

19 문화대혁명 시기에 사인방四人幇은 문학 작품에서 묘사하는 긍정적 주인공 가운데 중심인물은 반드시 신장이 크고 건강하며高大, 마음 씀씀이가 넓고廣大, 전심전력으로 인민을 위해 봉사하는 무결점의 완벽한 형상이어야 한다고 주장했다.

일하게 『삼국연의』는 예외였다. 그뿐 아니라 그들은 대신에게 명을 내려서 이 소설을 120마당鹵의 연속적으로 공연하는 장편 연극으로 개편하게 했으니, 그것이 바로 『정치춘추鼎峙春秋』다. 이 연극에서는 "유비를 존중하고 조조를 폄하하는" 것이 절대적인 이념이 되어 있어서, 조조는 역사적 사실과는 관련이 극히 적은 만화와 같은 방식으로 고정된 어릿광대가 되었다. 이민족으로 중원에 들어와 주인이 되었던 만주족 청나라는 '찬탈'에 대해 특별히 신경이 과민했다. 그들은 천하가 자기들을 찬탈자로 여길까 두려워하기도 했고, 또 자기들에 대한 잠재적인 '찬탈' 세력을 방비하기 위해 특히 충효와 절의가 뒤섞인 분위기가 필요했다.

경직되고 썩은 그릇에는 신선하고 웅대한 영혼을 담기 어렵다. 단순하게 노비화된 머리로는 심오한 사물을 느낄 수 없다. 하늘을 보수하는 데에는 영웅이 필요하지만, 오락에는 어릿광대가 필요하다. 어릿광대로 다듬어지지 않은 조조에게는 오락적 가치가 결핍되어 있다. 이미 위대한 영웅의 광휘를 우러러볼 힘이 없으니, 영웅을 간단하게 어릿광대로 만들어 노비들에게 오락으로 제공해주면 된다. 비교적 높은 정신적 경지를 기를 환경적 조건이 없는 수많은 중생은 『삼국연의』와 삼국 관련 연극이 만들어낸 충효와 절의의 짙은 연막 속에서 흐리멍덩한 나날을 보내게 되는데, 이렇게 해야만 비로소 '태평 시절의 개太平犬'[20]가 누리는 행복한 삶을 체감할 수 있다. 황권체제는 자체의 장기적인 안정을 추구하기 위해 사람들을 방대한 도덕의 진창에 끌어넣고, 당연히 진창 밖에는 누구도 서 있지 못하게 한다. 도덕의 길이 좁아질수록 모범을 세우고 어릿광대를 만들어내는 데에 더욱 열중하게 된다. 조조가 도덕의 계보에서 최초로 어릿광대로 선택된 까닭은 어렵지 않게 이해할 수 있다.

20　중국어 속담에 "태평 시절의 개가 될지언정 난리 때의 백성은 되지 마라寧作太平犬, 莫作亂離民" 는 것이 있다.

위용이 있고 심오한 조조는 결국 어릿광대 조조가 되었다. 이것은 당연히 조조의 비애라고 할 수 있으나, 또 절대 그게 아니기도 하다.

시인으로서의 조조

살인을 해도 눈 하나 깜짝하지 않는 효웅 조조가 있다면, 또 우울하고 명상에 잠기며 깊은 정을 가진 부드러운 시인 조조도 있다.

술잔 앞에 놓고 풍악 듣나니
인생이 얼마나 되랴?
마치 아침이슬처럼
가버린 날 너무 많아 괴롭구나!

이것은 푸른 이끼와 낙엽의 무한한 슬픔과 처량함을 보여준다.

달이 밝으니 뭇별 희미해지고
까막까치 남으로 나는구나.
나무 주위를 세 바퀴나 돌았지만
어느 가지에 의지할까?
月明星稀, 烏鵲南飛.
繞樹三帀, 何枝可依.　　　　　　　　　　　　　　_「短歌行」

이것은 뼈가 없는 듯이 부드러우면서 헤어지기 아쉬워하는 깊은 정을 나타낸다.

동쪽으로 갈석산에 올라

드넓은 바다를 보노라.

물결은 어쩌나 넘실거리는가?

산과 섬이 우뚝 솟아 있도다.

東臨碣石, 以觀滄海. 水何澹澹, 山島竦峙.　　　　_「步出東門行: 觀滄海」

이것은 끝없이 광막한 풍운의 우주를 묘사한다.

조조에게는 너무나 험악한 현실의 전쟁터와 대응되는 또 하나의 아득히 광활한 정신의 전쟁터가 있었다.

조조는 비장하고 자각적인 최초의 시인이자 문인이었다.

문화의 기질이 변천하고 생성하던 이 시기에 조조는 가장 먼저 기풍을 변화시킨 사람이었다. 군계일학의 빼어난 시적 재능은 말세에 태어나 성장한다. 조조와 건안 시기의 문인들이 직면한 것은 피비린내 나는 황량한 벌판이었다. 세계는 궤멸하여 수습하기가 지극히 어려운데, 그 사이에도 활발한 생기가 있어서 기풍과 정신도 특이한 건안풍골建安風骨로 응결되었다. 조조는 건안풍골 가운데서도 가장 단단하고 맛있는 뼈였다. 난세가 심각하여 사람들의 목숨이 위태로우니 근심 속에서 세상을 가슴 아파하고 강렬하게 자극함으로써 건안 문학은 풍경을 보고 상심하는 비가悲歌의 기질을 담게 되었다. 거기에는 원대한 뜻을 품은 기개와 함께 쾌락의 극한에서 비애가 생겨나는 허무가 담겨 있다. 조조는 겨우 스무 편 남짓한 시만으로 미적 절정에 올랐으니, 우리는 거기에서 그 시대의 수많은 말을 읽어낼 수 있다.

조조는 누구와도 시적 재능을 견줄 생각이 없었고, 그가 했던 어떤 일도 시를 짓는 것보다 중요했으나 타고난 문인의 영수領袖이기도 했다. 호걸의 열정과 제왕의 패기, 시인의 뛰어난 기상은 전례를 찾아볼 수 없는 장대한 미적 기상과 격식을 생성했다. 조조가 예전에 남에게 말할 수 없는 음모를 얼마나 많이 펼쳤는가와는 상관없이 그 영혼의 시적 정취와 그림 같은 아름다움은 천하에 완전히 드러낼 수 있다.

> 동쪽으로 갈석산에 올라
> 드넓은 바다를 보노라.
> 물결은 어찌나 넘실거리는지!
> 산과 섬이 우뚝 솟아 있도다.
> 수목은 우거지고
> 온갖 풀들 무성하구나.
> 가을바람 소슬하고
> 큰 파도 솟아오른다.
> 해와 달이 운행하나니
> 그 바다 안에서 나온 듯하고
> 은하수 찬란하니
> 그 바다 속에서 나온 듯하다.
> 지극한 행운이로다!
> 노래로 내 뜻을 읊조리노라.
> 東臨碣石, 以觀滄海.
> 水何澹澹, 山島竦峙.
> 樹木叢生, 百草豐茂.
> 秋風蕭瑟, 洪波涌起.
> 日月之行, 若出其中.
> 星漢燦爛, 若出其裏.
> 幸甚至哉, 歌以詠志. _「步出夏門行」其一「觀滄海」

건안 12년(207) 가을, 쉰세 살의 조조는 군대를 이끌고 북방의 오환烏桓[21]을 정벌하여 승리를 거두고 돌아오는 도중에 「보출하문행步出夏門行」이라는 연작시를 지었는데, 그 첫 번째 작품이 바로 이 「창해를 구경하다 觀滄海」다. 원정의 길은 아득히 멀고 전쟁은 잔혹했다. 초여름에 출정하여 한겨울에야 업성鄴城으로 돌아왔다. 원정에서 겪었던 갖가지 험악한 일을 회상하니 자기도 모르게 뒤늦은 무서움을 느꼈다. 그래서 그는 출정하기 전에 적극 만류했던 이에게 상을 내리는 특별한 행동을 하기도 했다.

시인은 창칼의 숲에서 이리저리 뒹굴었으나 시 작품에는 전쟁의 그림자가 전혀 들어 있지 않다.

몇 행의 시에는 풍운의 우주가 들어 있고, 또 그 우주와 더불어 숨 쉬는 생명이 들어 있다. 고대 중국인 가운데 바다를 묘사한 시나 문장을 남긴 이는 드물다. 옛사람들은 바닷가에 도착하면 곧바로 침묵했다. 조조는 갈석산 꼭대기에 서서 대해를, 일월성신의 출몰을 바라보며 눈에 보이지 않는 모든 것까지 보려고 노력했다. 드넓은 바다와 우주 앞에서 누가 패주나 효웅을 자처하겠는가? 그러나 패주가 아니라면 또 누가 이런 시를 읊을 수 있겠는가?

끊임없이 정벌 전쟁을 벌여 살육을 자행한 조조가 있고 또 산수를 사랑하고 바다를 구경하던 조조가 있다. 시구절은 솔직하고 힘차며, 도약하다가 기세가 갑자기 꺾이기도 하며, 호탕하고 웅혼하여 산과 바다는 크고 힘센 거령신巨靈臣 같고 시인은 어린아이 같다. 조조는 몽롱하면서도 광대한 우주를 생명의 척도로 삼아 자구를 꾸밀 필요 없이 자연스럽게 애

21　오환烏桓은 오환烏丸이라고도 쓰며 고대 중국의 북방에 살던 유목민족 중 하나다. 서기 49년에 그들은 요동遼東과 어양漁陽, 삭방朔方 주변으로 이주하여 규모가 커졌으며, 한나라의 호오환교위護烏桓校尉의 관할 아래 몇 개의 부락으로 나뉘어 자치 형태를 유지했다. 그러나 건안 12년(207)에 이 부족의 마지막 대선우大單于인 답돌蹋頓이 백랑산白狼山 전투에서 장료張遼에게 참살되면서 해체되어 한족과 선비족, 철륵鐵勒 등과 동화되었다.

기해도 천 균鈞 즉 3만 근斤을 들어 올릴 정도의 힘을 발휘한다. 조조의 생명의 격정은 드넓은 바다와 우주에 가득 퍼진다.

"가을바람 소슬하고 큰 파도 솟아오른다"라는 구절에서는 그의 흉중에 숨겨진 백만 명의 용감한 병력을 쉽게 읽어낼 수 있으나, 드넓은 바다와 우주를 마주한 명상과 우울함을 읽어내기는 어렵다. 이것이 조조의 가을바람이다. 처량함이 없으면서도, 또 한없이 처량하기도 한 가을바람.

신령한 거북이 장수한다지만
그래도 목숨 다할 날 있지.
등사는 안개를 타고 다닌다지만
결국은 죽어서 흙이 되지.
늙은 천리마는 말구유에 엎드려 있어도
천 리를 달릴 뜻을 품고 있고
열사는 만년이 되어서도
씩씩한 마음 없어지지 않지.
생멸의 길고 짧은 기약은
그저 하늘에 달린 것이 아니라네.
심신의 건강을 보양하는 복은
수명을 늘리게 해주지.
지극한 행운이로다!
노래로 내 뜻을 읊조리노라.
神龜雖壽, 猶有竟時.
騰蛇乘霧, 終爲土灰.
老驥伏櫪, 志在千里.
烈士暮年, 壯心不已.

盈縮之期, 不但在天.

養怡之福, 可得永年.

幸甚至哉, 歌以詠志.

_「步出夏門行」「龜雖壽」

동진東晉의 대장군 왕돈王敦[22]은 술을 마시면 "늙은 천리마는 말구유에 엎드려 있어도 천 리를 달릴 뜻을 품고 있고……"를 읊조리며 여의如意로 타호唾壺를 두드리며 장단을 맞추는 바람에 타호의 주둥이가 죄다 깨졌다고 했다. 조금이라도 문화적 소양이 있는 중국인이라면 이 시구절을 모르는 이가 없을 것이다. 이 구절은 대대로 열사들이 생명의 강도를 연마하는 숫돌이었다.

조조는 일찍부터 자신이 요행으로 살아남은 사람이라고 여겼다. 쉰세 살의 조조는 또 자신을 만년의 늙은이라고 생각한다. 만년의 늙은이지만 열사(용감하게 중임重任을 담당하고 끊임없이 분투하는 사람)다. 이때의 조조는 극성에 이르러 쇠락하는 자신의 생명을 자세히 살펴볼 수밖에 없었다. 생명은 이렇게 허망하며, 신령한 거북이나 등사騰蛇도 결국은 흙으로 돌아가게 된다. 생명은 또 얼마나 진실한가? 마치 손에 쥔 무기와도 같다. 그 생명이라는 날카로운 칼을 한 번, 또 한 번 사용한다. 서른다섯 살에 군대를 일으켜 이때까지 이미 30년 가까이 전쟁을 해왔고, 해마다 전쟁이 없었던 적이 없다. 그리도 또 수많은 전투를, 일을 해야 하는데 이 날카로운 칼의 수명을 최대한 어디까지 늘릴 수 있겠는가?

---

22 왕돈王敦(266~324, 자는 처중處仲)은 서진 때에 양주자사를 역임하며 여러 반란을 평정하고 당제堂弟 왕도王導와 함께 동진의 개국공신이 되어 이후 대장군 겸 강주목江州牧에 임명되고 한안후漢安侯에 봉해졌다. 장강 중류의 군권을 장악하여 황실을 위협하던 그는 영창永昌 1년(322)에 유외劉隗를 처단한다는 명분으로 반란을 일으켜 정적들을 제거하고 승상 겸 강주목에 임명되고 무창군공武昌郡公으로 승진했다. 하지만 태녕太寧 2년(324)에 다시 도읍인 건강을 공격했다가 얼마 후 군중에서 병사했다. 반란을 평정한 명제明帝는 그 시신을 부관참시했다.

열사는 비통한 마음 많고

소인은 구차하게 한가로움을 누린다.

烈士多悲心, 小人偸自閑.   _曹植, 「雜詩」

'열사烈士'는 조씨 부자가 모두 즐겨 쓰던 개념이다. 그런데 당시 세상을 둘러보면 조식은 자기 부친 조조보다 더 표준적인 열사를 아마 찾아내지 못할 것이다.

군자는 고심이 많아

걱정하는 게 하나만이 아니다.

君子多苦心, 所愁不但一.   _曹操, 「善哉行」

조조의 마음은 바로 고심에 비애까지 더해진, 그러니까 열사의 마음에 시인의 마음이 더해진 것이었다. 고통과 비애가 없는 생명이 어디 있으랴? 조조가 걱정한 것은 한 가지 일만이 아니었다.

지나간 세월은 슬프지 않지만

세상이 잘 다스려지지 않으니 걱정이다.

不戚年往, 憂世不治.   _曹操, 「秋胡行」

세상을 구제하는 것은 영웅에게 일종의 영원한 유혹이지만, 생명은 반드시 흙이 되고 재가 될 숙명을 지니고 있다.

조조는 이 숙명의 그릇에 무엇을 담으려 했을까?

술잔 앞에 놓고 풍악 듣나니

인생이 얼마나 되랴?

마치 아침이슬처럼

가버린 날 너무 많아 괴롭구나!

개탄하는 마음 응당 울분에 찬 노래로 불러야 하리니

수심은 잊기 어렵구나.

수심을 어떻게 풀까?

그저 술이나 마시는 수밖에!

푸르구나, 그대의 옷깃이여!

하염없어라, 내 마음이여!

오로지 그대 때문에

지금까지 깊은 생각에 잠겨 있다오.

우우! 사슴이 울며

들판의 쑥대를 먹네.

내게 멋진 손님 있어

거문고 타고 생황 불며 잔치 벌이지.

달처럼 밝은 그를

언제나 얻을 수 있을까?

가슴에서 피어나는 시름

끊어버릴 수 없구나.

뒤얽힌 길을 지나

문안하러 왕림해주셨구나.

오랜 그리움 얘기하며 잔치 벌이니

옛날의 은혜 마음으로 떠올리지.

달이 밝으니 뭇별들 희미해지고

까막까치 남으로 나는구나.

나무 주위를 세 바퀴나 돌았지만

어느 가지에 의지할까?

산은 높은 것을 싫어하지 않고

바다는 깊은 것을 싫어하지 않지.

주공은 아랫사람들에게 예의 지켜 대해주어

천하가 그에게 마음으로 귀의했었지!

對酒當歌, 人生幾何.

譬如朝露, 去日苦多.

慨當以慷, 憂思難忘.

何以解憂, 唯有杜康.

靑靑子衿, 悠悠我心.

但爲君故, 沈吟至今.

呦呦鹿鳴, 食野之苹.

我有嘉賓, 鼓瑟吹笙.

明明如月, 何時可掇.

憂從中來, 不可斷絶.

越陌度阡, 枉用相存.

契闊談讌, 心念舊恩.

月明星稀, 烏鵲南飛.

繞樹三帀, 何枝可依.

山不厭高, 海不厭深.

周公吐哺, 天下歸心.   _「短歌行」

이 시는 건안 13년(208) 적벽대전이 벌어지는 동안 또는 그 뒤에 지
은 것이다.

여기서 조조는 생명의 포만감과 기분의 격앙, 장렬함, 온유함, 우울함이 극치에 이르러 있다. 「창해를 구경하다」에 담긴 조조는 해와 달, 산하, 우주와 함께 존재했다.

시는 전체적으로 기뻐했다가 우울해지고, 고양되었다가 억눌리고, 끊어질 듯 이어지며, 느린 듯 급한 듯 아득하게 다가와서, 보는 이의 눈이 휘둥그레지게 한다. 기백의 웅장함과 의경意境 즉 작품에 표현된 경지의 심오함, 격조의 웅혼함은 천고에 짝을 찾기 어려울 정도여서, 시구절의 배후에 있는 그 거대한 역량과 의지력을 어렵지 않게 느낄 수 있다.

괴롭고 짧은 인생에 대한 한탄은 천고 역사에서 똑같지만, 조조의 탄식은 벽력처럼 웅혼하다. 인생은 짧을수록 단단히 틀어쥐어야 하지 않겠는가! 좋은 술과 즐거운 노래가 있지만 아침이슬 같은 인생이요, 근심 걱정이 끊이지 않으니 시름겨운 창자에 술이나 부을 수밖에. 그러나 그대의 푸른 옷깃은 수시로 내 마음속과 꿈속에 떠오른다. 오라, 오라, 현량한 인재와 영웅들이여! 천하를 위해, 이 아침이슬 같은 인생을 위해 분투하자!

조조의 시는 대부분 '밝은 결말'과 '지도자의 모습'을 담고 있다. 이 시도 예외가 아니어서 개의 꼬리를 담비 꼬리에 잇듯이 마무리가 미흡한 듯한 혐의가 있으나, 또 그의 진실한 생명의 자태를 보여준다. 웅장하고 기세 높은 술기운으로 시작했으나 맑게 깨어서 마무리 지을 수밖에 없다. 물이 줄어들면 바위가 드러나듯이 조공曹公의 모습이 두드러지게 나타난다. 시를 짓는 것은 얼마나 하잘것없는 말단의 일인가? 정치가이자 장군, 효웅이야말로 나의 본색이다! 나는 "자기 사람은 더 많이 만들고 적의 사람은 더 적게 할" 생각이다.

현량한 인재를 갈구하는 것은 조조의 시와 문장에서 중요한 주제다. 조조와 사인들 사이의 관계는 더 심층적인 층위에서 영웅이자 효웅으로서 조조의 본질을 반영하며, 이 본질은 그가 지은 시의 본질과 어긋나지 않고 병행한다.

천하를 호령한 조조, 고독하고 깊은 정을 품은 조조, 끝없이 탐구하는 조조, 권력의 지팡이와 사육하는 칼, 시를 짓는 붓을 모두 손에 쥔 조조는 사인의 관점에서 보면 정말 무한한 매력을 지닌 인물이다. 난세에 굴복하려 하지 않고, 이번 생애의 수많은 사인을 매몰하려 하지 않으니 사인들은 따로 약속하지 않고도 함께 조조에게 시선을 집중하는 것이다.

권력의 중추에 있는 이가 인재를 구하려는 마음이 있다면 틀림없이 인재들의 중추가 될 수 있다. 재사才士와 모사謀士가 정말 많이 찾아왔다. 조조 군대의 휘하에는 인재가, 특히 문인이 풍성하여 다른 효웅이나 패주들은 비교가 되지 않았다. 조비와 조식에게까지 시야를 넓힌다면 제왕의 가문과 문인 집단의 관계가 이처럼 밀접한 것은 역사에서 유일한 예라는 사실을 인정할 수밖에 없다. 이 처량한 난세에 "어느 가지에 의지할까?"라는 질문은 바로 사인들의 생존에서 공통적인 곤경을 말해준다. "천자를 내세운" 조조에게서 사인은 괴상한 생존의 공간을 얻을 수 있었다. 조조를 위해 힘쓰면서 한 왕실을 위해 목숨을 바쳐 일한다는 명분을 얻을 수 있었고, 진심으로 한 왕실을 위해 목숨을 바쳐 일하는 이도 조조의 속박과 통제를 받지 않을 수 없었다.

권력의 지팡이는 장검으로 변하고, 시를 짓는 붓은 살육을 위한 칼로 바뀔 수 있었다. 조조의 능력도 컸고 "천자를 내세움"으로써 조성된 곤란한 국면도 컸다. 이 곤란한 국면은 필연적으로 조조의 내재적 모순이 되었다. 조조의 정신 영역은 사인들과 부분적으로 교집交集했으나, 다른 사람은 발을 들여놓기 어려운 황량한 벌판이 펼쳐져 있었다. 조조의 시에 담긴 거대한 장력과 매력도 이를 통해 해석될 수 있다.

고독한 조조는 넓고 아득한 시인이자, 눈 하나 깜짝하지 않고 살인하거나 눈물 흘리며 살인하는 망나니였다. 역할의 전환은 조조 한 사람의 영혼에 달려 있었을 뿐만 아니라 천하 세력의 성쇠에도 달려 있었다. 큰 곤경에 빠진 이 짐승의 불안하게 움직이는 발톱과 송곳니는 늘 그것들을 받아들일 누군가가 필요했다.

건안 12년(207) 조조와 공융의 관계가 악화됐다. 조조는 노수路粹[23]에게 대신 쓰게 하여 공융에게 편지를 보냈는데, 말미에서 이렇게 말했다.

나는 신하로서 벼슬길에 나아가서는 천하를 교화하지 못하고, 물러나서는 덕을 세워서 다른 사람들과 화해하여 지내지 못한다. 그러나 전사를 다독여 양성하고, 나라를 위해 목숨을 바치며, 겉치레만 한 채 교제에 몰두하는 인사를 격파하는 데에 필요한 계책은 충분하고도 남는다.

孤爲人臣, 進不能風化海內, 退不能建德和人. 然撫養戰士, 殺身爲國, 破浮華交會之士, 計有余矣.

조조는 공융을 '겉치레만 한 채 교제에 몰두하는 인사浮華交會之士'라고 명시하고 자신은 손가락 하나만 까딱해도 문제를 깨끗이 해결할 수 있다고 했다. 칼자루를 손에 쥔 조조는 그래도 최대의 인내심을 보이며 공융과 글로 싸웠다. 공융은 북해상北海相을 지낸 적이 있는데, 병력이 궤멸하여 세력이 궁해진 뒤인 건안 1년(196)에 어쩔 수 없이 조조에게 귀순했다. 천하의 명사이자 공자의 22대 후손이라는 영예로운 신분이었던 그는 조조에게 귀순했어도 한나라의 신하라는 명분을 유지했고, 또 자연스럽

---

23 노수路粹(?~214, 자는 문위文蔚)는 건안 연간 초기에 상서랑이 되었다가 군자좨주軍諮祭酒, 전기 실전기室을 역임하면서 소부少府 공융孔融을 모함하는 데 참여했다. 이후 비서령祕書令에 임명되기도 했으나 한중漢中의 전투에 참가했다가 금령을 어겨 처형되었다.

게 허도許都에 모인 사인들의 우두머리가 되었다. 이제 막 "천자를 내세운" 조조도 명사로서 구색을 맞춰야 했다. 쌍방이 서로 이용 가치가 있었던 것이다. 공융은 조조에게 이런 희망을 기탁했다.

관동 땅 바라보니 애통하여
꿈에도 조공을 그리며 귀의했노라.
瞻望關東可哀, 夢想曹公歸來.　　　　　　　　　　_孔融,「六言詩」

그의 몽상夢想은 얼마 지나지 않아 파멸했다. 한 왕실은 겨우 조조가 배치한 천하라는 바둑판의 돌 하나에 지나지 않았으나, 공융에게는 그것이 전부였다. 조조에게 희망을 걸 수 없다는 사실을 분명히 알게 된 뒤에 공융은 그에 대해 극도로 조롱하고 희롱하며 조조에게 익살을 떨었다. 오늘날 조조를 지지하는 이들 가운데는 공융의 언행이 거의 터무니없었다고 주장하는 사람이 끊이지 않고 나오는데, 이는 그를 너무 경시했다는 비판을 피하지 못한다. 사인과 천하에 대한 공융의 영향력 때문에 그 조롱하는 태도는 골계滑稽의 효과를 거둠으로써 필연적으로 조조가 역량을 발휘하는 것을 약화시킬 수밖에 없었다. 공융이 자신의 역량을 제대로 헤아리지 못한 것은 그래도 사실이다. 이 역시 많은 사인의 공통적인 병폐다. 권력에 크기가 다른 것처럼 유머를 하는 권한도 크기가 다르다. 공융은 문학가로서 정치를 가지고 놀면서도, 힘이 모자라 뜻대로 되지 않는 부분이 얼마나 많은지 자신도 제대로 알지 못했다. 조조는 정치가로서 문학을 가지고 놀았으며, 문학가를 손에 쥐고 놀리는 것도 식은 죽 먹기였다. 공융은 동작의 폭이 너무 컸다. 본래는 공융 너를 간판으로 삼으려 했는데, 협력하지 않으면 그래도 그만이지. 완전히 통제할 수 있으니까 말이야. 그런데 오히려 내게 트집을 잡아 싸움을 걸어 인심을 부추겨 꾀다니!

건안 13년(208), 적벽대전이 일어나기 전야에 조조는 공융을 처단하고 일족을 멸하라고 명했다. 이미 세력이 강대해진 그는 진즉부터 공융을 자기와 뜻을 달리할 사람으로 간주하고 있었다. 표면적으로 공융은 자기의 '태도' 때문에 죽은 게 분명해 보이지만, 근본 원인은 영향력에 있었다.

후한의 도덕적 교화와 관료 선발 방식은 사인들이 극단적으로 명망을 선호하는 풍조를 양성했다. 많은 사인이 명성을 얻기 위해 괴이한 언행을 마다하지 않았으며, 심지어 죽음조차 아까워하지 않았다. 공융이 지극히 좋아했던 예형禰衡[24]이 하나의 예가 될 수 있을 것이다. 그는 권력을 가진 귀족들을 업신여기는 것을 무척 즐겨서 어딜 가든 욕을 퍼부었다. 조조의 군영軍營에 왔을 때도 그는 늘 하던 대로 조조에게 모욕을 주었다. 울지도 웃지도 못하게 된 조조는 그를 정중하게 유표劉表[25]에게 보냈다. 그러나 같은 이유로 유표도 그를 황조黃祖[26]에게 보냈는데, 성깔 사나운 황조는 얼마 후 스물여섯 살의 이 성난 젊은이를 죽여버렸다. 예형은 어쩌면 청춘의 조증躁症을 앓고 있었는지도 모른다. 후세에 전해진 예형의 큰소리는 "큰 놈은 공융이고 작은 놈은 양수楊修[27]"라는 것이다.[28] 큰소리로 자

---

24 예형禰衡(173~198, 자는 정평正平)은 공융이 조조에게 천거했으나 병을 핑계로 사양했다. 이에 조조가 그를 고수敲手에 임명하여 모욕을 주려 했으나 그는 오히려 벌거벗고 북을 쳐서 조조에게 모욕을 주었다. 조조가 그를 유표劉表에게 보냈지만 그는 유표를 경시했고, 유표는 다시 그를 강하태수江夏太守 황조黃祖에게 보냈는데 결국 황조와 말싸움 끝에 살해당했다.

25 유표劉表(142~208, 자는 경승景升)는 후한 말엽 종실의 일원으로서 당고의 재난을 겪었다가 이후 풀려나 형주자사가 되었고, 이각李催 등이 집권하자 공물을 바치고 진남장군鎭南將軍 겸 형주목으로서 성무후成武侯에 봉해졌다. 멀리 원소와 교유하고 가까이로 장수張繡와 결맹하고 유비를 받아들이면서 세력을 확장해 손견을 죽이고 조조에게 대항했다. 그러나 그가 죽은 후 형주목 자리를 계승한 그의 둘째아들 유종劉琮은 남방을 정벌하러 나선 조조에게 형주를 바치고 투항했다.

26 황조黃祖(?~208)는 유표가 형주목으로 있을 때 강하태수를 지냈다. 초평初平 2년(191)에 장사태수 손견과 교전할 때 그의 부하가 손견을 활로 쏴서 죽이는 바람에 동오와 원수지간이 되었다. 훗날 그는 손권과 교전하다가 패하여 살해당했다.

27 양수楊修(175~219, 자는 덕조德祖)는 태위를 지낸 양표楊彪의 아들로 건안 연간에 효렴으로 천거되어 얼마 후 낭중이 되었으며, 이후 승상부丞相府 창조倉曹 소속의 주부主簿를 지내기도 했으나 조조의 미움을 받아 처형되었다.

신의 가치를 높이는 것은 정말 힘을 절약하는 방법이다. 예나 지금이나 늘 이런 방법을 좋아하는 이들이 있었다. 유감스럽게도 거짓으로 꾸민 큰 도량은 단번에 깨진다. 이것도 고금이 서로 같다. 예형의 죽음에 대해 조조가 차도살인借刀殺人했다는 설도 있으나, 이는 분명한 모함이다. 조조의 영혼 영역은 공융 등의 사인들과 조금 교집하고 있지만, 예형과는 전혀 관련이 없다. 예형은 분명히 다른 세계에서 꿈을 꾸고 있었는데, 그 세계가 무엇인지는 그 자신도 반드시 잘 알지는 못했을 것이다. 조조가 별로 중요하지도 않은 성난 젊은이 때문에 지나치게 신경을 썼을 가능성은 없다. 그는 쉽게 사람을 죽일 수 있었지만, 그것도 죽일 가치가 있어야만 했다. 절교할 지경에 이르지 않으면 절대 관계를 끊지 않고, 절교해야 할 때가 되면 끝장을 보는 것을 두려워하지 않아야 한다. 조조가 공융을 대하는 것이 이러했으며, 다른 사인에 대해서도 마찬가지였다.

조조가 죽이거나 죽도록 핍박한 명사나 모략가로는 또 양수와 순욱荀彧, 최염崔琰,[29] 누규累圭,[30] 변양邊讓[31] 등이 있는데 그들 모두 당시의 인걸이었다. 그들의 죽음에 대해서는 고금의 논자들이 동정함과 동시에 조조가 살생을 좋아하는 점을 비판하기도 했다. 그들을 동정하는 이유는 대부분의 죄가 죽을 정도까지는 아니었다는 것이다. 그러나 실은 죄의 문제

---

28 이것은 황조가 예형에게 경성에 고명한 사람이 누가 있느냐고 물은 데에 대답한 것이다. 원문은 "大兒孔文擧, 小兒楊德祖"다.

29 최염崔琰(?~216, 자는 계규季珪)은 사공司空을 역임한 최림崔林의 아우로서 승상 조조의 책사로 활동했다. 그는 처음에 원소를 따르면서 기도위騎都尉에 임명되었으나, 조조가 하북을 평정한 후 별가종사別駕從事로 임용했다. 이후 조조가 위공이 되었을 때 그를 위국상서魏國尙書, 중위中尉로 임용했으나 그가 양훈楊訓에게 보낸 편지에 불손한 뜻이 담겨 있다는 이유로 하옥되어 결국 사약을 받았다.

30 누규累圭(?~?, 자는 자백子伯)는 젊은 시절 조조와 교유하여 훗날 조조를 따라 기주를 평정하고, 유표를 정벌하고, 마초馬超를 격파하는 등 책사로서 많은 공을 세웠으나, 말을 잘못하는 바람에 조조가 자신을 비방했다고 여기고 죽였다.

31 변양邊讓(?~193, 자는 문례文禮)은 젊어서부터 명성을 날리다가 영제靈帝 때 대장군 하진何進의 영사令史가 되었고, 이후 구강태수九江太守까지 지냈으나 조조에게 살해당했다.

가 아니다. 그들에게 무슨 죄가 있는가? 각자 구체적인 죽음의 원인이 있으나, 가장 큰 원인은 천하 세력의 성쇠와 곤란한 국면에서 조조가 행했던 몸부림과 분투였다. 조조는 자기가 기획한 대국에 방해가 될 만하면 서슴없이 칼을 들었다. 제왕의 기강이 풀어져 제후들을 통제할 수 없는 국면에서 각지의 효웅과 준准 효웅들은 천하를 통일한 황제보다 더 편하게 살인할 권리를 지니고 있었다. 이런 밀림의 먹이사슬에서 조조는 이미 맹수였다. 맹수일수록 용인의 한도는 더욱 낮아진다. 공융도 북해상으로서 병력과 권력을 지녔을 때는 잔인하게 살인하지 않았던가! 그런 공융도 시인이었다.

관도官渡[32]의 전투에서 승리하고 조조는 원소袁紹의 거처에서 허도許都 및 조조 진영의 인사들이 원소에게 보낸 많은 서신을 노획했다. 이것은 '반도叛徒'나 '내부의 간첩'을 숙정할 수 있는 가장 중요한 자료였다. 그러나 조조는 그것을 불태우라고 명하면서 이렇게 말했다.

원소가 강성했을 때는 나도 자신을 지킬 수 없었는데 하물며 다른 사람들이야 어떠했겠는가!

當紹之強, 孤猶不能自保, 而況衆人乎. _『三國志』 주석에 인용된 『魏氏春秋』

이 비범한 행동은 큰 도량이 없으면 할 수 없다. 살인은 일부 문제를 해결할 수 있으나 그보다 더 많은 문제는 초인적인 도량이 있어야 해결할 수 있다.

시 짓는 붓을 내려놓으면 칼을 들고, 칼을 내려놓으면 시 짓는 붓을 들었다. 이것이 조조였다. 세상을 구제하거나 강탈하는 영웅이나 효웅의

---

32 관도官渡는 지금의 허난성 중머우中牟 동북쪽에 해당한다.

눈에 사람과 사람의 목숨은 때로 저울추에 지나지 않았다.

　　백골은 들판에 드러나 있고
　　천 리에 닭 울음소리 들리지 않는다.
　　살아 있는 백성은 백에 하나라
　　그걸 생각하면 애간장 끊어진다.
　　白骨露於野, 千里無鷄鳴.
　　生民百遺一, 念之斷人腸.　　　　　　　　　　_曹操, 「蒿里行」

난세의 비참함과 처량함을 잘 묘사했다. 조조가 부친을 죽인 원수를 갚기 위해 서주徐州의 도겸陶謙[33]을 공격했을 때, 한 번에 수만 명(수십만이라는 설도 있음)의 무고한 백성을 함부로 죽인 적도 있으니, 이 시구절의 진정성이 의심스러운 듯도 하다. 그러나 복수 능력이 있는 조조는 당연히 전력을 다해 복수했을 것이다. 인구가 생산력이었던 시대에 인구를 소멸하는 것은 생산력을 파괴하는 일이었다. 엄청난 도살령을 내린 조조는 만악萬惡을 저지른 도살자였으나, 시를 읊은 조조는 바로 '순진한 어린아이赤子'였다. 그 시는 우선 조조 자신에게 감동을 주었다. 거짓 정서로 진짜 시를 쓰거나 거짓 시로 타인을 감동하게 하는 것은 인류가 완성할 수 없는 임무다.

　　푸릇푸릇 그대의 옷깃

33　도겸陶謙(132~194, 자는 공조恭祖)은 제생諸生 출신으로 무재茂才로 천거되어 유주자사와 의랑議郞, 양무교위揚武校尉 등을 역임했고, 중평中平 5년(188)에 황건적의 난이 일어나자 서주자사가 되어 진압에 공헌했으며, 이후 안동장군安東將軍 겸 서주목으로서 율양후溧陽侯에 봉해졌다. 만년에는 조조와의 전투에서 패하여 서주의 태반이 해를 당함으로 인해 병이 생겨 죽었다.

아득한 내 마음

단지 그대 때문에

지금까지 망설이고 있다오.

靑靑子衿, 悠悠我心.

但爲君故, 沉吟至今.   _ 曹操, 「短歌行」

이런 시구절이 사인들에게 감화력이 없을 수 없다. 이 시구절에 불려 온 사인들은 또 조조의 칼날 아래 죽을 가능성이 충분했다.

정 많은 시인이자 무정한 도살자. 조조는 영원히 고독했다.

유연幽燕[34] 땅에 호우가 쏟아지니

하늘에 닿을 듯 하얀 파도

진황도 밖에서 어선을 친다.

온통 일렁이는 물결에 아무것도 보이지 않는데

누구 곁으로 갔을까?

천 년도 지난 옛날

조조는 채찍 휘두르며

동쪽 갈석산에 올라 시를 남겼지.

소슬한 가을바람 지금도 부는데

올라온 사람만 바뀌었구나!

大雨落幽燕, 白浪滔天, 秦皇島外打魚船.

一片汪洋都不見, 知向誰邊.

往事越千年, 魏武揮鞭, 東臨碣石有遺篇.

---

34   유연幽燕은 지금의 허베이성 북부와 랴오닝성 남부에 있던 주州 이름이다.

蕭瑟秋風今又是, 換了人間.　　　　　　　　　　_ 毛澤東, 「浪淘沙」「北戴河」

1700여 년 후, 조조가 북쪽 오환을 정벌하러 갔던 옛길에, 조조를 좁은 도덕의 시선으로 가두지 않은 한 시인이 걸어왔다.

나는 그래도 조조의 시를 좋아한다. 기백이 웅장하고 기개 높으면서 슬프고도 처량하니 진정한 남자이자 위대한 문호文豪였다.

我還是喜歡曹操的詩. 氣魄雄偉, 慷慨悲涼, 是眞男子, 大手筆.

　　　　　　　　　　　_ 毛澤東『書屋』 2016년 5期 35쪽에서 재인용

두 남자가 천 년을 사이에 두고 노래를 주고받는 듯하다. 호기와 패기가 비슷하다. 아득한 시적 정서가 한 곳에서 나온 듯하다. '조조가 휘두른 채찍'은 천하를 두드렸지만, 또 언제나 채찍의 길이가 미치지 못하는 곤경에 빠지기도 했다. 현대의 위인 마오쩌둥의 눈에 비친 세계는 이미 '작은 지구小小寰球'가 되어 있었다.

조조의 죽음

인생의 겨울은 변명의 여지 없이 조조의 문 앞에 찾아왔다.

조물주의 창조물 가운데
끝이 없는 것은 아무것도 없다.

造化之陶物, 莫不有終期.　　　　　　　　　　_ 曹操, 「精列」

조조의 시 가운데 유선시遊仙詩가 차지하는 비중이 작지 않은데,「정열精列」도 그 가운데 하나다. 이 시에서는 선인仙人과 장수에 대한 바람과 괴롭고 짧은 인생을 어찌할 수 없는 유감을 나타냈다. 조조는 영생에 대한 환상을 갖지 않았으나 죽음의 신이 최대한 늦게 찾아와주기 바랐다. 이것은 삶을 추구하는 본능을 초월했을 뿐만 아니라 이 세계에 대한 '노심초사操心'까지 초월한 것이었다.

조조의 일생에서 '노심초사'는 정말 가볍지 않았다. 그의 목숨도 스스로 종종 걱정했을 뿐만 아니라 많은 다른 사람도 걱정했다. 전쟁터에서는 당연히 끊임없는 위험을 느꼈을 테고, 심지어 집에 앉아 있을 때조차 은밀한 화살처럼 날아올 수 있는 심원한 계략을 방비해야 했다. '꿈속의 살인'은 당연히 소설에나 나오는 것이지만 그가 줄곧 눈을 부릅뜨고 자기 목숨을 살폈던 것도 사실이다. 이제 죽음의 신이 앞에 찾아왔으나 그는 완전히 평온한 마음으로 무기를 내려놓았다. 그의 죽음은 상당히 수준 높은 것이었다고 할 수 있다.

그에게서는 존재론의 냄새를 맡을 수 있다.

실존주의 철학에서는 죽음으로 삶을 인증하고 설명하며, 죽음을 전제와 배경으로 삼아 존재의 의미를 부여하고 환기喚起한다.

삶도 아직 모르는데 죽음을 어찌 알겠느냐?
未知生, 焉知死.   _『論語』「先進」

죽음에 관한 질문에 대한 공자의 대답이다. 하이데거 M. Heidegger (1889~1976)는 삶과 죽음에 대해 사고할 때 이런 방식을 썼다. "죽음을 아직 모르는데 삶을 어찌 알까?" 이른바 "존재가 본질에 우선한다"랄지 "죽음을 향해 산다"라는 것, "자기라는 것이 어찌 가능하겠는가?"라는 의문과 "자유 선택" 등은 존재론의 정의精義라고 여겨졌다. '죽음의 기운死氣'이 '생기生機'[35]를 내쫓게 하려면 최대한 죽기 전에 자기를 이루어야 하고, 아울러 책임 있게 '자유 선택'을 해서 가치 있게 '노심초사'해야 한다.

특별한 시대에 태어나 특별한 생존을 계승했던, 열사로 자부했던 조조에게는 응당 "죽음을 향해 사는" 기백이 없지 않았을 것이다. 생기가 점점 다해가고 죽음의 기운이 가득 퍼질 무렵의 조조, 그 최후의 노심초사와 선택을 살펴보자.

조조에게 죽음이 줄곧 중요한 문제이기는 했으나, 현재가 최대이자 최후의 문제였다. "열사는 만년이 되어서도 씩씩한 마음 사라지지 않는다烈士暮年, 壯心不已"라고 읊조릴 수 있는 것은 그래도 죽음과 아직 상당히 멀리 떨어져 있기 때문이었다. 지금은 남아 있는 시간이 이미 많지 않고, 죽음의 신은 이미 불시에 주위로 찾아와 섬뜩하게 웃고 있다. 조조는 아마 자기의 무덤과 그 속에 누워 있는 시신에 관해 자기도 모르게 늘 상상했을 것이다.

건안 25년(220) 정월에 조조는 임종 전에 「유령遺令」을 반포했다.

내가 밤중에 잠에서 깨어보니 조금 불편했는데, 날이 밝자 죽을 마시고 땀을 내고 당귀탕을 마셨다.

내가 군중에서 법대로 시행한 것은 옳았다. 자잘한 분노와 큰 잘못은 본받지 말아야 한다. 천하가 아직 안정되지 않았으니 옛날 장례 제도를 준수할 수 없다. 나는 두통이 있어서 예전부터 두건을 썼다. 내가 죽은 후 예복은 살아 있을 때와 같이 입히는 것을 잊지 마라. 문무백관 가운데 대전에 와서 곡하는 이들은 곡성哭聲 열다섯 번만 하도록

---

35 중국어의 '생기生機'는 생존의 기회, 삶의 희망을 뜻하기도 하고 생기生氣와 활기, 생명력을 의미하기도 한다.

하라. 안장하고 나면 바로 상복을 벗어라. 각지에 주둔하여 지키는 장수와 병사들은 모두 주둔지를 떠나지 말고, 관리들은 각자 직책을 수행하라. 염할 때는 당시 입었던 옷을 그대로 입히고, 업성鄴城 서쪽의 산언덕 서문표西門豹의 사당에서 가까운 곳에 매장하되 금이나 옥 같은 보물은 부장副葬하지 마라.

내 비첩婢妾과 가무예인歌舞藝人들은 모두 성실하고 고생했으니 모두 동작대銅雀臺에서 지내게 하고 잘 대접해주어라. 동작대 정당正堂에는 여섯 자 길이의 침대를 놓고 휘장을 드리워놓고 아침저녁으로 육포와 건량乾糧 따위를 차려 제사하도록 해라. 매달 초하루와 보름에는 아침부터 정오까지 휘장 안쪽을 향해 풍악을 울리고 춤을 추게 해라. 너희는 이따금 동작대에 올라가 서릉의 내 묘지를 바라보도록 하라. 남아 있는 향은 부인들에게 나눠주고 제사에는 쓰지 마라. 각 방에서 할 일이 없는 사람은 색을 물들인 신발끈履組 만드는 법을 배워 팔도록 해라. 내가 벼슬살이하며 얻은 인끈은 모두 부장해라. 내 남은 옷과 갖옷은 따로 부장하고, 그럴 수 없다면 너희 형제들이 나누어 가져라.

吾夜半覺, 小不佳, 至明日, 飮粥汗出, 服當歸湯. 吾在軍中, 持法是也. 至於小忿怒, 大過失, 不當效也. 天下尙未安定, 未得遵古也. 吾有頭病, 自先著幘. 吾死之後, 持大服如存時, 勿遺. 百官當臨殿中者, 十五擧音, 葬畢, 便除服. 其將兵屯戍者, 皆不得離屯部. 有司各率乃職. 斂以時服, 葬於鄴之西岡上, 與西門豹祠相近. 無藏金玉珠寶. 吾婢妾與伎人皆勤苦, 使著銅雀臺, 善待之. 於臺堂上, 安六尺床, 下施穗帳, 朝晡設脯糒之屬. 月旦十五日, 自朝至午, 輒向帳中作伎樂. 汝等時時登銅雀臺, 望吾西陵墓田. 餘香可分與諸夫人, 不命祭. 諸舍中無所爲, 可學作履組賣也. 吾歷官所得綬, 皆著藏中. 吾餘衣裘, 可別爲一藏. 不能者, 兄弟可共分之.

죽음의 신이 이미 머리맡에 와서 소리치고 있다. 최후의 시각이 되었다. 일 분 일 초씩 생명의 진지로 깊이 들어오며 점령하는 죽음의 신을 느낀다. 평생 꼬리 물고 일어나는 위험 속에서 살았던 조조는 운 좋게도 '직접' 죽어가고 있다.

그는 「유령」을 반포하기 일 년 전쯤에 이미 짤막한 「종령終令」을 반포한 바 있다. 「종령」은 아직 죽음을 전망한다는 의미에서 쓴 개괄적인 안배이고 「유령」은 세부적인 항목으로 들어간 것이다. 「유령」의 제1절에서 조조는 여전히 인내심을 지니고 최후의 생존을 음미한다. 제2절에서 제기한 각종 안배(장례는 옛날 제도를 준수하지 말고, 죽은 후에도 살아 있는 때처럼 옷을 입혀 달라)는 모두 관례를 벗어나지 않았다. "금과 옥 같은 보물을 부장하지 말라"는 요구는 그가 종전에 반포한 다른 명령에서 이미 엄격하게 강조된 바 있다. 눈길을 끄는 것은 제3절이다. 가장 중요한 일은 대를 물려주는 것인데 그는 그 문제를 언급하지 않았다. 죽은 후 권력 분포는 의심할 바 없이 지극히 중요한데 그것도 언급하지 않았다. 무수히 많은 큰일을 모두 언급하지 않았다. 그가 자세하게 안배한 것은 뜻밖에도 비첩과 가무예인, 향을 나누고 신발 끈을 파는 일, 그리고 몇 건의 인끈과 헌 옷이었다. 이것은 풍운을 질타하던 영웅과 그다지 어울리지 않는 듯하다.

이 「유령」은 조조와 시간 차가 크지 않은 서진西晉의 문학가 육기陸機[36]가 궁중의 비각祕閣에서 우연히 발견했다. 그는 이 글을 읽고 감격을 이기지 못해 장문의 「조위무제문弔魏武帝文」을 썼다. 그는 조조가 당대에 견줄 만한 이가 없는 영웅인데 임종할 때 고심했던 것이 죄다 이런 사소한 집안일들뿐이라는 데에 무척 불만을 느꼈다. 소식은 「공북해찬孔北海贊」에

---

36   육기陸機(261~303, 자는 사형士衡)는 삼국시대 오나라에서 아문장을 역임했고, 서진 때는 태부 좨주, 저작랑 등을 역임하고 관중후에 봉해지기도 했다. 이후 성도왕 사마영에게 의지하여 평원내사平原内史, 하북대도독 등을 역임하고 장사왕 사마예를 토벌하려다 실패하고 결국 삼족이 멸해졌다.

서 공융이 조조를 비판한 일을 높이 평가하면서 조조가 임종할 때 "첩과 아낙에게 연연하여 향을 나누고 신발 끈을 팔라고 하고, 옷가지를 처분하여, 평생 간사하게 위선을 저지르다가 죽을 때가 되어서야 진짜 성품을 보여주었다"[37]라고 하여, 조조가 평생 거짓 속임수를 일삼다가 죽을 때에 이르러 비로소 보잘것없는 진짜 성품을 드러냈다고 평가했다. 육기나 소식뿐만 아니라 많은 옛사람이 설령 조조가 영웅이라는 점을 인정하더라도 「유령」은 조조의 보잘것없음을 드러냈다고 여겼다. "고난에 처해서도 두려워하지 않고 담소를 나누며 죽음을 맞아야" 비로소 영웅이 될 수 있다는 것이다. 이것이 소식 등의 공통된 인식이었다.

조조의 이런 안배는 정말 '영웅'을 깜짝 놀라게 할 만했다. 비첩들을 동작대에 살게 하고, 정당에 휘장을 설치해 음식을 올리고, 매월 초하루와 보름에 아침부터 정오까지 그 휘장 앞에서 가무를 행하게 하며, 비첩들에게 종종 동작대에 올라 자기가 묻힌 서릉의 묘지를 바라보게 하다니.

마지막 숨이 넘어가는 무렵에 조조는 삶과 죽음을 함께 놓고 마지막으로 음미했다. 천지는 아득히 멀고 황량한 묘지에는 봄가을 풍경이 바뀌고 밤낮의 시간이 흐르는데 미희들의 목소리는 따스하고 눈빛에는 추파가 흐른다. 조조는 죽음이라는 절대의 암흑 속에 살아 있는 미녀와 풍악을 배치하고자 했다.

그러나 그 미녀의 눈빛이 설령 묘지를 향할지라도 그들의 애정이 여전히 그대의 시신을 위해 생겨났을까? 치정에 빠진 조조, 자기를 위해 노심초사한 조조.

소식 등이 그의 보잘것없음을 비웃은 것은 나름대로 일리가 있는 듯하다. 그러나 우리는 더 심층적으로 이해할 필요가 있다. 이것은 조조의

---

37   원문: "留連妾婦, 分香賣履, 區處衣物, 平生奸僞, 死見眞性."

나르시시즘, 죽음에 이르러서도 버리지 못했던 나르시시즘이었다. 마지막 숨이 넘어가는 무렵에도 조조에게는 강렬한 나르시시즘의 능력이 있었다. 나르시시즘은 건전한 자아, 건전한 개성이 아니지만, 또 그와 밀접하게 관련되어 있다. 개성이 완전한 아름다움을 추구할수록 적당한 나르시시즘을 가지게 될 가능성이 더 커진다. 황제 권력의 도덕은 자아와 개성을 극도로 없애버린다. 이 때문에 이미 권력의 최정상에 선 조조가 완강하게 나르시시즘을 나타낸 것은 참으로 위대한 인성의 섬광으로 볼 수 있다. 건안풍골은 개성이 선명하고, 위진풍도는 자신을 돌아보고 만족한다. 위·진 시대 인물의 두드러진 특징은 바로 나르시시즘과 개성이 있는 것이다. 서진에서 동진까지는 인물을 평가하는 기풍이 크게 성행했으니, 그것은 바로 나르시시즘이 변천하여 승화한 결과였다. 조식과 혜강, 완적阮籍[38] 등의 나르시시즘을 생각해보라. 혜강은 고집이 세면서도 온유했다. 건안풍골과 위진풍도는 모두 조조에게서 기원했다.

조조가 죽음에 대해 심사숙고한 것이 이미 무척 오래되었다는 것을 알 수 있다. 천하? 그는 '천하'와 평생 싸웠으나, 이제 그것은 가볍게 한쪽에 내려놓았다. 그는 참으로 완강하게 살다가 온유하게 죽었다. 천하의 국면이 이미 이러한데 나는 이미 힘이 다했으니, 머지않아 관 속에 들어갈 사람에게는 천하가 안심하거나 말거나 이미 아무 의미가 없다. 그러나 자기의 비첩과 자기의 죽음에 대해서는 안배하지 않을 수 없다. 자기가 안배해두지 않으면 설사 자식들이라 할지라도 이렇게 챙기지 못할 것이다. 신령한 거북이나 등사도 결국 흙이 된다고 하지만, 다정한 삶과 무정한 죽음 사이에는 아무래도 어떤 넘어감이 있어야 하지 않겠는가? 삶의 고독을 나는 알지만 죽음의 고독은 말하기 어렵다. 저승은 어쨌든 이승보다 적막

---

38 완적阮籍(210~263, 자는 사종嗣宗)은 보병교위步兵校尉를 역임한 바 있으며, 죽림칠현 중 한 명이다. 82수의 연작시 『영회시詠懷詩』와 「대인선생전大人先生傳」 등을 남겼다.

할 것이다. 내가 이렇게 하는 것은 죽은 조조가 생시의 조조에게 원한을 품지 않게 하기 위해서가 아니겠는가?

이것은 자기 존재에 대한 조조의 연민이며, 기개 높고 강건한 생명 정신이 최후로 보이는 온유한 섬광이기도 했다.

"불을 밝혀라, 나는 어둠을 더듬어 귀가하지 않겠다."

미국의 작가 오 헨리O. Henry(1862~1910)가 임종할 때 남긴 유언이다. 조조도 그 길이 틀림없이 어두우리라는 것을 알았으나 마지막으로 한 번 맑고 아름답게 빛나고 싶었다.

조조가 벗 교현橋玄[39]에게 제사 지낸 일을 통해 조조를 이해할 수도 있다. 건안 7년(202)에 조조는 군대를 이끌고 고향 초현譙縣에 와서 직접 제문을 짓고 자신을 알아봐준 은혜를 베풀었던 벗 교현에게 제사를 지냈다. 이때는 교현이 죽은 지 이미 20년이 지난 후였다. 제문에서는 살아 있을 때의 정의를 추억하면서 죽은 이의 덕행을 칭송했는데, 이는 모두 일상적인 것이었다. 특이한 것은 그가 뜻밖에 교현이 살아 있을 때 했던 농담을 제문에 넣었다는 점이다. 교현은 일찍이 조조에게 이런 농담을 한 적이 있었다.

"내가 죽은 후 자네가 내 무덤을 지나는데 혹시 술 한 말을 가져오지 않고 닭 한 마리만으로 제사를 지낸다면, 수레가 세 걸음도 지나기 전에 복통이 날 걸세. 그런 일이 생기더라도 내 탓을 하지 말게!"

그래서 조조는 제문에서 이렇게 탄식했다.

---

39 교현橋玄(110~184, 자는 공조公祖)은 효렴으로 천거되어 낙양좌위洛陽左尉와 한양태수漢陽太守, 장작대장을 역임하고 환제 말년에 탁료장군度遼將軍으로서 선비족과 남흉노를 격파했다. 영제靈帝 때는 하남윤과 소부少府, 대홍려大鴻臚를 거쳐서 건녕建寧 3년(170)에 사공司空이 되고 이듬해에 사도司徒로 승진했으며, 광화光和 1년(178)에는 태위가 되었다가 곧 태중대부에 임명되었다. 그는 강직하고 권세에 아부하지 않으면서 청렴한 인물로 평가된다.

지극히 친하고 돈독한 사이가 아니라면 어떻게 이런 말을 했겠는가?

非至親篤好, 胡肯爲此辭乎.

교현에 대한 태도가 바로 살아 있는 조조가 죽은 조조를 대하는 태도였다.

육기와 소식은 모두 천재라고 할 만한 사람들이었으나 정신의 심오하고 복잡한 정도는 조조와 등급이 달랐다. 심오한 정감이 없는 영혼은 이런 「유령」을 남길 수 없다. 조조의 무정함은 놀라울 정도지만, 그의 다정함도 보통을 초월했다.

비할 데 없이 변화막측한 이 시대에 무수한 이가 생존의 가치를 실현하기도 어려워했을 뿐만 아니라 죽음을 음미하기는 더욱 어려웠다. 그런데 조조는 자기의 죽음을 맑고 깨어 있는 상태에서 안배하고, 자기가 원하는 섬세한 상황에서 죽었다. 불굴의 기개를 보이며 죽기는 쉬워도 따스하고 부드럽게 죽기는 어렵다. 아Q처럼 마비되고 혼돈에 빠진 상태로 있었다면, 자기도 모르는 사이에 죽음이 닥쳤는데도 여전히 우물쭈물하면서 말조차 제대로 하지 못할 것이다.

"20년 뒤에는 또 하나의……"

"過了二十年又是一個……"

_ 魯迅, 『阿Q正傳』

조조는 「유령」을 통해 관중의 커튼콜에 답례하고, 자신에 대한 호스피스를 실시했다. 이처럼 차분하고 섬세하게 죽을 수 있는 것은 참으로 드문 경우다.

조조는 죽음에 이르러서도 자기에게 가능한 '자유 선택'을 행했다. 그는 '천하'를 위해 안배하지 않는 눈치 있는 모습을 보여주었는데, 그래 봐야 아무 소용없고 역사는 '끝날' 수 없다는 것을 알았기 때문이다. 사람이 사람다워지기 어렵고 자기가 자기다워지기 어려운 환경에서 그는 최대한 사람이 되고 자기가 되려고 했다. 그는 어떤 귀중한 부장품도 필요 없다고 엄격하게 지시했는데, 이것은 모든 제왕을 넘어선 부분이었다.

조조는 「유령」이라는 글을 통해 아주 조심스럽게 깊은 정과 상심을 담아 일생을 분투했던 이 세계에 작별을 고했다. 「유령」은 놀랍고 거친 파도 같은 생존을 졸졸 흐르는 실개천같이 따스하고 부드러운 에필로그로 만들었다.

에필로그

어릴 적 산둥山東 이몽산沂蒙山 깊숙한 곳에 있는 외부와 단절된 마을에서 나는 모친께서 늘 부친에게 "이 간웅 같으니라고!" 또는 "이 간신 같으니라고!" 하고 우스갯소리로 꾸짖는 소리를 들었다. 그 꾸짖음 속에는 비난뿐만 아니라 사랑과 숭배도 들어 있었다. 어떤 때는 다른 아낙이 자기 남편을 이렇게 꾸짖기도 했다. 쌍방이 정말 화가 났다면 주먹질이 오가고 원수처럼 증오하여, 절대 이렇게 욕하지 않고 온 나라에서 남의 인격을 모독할 때 쓰는 일상적인 욕이나 혹은 듣는 사람이 도저히 감당하기 어려운 욕을 퍼부었을 것이다. 겨우 몇 살밖에 되지 않았던 나도 벌써 알고 있었다. 간웅이나 간신이 바로 조조라는 것을 말이다. 조조는 '대단히 바빴으나' 이 단절된 시골 마을을 빠뜨리지 않고 찾아주었다. "호랑이도 제 말 하면 온다." 호랑이(조조)를 언급하지 않으면 오지 않을 것이다. 모든 전통적인 중국 부녀자들의 마음에는 놀랍게도 늘 간웅, 사랑스러운 간웅이 담겨 있었다. 그들의 남편 혹은 자신과 중요한 관련이 있는 남자가 바로 그런

간웅이었다. 어릿광대 조조는 정말 사람들의 마음에 깊이 새겨져 있구나! 사람들의 마음속에 활발히 살아 움직이는 것은 뜻밖에도 이렇게 완고하며, 통치자들의 모략은 활발한 인심 앞에서 효력을 잃는 듯하다.

창을 비껴들고 시를 읊던 조조와 구슬피 눈물 흘리던 조조, 수시로 살기를 뿌리던 조조는 모두 조조였지만 오직 어릿광대 조조만은 진정한 조조가 아니었다. 머우쭝싼牟宗三[40] 선생은 철학에 세 가지 기질이 있으니 사나이 기질漢子氣, 빼어난 기질逸氣, 원시적 우주의 비애가 바로 그것이라고 했다. 조조는 빼어난 기질과 우주의 비애를 함께 지닌 정통의 사나이로서 가장 많은 복잡성을 용납한 위대한 영웅이었다. 그의 영혼은 한나라 말엽의 난세에서 가장 심오하고 가장 흥미로운 영혼이었다.

역사의 깊은 곳에 있는 몇몇 요원한 죄악은 여전히 우리에게 깊이 전해질 수 있다. 조조의 죄악은 바로 우리의 죄악이다. 그러나 그의 위대함이 반드시 우리의 위대함은 아니다. "호랑이도 제 말 하면 온다." 조조는 하나의 거울, 인성을 비추는 거울이다. 누구나 그를 통해서 어떤 굴절을 실현할 수 있다. 조조는 그대의 생명 밖에 있으나, 완전히 그대의 생명 안에 있을 수도 있는 듯하다. 그는 모든 사람이 이해하고 고개를 끄덕이며 미소 지을 수 있는 '친숙한 낯선 이Familiar Stranger'다.

"호랑이도 제 말 하면 온다." 당신이 집단적인 광희狂喜에 빠져 조조를 매도할 때는 아마 이 점을 미처 의식하지 못할 것이다. 당신은 사실 조조를 좋아하고 있다.

---

40 머우쭝싼牟宗三(1909~1995, 자는 리중離中)은 1933년 베이징대학 철학과를 졸업하고 여러 대학에서 논리학과 서양 문화를 강의했으며, 1930년대에는 잡지 『역사와 문화』 『재상再生』의 편집부장을 맡았다. 1949년에는 타이베이사범대학 교수가 되었고, 1968년에는 홍콩중문대학 교수가 되었다가 1974년에 퇴임한 후에도 타이완의 여러 대학에서 강의했다. 『심체心體와 본성本性』 『중국철학 19강』 『불성佛性과 반야般若』 등 많은 저작을 남겼다.

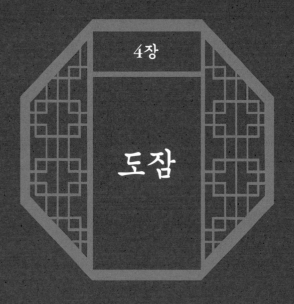

4장

도잠

> 숨어 있는 빛 <

동쪽 울타리 아래에서 국화를 따고

느긋하게 남산을 바라본다.

采菊東籬下, 悠然見南山. 　　　　　　　　　　　　　　　　　_「飮酒」其五

중국 문학과 문화의 역사에서 도잠의 형상은 이미 이 두 구절에 의해 격식이 정해진 듯하다. 도잠은 바로 이 시구절이요, 이 시구절이 바로 도잠이다. 사람들은 유연하고 소탈하며 고요하고 장엄하며 근심 없는 도잠이라는 존재가 확실히 있었다고 믿고 싶어한다.

대나무 울타리 근처에서, 국화 옆에서, 한 잔의 술을 놓고 거문고 하나를 든 평온하고 근심 없는 시인은 미래의 황량함이나 눈앞의 미망, 영혼 깊은 곳의 고독한 몸부림이 없다. 예로부터 도연명을 읊고 묘사한 무수한 시와 문장, 그림은 종종 이 이미지 혹은 장면을 나타냈다. 사람들은 약속이나 한 듯이 똑같이 시인이 이미 이러했고 아울러 시종일관 이러했다고 인정했다.

그러나 이것은 불가능하다. 사람은 쉽게 고요하고 장엄한 경지에 이를 수 없으며, 영원히 그런 상태로 있는 것은 더욱 불가능하다.

도잠도 늘 이를 악물었던 때가 있었을 것이다.

때는 인류의 중고中古 시대, 중국의 위·진 시기였다. 서기 400년 전후에 동방의 중국은 기나긴 난세가 극단에 오른 상태에 처해 있었다. 사회는 더욱 파편화, 밀림화를 향해 나아가고 있었다. 건안풍골에는 이미 풍골이 남아 있지 않고, 위진풍도에도 더는 영광이 존재하지 않았다. 사인들은 모두 활시위 소리에 놀란 새가 되어 있었고, 시와 문장은 모두 겉만 화려한 꾸밈에 열중해 있어서 사인의 기풍과 문학의 기풍이 극도로 쇠락해 있었다. 이 시대에는 위인이 드물었으나 도잠은 그중 한 명이었다. 이 위인은 평범한, 심지어 지극히 비천한 면모를 통해 자기를 나타냈다.

사람들이 분주히 한 방향으로 달려갈 때 도잠은 홀로 다른 길로 향했다. 그는 전원에서 인생을 끝까지 견지했다. 맹수들이 밀림에서 포효할 때, 전원의 사슴은 나무 그늘 아래 누워 있었다. 인생에 기쁨은 있으나 그보다 더 많은 황량함과 고독이 있다. 그러므로 그는 때때로 술 한 잔의 지원과 구조가 필요했다. 그가 죽은 후 자기의 전원이 그가 선택한 방향에 따라 역사로 진입하고 미래를 향해서 우리에게까지 이르게 될 줄은 그도 생각하지 못했고 생각할 수도 없었다. 그의 전원은 무한히 풍부한 의의를 낳았다.

굴원의 울음 섞인 노래는 끝없이 넓고 아득하여 목숨을 떼어 가버렸고, 이백의 고함과 절규는 드높이 터져 나와 그의 심장을 가슴 바깥에 내걸었으며, 소식이 30만 근의 샘물처럼 쉼 없이 쏟아낸 말들을 통해 "뱃속에는 가득 들어 있는 시의時宜에 맞지 않는 것들滿肚皮不是"을 호기豪氣로 만들었다. 그러면 도잠은? 그는 숨어 인내하며 자기 안을 살피면서 이렇게 혼자 중얼거렸을 것이다. '나는 그저 나 혼자의 삶을 살아야지!'

이것은 무척 기괴한 현상처럼 보인다. 도잠은 세상 사람들이 둘러싸 찬탄해주기 바라는 마음이 전혀 없었고 실제로 그의 생전에도 전혀 칭송받지 못했으나, 그의 '독백'은 거듭 시공을 초월해 역대 독자들의 마음 깊숙한 곳까지 도달했다. 그는 위진풍도가 퇴조할 무렵에 가라앉은 가장 가치 있는 한 알의 진주였다.

도잠은 중국 문화에 전원혼田園魂을 더해주었다. 그 이전에 이 영혼은 숨어 있는 듯 드러난 듯 희미했으나 그는 그것을 분명히 드러내 유령이 되게 했다. 유령만이 거듭 현신하는 능력을 지닐 수 있다.

그러므로 이 유령이 오늘날까지 오게 된 것이다.

그는 전생에 나무였다

도잠과 같은 은사隱士는 사회가 큰 아픔을 느끼게 하는 방식으로 사회에 반항하지 않는다. 그는 식물을, 각종 나무를 좋아한다. 나무는 어떤 생명에게도 아픔을 주지 않는다.

연이은 숲은 사람들이 느끼지 못하지만
홀로 선 나무는 다들 기이하게 여기지.
連林人不覺, 獨樹衆乃奇.   _「飮酒」其八

도잠은 자신이 이런 나무라고 상상했다. 고독을 감내하며 강직함을 견지하는 나무.

조조에서 시작한 찬탈 방식을 후속자들은 더욱 극단적인 방식으로 흉내 냈다. 사회라는 이 거령신巨靈神은 늘 고통을 참기 어려워 미쳐 날뛰는 상태에 빠졌다. 언제인지는 확실히 말할 수 없으나 충분히 찬탈할 능력을 갖춘 효웅이나 터프 가이가 갑자기 나타날 가능성이 있었다. 강산을 공략할 수 있다면 그렇게 했고, 찬탈할 수 있다면 그렇게 했는데, 가장 일반적인 방식은 양자를 결합하는 것이었다. 황제 권력 체제가 하늘처럼 떠받드는 '충성'은 진즉 희박한 정감으로 변해버렸다. 동진과 유송劉宋의 교체기 및 남조 시기는 또 황제 권력의 정치가 가장 비열해서, 통치자는 수치심을 가릴 천마저 내걸지 않았다. 군주와 신하가 서로 해치고, 깊은 집안에서 칼부림이 일어나는 일이 다반사였다.

생명은 온전히 어느 개인이나 어떤 외재 사물에 매일 수 있는 것이 아니었으니, 다른 방향으로 발전할 가능성이 있었다.

> 진나라 사람들은 자연을 외부로 발현하고 자기의 깊은 정은 내부로 발현했다.
> 晉人向外發現了自然, 向內發現了自己的深情. _宗白華[1]

그런데 이 기나긴 난세는 황제 권력의 역사에서 사인士人의 개성이 섬광처럼 반짝였던 비범한 시대이기도 했다. 그러나 사인이 개성을 자랑하는 것은 전혀 체제의 보장을 받지 못했기 때문에 무거운 압력 아래 생긴 틈에서 반짝이는 빛은 늘 처량하기 그지없었다.

> 위·진 무렵에는 천하에 변고가 많이 생겨서 목숨을 보전한 명사가 적었다.
> 魏晉之際, 天下多故, 名士少有全者. _『晉書』「阮籍傳」

---

1 쭝바이화宗白華(1897~1986)는 1949년부터 1952년까지 난징대학 교수를 역임하고 이후 베이징대학 철학과 교수를 역임했다.『미학산보美學散步』와『예경藝境』등 다수의 저작을 남겼다.

먼저 조조가 공융을 죽였고, 이어서 하안何晏[2]과 혜강嵇康, 반악潘岳,[3] 육기陸機, 육운陸雲, 곽박郭璞[4] 등의 명사들이 갖가지 명목으로 망나니의 칼에 희생되었다. 무도한 사회 속의 위험한 생존은 사인의 생명 표현에서 괴상함 내지 병적 풍모를 나타냈으며, 그들의 행동은 모두가 현대의 '행위 예술'과 유사하게 되었다. 그들은 나르시시즘에 빠져 있다가도 사는 것을 귀찮게 여기기 쉬웠고, 목숨을 아껴 양생養生하면서도 절제 없는 음주에 빠지기 쉬웠으며, 개성을 중시하면서도 한없이 실의에 빠지거나 심지어 인격이 와해하는 지경에 빠지기 쉬웠다. 굴복하려 하지 않던 혜강은 강인한 성품과 뜨거운 피를 가졌으면서도 극심한 나르시시즘에 빠져서 「산도山濤[5]에게 보내는 절교 편지與山巨源絕交書」라는 기이한 글을 써서 사회에 도전했는데, 이는 목숨을 가볍게 여기는 행위와 다를 바 없었다. 유령劉伶[6]

---

2   하안何晏(?~249, 자는 평숙平叔)은 후한 때의 대장군 하진何進의 손자인데, 일찍이 부친을 여의고 모친이 조조의 첩이 되는 바람에 조조에게 거두어져서 총애를 받았다. 노장老莊 사상에 정통했던 그는 조조의 딸 금향공주金鄉公主와 결혼했지만, 문제文帝와 명제明帝 모두 그의 인품을 탐탁지 않게 여겨서 중용하지 않았다. 이후 조상曹爽이 권력을 잡았을 때 그는 시중과 이부상서를 역임하고 열후에 봉해졌는데, 사마의가 정변을 일으킨 후 그 역시 조상과 함께 삼족이 멸해졌다.
3   반악潘岳(247~300, 자는 안인安仁)은 반안潘安이라고도 불렸다. 수려한 용모로 명성이 높았지만, 진나라 무제가 몸소 농사일한 것에 대해 부賦를 지어 질시를 받아 30세가 넘어서야 벼슬을 얻었다. 태부 주부太傅主簿를 역임했으나 성격이 경박하고 이권에 연연하여 부호인 석숭石崇에게 아부하는 등 처세에 대해 많은 비판을 받았다. 결국 조왕 사마륜이 제위를 찬탈하고 손수孫秀가 조정을 좌우할 때 삼족이 멸해졌다.
4   곽박郭璞(276~324, 자는 경순景純)은 문학과 훈고학, 도학과 술수에 뛰어났으며, 특히 유선시遊仙詩의 대가이자 중국 풍수학의 선구자로서『장경葬經』을 저술하기도 했고, 『이아』와『산해경』등 많은 저작과 작품에 주석을 붙였다. 서진 말엽에 전란을 피해 강남으로 간 그는 왕돈王敦의 기실참군記室參軍으로 있다가, 왕돈이 반란을 일으키려 하자 실패할 거라고 예언하는 바람에 피살당했다. 이후 명제明帝는 남경의 현무호 옆에 그의 의관총衣冠冢을 만들고 '곽공돈郭公墩'이라고 이름을 붙였다.
5   산도山濤(205~283, 자는 거원巨源)는 죽림칠현 중 하나로 젊어서 명성을 날리다가 마흔 살에 군의 주부主簿가 되었다. 사마사司馬師가 집권할 때 수재로 천거되어 상서이부랑을 역임했고, 서진이 건립된 후 대홍려大鴻臚로 승진했다. 이후 시중과 이부상서, 태자소부, 좌복야 등을 역임하고 신답백新沓伯에 봉해졌다. 태강太康 3년(282)에 사도가 된 후 이듬해에 죽었다.
6   유령劉伶(221?~300, 자는 백륜伯倫)은 죽림칠현 중 하나로, 건위장군 왕융王戎의 막부에서 참군을 지내기도 했으나, 진 무제 때 무위無爲의 다스림을 강조하다가 무능하다는 이유로 파면되었다.

은 사슴이 끄는 수레에서 술 단지를 껴안고 앉아 마시면서, 하인에게 삽을 메고 따라오게 하면서, 이렇게 말했다.

"내가 죽거든 그 자리에 묻어라."

모두 이런 식이었다. 그런데 보통 사람은 생각하기 어려운 이런 연출의 배후에는 생명의 존엄에 대한 장엄한 추구가 은밀히 내포되어 있었음은 마땅히 인정해야 한다. 다만 아무리 극치에 이른 연출일지라도 결국은 사회와 자아의 이중二重 노역에서 벗어나기 어려웠다.

도잠에게는 그들의 그림자가 드리워 있었으나 또 다른 모든 이와는 다른 듯하다. 강직한 성품이 없지는 않으나 혜강처럼 칼날의 피를 핥는 위험을 무릅쓰지 않았고, 술을 좋아했으나 유령처럼 퇴락하지는 않았다.

어떤 이는 그의 이름에 강렬한 숙명의 의미가 담겨 있는 듯하다고 여긴다. 도잠 또는 도연명을 그렇게 부르지 않으면 또 뭐라고 불러야 할까?

도잠陶潛(365~427)은 본래 이름이 연명淵明, 자가 원량元亮이고 별호別號는 오류선생五柳先生이며, 만년에 이름을 잠潛으로 바꾸었다. 정권의 칼날과 군중, 남의 시선을 피해 그는 가장 낮은 곳으로 몰래 물러나 연못 속의 물고기, 술 속의 새가 되었고 심지어 한 그루 나무, 한 포기 농작물이 되었다. 이것이 바로 도잠이다. 역대의 사인들은 도잠 또는 도연명이라는 이름을 읊조릴 때면 마치 유령을 본 듯이, 또 자기를 한 번 위안한 듯이 느꼈다.

자기를 한 그루 나무로 여긴 것은 아마 중국 문학에서 그가 최초일 것이다. 「오류선생전五柳先生傳」이라는 글에는 나르시시즘의 의미도 들어 있으나, 너무나 건강하고 자연스러우며 소탈하고 흥미진진하다.

선생은 어느 지역 출신인지 모르고 그 성명도 자세히 알려져 있지 않은데, 집 주위에 다섯 그루 버드나무가 있어서 그것을 호로 삼았다. 여유롭고 차분하며 말수가 적고 영리를 선망하지 않았다. 독서를 좋아하되 깊이 이해하려 하지 않았으며, 깨달음을 얻을 때마다 밥 먹는 것조차 잊을 정도로 기뻐했다. 천성적으로 술을 좋아했으나 집이 가난하여 항상 마실 수 없었다. 친구가 그런 사정을 알고 술자리를 마련해 부르면 찾아가서 금방 다 마셔버렸는데, 반드시 취할 때까지 마셨다. 이미 취하면 물러났는데 떠나고 머무는 것을 중요하게 여긴 적이 없었다. 집의 벽은 소슬하여 바람과 햇빛을 가리지도 못했다. 짧은 갈옷을 걸치고 단출하기 그지없는 끼니조차 자주 걸렀으나 편안하게 여겼다. 늘 글을 지어 스스로 즐거워했는데, 자못 자기의 뜻을 나타냈다. 득실을 잊고 이런 방식으로 스스로 생애를 마쳤다.

나는 이렇게 평가한다. 검루黔婁[7]의 아내는 "가난하고 신분이 낮아도 근심하지 않고, 부유하고 신분이 높아지려고 급급하지 않는다"라고 했는데, 그 말은 이런 사람에게 어울리지 않는가? 거나하게 취해 시를 읊으며 그 뜻을 즐겼으니 무회씨의 백성인가, 갈천씨의 백성인가?[8]

先生不知何許人也, 亦不詳其姓字, 宅邊有五柳樹, 因以爲號焉. 閑靜少言, 不慕榮利. 好讀書, 不求甚解, 每有會意, 便欣然忘食. 性嗜酒, 家貧不能常得. 親舊知其如此, 或置酒而招之. 造飮輒盡, 期在必醉, 旣醉而退, 曾不吝情去留. 環堵蕭然, 不蔽風日. 短褐穿結, 簞瓢屢空. 晏如也. 常著文章自娛, 頗示己志. 忘懷得失, 以此自終. 贊曰: 黔婁之妻有言, 不戚戚於貧賤, 不汲汲於富貴. 其言兹若人之儔乎. 酣觴賦詩, 以樂其志, 無懷氏之民歟, 葛天氏之民歟.

---

7 검루黔婁(?~?)는 전국시대 제나라의 은사이자 도가 사상가다. 그는 제나라 위왕威王이 경으로 삼으려 했으나 거절하고 제수 남쪽의 산(지금의 지난濟南 첸포산千佛山)에 은거하여 바위 동굴을 파고 살면서, 평생 산을 내려오지 않았다고 한다.
8 무회씨無懷氏와 갈천씨葛天氏는 모두 상고 전설 속의 '성황聖皇'이다.

'오류선생'은 도잠의 자기 이미지다. 그는 이것이 응당 자기이고, 자기가 바로 이런 모습이라고 말한다. 이 글은 서기 406년, 그가 철저하게 전원으로 돌아가 은거한 이듬해에 쓴 것이다. 전년 연말에 그는 겨우 석 달 정도 맡았던 팽택령彭澤令을 사직하고 십여 년 동안 벼슬살이와 은거를 되풀이하던 방황의 생애를 마무리 짓고, 이후로 그가 '전원의 거처園田居'라고 이름 붙인 곳으로 돌아와 은거했다. 지난해부터 이 글을 쓴 해까지, 강호에서 전원으로 돌아올 때까지 도잠은 이미 심신을 거의 정돈하고 새로운 삶을 시작했다. 어느 날씨 좋은 날에 그는 집 앞의 다섯 그루 버드나무를 바라보며 뭔가 생각에 잠긴 듯, 깨달은 듯하다가 무언가를 이해하고 자기도 모르게 느긋하게 웃고 말았다.

그해에 도잠은 마흔두 살이었다. 혜강은 이보다 두 살 어린 나이에 남의 손에 죽었고, 후세의 이백은 이 나이에 의기양양하게 황궁으로 걸어 들어갔다. 두루 경험하고 연마하며 또 영혼이 풍부했던 도잠에게 이 나이는 바로 인생의 감제고지瞰制高地여서, 그는 자세히 살피고 전망할 수 있는 광활한 시공을 확보했다.

버드나무는 네 그루나 여섯 그루, 일곱 그루도 아닌 딱 다섯 그루였다. 그러니까 그는 오직 오류선생으로만 불릴 수 있었다. 그에게는 또 크고 작은 다섯 명의 아들이 있었다. 아이들은 늘 나무 밑에서 놀기 좋아했다. 도잠의 눈에 그 다섯 그루 버드나무는 자기 아이들이기도 했다.

도잠은 '도잠'이라는 그 시인을 바라보며 지금 이 순간 그 사람이 조금 흥미롭다고 느끼고, 즉시 그를 위해 이 짧은 「오류선생전」이라는 전기를 썼다. 그는 '오류선생'에게 이렇게 말했다.

"당신은 바로 이렇소. 그러니 이런 모습으로 사시구려!"

도잠은 도잠의 방관자이자 대화 상대다. 혼자 말하고 스스로 대화하는 것은 이미 유래가 오래된 도잠의 취미였다. 그의 모든 시와 문장은 이런 대화다. 문자로 표현되지 않은 대화는 더 많은 것이다. 도잠이 자신에 대해 이처럼 명상할 때 갑자기 영혼이 몸 밖으로 빠져나가는 듯한 느낌이 들었을 것이다. 그는 이미 유령을 본 듯했을 것이다. 이것은 어쩌면 장주莊周의 호접몽蝴蝶夢과 유사했을 것이다. 도잠은 이때의 도잠을 좋아하고, 기꺼이 자족하여 마음에 걸림이 없이 완전히 청명한 상태로 아득하게 우주와 하나가 되었을 것이다.

도잠의 핵심적 품격이 '자연에 맡긴 채 스스로 만족하는 것任眞自得'이라면 「오류선생전」은 이 시적인 인품을 형상화한 것이라고 할 수 있다.

> 그는 일찍이 「오류선생전」을 지어 자기를 비유했는데, (…) 당시 사람들은 그것을 실록으로 여겼다.
> 嘗著五柳先生傳以自況 (…) 時人謂之實錄. _ 沈約,『宋書』「陶潛傳」

이 오류선생은 시적인 정취가 넘치며 소탈하고 고상한데, 당시 사람들은 그것을 도잠이 자기를 비유한 실록이라고 여겼다. 흥미롭기 그지없다. 그런 사람, 오롯한 마음으로 자신을 즐기는 사람이 오히려 마치 자기의 뼈를 두드리고 있는 듯하다. 그의 심정은 늘 유연했으나 뼈는 그렇지 않았다. 그의 즐거움과 '자연에 맡긴 채 스스로 만족하는' 행위는 바로 그 뼈의 단단함에 근원을 두고 있었다. 「오류선생전」은 바로 이런 단단한 뼈처럼 완곡하고 은은한 노래를 부르고 있다.

200자도 되지 않는 글에 무려 아홉 번이나 '불不'자를 썼다. 이 아홉 개의 '불'자가 일일이 나타난 뒤에 나는 이 '불'자의 형상이 이렇게 괴이하고 감칠맛이 난다는 사실을 처음 느꼈다. 이 세계에 대해 오류선생은 일련의 '불'자를 얘기했으나 결코 칼을 뽑거나 활시위를 당기듯이 얘기하지 않았다. 증오하는 사람이나 사물은 아주 많았으나, 그는 '절교서'를 쓰지 못했다.

첫머리를 "선생은 어느 지역 출신인지 모르고 그 성명도 자세히 알려져 있지 않다"라고 시작하는 글이 어떻게 '실록'이 될 수 있는가? 이것이 도잠의 독특한 모습이다. 문벌의 보루가 삼엄했던 그 시대에 자기는 아무것도 가진 게 없고 아무것도 내세우지 않는다. 그가 가장 낮은 곳, 버드나무 아래로 물러나 진흙으로 자신을 가린 것은 오히려 아무도 우러러보지 않기 위해서였다. 무슨 이름이나 호칭이 있겠는가? 이것은 확실히 실록, 도잠의 심리에 관한 실록이기도 하다. 쉴 새 없이 수다를 떠는 사람들은 얼마나 서로 아첨하고 얼마나 심하게 서로 멸시하는가! 저마다 남보다 조금이라도 더 높아지려 하고 눈부신 명성을 추구하기 때문에 모든 영혼은 타인 앞에서 무릎을 꿇는다.

"여유롭고 차분하며 말수가 적고 영리를 선망하지 않는" 모습은 서로 아부하지만 또 멸시하는 모습과는 거리가 멀다. 도잠이 죽은 후 그보다 거의 스무 살이 적은 벗 안연지顔延之[9]는 「도징사뢰陶徵士誄」를 써서 깊이 애도했다. 글에는 이런 말이 들어 있다.

여러 사람과 함께 있을 때면 소수의 입장을 잃지 않았고, 말할 때면 늘 침묵을 보여주었다.
在衆不失其寡, 處言每見其默.

도잠에 관한 옛사람의 해석 가운데 이보다 더 훌륭한 것은 없다. 심

---

9 안연지顔延之(384~456, 자는 연년延年)는 호군사마護軍司馬를 지낸 안현顔顯의 아들로 어려서 고아가 되어 가난했으나 열심히 공부하고 문장을 다듬어 명성을 날렸다. 술을 좋아하고 행실에 거침이 없었던 그는 서른 살에도 아직 결혼하지 않았다. 그는 동진 말엽에 태사사인太子舍人을 지냈고 유송劉宋 때는 시안태수始安太守, 중서시랑, 보병교위, 광록훈 등을 역임했다.

지어 나는 도잠에 관한 안연지의 이해가 도잠의 자기에 관한 이해보다 더 적절하고 깊이가 있으며, 도잠의 독특한 존재를 더욱 정확하게 나타낸다고 생각한다. 사람들이 모인 곳에 갈 때면 도잠은 늘 당장 벗어나길 간절히 바랐고, 사람들이 시끌벅적 떠들어댈 때 그의 '침묵'은 "소리 없음이 소리 있음을 이기는無聲勝有聲" 결과로 나타났다. 다른 이들이 보기에 도잠은 지극히 과묵하고 재미없는 사람이었을 터다. 역사에서 이런 말로 다른 이를 평가한 다른 옛사람은 찾아볼 수 없다. 만년에 도잠은 자기의 고독을 이렇게 위로했다.

> 지기가 없다면
> 만사 끝장이니 무엇을 슬퍼하랴!
> 知音苟不存, 已矣何所悲.
>
> _「詠貧士」

평생 지기가 한 명도 없더라도 슬피 여길 필요가 없다는 뜻이다. 이것은 지극히 높고 대범한 경지다. 주지하듯이 위대한 고독자 루쉰도 "인생에 지기 하나만 있어도 충분하다"라고 개탄했다. 그러나 안연지의 말이 있기에 도잠에게는 지기가 하나도 없었다고 말할 수 없다. 오늘날 우리가 보기에 도잠은 외롭고 드높은 봉우리 같지만, 사실 그는 고립되어 있지 않았다. 위·진이라는 이 비참한 난세는 오히려 사람들이 자아를 인지하고 존재의 깊은 곳으로 나아가도록 다그쳤다. 도잠이 그것을 증명하고 안연지도 마찬가지다. 안연지는 동시대 다른 이들처럼 도잠의 시와 문장이 지닌 가치를 소홀히 하는 잘못을 저질렀으나, 이 글을 써서 이 말을 함으로써 자기의 풍부한 인성을 충분히 증명했다.

"독서를 좋아하되 깊이 이해하려 하지 않았으며, 깨달음을 얻을 때마다 밥 먹는 것조차 잊을 정도로 기뻐했다"라는 말의 전반부는 사람들이 늘 즐겨 인용한다. 그것을 자기에게 쓸 경우, 태반은 겸손의 형태로 표현한 오만이다. 즉, "우습게 보지 마라. 나도 독서를 좋아하고 많이 읽었다"라는 것이다. 남에게 쓸 경우는 조롱과 풍자의 뜻을 벗어나지 못한다. 마오쩌둥은 누군가에 대해 이렇게 평했다.

> 이분은 독서를 좋아하나 깊이 이해하려 하지 않으며, 연설을 좋아하는데 요점을 잡지 못한다.
>
> 此公, 好讀書, 不求甚解, 好講話, 不得要領.

도잠의 관점에서는 그것이 겸손도 오만도 아니나 어쩌면 자신을 조롱하는 맛은 있을 수도 있는 말이지만, 요점은 여전히 '자연에 맡긴 채 스스로 만족하는' 것이었다. 편협하게 고집을 부리지도 구속되지도 않은 채 통달하여 유유자적해야 비로소 중심으로 깊이 들어가 '깨달음會意'의 신비로운 경지에 이르게 된다. 깊은 이해 없이 몇 구절만 베끼거나 천착하면 그 본질을 잃는다. 독서의 폐단은 오직 요점을 잡지 못하는 데에 있다. 깨달음을 얻어 넋이 나가 있을 때는 "밥 먹는 것조차 잊을 정도로 기뻐하니," 이것은 "침식寢食을 잊는" 고통이 아니다.

> 처음에는 무척 좁아서 겨우 사람이 다닐 수 있을 정도였다. 다시 수십 걸음을 가자 환하게 탁 트였다.
>
> 初極狹, 才通人. 復行數十步, 豁然開朗.　　　　　　　_「桃花源記」

도화원 비경이 열리는 모습은 마치 도잠이 책을 읽는 경지 같다. "독서를 좋아하되 깊이 이해하려 하지 않았다"라는 것은 그가 득의하여 한 말이다. 이 말을 책을 대충 읽었다는 뜻으로 이해한다면 그야말로 이런 격이다. 바보 앞에서는 꿈 얘기도 하지 못한다.

"천성적으로 술을 좋아했으나 집이 가난하여 항상 마실 수 없었고" "이미 취하면 물러났는데 떠나고 머무는 것을 중요하게 여긴 적이 없었다." 도잠은 술을 떠나지 못했다. 육신이 그것을 필요로 했을 뿐만 아니라 영혼은 더욱 그러했다. 도잠은 주선酒仙에 가까웠으나 주귀酒鬼로 여기는 이도 있을 것이다. 그가 해결하는 방법은 취하면 스스로 물러나고, 남이 붙들거나 말거나 상관하지 않는 것이었다. 오두미五斗米를 위해 허리를 굽히려 하지 않았던 도잠이 술을 위해 이웃에게 비위를 맞추려 했겠는가? 그럴 가능성은 있다. "이 도 아무개가 이러는 것은 술을 얻기 위해서이지 벼슬이나 공명, 재물을 구하기 위해서가 아니다!"

"집의 벽은 소슬하여 바람과 햇빛을 가리지도 못했으나" "가난하고 신분이 낮아도 근심하지 않고, 부유하고 신분이 높아지려고 급급하지 않았다." 그가 가난에 대처하는 방법은 바로 "군자는 본래 가난하다君子固窮"라는 유가의 도리를 지키는 것, 다시 말해서 검루의 아내가 한 말대로 행하는 것이었다. 은사 검루는 집이 그저 네 벽에만 둘러싸여 있을 뿐인 궁핍한 상태로 평생을 마쳤는데, 그의 아내는 원망하지도 않았을 뿐만 아니라 남들에게 "가난하고 신분이 낮아도 근심하지 않고, 부유하고 신분이 높아지려고 급급하지 않았다"라고 남편을 찬양했다. 도잠의 아내가 검루의 아내 같은 경지에 이르러 있었는가? 그것과는 상관없이 나 도잠은 검루의 아내를 인정한다. 내가 지향하는 것은 무회씨의 백성이자 갈천씨의 백성이다.

「오류선생전」은 얼마나 한 개인의 독백에 가까운가! "나는 이런 사람이다! 그대가 알아주든지 말든지 상관없다. 나 스스로 알고 내가 자신을 안다. 나는 차라리 한 그루 나무, 한 마리 새나 물고기이고 싶다."

불교가 성행하던 이 시기에 도잠은 부처를, 전생과 내세를 믿지 않고 물고기와 새, 나무 사이에서 자기를 증명하려 했다. 전생의 전생의 그 전생에 우리는 물고기나 새, 풀, 나무가 아니었겠는가? 도잠이 노력한 것은 바로 자기를 자연, 우주에 돌려주는 것이었을 터다. 그와 동시에 자기를 자기에게 돌려주려 했다.

그가 조용히 나무를 살펴볼 때 어쩌면 그 나무가 자기의 이름을 부르고 있는 소리를 들었을지도 모른다. 이것은 불교적 의미의 전생으로 돌아가는 것이 아니라 자연으로 회귀하는 것이었다.

도잠의 관점에서 자기와 얘기하는 것은 세계와 대화하는 것보다 더 중요했다. 그리고 자신과의 대화는 충분히 진실해야 마침내 세계와의 대화가 된다. 1600년의 세월을 건너 우리가 도잠의 작품을 돌이켜 음미하면 이 점을 더욱 느끼게 된다. 이 비참한 말세에서 시인이 행했던 독백이 시공을 뚫고 우리가 있는 이곳까지 왔다는 것을.

살아 있는 동안 도잠은 한바탕 '생명의 미학'을 실천했다. 진나라 사람들은 약속이나 한 듯이 '생명의 미학' 운동에 투입되어 개별 생명의 기질과 형상, 언어, 행위 등을 직접적인 미적 감상의 대상으로 삼았다. 사람들은 '충성'을 상당한 정도로 자신에게 전향하게 했다. 이것은 중국 황제 권력의 역사에서 절대적인 기적이라고 할 만하다. 진나라 이후 천 년 간의 황제 권력 사회를 훑어보면 이것은 확실히 끊어진 전통이라고 할 수 있다. 이른바 위진풍도에서는 '생명 미학'이 핵심이다. 다른 사람이 이렇게 말하지 않았더라면 나의 '사견'이라고 치자. 도잠은 위·진 시기 생명 미학의 성공적인 전형이었다. 어쩌면 유일한 전형이다.『세설신어世說新語』[10]는 진나라 사람들이 생명을 미학적으로 추구한 정서를 집중적으로 보여주지만,

---

10 『세설신어世說新語』는 남조 유송劉宋의 임천왕臨川王 유의경劉義慶(403~444)이 편찬한 문언文言으로 된 이야기 모음집으로서, 주로 후한 후기에서 위·진 시기까지 일부 명사들의 언행과 일화를 '덕행德行'과 '문학文學' 등 36가지 분야로 나누어 기록한 것이다.

애석하게도 그 가운데 도잠에 관한 정보는 전혀 없다. 한 시대 전체 내지 여러 세대의 사람들이 위대한 영혼 하나를 소홀히 여겼던 것이다.

도잠은 어쩌면 전생에 한 그루 나무였을 것이다. 그는 나무처럼 완만하고 차분하며 자연스러울 수 있기를 희망했다. 대지에는 아주 많은 나무가 있으나 개중에 천지간에 멀리 떨어져 홀로 선 나무 하나가 우주의 풍운을 호흡하고 있었다. 「오류선생전」은 이런 나무 한 그루를 빚어냈다. 도잠은 이 형상을 선망하면서 그것을 통해 자율적으로 즐겼으며 그것을 보전하려고 노력했다. 그러나 그가 항상 그런 형상이었던 것은 아니다. 그가 혼자 상처를 핥아야 했던 때도 많지 않았던가! 사나운 파도를 겪어보지 않았다면 어떻게 비가 갠 뒤의 맑고 환한 풍경을 실감할 수 있겠는가? 그는 많은 고통을 겪었지만, 노예 상태에서 벗어난 것은 분명했다.

도잠 이전에도 자서전은 있었으나 이런 종류의 자서전은 없었고, 유사한 자서전은 있었으나 서툰 흉내 내기라는 혐의를 벗지 못했다. 이런 나무의 자연스러운 상태를 어찌 다른 사람이 모방할 수 있겠는가?

이 큰 나무 아래 잠시 서보라. 언뜻 보기에 흉터가 하나도 남아 있지 않다. 그러나 세상에 상처 하나 없는 큰 나무는 있을 수 없다. 이 「오류선생전」은 전원으로 물러나 도잠이 스스로 상처를 핥은 글이다.

서기 405년의 첫 번째 물러섬

돌아가자
전원이 황폐해지려 하는데 어찌 돌아가지 않겠는가!
歸去來兮, 田園將蕪胡不歸.   _「歸去來兮辭幷序」

중국의 지식인 가운데 이 외침을 모르는 사람은 아마 없을 것이다. 「귀거래혜사歸去來兮辭」 첫머리의 이 외침은 매우 오랜 세월 사인의 정서를 자극해서, 거기에 담긴 뜻은 이미 사인 정신을 조성하는 새로운 부분 가운데 하나가 되었다. 이 외침은 이제까지 주류도 아니었고 강력한 목소리도 아니었으나, 도잠 이후의 역사에서 메아리로 울렸다. 오늘날에 이르러서도 그 외침은 여전하며 때로는 더욱 강력해진다. 안개 자욱한 하늘을 뚫고 들어가 시끄럽게 소동을 일으키는 사람들의 마음을 일깨운다.

이 외침은 도잠이 일생의 힘을 다해 토해내고 아울러 일생의 노력으로 지켜낸 것이다. 서기 405년 즉 진나라 안제安帝 의희義熙 1년 11월에 도잠은 스스로 팽택령 자리를 사임하고 「귀거래혜사」를 지음으로써, 다섯 차례 벼슬길에 나아갔다가 모두 물러나 은거했던 경력을 지닌 채 결국은 철저히 돌아가 은거했다. 그해에 그는 마흔한 살이었다. 그리고 예순세 살에 세상을 떠날 때까지 그는 23년 동안 전원생활을 굳건히 지켰다.

거대한 진폭振幅은 끝난 셈이지만 삶과 생존은 정지할 수 없는 것이다. 민감하고 정이 깊은 시인은 더욱 그러하다. 「귀거래혜사」는 상처투성이 동심의 노래와 얼마나 비슷한가!

돌아가자
전원이 황폐해지려 하는데 어찌 돌아가지 않겠는가?
이제껏 내 마음 몸을 위해 사역했는데
어찌 실망하여 홀로 슬퍼하는가?
지난 일은 돌이킬 수 없음을 깨달았고
장래의 일은 올바로 할 수 있음을 알았으니
정말 길 잃어 멀리 가기 전에
지금이 옳고 지난날은 틀렸음을 깨달았다.

배는 흔들흔들 가볍게 출렁이고
바람은 팔랑팔랑 옷깃에 분다.
길 가는 사람에게 앞길 물으면서
새벽빛 희미함을 한탄하지.
멀리 집을 바라보고
기뻐 달려가니
하인들 반겨 맞고
어린 자식들 문간에서 기다린다.
오솔길엔 풀이 우거졌으나
소나무와 국화는 아직도 있구나.
아이들 데리고 방으로 들어가니
술통에 술이 가득하구나.
술병과 술잔 가져다 자작하면서
뜰 앞 나뭇가지 바라보며 기쁜 얼굴 짓고
남창에 기대어 거침없이 활달한 마음 기탁하니
좁은 방일망정 편안함을 알겠구나.
전원은 날마다 돌아다녀 취미가 되었고
대문은 달았으나 언제나 닫혀 있지.
지팡이 짚고 다니다 아무 곳에서나 쉬면서
때때로 고개 들어 먼 곳을 바라본다.
구름은 무심히 산봉우리에서 피어오르고
새들은 날기에 지치면 둥우리로 돌아올 줄 알지.
햇빛은 어둑어둑 지려 하는데
외로운 소나무 쓰다듬으며 서성거린다.
돌아가자!

세상과 교유를 끊자.

세상과 나는 서로 어긋나는데

다시 수레를 몰고 나가 무엇을 얻겠는가?

친척의 다정한 말 기뻐하고

거문고와 책을 즐기며 근심을 씻어야지.

농부가 내게 봄이 왔다고 알리니

장차 서쪽 밭에서 할 일이 있겠구나.

휘장 드리운 수레 준비하게 하기도 하고

외로운 배를 젓기도 하지.

그윽한 골짝을 찾아가기도 하고

울퉁불퉁 험한 언덕을 지나기도 하지.

나무들은 즐겁게 무성해지고

샘물은 졸졸 흐르기 시작하지.

만물이 때를 만난 것을 좋아하지만

내 삶이 끝나려 함에 탄식하지.

됐다!

천지간에 이 몸을 맡긴 게 또 얼마나 되랴?

어이해 마음을 맡겨 떠나고 머물도록 하지 않는가?

어이해 불안해하며 어디로 가려 하는가?

부귀는 내 바라는 바 아니요

신선 세계는 기대할 수 없는 곳이지.

좋은 때가 그리워 홀로 나가거나

지팡이 짚은 채 풀 베고 흙을 북돋기도 하지.

동쪽 언덕에 올라 휘파람 불고

맑은 시냇가에서 시를 짓지.

애오라지 자연의 변화에 따라 죽음으로 돌아가리니
천명을 즐기면 되지 또 무얼 의심하랴?

歸去來兮, 田園將蕪胡不歸. 旣自以心爲形役, 奚惆悵而獨悲. 悟已往之不諫, 知來者之可追, 實迷途其未遠, 覺今是而昨非. 舟遙遙以輕颺, 風飄飄而吹衣. 問征夫以前路, 恨晨光之熹微. 乃瞻衡宇, 載欣載奔. 僮僕歡迎, 稚子候門. 三徑就荒, 松菊猶存. 携幼入室, 有酒盈樽. 引壺觴以自酌, 眄庭柯以怡顔. 倚南窗以寄傲, 審容膝之易安. 園日涉以成趣, 門雖設而常關. 策扶老以流憩, 時矯首而遐觀. 雲無心以出岫, 鳥倦飛而知還. 景翳翳以將入, 撫孤松而盤桓. 歸去來兮, 請息交以絶遊. 世與我而相違, 復駕言兮焉求. 悅親戚之情話, 樂琴書以消憂. 農人告余以春及, 將有事於西疇. 或命巾車, 或棹孤舟. 旣窈窕以尋壑, 亦崎嶇而經丘. 木欣欣以向榮, 泉涓涓而始流. 善萬物之得時, 感吾生之行休. 已矣乎, 寓形宇內復幾時, 曷不委心任去留. 胡爲乎遑遑欲何之. 富貴非吾願, 帝鄕不可期. 懷良辰以孤往, 或植杖而耘耔. 登東皐以舒嘯, 臨淸流而賦詩. 聊乘化以歸盡, 樂夫天命復奚疑.

「귀거래혜사」를 낭독하면 글 속에서 방금 우리에서 벗어난 저 예사롭지 않은 희열에 감염되지 않을 수 없다. 그와 동시에 우리는 종종 의식적 혹은 무의식적으로 더욱 은밀하고 심층적인 것을 소홀히 취급해버린다. 숨겨진 근심과 허무감이 늘 희열에 바로 뒤따라 찾아오지 않는가?

이제껏 내 마음 몸을 위해 사역했는데
어찌 실망하여 홀로 슬퍼하는가!

햇빛은 어둑어둑 지려 하는데
외로운 소나무 쓰다듬으며 서성거린다.

만물이 때를 만난 것을 좋아하지만
내 삶이 끝나려 함에 탄식하지.

이런 등등의 구절을 보면 작품 첫머리의 첫 번째 외침에 담긴 뜻을
희열로만 간주할 수는 없다.

어떤 시대이든, 피동적이든 능동적이든 간에, 관직을 잃는다는 것은
절대 보통 일이 아니다. 도잠이 이제껏 벼슬길의 공명을 분토糞土처럼 여
겼다면 다섯 차례나 나아갔다가 모두 물러나 은거하는 기나긴 방황을 하
지 않았을 것이다.

젊었을 때는 남들과 교유가 적어서
육경에서 노닐기 좋아했지.
少年罕人事, 遊好在六經.　　　　　　　　　　　　　　　_「飮酒」其十六

어이하랴? 한나라가 망한 뒤로
'육경'을 가까이하는 이 아무도 없는 것을!
如何絶世下, 六籍無一親.　　　　　　　　　　　　　　　_「飮酒」其二十

다른 시와 글에서도 도잠은 자기가 공자를 종사宗師로 여기고 '육경'
을 인생에서 최고의 준칙으로 삼는다고 거듭 천명했다. 그는 유가 경전을
가까이하는 이가 아무도 없는 세상에 대해 통한과 무력함을 느끼면서 아
울러 이것이 사회 타락의 근본 원인이라고 여겼다. 그는 늘 은사를 칭송하
면서 전원을 마음에 두었으나, 그의 이상적인 삶의 상태는 '공성신퇴功成身
退' 즉 먼저 공을 이루고 전원으로 물러나 '자연에 맡긴 채 스스로 만족하
는' 은사가 되는 것이었다. 이는 그가 유가를 위주로 하고 도가와 불가의

사상을 융합하여 결정한 것이며, 당연히 가족의 격려라는 요소도 원인으로 작용했다. 증조부 도간陶侃[11]은 진 왕실의 중요한 공신이었고, 외조부 맹가孟嘉[12]가 벼슬길에서 보여준 뛰어난 모습도 그의 마음을 끌었다. 그래서 바로 전년(404) 5월에 안하무인으로 거만하던 환현桓玄[13]이 피살되고 새로 일어난 유유劉裕[14]의 세력이 그에게 손짓했다. 도잠은 마음이 흔들렸다. 그해에 그는 마흔 살이었는데 모친의 상을 치르느라 몇 년 동안 집에 있었다. 마흔 살은 정말 두렵고 불안한 나이다. 이 또한 공자에게서 비롯되었다.

> 선사께서 남기신 가르침을
> 내 어찌 팽개치겠는가?
> 마흔 살에도 명성 날리지 못했으나
> 이는 두려워할 만한 게 아니지.
> 내 훌륭한 수레에 기름칠하고
> 내 천리마에 채찍질하면
> 천 리가 멀다지만
> 누가 감히 이르지 못하랴!

11 도간陶侃(259~334, 자는 사행士行 또는 사형士衡)은 가난한 평민 출신으로 군수를 거쳐서 영가永嘉 5년(311)에 무창태수가 되었고, 건흥建興 3년(313) 형주자사가 되었다. 이후 시중과 태위, 형강이주자사荊江二州刺史, 도독팔주제군사都督八州諸軍事를 역임하고 장사군공長沙郡公에 봉해졌다.
12 맹가孟嘉(?~?, 자는 만년萬年)는 삼국 시기 동오의 사공을 지낸 맹종孟宗의 증손으로서 젊어서부터 명성을 날리다가 여릉종사廬陵從事와 강주별가江州別駕 등을 역임하고 만년에 환온桓溫 밑에서 종사중랑從事中郎과 장사 등을 지냈다.
13 환현桓玄(369~404, 자는 경도敬道)은 승상을 지낸 환온의 아들로 남군공南郡公 작위를 세습했다. 이후 사마도자司馬道子를 제거하고 정권을 쥐어 시중 겸 승상, 양주목 등을 역임하고 초왕에 봉해졌다. 그러나 대형大亨 1년(403)에 동진 안제安帝를 핍박하여 제위를 물려받고 환초桓楚 왕조를 설립했다가 얼마 후 유유에게 패전하여 촉 땅으로 도주하려다가 익주독호益州督護 풍천馮遷에게 살해당했다.
14 유유劉裕(363~422, 자는 덕여德輿)는 유송劉宋의 개국 황제인 무제武帝다. 강남 일대를 통일하고 북벌을 감행하여 영토를 넓히면서 안정적인 발전을 꾀함으로써 남조 제일의 황제라는 칭송을 받았다.

先師遺訓, 余豈云墜.

四十無聞, 斯不足畏.

脂我名車, 策我名驥.

千里雖遙, 孰敢不至.　　　　　　　　　　　　_「榮木」其四

공자는 이렇게 말했다.

마흔이나 쉰이 되었는데도 명성을 날리지 못하면, 이 또한 두려워할 만한 사람이 못 된다.

四十五十而無聞焉, 斯亦不足畏也已.　　　　　　　_『論語』「子罕」

공자의 이 말은 수천 년 동안 사인들을 자극했으니, 당연히 도잠을 빠뜨릴 수 없었다. 그는 위험으로 충만한 벼슬길에 다시 나서기로 결심했다. 그는 속으로 이렇게 다짐했을 것이다.

'한 번만 더 자신을 굽혀보자. 어쩌면 공명을 조금 얻어서 돌아올 수 있을 거야.'

이렇게 공명을 세우고 싶어 도저히 참을 수 없었던 도잠은 낯선 존재인 듯하다. 그러나 사실은 그렇지 않다. 공명을 세우지 못한다는 것은 사인들에게는 영원한 마음의 병이다. 그러니 도잠도 속기俗氣를 벗어나지 못했다. 그는 공명을 세워 이 생애를 위안해야 했고, 공명을 추구하는 것은 바로 선사先師 공자가 남긴 가르침을 따르는 일이었다. 그가 거듭해서 한나라 때의 선현 소광疏廣과 소수疏受[15]를 열정적으로 칭송한 것은 바로 그들이 '공성신퇴'의 전형적인 모범이었기 때문이다. 도잠이 여러 차례 벼슬길에 올랐던 것은 일종의 반복적인 시험이자 노력이었다. 다만 그는 끝내 철저히 절망했다.

「귀거래혜사」에는 또 짧지 않은 서문이 달려 있다. 여기에서 그는 자기가 벼슬길에 나선 원인을 "내 집이 가난해서 농사만으로는 자급하기에 부족했기" 때문이라고 했고, 사직한 이유는 "타고난 본성은 자연에 맡겨야지 억지로 만들 수 있는 것이 아니고, 추위와 배고픔이 절실하지만 자기 뜻을 어기면 병이 생기기" 때문이라고 했으며,[16] 벼슬을 그만둔 직접적인 이유는 '정씨에게 시집간 여동생程氏妹'의 장례 때문이라고 했다. 본래는 관전官田의 농작물이 익으면 사직하려 했으나 그때까지 기다리지 못했으니, 상을 치르는 것이 급했기 때문이다. 그래서 도잠은 관청의 곡식을 한 알도 먹지 못했다. 이 이야기들은 모두 사실이지만, 또 모두 체면치레로 할 수 있는 말이기도 하다. 무도한 전제정치 사회의 공통적 특징은 가장 진실하고 가장 중요한 이야기는 할 수 없다는 사실이다. 『송서宋書』 「도잠전」에서는 그가 사직한 이유를 이렇게 설명했다. 독우督郵[17]가 온다고 하자 현의 속리屬吏가 도잠에게 의관을 정제하고 상관을 맞이해야 한다고 말했는데, 뜻밖에 도잠은 "오두미 때문에 시골 어린애鄕里小兒한테 허리를 굽힐 수 없다"라고 말하고 즉시 사직해버렸다. 이것은 더욱 문학적이고 시적인 정취가 풍부하다. 이미 네다섯 차례나 벼슬길에서 고생했던 도잠이 결국 상사조차 만나려 하지 않았다는 것은 그다지 가능성이 있는 얘기가 아닌 것 같다. 이 구체적인 상황에 관해서 도연명의 시에서도 어떤 정보가 발견되지 않는다. 그런데 예로부터 지금까지 사람들은 모두 이런 상황을 좋아

15　소광疏廣(?~기원전 45, 자는 중옹仲翁)은 『논어』와 『춘추』에 대해 연구하고 학생들을 가르치며 명성을 날리다가 선제宣帝 때 박사랑과 태중대부, 태자태부를 지냈다. 소수疏受(?~기원전 48, 자는 공자公子)는 소광의 형의 큰아들로서 부친 및 숙부와 함께 유학을 공부하여 명성을 날리고, 역시 선제 때 태자가령太子家令을 지냈다. 이후 원제元帝가 즉위하자 함께 사직하고 고향으로 돌아가 학관을 세우고 무료로 학생들을 가르치며 노년을 보냈다.

16　「서序」: "余家貧, 耕植不足以自給 (…) 質性自然, 非矯厲所得, 饑凍雖切, 違己交病."

17　독우督郵는 독우서연督郵書掾 또는 독우조연督郵曹掾을 줄여서 부르는 호칭으로 한나라 때 각 군의 중요한 속리屬吏였다. 한 군에 몇 개의 부部를 설치하고, 각 부마다 한 명의 독우를 두었다. 독우는 태수를 대신해 지역을 시찰하거나 정령을 전달하고 사법을 시행했다.

했다. 설령 그것이 사실이라 할지라도 벼슬을 그만둔 원인은 아닐 것이고, 또 도잠이 사직하기로 결심한 뒤에 기분 내키는 대로 행한 일이었을 것이다. 고대 중국 역사의 인물 전기에서 꾸미고 다듬는 것은 일반적인 현상이었다. 이 점에 관해서는 여러 말이 필요 없다.

정치상의 나아가고 물러남은 어느 사인에게나 중요한 일이어서, 도잠의 개성으로 인해 본질적인 차이가 생길 리 없었다. 도잠이 철저히 돌아와 은거한 것은 자기모순과 사회적 갈등이 상호작용한 결과다. 난세에 벼슬살이하면서 '효웅'의 꽁무니를 쫓는 것은 천성에 따라 행동하던 도잠으로서는 두려움을 피할 수 없는 일이었으니, 그 괴로움은 알 만하다. 은거한 후의 기나긴 세월 동안에도 그는 전반前半의 생애를 돌이켜 떠올릴 때마다 종종 두려움이 남아 있었다.

주살은 어디에 쏘랴?
이미 지쳤거늘 어찌 애쓰랴?
矰繳奚施, 已卷安勞.　　　　　　　　　　　　　　　_「歸鳥」

온몸이 정녕 지쳤으니
뜻밖의 환난 없기만 바랄 뿐.
四體誠乃疲, 庶無異患干.　　　　　　　　_「庚戌歲九月中於西田穫早稻」

대장부는 천하에 뜻을 두지만
나는 늙을 줄 모르기만 바라노라.
친척이 한데 모여 살고
자손들도 서로 보살펴주길.
丈夫志四海, 我願不知老.

親戚共一處, 子孫還相保.   _「雜詩」

촘촘한 그물 짜면 물고기 놀라고

큰 그물 만들면 새들이 놀라지.

저 통달한 이는 잘 깨달아

마침내 벼슬 버리고 돌아와 농사짓지.

密網裁而魚駭, 宏羅制而鳥驚.

彼達人之善覺, 乃逃祿而歸耕.   _「感士不遇賦」

그물과 새는 위·진 시기 사인들이 일상적으로 사용하던 이미지다. "나는 이미 날개 거두고 낮은 곳으로 물러났으니, 그대가 그물치고 활을 쏜들 아무 소용없다"라는 심정은 도잠이 종종 드러내는 것이다. 세상이 이러하니 누군들 활시위 소리에 놀란 새가 아니었겠는가? 다섯 차례나 벼슬길에 나섰던 복잡하고 위험했던 경험을 통해 도잠은 결국 공명을 얻을 수도 없을 뿐만 아니라 목숨까지도 급박하게 근심해야 할 지경에 빠졌음을 깨달았다. 벼슬살이와 은거를 반복하며 세상과 생존에 대해 강렬한 허무감과 공포감이 생겼다. 그가 '죽음'을 두려워한 것은 또 일반적인 의미에서 목숨에 연연하는 것과는 달랐다. 그저 제대로 된 '삶'을 살지도 못하고 죽을까 하는 것만 걱정했다. 또 자기 때문에 가족들까지 연루되어 "새 둥지가 뒤집혀 성한 알이 하나도 없어지는" 지경에 이르게 될까 염려했다. 그가 지향했던 '삶'은 이런 세상에서는 제공할 수 없는 것이었고, 더욱이 벼슬길에서는 있을 수 없는 것이었다. 오직 과감하게 철수해야만 자기의 '삶'을 살아갈 수 있으며, 여기에는 용기와 도덕적 역량이 필요했다.

황제 권력의 말세는 틀림없이 고도로 밀림화되어 약육강식의 법칙이 모든 것을 주재하게 된다. 한나라 말엽에 조조 등 밀림의 효웅들은 대통일을 이룬 황제보다 더 편한 살인의 권한을 획득했다. 조조에게 죽은 명사 공융도 큰 권력을 쥐고 있을 때는 쉽게 사람을 죽였다. 사마씨는 조씨보다 더 노골적이고 처참한 수단으로 조위曹魏 정권을 찬탈했으니, 진나라 말엽의 밀림에서 유달리 피비린내가 풍겼던 것도 이해할 만했다. 도잠의 벼슬살이는 늘 탐색의 의미가 있어서, 매번 벼슬길에 나가 있던 시간이 길지 않았다. 서기 399년부터 401년 사이에 그는 줄곧 환현桓玄의 막료幕僚로 있었다. 401년 겨울에는 모친상 때문에 환현에게서 벗어나 집에 머물 수 있었다. 겨우 3년 동안이었으나 이것이 가장 길었던 벼슬살이였다. 403년 12월, 줄곧 진 왕실을 바로잡아 체면치레하던 환현은 더 참지 못하고 황제를 칭했다가 다섯 달 뒤에 패전하여 목숨을 잃었다. 도잠은 모친상 덕분에 요행히 이 험악한 소용돌이를 피했다. 그가 계속 환현 밑에서 일했더라면 훗날 신흥 세력에서 부르지도 않았을 테고, 아마 어떤 형식이든 간에 무시무시한 청산을 피하지 못했을 것이다. 환현이 죽자 유유가 진 왕실을 부흥한 영웅 역할을 대신했다. 도잠은 천하가 재생하리라는 희망과 더불어 다시 공명을 세워보리라는 열망을 버리지 못했다. 다만 그는 밀림의 무정함을 아주 신속하게 실감했다. 밀림에는 사자와 호랑이 등의 맹수와 여우와 오소리, 쥐새끼 같은 무리, 사슴과 토끼 같은 것들도 있다. 토끼 정도의 등급에 해당하는 도잠 같은 이가 밀림의 법칙에 민감한 상태를 유지하지 않는다면 금방 위험해진다. 토끼가 생존하는 데는 별다른 선택의 여지가 없다. 즉, 자각적으로 침묵을 유지하거나 수시로 물러나 도망을 준비해야 하는 것이다. 404년 여름, 도잠은 유유의 막료로 들어갔으나 일 년도 되지 않았던 이듬해 3월에 유경선劉敬宣[18]의 막료로 자리를 옮겼다. 이때 유경선이 유유에게 면직해달라고 자청했다. 유경선의 부친 유뢰지劉牢之는 환현의 세력이 흥성할 때 그에게 투항했는데, 얼마 후 환현을 토벌하려고 모의하다가 실패하여 스스로 목을 맸다. 유경선은 이미 맹수급의 인물이 되어 있었으나 나아가고 물러남에는 대단히 조심스러웠으니, 스스로 면직을 청한 것은 자신을 보호하려는 의도에서 나온 행동이었다. 아마 바로 이때 도잠은 기회를 봐서 유경선의 막사를 벗어나 변방의 직위인 팽택령 자리를 구했고, 또 금방 사직했다. 팽택령이라는 직위는 분명히 다른 직위보다 벗어던지기가 쉬웠다. 도잠도 응당 자기가 물러나는 일에 대해 계획한 바가 있었을 것이다. 유경선은 나중에 부하에게 살해당했다. 밀림에서는 삼가고 조심하더라도 종종 재앙을 피하지 못하기도 한다.

'연착륙'에 성공한 도잠은 너무나 기뻤다. 이것이 바로 우리가 「귀거래혜사」에서 느낄 수 있는 희열이다. 이후로 그는 늘 공명이 없는 것이 조상과 자손에게 부끄러운 일이라고 여겼으나 다시 공명을 추구하려는 생각은 절대 하지 않았다. 살기 위해서는 모든 사람, 모든 번잡함에서 벗어나 자기의 이유와 인덕을 살려야 했다. 도잠이 환현과 유유에게서 벼슬살이한 사실은 그의 시와 글에서도 증명될 뿐만 아니라 고금의 학자, 특히 현대의 학자들이 거듭 밝혔다. 그러나 옛사람들 가운데는 이 사실을 회피하거나 꾸며서 가리는 이들이 종종 있었다. 그 이유는 도잠이 살아 있을 때나 죽은 후에도 비교적 오랜 시간을 이름이 알려지지 않은 채 있었고, 나중에 명성이 크게 진동하여 사인들에게 어떤 모범이 되자, '충성'을 최우선의 도덕으로 여기던 사람들의 관점에서 보면 도연명에게서도 '충성'은 당연히 없어서는 안 될 요소였기 때문이다. 사실 조위 정권이 충성이라는 면사面紗를 찢어버린 뒤로 진나라와 남북조 시기에는 제위를 찬탈한 통치자가 사실상 충성을 명목으로 내세우기 어려워졌다. 유유는 환현 등의 효웅

18　유경선劉敬宣(317~415, 자는 만수萬壽)은 진북장군鎭北將軍 유뇌지劉牢之의 아들로 원흥元興 3년(404)에 남연南燕에서 귀순하여 보국장군 겸 진릉태수에 임명되고 무강현남武岡縣男에 봉해졌다. 이후 강주자사로 승진해 노순盧循을 격파하는 데에 공을 세우고 기주자사의 업무까지 총괄하면서 좌군장군으로 승진해 산기상시 직함까지 더해졌다. 그러나 의희義熙 11년(415)에 참군 사마도사司馬道賜에게 살해당했다.

들보다 훨씬 참을성이 많아서, 420년에 이르러서야 동진 정권을 찬탈하여 유송劉宋을 건립했다. 그러나 427년에 세상을 떠난 도잠은 진나라 유민의 정서를 뚜렷이 나타내지 않았으며, 당연히 유송의 백성이 된 데에 대해 털끝만큼의 희열도 얘기하지 않았다. 그는 사회의 무도함을 너무나 증오했고, 황실에 대해서도 기본적으로 무관심한 태도를 취했다. "몸은 강호에 있어도 마음은 조정에 있는身在江湖, 心存魏闕"[19] 것이 뜻을 이루지 못한 지사의 심리 상태인데, 도잠의 내심에는 이런 번뇌가 없었다고 할 수 있다. 량치차오는 「도연명陶淵明」이라는 글에서 도잠이 어느 한 가문에 충성했다고 간주하는 것은 그를 경시하는 것이라고 했다. 그러나 도잠은 얼마나 '충성'스러운 인물이었던가!

생명에 대한 도잠의 충성은 지극히 소박한 방식으로 표현되었다. 그는 장생을 추구하는 도가의 유혹을 거부하고, 불교 고승의 부름을 받아들이지 않고, 산림으로 숨어 들어간 친인親人을 버리지 않았다. 그는 확실히 늘 술 한 잔의 지지가 필요했으나 절제하지 않고 마시거나 미친 척하거나 퇴폐적으로 변하지 않은 채, 세속을 떠나지 않은 상태에서 탈속을 추구했다. 전원은 그가 생명에 대한 충성을 표현하기에 가장 좋은 곳이자 유일한 곳이었다.

> 사람 사는 곳에 오두막 지었는데
> 수레와 말 시끄럽게 오가는 소리 들리지 않는다.
> 물어보세, 어찌 그럴 수 있는가?
> 마음이 멀어지면 사는 땅도 저절로 치우치게 되지.
> 동쪽 울타리 아래에서 국화를 따고

---

19 이것은 『장자莊子』「양왕讓王」의 내용 가운데 일부를 압축한 말이다.

느긋하게 남산을 바라본다.

結廬在人境, 而無車馬喧.

問君何能爾, 心遠地自偏.

采菊東籬下, 悠然見南山.　　　　　　　　　　_「飮酒」其五

　이 시는 그가 쉰두 살 때, 은거한 지 이미 12년이 되는 해에 쓴 것으로, 도잠의 전원시 가운데 최고봉이라고 할 만하다. 시에는 유일무이의, 자연과 혼연일체가 되어 조용하고 장엄한 화자가 들어 있다. 다만 이것은 그가 최고봉에 오른 상태이지 일상적인 상태는 아니다.

　일상 상태의 도잠은 많은 갈등과 고생, 고통을 지니고 있다. 사람이 세상에 살기 위해서는 주요 사상과 주요 인격이 있어야 한다. 그의 주요 사상은 유가였고 주요 인격은 은자였다. 이 두 가지가 결합하면 비범하고 친숙한 '전원혼'이 된다. 육신에게는 밟을 땅이 필요하고, 영혼에게는 집이 필요하다. 전원은 자연과 자유, 자족, 피세避世를 의미한다. 오직 전원만이 도잠의 육신과 영혼을 안돈시킬 수 있다. 이번에 그가 이렇게 철저하게 철수할 수 있었던 까닭은 바로 그의 영혼이 예전부터 전원을 떠난 적이 없었기 때문이다.

　오랜 여행에 태어난 곳 그리운데

　어이해 여기에 오래 머물고 있는가?

　아름다운 원림 고요히 떠올려보니

　인간 세상은 정말 작별할 만하구나.

久遊戀所生, 如何淹在玆.

靜念園林好, 人間良可辭.　　　　　_「庚子歲五月中從都還阻風於規林」其二

벼슬 구하는 것은 내 일이 아니고
차마 버리지 못하는 건 농사일이지.
벼슬 내던지고 고향으로 돌아가는 것은
좋은 벼슬에 얽히지 않기 때문이지.
商歌非吾事, 依依在耦耕.
投冠旋舊墟, 不爲好爵縈.　　　　　　　　　　_「辛丑歲七月赴假還江陵夜行塗口」

지팡이 내던지고 아침 일찍 행장 꾸리게 하여
잠시 전원과 소원해졌다.
(…)
눈은 피곤하고 시내며 길도 낯설어
마음으로는 초야의 거처 그리워한다.
구름 바라보니 높이 나는 새에게 부끄럽고
강가에 서니 노니는 물고기에게 부끄럽다.
정말 초심을 가슴에 품고 있다면
뉘라서 거동에 얽매인다고 하겠는가?
投策命晨裝, 暫與園田疏.
(…)
目倦川途異, 心念山澤居.
望雲慚高鳥, 臨水愧遊魚.
眞想初在襟, 誰謂形迹拘.　　　　　　　　　　_「始作鎭軍參軍經曲阿」

나는 무엇을 위해
애써 이런 노역을 하는가?
몸에 제약을 받는 듯하니

평소의 포부 바꿀 수 없구나.

전원은 날마다 꿈에도 생각하니

어찌 오래도록 떨어져 지낼 수 있으랴?

伊余何爲者, 勉勵從玆役.

一形似有制, 素襟不可易.

園田日夢想, 安得久離析.　　　　　_「乙巳歲三月爲建威參軍使都經錢溪」

이 시들은 모두 그가 마흔한 살에 벼슬길에 나아가 노역하는 도중에
지었다. 도잠은 '벼슬살이'에 정말 전심전력을 기울이지 않았구나! 관청의
명령을 받는 몸이라는 것은 생각하지 않고 못내 잊지 못하는 것은 그저
전원, 전원뿐이었으니 얼른 나를 얽어맨 이 관모官帽를 벗어 던지고 저 높
이 나는 새나 노니는 물고기가 되고 싶다. 그는 전원 외의 사회를 '인간'이
라고 칭했는데, 전원을 위해 그는 이 '인간' 세상과 가볍게 작별할 수 있었
다. 그는 늘 벼슬살이가 피동적이고 어쩔 수 없이 잠시 하는 것이라는 사
실을 강렬하게 의식하고, 매번 벼슬살이가 마치 잠자리가 수면을 찍는 것
처럼 짧았다. 전원으로 돌아가는 것은 숙명적이고 근본적이었으며, 전원
을 떠나지 못하는 것은 물고기가 물을 떠나지 못하는 것이나 마찬가지였
다. 그의 전원은 '인간 세상이 아닌非人間' 기운을 담고 있었다.

　도잠은 일생을 대부분 전원에서 지냈고, 마흔한 살에 「귀거래혜사」
를 쓴 뒤로 다시는 전원을 떠나지 않았다. 그렇다면 전원에서 사는 그는
만족하고 기뻐하며 조용하고 장엄했는가? 전혀 그렇지 않았다.

은거지에 자취 눕히고

아득히 세상과 단절했다.

돌아봐도 아는 이 아무도 없고

사립문은 낮에도 항상 닫혀 있다.

(…)

거센 한기 옷섶과 소매로 파고들고

거친 밥이라도 자주 차리면 고맙겠지.

쓸쓸한 빈집에는

즐거울 일 하나도 없구나!

寢迹衡門下, 邈與世相絶.

顧盼莫誰知, 荊扉畫常閉.

(…)

勁氣侵襟袖, 簞瓢謝屢設.

蕭索空宇中, 了無一可悅.　　　　　　　　　_「癸卯歲十二月中作與從弟敬遠」

고마운 물건(술) 때맞춰 얻기 바라지만

매번 술잔 들 일 없어 안타깝다.

오래도록 추수하기만 기다리지만

희소한 수확마저 느리게 다가오지.

아득한 명상에 오래 빠져 있을 수 없어

격동하는 마음에 홀로 오래도록 슬퍼한다.

感物願及時, 每恨靡所揮.

悠悠待秋稼, 寥落將賒遲.

逸想不可淹, 猖狂獨長悲.　　　　　　　　　_「和胡西曹示顧賊曹」

이 두 시는 그가 철저히 은거하기 전에 모친상을 당해 집에서 지낼 때 지은 것이다.

고요한 전원의 늘 닫혀 있는 사립문은 항상 그에게 말로 표현하기 어려운 괴로움을 주었다. 서른아홉 살이었던 그해 연말은 고독과 적막, 가난이 한꺼번에 그의 전원에 몰려왔다. "쓸쓸한 빈집에는 즐거울 일 하나도 없구나!" 적막이 으스스 소리를 내고 고독이 둥둥 울리는 것 같지 않은가! 어느새 마흔 살이 되었는데 열악한 정서는 여전히 남아 있고 아울러 또 하나의 상당히 엄중한 상황, 도잠이 마실 술이 없는 상황이 발생했다. 그에게 술을 마시는 것은 아주 중요한 일인데 그게 없는 것이다. 술이 없는 것은 일종의 절망이었다. "매번 술잔 들 일 없어 안타깝다"라고 했듯이, 그는 음주를 얘기할 때 늘 '잔을 든다揮'라는 단어를 즐겨 썼다. 그는 대부분 혼자 술을 마셨다. 진정한 애주가는 반드시 혼자 마시는 것을 좋아한다. 그 모습을 상상해보자. 매번 그 말도 없고 무고한 술잔을 큰 동작으로 휘둘러 들 필요가 없었을 것이다. 술 한 잔으로 자신을 열정적으로 대접하는 것이 도잠식의 사치였다. 그런데 지금은 마실 술조차 없어졌으니 어쩌면 좋을까? 그렇다면 "격동하는 마음에 홀로 오래도록 슬퍼할" 수밖에! 그의 '격동繝征'은 오직 자기만 볼 수 있다. 요컨대 그의 성격은 내성적이고 온화해서 남 앞에서 보이는 언행에 무슨 '변동 폭'이 있을 수 없었다.

전원의 도잠은 늘 그렇게 조급하고 불안했다. 철저하게 은거한 후의 모습을 다시 보자.

유동하며 번하는 인생에서
추위와 더위가 날마다 자리를 바꾸지.
생명이 다할까 늘 두렵지만
기력은 아직 쇠약해지지 않았지.
내버려두고 잠시 생각하지 말자.
한 잔 술이나 애오라지 마실 만하지.
流幻百年中, 寒暑日相推.

常恐大化盡, 氣力不及衰.

撥置且莫念, 一觴聊可揮. _「還舊居」 약 47세 무렵

바람이 방 안으로 들어오니

밤중에 잠자리가 차갑구나.

공기가 변하여 계절 바뀐 줄 깨달았고

잠 못 이루니 밤이 긴 줄 알았다.

세월은 사람을 팽개치고 떠나는데

뜻은 있으되 벼슬을 얻지는 못했다.

이걸 생각하면 슬프고 처량하여

새벽이 밝을 때까지 마음 가라앉힐 수 없다.

風來入房戶, 夜中枕席冷.

氣變悟時易, 不眠知夕永.

欲言無予和, 揮杯勸孤影.

日月擲人去, 有志不獲騁.

念此懷悲凄, 終曉不能靜. _「雜詩」 50세

여름날 오래도록 주린 배 끌어안고

추운 밤에는 덮고 잘 이불도 없다.

저녁 되면 새벽의 닭 울음소리 그립고

새벽 되면 해 저물기 바란다.

夏日長抱饑, 寒夜無被眠.

造夕思鷄鳴, 及晨願烏遷. _「怨詩楚調示龐主簿鄧治中」 54세

주전자 기울여도 남은 술 방울도 떨어졌고

주방을 훔쳐보니 연기가 보이지 않는다.

(…)

내 마음 무엇으로 위로할까?

다행히 옛날에도 이런 처지의 현자가 많았구나!

傾壺絶餘瀝, 窺竈不見烟

(…)

何以慰我懷, 賴古多此賢.　　　　　　　　　　　　　_「詠貧士」其二, 62세

몇 가지 예만 제시해보았다. 무상한 목숨과 길지 않은 인생에 대한 염려를 노래한 첫 번째 예로 든 시를 제외한 나머지 시들은 모두 빈곤을 언급하고 있다. 두 번째 예로 든 시는 특별히 뜻은 있으나 펼치기 어려워 공적을 이루지 못한 비애를 언급했다. 그의 다른 많은 시와 문장에서도 이것을 언급했다. 철저하게 은거한 뒤에 빈곤은 갈수록 가중되었고, 시인은 그것을 사실대로 기록하여 독자를 말로 표현할 수 없이 비통하게 한다. 유가의 정서와 공명을 이루지 못한 유감, 구도의 의지와 빈곤의 고통, 다해가는 목숨과 제대로 된 '삶'을 이루지 못한 채 죽어가는 데에 대한 시름, 세속에서 탈속을 실현하고자 하는 바람은 도잠이 전원에서 생존하는 데에 거대한 압력과 장력으로 작용했다. 바로 여기에 그의 고통이 있고, 또 그의 매력이 있다.

단순히 수량으로만 따지면 도잠의 시와 문장에서 전원의 즐거움을 묘사한 것들의 총합이 전원의 고충을 묘사한 것들의 총합보다 많다. 이것은 군이 예를 들어서 설명할 필요도 없는 사실이다. 이 두 가지는 그의 몸에 공존했고, 서로 부정할 수 없었다. 그와 반대되는 것은 바로 그를 경직시켜 "동쪽 울타리 아래에서 국화를 따고……" 하는 상태다. 「음주」의 제5수는 자연과 우주와 하나로 융합한 경지에 이르렀다. 그 순수한 조용하

고 장엄한 화해, 언어로 설명하기 어려운 희열은 순간의 체험이니 오래 지속될 수도 없고 복제하기도 어렵다. 매슬로 Abraham H. Maslow(1908~1970)의 '욕구의 단계' 이론에 따르면, 경지가 특별히 높은 극소수만이 그런 절정을 체험할 가능성이 있다고 했다.

사람들은 종종 도잠의 담박하고 차분한 모습을 쉽게 보지만 그의 고독과 강직함, 고초, 조급함은 경시하곤 한다. 조용하고 장엄한 도잠을 좋아한다는 이유로 그의 모순과 고통을 무시해서는 안 된다. 외로이 추위를 견디는 소나무의 강직한 기개가 그의 일생을 가득 채웠다. 루쉰은 도잠이 절대 "온전히 조용하고 장엄한渾身靜穆" 존재가 아니며 "눈을 부릅뜬 금강역사처럼 무시무시하고 흉악한金剛怒目" 일면이 있다고 했다. 담박하고 명징함은 어떻게 생기는가? 바로 가슴 가득한 뜨거운 피로 빚어진다.

군자는 지기를 위해 죽나니
칼 들고 연나라 도읍을 나섰지.
君子死知己, 提劍出燕京.   _「詠荊軻」

영웅과 은자 사이의 거리는 어쩌면 가장 짧을지도 모른다.

은자는 대부분 기개 높은 품성을 타고난 사람이 그렇게 된다. 도잠은 큰일을 하고 싶었으나 하지 못했던 사람이다.
隱者多是帶氣負性之人爲之. 陶欲有爲而不能者也.   _朱熹, 『朱子語類』

이 말은 진리를 꿰뚫어 보고 있으며, 주희도 흥미로운 사람임을 증명한다. 주희가 보기에 도잠은 바로 또 다른 호걸이다.

오래도록 평정을 유지할 수 있는 사람은 세상에 아무도 없다.

_쇼펜하우어A. Schopenhauer

이 말은 인성의 본래 모습에 부합한다. 호걸도 예외가 아니다. 마음과 지혜가 평범한 사람일수록 고독을 참고 견디는 힘도 더 한계가 많다. 특별한 절조를 지닌 사람은 고독을 견디는 능력이 비교적 강하겠지만, 그 역시 한계가 없는 것은 아니다. 도잠도 예외가 아니었다. 환영처럼 완전히 조용하고 장엄한 도잠은 존재하지 않았다.

마흔한 살에 행한 이 물러섬은 도잠 인생에서 하나의 좌표였다.

그는 진흙과 풀뿌리가 엉킨 낮은 곳에 이르렀으나 마음은 만 명의 장부보다 씩씩했다. 강건한 절조가 있어야 비로소 담박한 마음을 지닐 수 있다. 가시밭길을 걸어보았던 그였기에 비로소 정신적 '도화원桃花源'에 도달할 수 있었다.

인류를 위해 꿈꾸다

전원을 통해 '도화원'에 도달한 것은 도잠에게 필연적인 결과였다.

그는 '인간' 세계와 단절하고 전원으로 물러났다. 그런데 이 전원혼은 전원에서 걸음을 멈추지 않았다. 생장生長을 추구하던 그 영혼은 늘 이를 악물었다. 벼슬길에 몸을 담고 "먹을 것을 스스로 해결하던"[20] 생존은 역겨운 기분이 들게 했다. 전원, 그가 편안히 살아갈 수 있는 곳이라고 여겼던 그곳으로 돌아왔으나 이 전원혼은 또 불시에 전원을 벗어났다. 존재 추

---

20 「歸去來兮辭序」: "口腹自役."

구의 깊이라는 차원에서 보면 그가 돌아간 전원은 그저 그의 인생에서 하나의 정거장에 지나지 않았다.

도잠이 갔던 전원의 길은 생명에 충성하는 길이자 가시밭길이었지, 편안한 길은 아니었다. 깊어진 가난은 참고 견딜 수 있으나 그것은 단지 자기의 진정한 '삶'을 살기 위해서였다. 인생이라는 한 잔의 독한 술을 그는 기꺼이 혼자 맛보려 했다.

외재적인 측면에서 보면 진흙과 풀뿌리가 뒤엉킨 곳으로 물러간 도잠, 풍년을 기대하며 달밤에 호미 메고 돌아오던 도잠, 술잔 들고 농사일을 얘기하던 도잠은 농부와 다를 바 없었다. 그러나 본질적으로 그는 분명히 농부가 아니었다. 그의 정신 영역도 전원을 용납할 만큼 한계가 정해져 있지 않았다. 그는 '인간' 세계와 작별했으나 이 무도한 세상을 떠날 수는 없었다. 거듭 역사를 돌아보며 선현을 부르고, 계속해서 죽음을 헤아리고 음미하며 사후 및 미래를 멀리 내다보려 했다. 삶에 대해 무감각하게 설명하는 사람은 이런 정신적 동인動因과 역량을 갖출 수 없다.

내재적 고독은 필연적이다. 차이가 있다면 능동적 고독이냐 피동적 고독이냐는 것뿐이다. 사람들이 체험하는 고독은 거의 전부가 '피동적 고독' 즉, 어쩔 수 없는 고독이다. 그러나 도잠의 고독은 능동적 고독이다. 그는 이 고독한 인생을 능동적으로 받아들였다. 가장 위대한 문화 창조는 항상 능동적 고독자를 통해 완성된다. 노자와 장자, 사마천, 도잠, 조설근, 루쉰 등은 모두 능동적 고독자라고 할 수 있다. 그 가운데 도잠은 더욱 전형적이면서 더 친숙하다. 소란스러운 영혼 속에서는 고품질의 사물이 생장하기 어렵다.

마음씨 소박한 사람 많다고 들었기에
아침저녁으로 자주 만나 함께 즐기고 싶었다.

聞多素心人, 樂與數晨夕.   _「移居」

　도잠은 그곳에 몇몇 '마음씨 소박한' 사람들이 살고 있다고 들어서
이사했다. '소박한 마음씨'는 바로 졸렬함을 지키는守拙 마음이자 스스로
고독을 추구하는 마음이 아니겠는가? '도화원'이라는 이상향은 오직 '소
박한 마음씨'가 있어야만 발견할 수 있다.

　'도화원'이라는 개념은 중국에서 어린아이까지 포함해서 누구나 안
다고 할 수 있다.「도화원기桃花源記」는 영원히 생장할 수 있는 글이다.

　진晉나라 태원太元(376~396) 연간에 무릉武陵 출신의 어부가 있었다.
그가 계곡을 따라서 가다가 얼마나 멀리 왔는지 잊었는데 갑자기 복
사꽃 숲을 만났다. 그 숲은 계곡 언덕을 끼고 수백 걸음이나 이어져 있
는데, 중간에 다른 나무는 섞여 있지 않았고 향기로운 꽃이 신선하고
아름다웠으며, 꽃잎이 어지러이 떨어졌다. 어부는 무척 기이하게 여기
면서, 다시 앞으로 나아가 그 숲의 끝까지 가보려고 했다.

　숲이 끝나고 수원水源이 보이자 곧 산이 하나 나타났다. 그 산에는 작
은 입구가 있었는데 안에서 빛이 나는 듯했다. 이에 배를 버리고 입구
로 들어갔다. 처음에는 무척 좁아서 겨우 사람이 다닐 수 있을 정도였
다. 다시 수십 걸음을 가자 환하게 탁 트였다. 땅은 평평하고 넓었으며
집들이 가지런히 지어져 있었고 비옥한 논밭과 아름다운 연못, 뽕나
무와 대나무 따위가 있었다. 논밭 사이의 길들이 남북으로 통하고 닭
울음소리와 개 짖는 소리가 들렸다. 거기서 오가며 농사짓는 남녀의
옷차림은 모두 외지인 같았다. 노인과 어린애들도 모두 기뻐서 즐거워
했다.

　그들은 어부를 보자 깜짝 놀라 어떻게 왔는지 물었다. 자세히 대답하

자 집으로 초대해 술상을 차리고 닭을 잡아 음식을 마련했다. 마을 사람들은 이런 사람이 왔다는 소식을 듣고 모두 찾아와 인사했다. 그들은 스스로 조상들이 진秦나라 때의 난리를 피해 처자식과 마을 사람을 데리고 이 외딴곳으로 와서 다시는 밖에 나가지 않아서 결국 외부인과 단절되었다고 했다. 그리고 지금은 무슨 세상이냐고 물었는데, 한漢나라가 있었다는 사실도 몰랐으니 위魏나라와 진나라는 말할 필요도 없었다. 이 어부가 일일이 들은 바를 얘기하자 다들 탄식하며 애석해했다. 나머지 사람들도 각자 다시 자기 집으로 초청해 술과 음식을 내놓았다. 며칠을 머물렀다가 작별하고 떠나려 하자, 이 마을 사람이 이렇게 말했다.

"외부 사람들에게 얘기할 만한 곳은 아닙니다."

어부는 밖으로 나오자 배를 찾아서 곧 이전에 왔던 길을 더듬어 나가면서 곳곳에 표식을 남겨두었다. 군郡 지역에 이르자 태수를 찾아가 이런 사실을 얘기했다. 태수는 즉시 사람을 시켜 그가 갔던 길을 따라가 이전에 남긴 표식을 찾아보라고 했는데, 곧 길을 잃어서 다시 가는 길을 찾지 못했다.

남양南陽 땅의 유자기劉子驥는 고상한 사람이었는데, 이 소문을 듣고 기꺼이 가서 찾아보려고 했다. 그러나 성과를 거두기도 전에 곧 병이 나서 죽었고, 그 뒤로는 길을 묻는 사람이 없었다.

晉太元中, 武陵人捕魚爲業. 緣溪行, 忘路之遠近. 忽逢桃花林, 夾岸數百步, 中無雜樹, 芳草鮮美, 落英繽紛. 漁人甚異之. 復前行, 欲窮其林. 林盡水源, 便得一山, 山有小口, 仿佛若有光. 便舍船, 從口入. 初極狹, 才通人. 復行數十步, 豁然開朗. 土地平曠, 屋舍儼然, 有良田美池桑竹之屬. 阡陌交通, 鷄犬相聞. 其中往來種作, 男女衣着, 悉如外人. 黃髮垂髫, 并怡然自樂. 見漁人, 乃大驚, 問所從來. 具答之. 便要還家, 設酒殺鷄作食. 村中聞有此人, 咸來問訊. 自云先世避秦時亂, 率妻子邑人來此絕境, 不復出焉, 遂與外人間隔. 問今是何世, 乃不知有漢, 無論魏晉. 此人一一爲具言所聞, 皆嘆惋. 餘人各復延至其家, 皆出酒食. 停數日, 辭去. 此中人語云, 不足爲外人道也. 旣出, 得其船, 便扶向路, 處處志之. 及郡下, 詣太守, 說如此. 太守卽遣人隨其往, 尋向所志, 遂迷, 不復得路. 南陽劉子驥, 高尙士也, 聞之, 欣然規往. 未果, 尋病終, 後遂無問津者.

예로부터 지금까지 도잠이 쓴 도화원이 인간 세상에 있는 것인지 신선 세계인지, 남방에 있는지 북방에 있는지 논쟁이 끊이지 않았다. 이것은 너무 고지식하고 융통성 없다는 비판을 면치 못할 것이다. 사실은 논쟁할 필요가 없다. '도화원'은 도잠의 영혼 영역에서 생장한 것이고 오직 그만이 그것을 생장시킬 수 있었다. 그것은 분명히 인간 세계도 아니고 신선 세계도 아닌 '어디에도 없는 상상의 고을烏有之鄕'이다.

인간 세계―전원―도화원은 도잠 영혼이 생장하는 궤적을 그린다.

진나라 태원 연간과 어부, 태수, 유자기 등등을 도잠은 명확하게 얘기하면서 진짜 사건과 진짜 시공을 분명히 드러내는 듯하다. 그러나 그는 동시에 이렇게 얘기한다.

"그 모든 것은 절대 존재하지 않는다."

태원은 동진東晉 효무제孝武帝의 연호로 도잠이 이 글을 쓴 시점으로부터 겨우 20년 전이다. 어부는 왕조가 바뀌는 무렵의 민초民草이자 왕조에 순응하는 백성으로서, 황제 권력의 체제에서 가장 작은 납세 단위다. 태수는 통치자 서열의 구성원 가운데 한 명이다. 유자기는 사실 매우 명망이 높은 실존 인물로서 환현의 숙부 환충桓沖이 장사長史 직위를 제시하며 초청했으나 한사코 사양하고 줄곧 고향에 살았다. 글의 첫머리에서 천진하기 그지없는 어부는 우선 얼마나 멀리 왔는지 잊었다가 다시 배를 버리는데, 이렇게 한 번씩 '잊고' '버리는' 행위를 통해 그는 완전히 어떤 목적도 없고 아무 생각도 없는 상태로 갑자기 도화원에 도달한다. "땅은 평평하고 넓었으며 집들이 가지런히 지어져 있었고" "노인과 어린애도 모두 기뻐서 즐거워했"으니 어부가 본 모습이 이러했다. 도화원의 사람들은 수백 년 동안 그곳에 살았으나 폭정에 대한 공포는 유전자처럼 대대로 전해졌다. 그러다가 갑자기 어부를 만났으니, 그들의 놀라움은 갑자기 도화원의 사람들을 본 어부의 놀라움보다 그 정도가 훨씬 컸을 것이다. 홀연히 나타나서 곧 떠나갈 어부 앞에서 도화원의 사람들은 조심스럽게 당부한다.

"외부 사람들에게 얘기할 만한 곳은 아닙니다."

그러나 어부는 돌아서자마자 그들을 저버리고 티끌만큼의 양심의 가책도 없이 떠나는 길에 '표식'을 남기고, 아울러 즉시 관청에 보고했다. 이것은 체제에 순응하는 백성으로서 어부의 '도구성道具性'에 따른 결정이며, 그의 천진함은 잠시성暫時性을 지닌다. 태수는 즉시 사람을 보내 도화원을 찾게 했지만, 길잡이인 어부는 자기가 직접 남긴 표식마저 찾지 못한다. "이전에 남긴 표식을 찾아보라고 했는데, 곧 길을 잃어서 다시 가는 길을 찾지 못했다." 어부와 통치자는 천진함을 잃어서 '잊고' '버릴' 수 없었으니, 도화원을 찾는 일은 의도에 어긋나는 결과로 끝날 수밖에 없다. 이야기를 이쯤에서 끝내는 것도 충분히 가능하다. 그런데 도잠은 그러려 하지 않았다. '고상한 사람高尚士' 유자기는 도잠과 같은 부류의 인물이라고 할 수 있으며, 어쩌면 도화원을 찾을 수도 있었다. 도잠이 동경하고 창조한 이 '도화원'은 붓을 휘둘러 시를 쓰자 또 유자기에게 그곳을 찾아가고 싶은 마음이 생기게 했다. 그러나 그는 "성과를 거두기도 전에 곧 병이 나서 죽었고, 그 뒤로는 길을 묻는 사람이 없었다." 도잠은 어부가 친히 목격하고, 땅을 밟아보고, 물을 마시고, 닭고기를 먹었던 도화원을 허공에 건설하고 어디에도 없는 상상의 고을로 만들었는데, 지극히 사실적이면서 지극히 생동감이 있다. 도화원을 찾는다는 목적을 품고 인간 세계에서 출발한 그 누구도 빈손으로 돌아올 수밖에 없다. 도잠은 바로 이렇게 안배한 것이다. 참으로 대단하다!

도잠은 이 아름다운 신세계가 자기 마음속에 있는 몽환의 거품이라고 분명히 말했다. 마음속에는 도화원이 있으나 세상에는 없다. 그것은 인간 세계에 있으면서 또 그곳에 존재하지 않기도 한다. 그것은 인간 세계가 아니나 인간 세계보다 더 인성과 인도人道를 갖추고 있다. 무의식적으로 찾으면 얻을 수 있으나 의식적으로 찾으면 그림자조차 찾을 수 없다. 완전한 사실의 기록인 듯하나 또 철저한 낭만이기도 하다. 진실이 바로 환상이고 환상이 바로 진실이니, 진실과 환상 가운데 어느 것도 아니기도 하다. 작자는 즐거운가? 고민하는가? 갈피를 잡지 못하는가? 그의 이 글은 무슨 농담인가?

도잠은 큰 꿈을 꾸고, 이것을 빌려 가장 깊고 의미 있는 탄식을 토해냈다. 인성과 인도, 사람과 사람, 사람과 자연이 도화원에 나타난 것 같다면 좋겠으나, 인간 세계는 전혀 그렇지 않고 하필 그 반대다. 인간 세계와 도화원은 서로 소통할 수 없는 두 세계다. 도화원은 소통을 거절하고, 소통을 두려워한다. 뜻밖에도 이것이 도화원이 존재할 수 있는 전제 조건이다. 도화원의 사람들은 처음부터 이 점을 잘 알고 있었다.

인간 세계 ― 전원 ― 도화원, 이것은 도잠이 목숨으로 연결한 비범한 의미 영역으로서 그의 인생 모색과 목숨 미학의 광활한 천지를 형성한다. 생명 속에 담긴 그 '천진함'의 소환에 따라 도잠은 그가 혐오하는 '인간' 세계에서 전원으로 물러났다. 전원의 아름다움과 간난艱難, 고독을 그는 모두 곱씹어 음미했다. 육신은 디딜 땅이 필요하고 영혼은 경계가 없다. 전원은 그의 인생의 종점이 아니었고, 이 '전원혼'은 종종 그의 마음속에 있는 도화원까지 날아 올라갔다.

도화원의 사람들은 요행으로 폭정을 피해 달아났고, 아울러 이 잔혹한 클론clone 같은 왕조 교체에서 벗어나 통치자도 부세賦稅도 없는 '전원'이라는 새로운 시공으로 들어갔다. 그러나 도잠과 수많은 중생에게는 이런 행운이 불가능했다. 도화원 사람이 "한나라가 있었다는 사실도 몰랐으니 위나라와 진나라는 말할 필요도 없었다"라는 어조로 옛 진나라를 언급한 것은 도잠이 진나라에 대한 미련이 있었다 할지라도 상당히 제한적이었음을 증명한다. 그는 분노한 청년과 같은 표현을 전혀 쓰지 않았으나 대단히 비판적이었다.

고대 중국에서 이보다 장력이 풍부한 글은 찾아볼 수 없다.

「도화원기」는 「도화원시桃花源詩」의 서문인데도 시보다 훨씬 유명하여, 시가 오히려 서문의 주해註解처럼 보인다.

봄에 누에 쳐서 긴 명주실 거두고
가을에 추수해도 나라에 세금 내지 않지.
황량한 길이 교통을 가려 막아도
닭과 개가 서로 울고 짖지.
春蠶收長絲, 秋熟靡王稅.
荒路曖交通, 鷄犬互鳴吠.

기이한 종적 500년이나 숨기고 있다가
하루아침에 신선 세계 드러났지.
순후하고 경박함은 이미 그 근원이 다르니
금방 다시 깊이 가려져버렸지.
奇踪隱五百, 一朝敞神界.
淳薄旣異源, 旋復還幽蔽.

피안彼岸과 차안此岸, 이상과 현실, 도화원과 인간 세계는 한쪽은 순후淳厚하고 한쪽은 경박輕薄하여 첨예하게 대립하니, 신령한 빛이 잠깐 나타나더라도 신속하게 '깊이 가려질' 따름이다. 도화원 사람들은 외부에 '좋은' 인간 세계가 있을 수 있다는 것을 근본적으로 믿지 않는다. 이 시는 이렇게 끝을 맺는다.

물어보자, 세상 밖을 떠도는 이여
어찌 소란한 속세의 바깥을 헤아리랴?
바라나니 가벼운 바람 타고
높이 올라가 내 뜻에 맞는 곳 찾으리라!
借問遊方士, 焉測塵囂外.
願言躡輕風, 高擧尋吾契.

도잠은 다른 사람이 '미혼진迷魂陣'에 빠지기를 절대 바라지 않기에 아주 분명하게 말한다. 즉, 도화원은 소란한 속세의 바깥에 있으니, 인간 세계에서 출발한들 어찌 도달할 수 있겠느냐는 것이다. 자신은 그저 한 줄기 맑은 바람을 타고 내 영혼과 부합하는 사물을 찾고 싶을 따름이다. 도화원은 그가 허구적으로 만든, 오직 그의 영혼 세계 안에만 존재한다. 많은 해설자가 "내 뜻에 맞는 곳 찾으리라!"라는 구절은 세상의 도화원을 찾는다는 뜻으로 설명했는데, 그것은 도잠이 제 손으로 제 뺨을 친 격이 돼버리지 않겠는가? 폐쇄적인 고대에 소규모 치외治外의 땅은 결코 드물게 보이는 사례가 아니었으나 그것들은 모두 도잠이 쓴 도화원이 아니다. 그의 이 환상과 이상은 틀림없이 어떤 바탕이 있을 테지만, 그는 그 '바탕'조차 허구적인 환상으로 만들어버렸다. 기나긴 전원생활에서 생명을 유심히 관찰하고 깨닫는 가운데, 생존의 힘겨움과 싸우는 와중에 그의 영혼은 이미 존재의 명징한 경지에 도달해 있었다. 「도화원기」는 도잠의 정신적 소풍이자 영혼의 비행이었다. 이런 비참한 인간 세계에서 조용하고 적막한 자기의 전원에 있으면서 그는 자기의 희열과 고민, 그리고 곤혹을 알았다. 그는 도화원 사람들의 자유와 자연스러운 인성을 동경하면서도 어부와 태수의 비루한 속셈도 이해했다. 도화원이 스스로 '깊이 가려지기'를 원한 것은 마치 도잠이 스스로 물러난 것과 같다. 도화원은 도잠의 심오한 영혼이 침범을 용납하지 않음을 나타내는 상징이었다. 표면적으로는 이 세상이 나를 버렸으나 본질적으로는 내가 이 세상을 버렸다.

　도잠 이후로 도화원을 읊고 화답하는 것은 오래도록 시들지 않는 문화 현상이 되었다. 어떤 옛글도 작자가 죽은 후 이처럼 열렬히 받들어지지는 않는다. 고대에는 사인들뿐만 아니라 각급 통치자들, 심지어 황제 본인까지 도화원처럼 '다스림' 밖에 있는 곳을 늘 마음으로 동경했다. 건륭제乾隆帝는 도화원을 노래한 여러 편의 시를 짓기도 했다. 도잠의 도화원은 뜻밖에도 통치자의 인성과 비도구적非道具的 측면에 대한 일종의 검증이 되었다. 누구든 도화원을 떠올릴 수만 있다면 그가 아직 철저하게 도구화되지 않아서 도구가 되지 않는 경지에 대한 동경이 아직 남아 있음을 증명할 수 있었다. 역대로 도화원을 노래한 작품은 그야말로 한우충동汗牛充棟이라고 할 만하지만, 내게 가장 깊은 감동을 준 것은 왕안석王安石[21]의 「도원행桃源行」이었다.

　자손이 나고 자라 세속과 격절되니

21　왕안석王安石(1021~1086, 자는 개보介甫, 호는 반산半山)은 경력經歷 2년(1042) 진사에 급제하여 서주통판舒州通判 등을 역임하고, 희녕熙寧 2년(1069) 참지정사參知政事가 되어 변법을 추진했으나 희녕 7년에 파직되었다. 한 해 뒤에 신종이 다시 기용했으나 얼마 후 파직되어 강녕에서 지내다가 죽었다. 당송팔대가 가운데 하나로 꼽히는 뛰어난 문장가이며 『왕임천집王臨川集』이 있다.

아비 자식 관계는 있어도 군주 신하 관계는 없지.
兒孫生長與世隔, 雖有父子無君臣.

순임금도 한 번 죽으면 어찌 다시 살아나랴?
천하는 어지러이 몇 개의 진나라를 겪었나?
重華一去寧復得, 天下紛紛經幾秦.

중화重華 즉 순舜임금의 세상은 다시 실현될 수 없고, 진나라의 폭정은 진나라에서 끝난 것이 아니니, 도원의 꿈은 천고 역사의 크나큰 몽환이다. 왕안석의 시적 경계는 대단히 넓고 크고, 사상과 이치는 심오하고 치밀하여 도잠의 뜻을 아주 잘 이해했으니, 정치가이자 시인으로서 부끄러움이 없었다.

깊이 가려져서 바랄 수는 있지만 갈 수는 없는 도화원은 인류의 어떤 아름다운 감정을 통하게 했다. 동서고금에서 위대한 사상가들이 끊임없이 훌륭한 인간의 삶을 상상했다. 플라톤의 『공화국Politeia』에서 모어Thomas More(1478~1535)의 『유토피아』까지, 그리고 생시몽Saint-Simon(1760~1825)과 푸리에Charles Fourier(1772~1837), 오언Robert Owen(1771~1858)의 공상적 사회주의Utopian Socialism는 훌륭한 사회에 대한 동경이 인류가 나아가는 데에 영원한 동력이라는 것을 증명한다. 량치차오는 도화원을 '동방 세계의 유토피아'라고 불렀다. 도화원에는 유가 경전 『예기禮記』에 담긴 '대동세계大同世界'의 그림자뿐만 아니라 노자의 '작은 나라의 소수 백성小國寡民' 사상의 흔적도 들어 있으나, 그것들과 근본적으로 다르기도 하다. 도잠은 도화원 사람의 말을 통해 그것이 시적인 정취로 거주할 수 있는 아름다운 신세계임을 나타냈다. 그것은 장편의 거창한 논의로 제기된 모든 '유토피아'보다 시적인 정취가 풍부하며, 몽환의 거품 같기도 하다. 도잠은 사회를 위한 처방전을 쓸 생각이 전혀 없었다. 영원한 고난으로 충만한 현실을 직면하면서 예로부터 지금까지 스스로 오묘한 영단靈丹을 가지고 있다고 여겼던 이가 참으로 너무 많았다.

어린아이를 포함해서 누구나 아는 도화원이라는 이 개념은 도잠이 우리에게 준 것이다. 누구나 알지만 간단한 일은 아니다. 도화원은 분명히 도잠의 꿈인데 지금까지도 우리의 심금을 울리고 있으며, 그 의의는 여전히 살아서 자라고 있다.

인류는 향수에 젖은 집단이다

오랫동안 조롱에 갇혀 있다가
다시 자연으로 돌아올 수 있었다.
久在樊籠裏, 復得返自然.　　　　　　　　　　_「歸園田居」其一

동쪽 창문 아래에서 거침없이 소요하나니
그럭저럭 이 생애의 참맛을 다시 찾았구나.
嘯傲東軒下, 聊復得此生.　　　　　　　　　　_「飮酒」其七

도잠의 전원생활에서 정수는 바로 "자연으로 돌아와" "이 생애의 참맛을 찾은" 것이었다. 「귀원전거歸園田居」는 그가 돌아와 은거한 이듬해에, 「음주」는 십 년 뒤에 지어졌다. "이 생애의 참맛을 찾은" 느낌이 들기란 정말 쉽지 않다. 전원에 대한 사랑은 자연에 대한 사랑에서 기원하고, 자연에 대한 사랑은 자유에 대한 사랑에서 기원한다. 자연스럽고 자유로울 수 있어야 비로소 "이 생애의 참맛을 찾은" 느낌이 들고, 내가 동경하던 제대로 된 '삶'을 살 수 있는 것이다. 그러나 전원 속의 자유는 진흙으로 자신을 가리는 식의 자유다. 도잠은 늘 이를 악물고 고독과 적막, 가난에 대항해야 했다. 그는 전원보다 더 광대하고 심후한 영혼이 필요했다. 그리고 결국 그런 영혼을 가졌다.

실존주의 철학자 하이데거는 자기보다 100년 전의 시인 횔덜린 Friedrich Hölderlin(1770~1840)에게 깊이 빠져 있었으며, 『횔덜린 시의 해명』은 『존재와 시간』 이후 그가 내놓은 중요한 저작이었다. 그의 저명한 강연 「인간은 시적으로 거주한다」는 바로 횔덜린의 시구절을 제목으로 쓴 것이다. 횔덜린은 바로 강렬한 향수鄕愁와 전원 정서를 지닌 시인이었다. 하이데거는 횔덜린의 시가 '존재의 명징明澄'을 잘 보여준다고 생각했다. 횔덜린의 시 「귀향: 친인에게」를 해석하면서 그는 이렇게 말했다.

> 기뻐하는 명랑한 사람을 통해서 그것은 인간의 영혼을 밝게 비추어 인간의 심정이 들판과 도시와 집 정원의 참뜻을 향해 활짝 열리게 하고, 고결하고 명랑한 사람을 통해서 그것은 우선 어두운 심연을 열어 명징을 얻게 해준다. 명징이 없다면 심연은 또 무엇이 되겠는가?
>
> _『횔덜린 시의 해명』

솔직히 나는 하이데거의 이런 말에 대해서, 하이데거의 모든 말에 대해서와 마찬가지로 알 듯 말 듯 아리송하다. 다만 나는 결국 그 속에서 다른 것을 이해하고 읽어냈다. 그는 횔덜린을 해석했는데 내가 분명하게 느낀 것은 그가 자기도 모르는 중국의 위대한 시인 도잠이나 혹은 그와 관련된 어떤 것을 해석하고 있다는 사실이었다.

하이데거의 글은 난해하기로 유명한데, 그는 어쩌면 영원히 분명하게 해석할 수 없을 '존재'를 해석하기 위해 온 힘을 기울였다. 그러나 그는

'해석의 깊이'만 실현할 수 있었다. 이것으로 도잠을 이해하면 이따금 눈앞이 활짝 열리는 듯한 느낌이 든다. 위대하면서 쉽게 알고 이해할 수 있는 것은 당연히 훌륭하지만, 위대하긴 해도 알고 이해하기 어려운 것은 가끔 새로운 형식을 창조하는 효과를 나타내기도 한다. 그러므로 나는 유행을 따른다는 비판을 감수하고 억지로 그것을 활용했다. 위·진 시기의 이 기이한 생명 미학의 사조는 현대의 실존주의 철학과 상통할 수 있다. 그리고 도잠은 그 대표자라고 할 만하다.

하이데거와 도잠이 상통하는 곳은 자연과 전원 외에도 '죽음'이 있다. 하이데거는 미증유의 방법으로 죽음을 생존에서 돌출시켜서, 죽음에 대한 '친밀함'과 '두려움'을 통해 '생기'를 방출한다.

> 죽음을 향해 산다는 것의 의의는 이러하다. 그대가 죽음에 무한히 접근하면 비로소 삶의 의미를 절실히 깨닫게 된다. _『존재와 시간』

삶에 관해서는 철학적인 사고를 진행할 필요가 아주 적지만, 죽음은 가장 중요한 철학적 문제다. 실존주의 철학에서는 죽음을 '동력'으로 삼아 삶에 들여놓음으로써 생존의 부질없음과 허망함을 판독한다. 도잠은 바로 죽음에 깊은 관심을 가진 시인으로서, 시종일관 '죽음'을 생존의 한가운데에 걸어놓고 생존의 저속함과 구차함에 저항한다. 그는 죽음을 '외경畏敬'하면서도 '두려워怕' 할 필요는 없다고 자신을 다독인다. 그의 일생은 '죽음을 향한 삶'의 실천으로 볼 수 있다.

> 지금 내가 즐기지 않는다면
> 내년에도 살아 있을지 알겠는가?
> 今我不爲樂, 知有來歲不. _「酬劉柴桑」

생명이 다할까 늘 두렵지만

기력은 아직 쇠약해지지 않았지.

常恐大化盡, 氣力不及衰. _「還舊居」

집은 여관이 되었고

나는 떠나야 하는 나그네 같구나.

家爲逆旅舍, 我如當去客. _「雜詩」 其七

대자연의 변화 속에 자유자재로 노닐면서

기뻐하지도 두려워하지도 말지라.

죽어야 한다면 죽게 마련이니

혼자 너무 많은 걱정 하지 마시게!

縱浪大化中, 不喜亦不懼.

應盡便須盡, 無復獨多慮. _「神釋」

내 앞에 안주가 잔뜩 차려져 있는데

친구는 내 옆에서 곡을 하는구나.

말하려 해도 입에서 소리가 나오지 않고

보려 해도 눈에 빛이 들어오지 않는구나.

예전에는 높은 집에서 잠잤는데

이제 황량한 풀 우거진 고을에서 묵는구나.

肴案盈我前, 親舊哭我傍.

欲語口無音, 欲視目無光.

昔在高堂寢, 今宿荒草鄕. _「擬挽歌辭」

봉분도 쌓지 않고 주위에 나무도 심지 않았으니 세월은 흘러가리라.

생전의 영예 귀중히 여기지 않는데 죽은 후의 송가를 누가 중시하랴?

인생은 참으로 어려웠는데 죽은 뒤에는 어찌 될까?

아아, 애통하구나!

不封不樹, 日月遂過. 匪貴前譽, 孰重後歌.

人生實難, 死如之何. 嗚呼哀哉.　　　　　　　_「自祭文」

'자연에 맡긴 채 스스로 만족하는' 삶을 추구함으로써 도잠은 사물의 성쇠와 인간의 생사, 나아가 우주의 큰 변화를 깊이 깨달았다. 그는 대자연의 변화 속에 기꺼이 노닐기 바라면서도 오직 진정한 '삶'을 살 겨를이 없을까 두려워했다. 스스로 '너무 많은 걱정多慮'을 하지 말라고 한 것은 걱정하는 바가 있기 때문이다. 「의만가사擬挽歌辭」는 오로지 자기가 죽을 때와 죽은 후의 모습만을 상상한다. 이 시는 죽음이 임박했을 때가 아니라 상당히 일찍이 지은 것이다. 터무니없는 상황이 오기도 전에 자기가 먼저 터무니없어지고, 유머가 없는 곳에서 굳이 유머를 던진다. 「자제문自祭文」은 죽기 두 달 전에 쓴 것으로서, 감개무량한 일생을 총정리하면서 당부를 남기는 의미가 있는데, 그와 동시에 생존이라는 무거운 짐을 내려놓은 개운함이 담겨 있다. 그는 봉분을 올리지도 무덤 주위에 나무를 심지도 말라고 했다. 이것은 당연히 대자연의 변화에 따르려는 마음이다. 그러면서도 마지막에는 존재에 대해 궁극적으로 캐묻는다. 삶의 힘겨움은 내 이미 직접 겪어봤는데 '죽음'은 또 어떠한가? 당연히 그는 이것이 누구로부터 답을 구할 수도 없고 답안 자체가 없는 문제임을 알고 있었다. 죽음에 이르러서도 죽음에 대해 사고했던 도잠은 분명히 죽음을 이미 '경외'하지 않는다. 그는 이 생애를 억지로 유지하려 하지도 않고 줏대 없이 휩쓸리려고도 하지 않았다. "그럭저럭 이 생애의 참맛을 다시 찾았聊復得此生"

으니, 이 생애는 결국 내 수중에 있는 셈이다. 「자제문」에서는 또 "내 이제 이렇게 죽어가지만, 여한이 없을 수 있다余今斯化, 可以無恨"라고 했다. 온갖 간난과 힘겨움을 두루 맛보고 완강하게 항쟁한 뒤에 그는 조용하고 장엄하며 명징한 경지에서 인간 세계와 작별할 수 있게 되었다고 하겠다. 비록 아Q식의 '정신승리법' 같은 의미가 있지만, 기본적인 승리를 거두었다고 할 수 있다. 이런 인간 세계와 이런 세상을 사람이 어찌할 수 있겠는가? 그의 영혼은 어쩌면 그의 '도화원'으로 나갈 수 있었을지도 모른다.

하나의 목숨과 마음, 한 잔의 술, 한 생애, 한 조각 먼지 안에서 몇 번의 기쁨과 근심을 겪었고, 삶을 마치고 원한을 마치며 이미 삶을 알았는데 다시 죽음에 관해 묻는다. 공자는 "삶도 아직 모르는데 죽음을 어찌 알겠느냐?"(『논어』「선진」)라고 말했다. 죽음에 대해 도잠은 분명히 공자보다 진지했다. 그는 "죽음을 향해 살았다"라고 할 수 있는가? 공자는 짐을 진 채 목을 내밀고 천하를 인솔하는 도량을 지니고 생명의 역량을 외부로 향하게 했는데, 도잠은 자기의 목숨에 시선을 맞추고 생명의 역량을 내부로 향하게 했다. 공자가 춘추시대의 광활한 대지를 다닐 때 천하는 비록 소란이 멈추지 않았으나 사인들은 투지가 드높았으니, 사인들에게 제멋대로 칼을 휘두를 패주가 없었기 때문이다. 도잠이라는 이 밀림의 토끼는 처량하고 고달픈 비바람 속에서 전원의 한 귀퉁이로 물러나 이 목숨을 이리저리 관찰했다. 그는 이 목숨을 써서 도구성에서 벗어나 생명 존재의 깊이, 생명 미학의 깊이를 실현했다. 이 민감하고 다정한 토끼는 소란한 세계에서 멀리 벗어나 자연의 소리에, 자신의 심장이 뛰는 소리에 귀를 기울였다. 안하무인의 효웅일수록 종종 존재의 참모습을, 존재의 깊이를 실현하기가 더 어렵다. 인생은 황당무계하여 살아 있는 송장이요 걸어 다니는 고깃덩어리일 따름이다. 많은 이가 몸의 위용에 넋을 잃고 바라보지만, 살아 있는 송장이자 걸어 다니는 고깃덩어리로 세상에 존재하기를 추구할 따름이다. 그런 뒤에는 순식간에 썩어 무너져 더러운 피만 낭자할 것이다.

고대 중국에서 존재의 깊이를 가장 잘 나타낼 수 있는 문학 작품은 아마 도잠의 시와 글, 그리고 『홍루몽紅樓夢』일 것이다. 주인공 가보옥賈寶玉 은 철저하게 '불기不器[22]'여서 부친 가정賈政이 바라는 체제의 도구로서의 특성을 전혀 갖추지 않았다. 가보옥은 타고난 치절癡絶[23]로서 '길들일' 수 없는 아이인데, 그의 비도구성은 결코 자각에서 나온 것이 아니다. 도잠이 비도구성을 실현한 근원은 자연스러움에 자각이 더해진 데에 있다. 비도 구성과 존재의 깊이 사이에는 밀접한 상관성이 있다. 후세 사람들이 도잠 을 경모景慕한 것은 바로 그가 실현한 비도구성과 존재의 깊이가 호응하기 때문이다.

도잠 이후로 도잠의 노래에 창화唱和하는 것이 천 년 동안 끊어지지 않은 기특한 경관을 이루었다. 이렇게 많이, 오랫동안 창화된 시인은 역사 상 그가 유일하다.

도잠이 전원시를 개창開創하자, 후세 사람들이 다투어 모방했다. 왕 유王維[24]와 맹호연孟浩然[25], 위응물韋應物[26] 등의 시인들이 모두 훌륭한 전 원시를 많이 지었는데, 도잠과 비교하면 대부분 도시 사람이 시골의 일을 얘기하는 듯하다. 그들은 도잠과 같은 인생 경력이 없을 뿐만 아니라 더욱

---

22 불기不器는 그릇으로 쓰지 못할 정도로 하찮다는 뜻도 있으나, '군자불기君子不器'라고 하면 박학 하고 다재다능하여 어떤 일이든 맡을 수 있는 인재라는 뜻이 되기도 한다.

23 치절癡絶은 졸렬함을 품고 있거나 혹은 세속의 시류에 부합하지 않는 사람을 가리킨다.

24 왕유王維(701~761 또는 699~761, 자는 마힐摩詰)는 개원開元 9년(721) 진사에 급제하여 이후 감찰어사와 급사중, 상서우승 등을 역임했다. 시와 서예, 그림, 음악에 모두 정통했으며 특히 산수와 전원 을 노래하여 맹호연과 함께 명성이 높았고, 불교와 관련된 작품을 많이 지어서 시불詩佛이라 불렸다.

25 맹호연孟浩然(689~740, 본명은 호浩)은 마흔 살 무렵에 장안으로 가서 벼슬길을 추구했으나 여러 차례 과거에 낙방하고 좌절한 끝에 녹문산鹿門山에 은거하여 생을 마쳤다. 왕유王維와 함께 산수와 전 원을 노래한 시인으로 유명하다.

26 위응물韋應物(737~791, 자는 의박義博)은 음사로 벼슬길에 들어서 비부랑중比部郎中 겸 조산대 부朝散大夫, 강주자사, 소주자사 등을 역임했다. 산수의 풍경과 은일 생활을 묘사한 시로 유명하다.

이 수십 년 가까이 직접 농사지은 경력이 없다. 도잠의 전원시는 영혼이 자연스럽게 흘러나와서 맑은 바람 같고 자연의 소리 같다. 더욱 심층적인 원인은 도잠이 이미 '덕을 쌓는立德' 경지에 이르렀다는 데에 있다. 예로부터 도잠에 대해 '제멋대로 하는 사람'이라고 비판하는 이들이 있었다. 틀린 말이 아니다. 그는 확실히 '제멋대로 하는 사람'이 될 수밖에 없었다. 기적적인 것은 그가 이런 사람인데도 '덕을 쌓는' 경지를 실현했다고 할 수 있다는 사실이다. 뜻을 이루어 출세하면 천하를 두루 구제하고, 곤궁한 처지가 되면 혼자라도 선을 추구하라[27]는 것이 맹자가 표방한 사인이 세상을 사는 도리다. 혼자만의 선함을 추구하는 것은 또 위·진 시기 사인들 사이에 널리 퍼진 유행이었다. 그러나 도잠과 같은 경지에 이른 이는 아무도 없다. 어쩌면 수천 년 동안 도잠이 유일할 것이다. 그는 '독선기신獨善其身'의 극치였다. 공적을 세우는 일을 포기했고 언론을 세우려는 뜻도 없었으며, 그의 시와 글은 유행에서 멀리 떨어진 채 오직 스스로 즐기기 위해 썼을 뿐이라 당시 세상에는 아무 영향도 주지 않았다. 그런데 덕을 쌓는 경지는 자연과 비슷해진 상태에서 실현되었다. 그가 쌓은 덕은 인성의 자연스러움과 자유, 명징을 추구하는 것이었다. 그가 쌓은 이 덕은 그의 심후한 인덕仁德에 어긋나지 않지만, 도구성에 반대하는 잠재적 소질과 능력을 갖추고 있어서 존재감을 계발하고 미래를 지향할 수 있었다. 이것은 분명히 황제 권력을 떠받드는 덕이 아니었으나 황제 권력도 때로는 그것에 대해 조금 존중하는 모습을 보였다. 은사를 죽이는 극단적인 행위는 오직 명나라 태조 주원장朱元璋만이 저질렀다. 강산을 점령하고 나자 황제 주원장은 다음과 같은 조서를 반포했다.

---

27 『맹자』「진심 상盡心上」: "빈궁하면 혼자 선한 일을 하고, 영달하면 천하 사람을 모두 선하게 한다 窮卽獨善其身, 達卽兼善天下."

온 대지 위에 군왕의 신하가 아닌 사람은 없다[28]고 했다. 천하의 사대
부로서 군주에게 쓰이지 않는다면 이는 스스로 그 가르침을 외면한 것
이니, 그 몸을 처단하고 재산을 몰수하는 것은 잘못이라 할 수 없다.

率土之濱, 莫非王臣. 寰中士大夫不爲君用, 是自外其教者, 誅其身而沒其家,
不爲之過.

이 조령으로 인해 요간姚澗과 왕모王謨, 하백계夏伯啓 등 산에서 나와
벼슬살이하려 하지 않은 이들이 처형되고 전 재산이 몰수되었다. 명·청
시대에는 황제 권력이 말세에 이르러서 백성을 노예화하는 정도가 절정에
이르렀다. 돌을 노예로 만들 수 있었다면 통치자들은 아마 강산의 돌마저
도 내버려두려 하지 않았을 것이다.

사인들은 도잠을 좋아했던 만큼 도구성에 반대하는 바람이 컸다.

도잠을 경모하는 것은 송나라 때에 절정에 이르러서, 사대부들의 '도
잠 애호'가 보편적으로 유행했다. 그 가운데 소식蘇軾과 신기질辛棄疾이 뛰
어난 대표자다. 둘은 모두 호방파豪放派 사詞 작가로서 한 사람은 대단한
문학적 재능을 가진 이였고, 다른 한 사람은 문학적 재능을 겸비한 영웅
이었다. 그들의 생애는 모두 우여곡절이 많고 평범하지 않았으며, 높은 곳
에서 멀리 내다보는 식견으로 시대의 요점을 간파했으나, 그저 무력하게
비탄할 수밖에 없었다. 재능 있는 사람의 호방함과 영웅의 호방함이 약속
이나 한 듯이 도잠이라는 은사의 '호방함'을 신복信服했다.

소식의 타고난 재지才智는 한없이 광대하여 울창한 장관을 이루면서
도 온갖 고난을 겪을 대로 겪었는데, 오히려 늙어갈수록 더 진지해졌다.
그는 쉰일곱 살 때부터 도잠에 빠져서 예순여섯 살에 세상을 떠날 때까지

---

28 이것은 『시경詩經』 「소아小雅·북산北山」 제2장에 들어 있는 말이다.

늘 잊지 못했다. 600년 전의 '제멋대로 하는 사람'인 도잠이 뜻밖에도 만년의 소식에게 거대한 정신적 안위를 주었다. 소식이 도잠의 시에 화창한 작품이 109수⑪나 되니, 도잠의 거의 모든 작품에 하나씩 화창한 셈이다.

> 그러나 내 어찌 도잠의 시만 좋아하겠는가? 그 사람됨은 실로 감동적이다.
> 然吾於淵明, 豈獨好其詩也哉. 如其爲人, 實有感焉.　　　_「蘇軾與蘇轍書」

> 취중에도 정신 멀쩡하고 꿈속에도 깨어 있는 이는
> 도잠뿐이니
> 내 전생이로다.
> 醉中了了夢中醒. 只淵明, 是前生.　　　_蘇軾,「江城子」

도잠이 되고 싶었으나 그럴 수 없고, 꿈에서나 깨어 있을 때나 잊을 수 없어서 도잠을 자기의 '전생'으로 여길 지경이 되었다.

> 이 몸이 내 것이 아님을 늘 한탄했으니
> 언제나 분주히 공명을 추구하는 일 잊을까?
> 常恨此身非我有, 何時忘却營營.　　　_蘇軾,「臨江仙」

소식이 한탄한 것은 바로 도구성을 벗어나지 못하는 자신의 현실이었다. 참다움과 자연을 추구한 것은 소식도 도잠과 비슷했으나, 명징한 경지와 순후한 인덕은 분명히 그에게 미치지 못했다. 도구성에서 벗어나기로 결정하는 데에서도 도잠과 같은 용기가 결여되어 있었다. 소식은 전락을 거듭하고 있었으나 시종일관 벼슬을 버리지 못했다. 형세가 나빠 행동이 자유롭지 못한 상태에서 벼슬을 버리면 생존에 불리할까 두려웠다. 소식처럼 호방한 사람도 감히 생존을 위해 공리功利를 초월한 모험을 하지 못했으니, 도잠과 같은 생존의 깊이를 실현할 수 없었다. 황제 권력에 틈이 없으니, 벼슬살이 외에는 달리 길이 없었다. 이것은 거의 고대 사인들의 공통적인 처지였다.

신기질의 작품에서 도잠을 노래하거나 화창한 것은 90여 곳에 이르러서, 소식과 큰 차이가 나지 않는다.

천 년 후
100여 편이 남았는데
맑고 순진하지 않은 글자가 하나도 없구나.
당시의 귀족 자제들 남아 있더라도
시상 땅 밭두렁의 먼지에도 미치지 못하리라.
千載後, 百篇存, 更無一字不淸眞.
若教王謝諸郎在, 未抵柴桑陌上塵. _辛棄疾, 「鷓鴣天」

신기질이 보기에 진나라 당시에 왕도王導[29]와 사안謝安[30] 등 귀족 명사들도 도잠의 고향 시상柴桑 땅 밭두렁의 먼지에도 미치지 못했다.

후세의 문인이 소식과 신기질처럼 오랫동안 절실하게 고대의 같은

29　왕도王導(276~339, 자는 무홍茂弘)는 동진의 개국공신으로서 표기대장군 겸 의동삼사에 임명되어 무강후武岡侯에 봉해졌고 이어서 중서감까지 올라서 "왕씨와 사마씨가 천하를 공유하는王與馬, 共天下" 형국을 만들었다. 그러다가 동진의 병권을 쥐고 있던 그의 종형 왕돈王敦이 반란을 일으켰을 때 황실을 보호했고, 소준蘇峻의 반란을 평정하여 정권을 안정시켰다.

30　사안謝安(320~385, 자는 안석安石)은 태상太常을 지낸 사부謝裒의 셋째 아들로서 오흥태수와 시중, 이부상서 등을 역임했다. 그는 제위를 찬탈하려는 환온의 야심을 왕탄지王坦之와 함께 저지했고, 비수의 전투에서는 8만의 병력으로 전진의 100만 병력을 격파했다. 그러나 그의 명성을 시기한 효무제를 피해 광릉廣陵으로 피신했다가 병사했다.

부류를 추모한 것은 문학사에서 비견할 만한 다른 예를 찾아볼 수 없다. 소식과 신기질 같은 다른 시대의 지음이 있었기에 도잠은 저승에서도 위안이 되었을 것이다.

소식과 신기질의 주요 인격은 적극적으로 세상에 나가 일하는 것이었다. 그런데 담박한 도잠이 그들의 문학적 재능을 발휘할 정서와 영웅의 혼에 가장 영향을 준 듯하다. 도잠의 유연함과 자연스러움은 바로 불굴의 뜨거운 가슴에서 생장해 나온 것이다. 진정한 재자才子와 위대한 영웅일수록 자유로운 자아가 억압되고 소멸되기가 더욱 어렵다. 도잠을 경모하는 것은 바로 깊은 정을 담아 자연스럽고 자유로운 자아를 부르고, 도구적 자아에 반항하는 것이다. 황제 권력의 시대에 무수한 사인이 모두 '제멋대로 하는 사람'이 되고 싶었으나 그럴 수 없어서 고통받았다. 사람들이 도잠을 좋아하는 문화적, 심리적 원인이 바로 여기에 있다. 도잠이 불후의 명성을 유지하는 원인도 여기에 있다.

보편적인 향수의 정서와 전원 정서는 바로 자연스럽고 자유로운 나에게서 발원發源한다. 고향과 전원의 심층적인 의미는 바로 자연스럽고 자유로운 이 인류의 본성이다.

진정한 시인은 거의 모두가 향수를 품고 있다. 즉, 시인은 향수로 뭉쳐진 존재다. 시야를 확대해서 보면 향수를 품은 이는 시인뿐만이 아니라 역사 속의 수많은 사인도 보편적으로 향수를 품고 있었다. 사인도 향수로 뭉쳐진 존재였다. 그러나 향수를 품은 집단은 그보다 훨씬 광대하다. 개미처럼 모여 빌딩 숲에 거주하는 현대의 도시인들이 들판의 풍미 가득한 전원을 마주할 수 있다면 익숙한 기적을 대하는 듯할 것이다. 그 전원이 왜 이리 즐겁게 시선을 끄는 것일까? 왜 갑자기 내가 너무 오랫동안 떠나 있던 '집'처럼 보이는 걸까? 왜 나의 꿈과 같을까? 왜 나의 전생 같을까? 이것은 다름 아니라 전원에 바로 인류의 본성이 있기 때문이다. 인류는 향수로 뭉쳐진 존재다.

　오랜 채집과 수렵과 유목의 역사를 거쳐서 인류는 비로소 농경을 특징으로 하는 전원에 도달했다. 전원은 인류가 최초로 뿌리를 내리게 해주었다. 전원의 본성은 인류가 요동치는 야만의 생존으로부터 상대적으로 안정되고 소박한 생존으로 진입하여 인류 문명이 비로소 신속한 창조를 누적하는 시대로 진입할 수 있게 해주었다. 수백만 년의 누적을 통해 이미 전원은 인류 문화의 유전자가 되었다. 보편적인 향수는 바로 이 유전자가 투사된 것이다. 전원은 인류가 창조한 '인간화된 자연' 또는 제2의 자연이다. 전원의 뿌리는 대자연, 산하와 대지, 하늘과 우주와 관련되어 있으며 당연히 인간의 자연스럽고 자유로운 본성과도 관련되어 있다. 도잠은 인류의 전원 정감을 모아 승화시킴으로써 이 정감을 담은 부호 또는 유령이 되었다.

　인류는 향수로 뭉쳐진 존재다. 도잠에게는 전원혼이 있었다.

에필로그

　172년 전(1845) 미국에서 스물여덟 살의 소로Henry D. Thoreau(1817~1862)가 도끼 한 자루를 들고 월든 호수Walden Pond 물가로 와서 나무집을 짓고 혼자 살았다. 두 해 뒤에는 또 '인간' 세계로 돌아와 '연필공장'을 운영했다. 『월든Walden: or, Life in the Woods』에는 그 기간의 삶과 깨달음이 기록되어 있다. 도잠이 돌아간 길이 길고 침중하고 집착적이었던 데에 비해, 소로의 자연 회귀는 기분에 따라 가볍게 맛만 보고 금방 그만둔 면이 있다. 오늘날 조금이라도 재력이 있는 사람이라면 모두 그렇게 할 수 있을 듯하다. 도잠의 정신에 담긴 알맹이는 소로를 훨씬 능가하는데, 오늘날 세계에서 소로의 영향력은 도잠을 훨씬 넘어서는 듯하다. 중국에서 『월든』을 읽은 사람도 도잠을 읽은 사람보다 많을 수 있다. 심지어 나는 소로가 그런 생활을 안배한 것이 당연히 자유와 자연이라는 생명의 본성에 떠밀린 결과이긴 하겠지만, 『월든』이라는 책을 쓰기 위해서가 아닌가 하는 악의적인 생각까지 든다. 설령 소로가 그랬더라도 무슨 잘못을 한 것은 아니다. 현대의 작가들 가운데 창작을 하고도 명예와 이익에 구애받지 않는 사람은 오히려 드물다. 그러나 도잠은 그렇지 않았다.

오늘날 세계는 정말 신세계이긴 하지만 아름다운 신세계와는 거리가 멀다. 대자연은 여태 '현대 인류'와 같은 강적을 만나지 못했다. 계곡에서 바다까지, 땅에서 하늘까지 파괴 현상이 나타나지 않은 곳이 없다. 천지를 뒤덮는 초미세먼지의 진용이 조용히 인류를 포위하고 있다. '제공권制空權'이 있고 없고는 정말 큰 차이다. 인류가 아무리 오만방자하게 날뛰어도 초미세먼지를 당해낼 수 없다. 이런 때에 도잠의 그림자가 뜻밖에 흐릿하게 공중에 떠서 인간 세계에 다시 나타날 수도 있다.

소로와 도잠은 천여 년의 세월을 사이에 두고 지구 양쪽에 나뉘어 살아서 문화 배경도 전혀 달랐고, 전원으로 깊이 들어간 정도도 달랐으나 둘 다 전원으로 회귀한 인류를 대표하고, '시적으로 거주'하려는 인류의 이상을 실천했다.

> 인간은 공적功績이 충만하지만, 그래도
> 시적으로 이 대지 위에 거주한다.　　＿하이데거, 「인간은 시적으로 거주한다」

'시적인 거주'라는 말에 도잠보다 더 적합한 시인은 없다. 우려와 근면으로, 시적으로, 고통으로 살았던 그의 일생은 '자연에 맡긴' 일생이기도 했다. 이것이 도잠이다. 이 일생은 뜻밖에도 무수한 인간의 일생이 될 수도 있다. 왜 무수한 인간이 도잠을 되풀이해 언급하는가? 왜 무수한 인간이 자기 생명 안에 도잠과 같은 존재가 있어야 한다고 여기는가?

뜻을 이뤘을 때 도잠을 생각하는 것은 인생의 한도限度를 생각하는 것이고, 실의했을 때 도잠을 생각하는 것은 생존의 위로를 찾는 것이다.

전원은 인류 최초의, 영원한 시적 의미가 담긴 곳이다. 도잠은 전원에 서서 자기를, 인류를, 우주를 바라보았다. 하나의 정신적 좌표가 되어 서 있었다. 그는 단번의 붓질로 끊임없는 의미를 발생하는 유산遺産이다.

그 유령의 빛은 우리 삶의 또 다른 일면을 비춰줄 수 있다. 유령은 분량과 압력을 가지고 있고, 일종의 온유하면서도 끈기 있는 목소리로 우리의 삶 혹은 우리의 존재를 일깨우고 있다.

5장

이백

> 홀연히 찾아온 이태백 <

이백의 생명에는 '홀연忽然'이 충만해 있다.

이백은 '홀忽'이나 '홀연' 등의 단어를 즐겨 썼다. 그는 몽환 같은 '홀연한' 모습으로 8세기 인간 세계에, 위대한 당나라에 거나한 취기醉氣를 풍기며 강림했다.

이백이 좋아했던 삶은 이러했을 것이다. 홀연히 산에 꽃이 피고, 홀연히 누군가 술을 들고 찾아오고, 홀연히 어느 미녀가 찾아오고, 홀연히 황제가 그를 무척 그리워하고……

봄바람은 누구를 위해 불어오나?
나비들이 홀연 꽃밭을 가득 채웠네.
春風爾來爲阿誰, 蝴蝶忽然滿芳草.   _「山人勸酒」

행동이 느린 나비도 이백을 보자마자 달라진다. 이백의 세계에서는 한 줄기 바람도, 한 잔 술도, 한 송이 꽃도, 하나의 목숨도, 광막한 시공 아래의 모든 사물도 쉼 없이 격동하고 변동한다.

옛날 사나이는 옥호 두드리며 노래하여
씩씩한 마음에 노년이 되는 것을 애석해했지.
나 이제 석 잔 술 마시고 칼 뽑아 가을 달빛 아래 춤추다가
홀연 소리 높여 노래하며 눈물 콧물 하염없이 흘리노라!
烈士擊玉壺, 壯心惜暮年.
三杯拂劍舞秋月, 忽然高詠涕泗漣.   _「玉壺吟」

가슴 가득 영웅과 열사의 기질을 품은 시인이건만 늘 갑작스럽게 격
동한다. 칼을 뽑아 들고 크게 노래하던 와중에 갑자기 또 눈물 콧물을 하
염없이 흘린다. 낙담하여 슬퍼하는 것은 영원한 불청객이어서 늘 홀연히
찾아와 기대에 충만한, 안녕할 수 없는 이 생명에 타격을 준다.

이백의 모든 시는 갑자기 찾아와서 홀연한 것을 묘사하고, 또 그 속
의 간절한 기대를 묘사하는 듯하다. 그에게 생의 본질은 홀연함이었던가!

천재는 분명 어느 정도 홀연하다. 이백은 순수한 천재이자 철저한 홀
연함이다. 그는 홀연히 와서 홀연히 떠났다. 그 복제하기 어려운 개성과 수
사법의 탁월하고 수완 좋은 기상은 어떤 조화에서 기원한 것일까?

이백은 어디서 왔는가? 그가 온 방향은 확실히 다른 사람과 달랐다.

이백은 다른 방향에서 왔다

이백 시대의 시인은 보편적으로 일종의 왕성한 기대감을 품고 있었
다. 기대의 대상은 공업功業이나 지위가 될 수도 있고 또 우정이나 좋은

술, 미인, 아름다운 풍경이 될 수도 있었다.

성당盛唐의 국세國勢는 무제武帝 때 전성기를 누리던 한漢나라처럼 강대했고, 사상과 문화의 진보는 또 그것을 넘어서 있었다. 유가를 존중하고 부처를 믿으며 도교를 숭상하는 것이 기본적으로 병행하면서 서로 어긋나지 않은 상태여서 일원적一元的인 정치임에도 다원적 문화와 이데올로기를 용납했다. 역사는 위·진 남북조라는 깊은 터널을 지나 확 트인 신천지로 들어갔고, 지극히 매력적인 황제 권력의 전성기가 도래했다! 한나라 무제는 전성기의 한나라를 내몰아 천하 사방에 이를 드러내고 발톱을 치켜세웠는데, 전성기의 당나라도 즐겨 무력을 자랑했다. 인재를 선발해 관직에 임명하면서 무엇보다도 시와 문장의 재능을 중시했는데, 황제 권력의 역사에서 오직 당나라만이 이 기준을 세웠다. 그 배경에는 스스로 믿고 인성을 신임하는 위대한 당나라의 풍도가 있었다.

천자가 바야흐로 간언을 따르니
조정에는 거리끼는 말이 없었다.
天子方從諫, 朝廷無忌諱.   _白居易, 「初授拾遺」

간언할 때 거리끼는 말이 적고 민감하지 않은 것은 의심할 바 없이 사인들이 가슴을 여는 전제가 된다. 일상의 생존에서 목숨에 대한 염려가 없다면 문턱이 아주 낮은 것처럼 보인다. 위·진 시기 사인들이 보편적으로 생존의 두려움을 안고 살았던 것과 대조하면, 이 낮아진 문턱이 얼마나 중요한지 알게 된다. 마치 이 비범한 시대 앞에 떳떳해지기 위해서인 듯 평범한 것에 반항하고, 영웅을 숭배하며, 이역異域을 동경하고, 기적을 기대하는 것이 성당 시기 사인들의 보편적인 정신적 풍모가 되었다. 드넓은 강산의 무수한 시인이 싱그러운 꽃처럼 피어나 목청껏 노래하여 황제 권력의 역사상 유일무이하게 다채로운 시의 나라 대당大唐을 만들었다.

'시고詩稿'를 지니고 길에 오르는 것은 당나라 사인들의 보편적인 생존 상태였다. 고시古詩의 사교적 기능을 극도로 발휘한 것은 당연히 당나라의 사인들이었다. 그들은 시적 재능을 출세의 바탕으로 여겼으나, 시적 재능과 시인으로서 명성은 관료사회의 공명功名으로 전환될 수 있어야 제대로 된 성과를 거둔 것으로 여겨졌다. 당나라 사인이 사람을 만났을 때 시 원고를 꺼내지 못했을 때의 곤란함은 아마 오늘날 사람들의 지갑이 허전할 때와 비슷하지 않았을까? 이 거대하고 성대한 시인의 잔치에서 가장 눈길을 끄는 이가 이백이다.

이백이 태어날 때(701)는 당나라의 전성기가 다가오고 있었다. 그의 출생지는 중앙아시아 쇄엽성碎葉城[1]이다. 그의 가족은 수隋나라 말엽에 농서隴西 성기成紀[2]에서 중앙아시아로 '달아나竄' 살았다. 고난을 피하지 않고 이렇게 먼 곳까지 가서 생존을 도모한 데에는 틀림없이 예사롭지 않은 이유가 있었을 것이다. 이백이 다섯 살 때 부친 이객李客은 서역에서 약 100년을 지낸 이 가족을 이끌고 다시 당나라의 촉蜀 땅으로 '도망쳐 돌아왔다逃歸.' 정말 불가사의한 가족이 아닐 수 없다. 100년 사이에 가족이 두 차례나 먼 여행을 했는데, 그때마다 한 해 또는 여러 해를 들여야 했다. 길을 떠날 때 다섯 살이었던 이백이 촉 땅에 도착했을 때는 이미 예닐곱 살이 되어 있었을 것이다. 수레와 말을 타고 옮기는 걸음마다 모두 이역 땅 이민족의 천지를 지나 흔들흔들 만 리의 거리를, 수백 개의 밤낮을 들여 이동하는 이런 장거리 여행이 어린 이백에게는 어떤 의미였을까?

어릴 때는 달을 몰라

———
1   지금의 키르기스스탄 토크모크Tokmok에 해당한다.
2   지금의 간쑤성 톈수이天水 시 친안秦安에 속한 곳이다.

백옥 쟁반이라고 불렀지.

또 요대의 거울이

청운 끝에 날아갔나 싶기도 했지.

小時不識月, 呼作白玉盤.

又疑瑤臺鏡, 飛在靑雲端.　　　　　　　　　　　　　_「古朗月行」

이 달은 분명히 쇄엽성의 달일 터다. 이 수수께끼 같은, 두려움 없이
만 리를 떠돌던 가족은 무의식중에 너무나 요원한 거리를 이동하며, 너무
나 오랜 시간을 들여서 어린 천재를 만 리를 떠도는 영혼으로 길러냈다.
평생을 떠돈 이백이 성년이 된 후에 다녔던 모든 여행도 거리만 따진다면
어린 시절에 한 번 경험했던 그 장정長征에 미치지 못할 것이다.

이백은 자신이 인간 세계에 온 것은 큰 쓸모와 크나큰 사명이 있기
때문이라고 믿었다. 고대 중국의 역사에서 일찍이 이런 전통을 확립한 위
대하고 특수한 인물은 태어나 자랄 때 반드시 특이한 현상을 수반했다. 황
제 권력의 체계에서 위대한 인물에게는 천연의 신성神性과 신비성이 있었
다. 이백도 그런 습속에서 벗어나지 못했다. 그는 자신이 태어날 때부터 보
통 사람들과는 달랐다고 했다.

태어난 날 저녁에 금성이 꿈에 나타났기 때문에 아들을 낳자 이름을
백白이라고 짓고, 자를 태백太白이라고 했다.

驚姜之夕, 長庚入夢, 故生而名白, 以太白字之.　　　　_李陽氷,「草堂集序」

장경성長庚星은 바로 태백금성太白金星이다. 이백은 심한 병을 앓았을
때 시와 문장을 자신이 집안 숙부라고 부르는 이양빙李陽氷[3]에게 맡겼다.
그러니 이 말은 틀림없이 이백 스스로 한 말에서 비롯되었을 것이다. 이백

은 평생 자신을 지극히 높이 평가하여, 알게 모르게 스스로 신격화하는 경향까지 있었다. 그러니 스스로 이렇게 말했다고 해도 이상할 게 없다. 관례에 따르면 그의 이름을 지어준 사람은 분명히 그의 부친이나 조부였을 것이다. 그렇다면 이 이름 짓는 일화만으로도 이백의 부친과 조부의 정신적 면모를 상상하게 된다. 당연히 성인이 된 후의 이백이 스스로 개명했거나 자기 이름을 지었을 가능성도 배제할 수 없다. 전자의 경우라면 이백은 어른들의 말을 전한 것뿐이고, 후자의 경우라면 그의 말은 스스로 '편찬'한 것이 된다. 요컨대 이백의 신세는 수수께끼라는 것이다. 부친과 조부, 이백 본인이 모두 가족과 신세에 대해 '편찬'했을 가능성이 있다.

천재는 고통스러운 별명이다. 한 명의 천재가 강림하기 위해서는 이렇게 오래되고 신비한 원인이 필요하다는 것을 나는 절대 쉽게 믿지 않는다. 거대한 재능과 비범한 기상은 신적인 의미를 지닌 씨앗을 지니고 있기 때문이다. 이것이 맞는 말인가? 중국인은 예로부터 이런 '편찬'을 즐겼다.

이백이 세인들에게 보여준 정신과 육신은 확실히 예사롭지 않았다. 이백의 열성 팬이었던 위호魏顥[4]는 행적이 표홀했던 이백을 수천 리나 쫓아가서 결국 따라잡았다. 이백의 모습은 그에게 적잖은 충격을 주었다.

> 눈동자는 형형하고 굶주린 호랑이처럼 입을 벌리고 있는데, 어떤 때는 허리띠를 매고 있어서 고상하고 소탈하면서 재화才華가 넘쳐 보였다.
> 眸子炯然, 哆如餓虎, 或時束帶, 風流蘊藉.　　　　　　　　 _魏顥, 「李翰林集序」

3　이양빙李陽氷(?~?, 자는 소온少溫)은 진운령縉雲令과 당도령當塗令을 거쳐서 국자감승國子監丞, 집현원학사集賢院學士를 역임했으며, 특히 전서篆書에 뛰어난 서예가이기도 했다.

4　위호魏顥(?~?)는 본명이 위만魏萬이고 호는 왕옥산인王屋山人인데 나중에 위호로 개명했다. 그는 760년 진사에 급제했다고 하나 자세한 생애는 알려져 있지 않다.

조물주는 이백을 박대하지 않아서 그에게 멋지고 빼어난 육신을 주었으니, 이것은 이백이 타인의 마음을 끄는 첫 번째 이기利器였다. "굶주린 호랑이처럼 입을 벌리고 있는" 모습을 상상해보라! 위호의 눈에 비친 이백은 기대감과 호기심을 품을 만하게 영민하고 소란스러우며 때로는 도철饕餮5과 같은 약탈자의 눈빛을 드러내기도 했다.

나는 여러 차례 둔황敦煌 막고굴莫高窟에 가본 적이 있는데, 동굴 벽에 그려진 생동적이면서도 괴상한 모습의 북방인胡人을 마주할 때면 문득 위호가 묘사한 이백의 모습을 떠올리곤 했다. 막고굴의 많은 북방인 그림은 바로 당나라의 화가들이 그린 것이다. 이백의 가족은 쇄엽성에서 100년을 살았으나 북방인의 피가 섞이는 것을 막기는 불가능했을 것이다. 그러니 이백은 어쩌면 반쯤 북방인이었을 수도 있다.

이백의 신세 및 가족과 관련된 모든 것은 수수께끼이고, 심지어 성씨까지도 수수께끼다. 이양빙은 「초당집서草堂集序」에서 이백의 조상이 '조지條支'6에서 귀양살이했기 때문에 성명을 바꿀 수밖에 없었다고 했다. 온 가족이 촉 땅으로 돌아온 뒤에는 "다시 자두나무李樹를 가리켜서 백양伯陽을 낳았다"라고 했는데, '백양'은 도교에서 노자를 가리키는 별명으로서, 여기서는 이백을 가리킨다. 범정전范傳正7은 「이공신묘비李公新墓碑」에서 이백의 가족이 수나라 말엽 쇄엽성으로 달아나면서 어쩔 수 없이 "성명을 숨기고 바꾸었는데" 이백이 태어날 때 부친이 마당의 자두나무를 가리키

5　도철饕餮은 고대 중국의 신화에 등장하는 존재로서 포효狍鴞 또는 노도老饕라고도 부른다. 『산해경』「북차이경北次二經」에 따르면 그 생김새는 양의 몸에 사람의 얼굴을 하고 있고, 눈은 겨드랑이 아래에 달려 있으며, 호랑이 이빨과 사람의 손이 달려 있다. 대개 탐욕스러운 무리를 대표한다.

6　셀레우코스 제국Seleucid Dynasty은 기원전 312~기원전 64년까지 서남아시아를 다스렸던 왕국으로서, 중국 역사에서는 '조지條支, ntiochia'라고 표기했다. 주로 페르시아와 그리스 계통의 사람들로 구성된 왕조였다.

7　범정전范傳正(?~?, 자는 서로西老)은 정원貞元 10년(794) 진사에 급제하여 집현전교集賢殿校에 임명된 이래 흡주歙州와 호주湖州, 소주의 자사 등을 역임하고 광록경이 되었으나 병으로 사임했다. 그가 쓴 「이공신묘비」의 정식 명칭은 「증좌습유한림학사이공신묘비贈左拾遺翰林學士李公新墓碑」다.

며 이씨 성을 회복했다고 했다. 두 설명이 모두 노자와 관련되는데, 또 모두 이백의 가족이 줄곧 이씨였던 것이 아니라 늦어도 이백이 태어날 무렵에야 이씨 성을 '회복'했다고 밝혔다. 선비족鮮卑族의 후예였던 당나라 황실은 천하를 얻은 뒤에 원래 농서 적도狄道[8]의 이씨를 견강부회하여 농서 성기의 이씨로 만들고, 아울러 노자를 시조로 받들었다. 도교에서는 노자를 신격화하면서, 노자가 태어나자마자 말을 했고, 스스로 자두나무를 가리키며 이름을 지었다고 얘기한다. 이백의 출생도 자두나무 및 노자와 끊을 수 없는 인연이 있다. 그는 조상이 농서 성기의 이씨라고 했을 뿐만 아니라, 가족이 서역에서 동쪽으로 돌아와서도 옛 땅으로 돌아가지 않고 멀리 서쪽의 촉 땅으로 갔다. 의미심장한 일이 아닐 수 없다. 반쯤 북방인인 이백은 영광스러운 먼 조상에게 의지하는 전통에 지극히 열중하여, 천하를 얻은 뒤 당나라 황실이 그랬던 것처럼 조상을 노자와 이광李廣[9]에게 갖다 붙였다. 이것은 정말 중국 특유의 조상 숭배이자 허망한 거짓이다.

가계에 대해서는 이백의 시와 문장에서도 많이 언급되었으나 그저 빛나는 먼 조상만 얘기했을 뿐, 가까운 친척에 대해서는 언급을 회피하면서 어휘가 순간적으로 번쩍 나타났다가 사라져버려서 많은 의혹을 야기한다. 가족이 여러 차례 먼 거리를 이주한 뒤로 원래의 관계는 죄다 끊어져 마치 영광스러운 먼 조상에게 기댈 수 있는 자유로운 공간이 갖춰진 듯하다. 그러나 당세當世의 가까운 친척은 입에서 나오는 대로 함부로 말하기 곤란하다. 이백 집안의 이 '이씨 성'이 이양빙과 범전정이 말한 것처럼

8　지금의 간쑤성 딩시定西시 린타오臨洮의 옛 이름이다.

9　이광李廣(?~기원전 119)은 문제文帝 때인 기원전 166년에 종군하여 흉노를 공격하며 공을 세워 중랑中郞이 되었고, 경제景帝 때는 북방 7개 군의 태수를 역임했으며, 무제武帝 때는 잠시 조정에 들어가 위위衛尉를 지내고 다시 효기장군으로서 흉노를 치러 나섰다가 포로로 잡혔다. 그러나 도중에 탈출하여 우북평군右北平郡 태수가 되었는데, 흉노는 그를 두려워하여 '비장군'이라고 불렀다. 이후 막북의 전투에서 선봉에 나섰으나 길을 잃어 전투에 참여하지 못했고, 조정으로 돌아온 후 자살했다. 송 휘종은 그를 회유백懷柔伯에 추봉했다.

잃어버렸다가 다시 얻은 '회복한 성씨'인지 아니면 다른 방식, 예를 들어서 상당히 보편적인 '남의 성을 사칭詐稱'하는 것으로 얻은 것인지는 지금으로서는 정론定論을 내릴 수 없는 문제다. 이백의 성이 이씨가 아니었고 이씨 집안이 이백에 이르러서야 이씨 성을 가지기 시작했으리라는 것도 적어도 일종의 가능성은 있다.

이백의 조상과 자기 생애는 뜻밖에도 온통 망연하다. 종법 윤리 의식이 아주 깊고 중대했던 이 사회에서 이것은 너무나 이상한 현상이었다.

솔직담백하면서도 뻔뻔하게 큰소리도 잘 쳤던 이백도 깊이 언급을 꺼릴 수밖에 없는 가계가 있었던 것이다. 이백은 촉 땅을 나와서 죽을 때까지 그곳으로 돌아가지 않았고, 가까운 친척을 만나지 않았으며, 가까운 친척을 거의 언급하지도 않았다. 부친의 이름인 이객李客은 별호나 별명과 비슷하다. 분명하게 설명할 길을 몰랐기 때문일까, 아니면 분명하게 설명할 수 없거나 감히 그러지 못했던 것일까? 설마 그가 3, 4세대의 가계에 대해 잘 몰랐을까? 상식적으로 그럴 가능성은 전혀 없다. 그렇다면 그가 어떤 부분을 뚜렷이 부각하기 위해 다른 부분을 모호하게 숨겼다고밖에 설명할 수 없다. 이양빙과 위호는 이백에게서 정보를 얻을 수 있었던 동시대 사람이고, 범전정은 이백 집안과 오랜 우정을 쌓았고, 이백의 손녀와 만날 수 있었던 근세 사람인데, 그들 모두 이백의 가계를 분명히 설명하지 못했다. 원인은 이백에게 있을 수밖에 없다. 당연히 존자尊者에 대한 언급을 꺼리는 전통을 떠올리면 그들도 이백이 조상에 대한 언급을 기피하는 일을 방조했을 가능성이 크다.

이백은 가계를 어떻게든 뒤죽박죽으로 만들어버리려 한 듯하다. 내력이 불분명한 이백은 마치 기적적으로 인간 세계에 강림한 듯 보인다. 천상에서 온 사람이 아니지만, 우리 주변의 흙덩이에서 온 사람도 아니다. '적선인謫仙人'은 지극히 깊은 속세의 뿌리를 끌고 다닐 수밖에 없었다.

이백은 공명에 대해 줄곧 절박한 심정이었다. 가족을 황실에다 끌어다 붙인 것은 의심할 바 없이 공명을 얻는 길을 열기 위한 중요한 복선伏線이다. 자신의 신세가 이런 행동에 방해가 된다면 무엇보다도 언급하기를 꺼리는 것은 이상한 일이 아니다. 그는 분명히 체제에 배척된 가문이라는 배경이 있었고, 어쩌면 깊이 숨겨진 다른 기피 사항도 있었는지 모른다. 그에게는 적어도 '합법적 신민臣民'의 자격이 없었을 가능성도 있다.

> 이백은 운명에 따라 태어난 시대의 산물이다.
> 李白是應運而生的時代産兒.　　　　　　　　　　_李長之[10]

분명히 옳은 말이다. 그러나 이백의 비범함과 거대한 재기才氣는 사회 규범과 큰 충돌을 일으켰다. 광대한 사인들은 모두 체제가 규정한 길을 따라 고달픈 길을 걸었으나 이백은 혼자서 맞서는 태도를 보였다.

성당의 번영 속에서 이백은 답답하고 고민스러웠다. 자신에게 속한 사냥감은 왜 줄곧 나타나지 않는가?

이백은 상인의 자식이라는 신분만 분명하다. 그런데 그것이 그가 공명을 얻는 데에 가장 큰 장애였다. 당시의 이백으로서는 이것을 숨기거나 기피할 방법이 없었다. 천재 이백은 규범에 따라 과거시험에 참여하는 것조차 안중에 두지 않았다고 얘기하는 이가 많다. 이것은 대당大唐의 규범을 무시한 지레짐작이다. 상업을 천시하는 것은 오래된 전통이다. 당나라도 예외가 아니었다. 상인 집안은 당 왕조에서 벼슬길에 들어가는 가장 중

10　리창즈李長之(1910~1978)는 칭화대학을 졸업하고 작가이자 문학평론가 등으로 활동했다. 『도교도 시인 이백과 그의 고통道敎徒的詩人李白及其痛苦』『사마천의 인격과 풍격司馬遷之人格與風格』『고무집苦霧集』『몽우집夢雨集』 등의 저작을 남겼다. 또 베이징사범대학 교수로 있으면서 『도연명전론陶淵明傳論』『중국문학사략고中國文學史略稿』『이백李白』 등을 출간하기도 했다.

요한 계단인 진사과進士科 시험에 발을 디딜 권리가 없었다. 상인의 자식이라는 신분과 공명에 대한 열망은 강렬한 어긋남을 형성한다. 대당 왕조의 위대함과 흥미로움은 과거시험 외에 벼슬길에 들어가는 또 다른 틈을 남겨놓았다는 데에 있다. 시인으로서 명성이 충분히 높다면 모든 단계를 생략하고 두각을 나타낼 수 있었다. 역사상 이런 왕조는 없었다. 황제들은 종종 스스로 시를 지었고, 아울러 사인들의 시적 재능에 진한 흥미를 보였다. 이것은 의심할 바 없이 이백에게 무궁무진한 상상을 하도록 자극했다. 그가 천민 신분과 단절하려면 오로지 비범한 시적 재능에 희망을 거는 수밖에 없었다.

시인으로서 이백의 인격과 비범한 격정은 의심할 바 없이 이와 깊은 연관이 있다.

불현듯 영감을 떠올리고 여러 기질이 뒤섞여 순식간에 피워낼 수 있는 이 천재 이백에게는 불현듯 그를 떠올리는 인간이 필요했고, 더욱이 그것이 불현듯 그를 떠올리는 황제라면 가장 좋았다. 그러나 인간과 황제는 그저 우연히 서로 영감이 통할 수 있을 따름이다. 대당의 강산에는 약간 취기醉氣가 있었으나, 이백처럼 완전하고 철저하게 취하지는 못했다.

이백은 시대보다 단순하고 명랑했으나 그의 혼돈과 부조리에 가까운 여러 가지 다른 기질들도 견줄 짝이 없었다. 황제 권력의 시대에 이백보다 더 많은 개성을 나타낸 사람은 누구도 없는 듯하니, 그야말로 '이백 현상'이라고 할 만하다. 굴원과 이사李斯, 사마천, 도잠, 소식 등은 모두 그저 개성의 한 측면 또는 몇 가지 측면만 나타냈으나, 이백은 입체적이었다. 이백이 그들보다 더 위대했다고는 말할 수 없으나, 그가 더 자연스럽고 본질적이었으며 더 풍부한 인성을 표현했다고 말할 수는 있다.

이백은 협객이자 신선이 되고자 했던 사람, 방랑자, 술꾼이었으며 도가와 유가, 불가, 종횡가, 잡가雜家의 성향을 아울렀다. 홀연하고 즉흥적,

자발적, 충동적이었으며 뻔뻔하게 큰소리치고, 신경질적이며, 본능에 가깝고, 불현듯 영감을 떠올리는 사람이었다.

이백은 단순하고 솔직담백하며 적극적이고 퇴폐적이며 혼돈적이고 맑은 사람이면서 표일飄逸하고 속되며 집착적이고 활달하며 자부심 강하고 흥겨우면서도 공허했다. 신성하면서도 저열하고 옹졸했고, 다원적이고, 극단적이면서 분열적이고 상실감에 젖은 사람이었고, 술과 고기가 필요하면서도 노을을 먹고 이슬을 마시는 사람이었다.

이백은 영웅이자 투사, 몽상가, 투덜이, 심지어 '버림받은 아낙棄婦'이자 '원망에 찬 여인怨女'이었다.

이 많은 어휘를 이백에게 붙인다는 것은 얼마나 황당한 일인가! 그러나 전혀 황당하지 않은 듯하다. 그러나 이백 대신에 고금의 어느 누구로 바꾼다 한들 틀림없이 황당한 일이 될 것이다. 이백은 개성이 지극히 선명하지만, 또 무수한 사람의 집합체인 듯하다.

이백은 늘 신속하게 쾌락을 이루려 했으나, 은근하게 앞으로 나아가는 것은 종종 고통스러웠다. 그는 기적과 같은 만남과 행적, 공훈을, 순식간에 이루어지는 원만한 삶을 갈망했으나 얻은 것이라고는 종종 더 깊고 무거운 난감함과 상실감이었다.

이백은 다른 방향에서 왔다. 대지 위의 높은 산과 빙하, 준마, 북방의 미녀가 모두 그의 정신적 기마대騎馬隊가 되었다. 그는 중원에 이미 있는 온유돈후함과 섬세하고 생동적인 묘사에는 신경 쓰지 않고 마음 껏 붓을 휘둘러 광풍처럼 돌진하여 대당의 시단에 서역 기사騎士의 민첩하고 용맹함과 순수함을 주입하여 모든 시인과 묵객을 놀라게 했다. 동정호의 안개와 물결, 적벽赤壁의 풍운, 촉도蜀道를 울리는 원숭이 울음, 거대하게 일렁이는 장강과 황하가 단번에 날아오르기 시작했다.

이것은 내가 전에 쓴 「서역에서 이백을 읽다在西域讀李白」라는 글에 들어 있는 것인데, 상당히 경망한 측면이 있다. 18년 전 글을 쓸 때 나는 서역의 옛 땅, 유서 깊은 오아시스 도시 카슈가르에 살고 있었다. 그곳은 이백이 태어난 곳에서 그다지 멀지 않다. 그때는 나도 아직 젊은 편이었다.

이백은 영원한 혼돈에 빠진 어린아이, 영원한 청춘을 누리는 젊은이였다. 그는 '운명에 따라 태어났으나應運而生' 성장과 성숙을 거절했다. 이것이 어쩌면 그가 평생토록 무력한 시인이 될 수밖에 없었던 비밀인지도 모른다.

우리가 이백을 읽을 때는 영원히 그의 단순함과 맹렬함, 생명, 청춘을 읽는다. 청년 시기에 이백을 읽으면 그는 청년이 무엇인지 이해시켜줄 수 있다. 중년에 이백을 읽으면 그는 청춘의 걸음을 늦추게 해준다. 노년에 이백을 읽으면 그는 청춘의 환영을 되새기게 해준다.

영원한 청춘을 간직할 수 있는 사람은 없으나 이백은 모든 이들에게 늙지 않는 청춘이다. 이백을 읽으면 생명이 본래 이런 것을 지닐 수 있음을 이해하게 될지도 모른다.

이백의 달이 떴다

대당 왕조는 작열하는 태양 아래에서 거대한 노천 공연을 했는데, 주인공은 당연히 인간 세계의 태양인 황제였다. 그리고 대당 왕조에는 떠나기 아쉬운 달빛 속의 저녁 모임이 있었으니, 주인공은 당연히 이백이었다.

봄 장강의 조수는 바다와 고르게 이어지고
바다 위에 명월이 조수와 함께 떠오른다.

반짝이며 일렁이는 물결 천만 리에 펼쳐지는데

봄 장강 어디엔들 명월이 비치지 않으랴?

春江潮水連海平, 海上明月共潮生.

灧灧隨波千萬里, 何處春江無月明.   _張若虛,「春江花月夜」

이백보다 수십 년 앞서 살았던 장약허張若虛[11]의 이 시가 무대를 여
는 노래라면, 대당의 달밤 연회는 이미 오래전에 개막했으나 그 분위기가
조금 몽롱했을 따름이다.

　그러다가 이백이 달을 볼 차례가 되었다.

　이백이 등장하자 달밤의 연회는 단번에 환히 밝아지기 시작했다.

술잔 들어 달을 부르니

擧杯邀明月.   _「月下獨酌」其一

그는 인간 세계에서는 이미 함께 술을 마실 사람을 찾지 못했다.

　시구절 하나에 세 가지 사물이 들어 있으니, 술과 달, 이백이 그것이
다. 이 시는 시골 소년들에게 대단히 재미있는 놀이의 욕망을 자극했다. 기
와 조각을 술잔으로 삼아 잔을 들어 달을 부르는 것이 한때 우리의 놀이
였다. 나이가 들어가면서 그 정감은 복잡하게 변하기 시작했다. 지금은 이
시에 대해 깊이 쓰라린 느낌을 더 많이 받는다. 위대한 방랑자 이백은 영
원히 고별하면서 접견하는 상태에 있어야 할 듯하다. 그는 고리타분하게
이어지는 이백을 견딜 수 없었다. 부모와 처자식, 황제로부터, 모든 인간과
사물로부터 떠날 수 있을 것 같았다. 그러나 그에게도 떠나지 못할 게 있

11　장약허張若虛(670?~730?)는 중종中宗 신룡神龍(705~706) 연간에 하지장 등과 함께 명성을 날
렸으나 그의 시는 「춘강화월야春江花月夜」를 포함한 두 수만 『전당시』에 수록되어 남아 있다.

었다. 세속에서는 술을 떠나지 못했고, 우주에서는 달을 떠나지 못했다.

술은 이백에게 홀연히 신선해지고 홀연히 흥미로워진 자신을 느끼게
해줄 수 있었다.

달은?

달은 아주 오랜 옛날부터 중국인의 숭배 대상이었다. 별빛은 아득히
멀어 희미하고 태양은 똑바로 바라보기 어렵다. 달은 우주에서 유일하게
자기를 노출한 천체다. 그것은 태곳적부터 영원히 존재하며 차고 기울기
를 반복하고 있고, 높이 떠 있어서 올라갈 수 없으나 가까운 지척에 있기
도 하다. 그것은 이지러졌다가 다시 차고, 사라졌다가 다시 나타나 우주의
재창조를 시연하거나 흉내 내고 있는 듯하다. 태양 숭배와는 달리 달 숭배
는 친절하고 온화하다. 중국에서 달의 신은 늘 마음씨 부드럽고 수심에 잠
긴, 인류와 친근한 여신이었다. '달로 도망친 항아嫦娥奔月'랄지 '계수나무
에 도끼질하는 오강吳剛伐桂'[12] 등의 오래된 이야기들은 달을 매개로 삼아
사랑과 인성에 대한 기대 또는 절망을 나타냈다.

이백은 이 사랑의 심리를 가장 투철하게 표현한 시인이었다.

침대 앞의 밝은 달빛
땅에 내린 서리인 줄 알았네.
고개 들어 밝은 달 바라보고
고개 숙여 고향을 생각하지.
床前明月光, 疑是地上霜.

---

12   단성식段成式, 『유양잡조酉陽雜俎』: "옛날에 달에는 월계수와 두꺼비가 있다고 했다. 그러므로 다
른 책에서는 월계수는 높이가 오백 길丈이나 되는데, 그 아래 한 사람이 있어 나무에 도끼질을 하고 있
다. 그러나 나무에 도끼 자국이 생기면 곧 아물어버린다고 했다. 그는 서하 출신의 오강吳剛인데, 도술
을 배우다 잘못을 저질러 쫓겨났고 벌로 이런 일을 하게 되었다舊言月中有桂, 有蟾蜍, 故異書言月桂高
五百丈, 下有一人, 常斫之, 樹創隨合. 人姓吳, 名剛, 西河人, 學仙有過, 謫令伐樹."

擧頭望明月, 低頭思故鄕.　　　　　　　　　　　　　　　　_「靜夜思」

비단 휘장 펼쳤다가 걷으니

누군가 들어오는 듯하네.

밝은 달빛 곧장 들어오니

의아한 마음 없어지네.

용맹한 칼은 벽에 걸려 있어

수시로 용 울음 토하는데

무소나 코끼리를 베지 않아

이끼처럼 고운 녹만 슬었구나.

羅幃舒卷, 似有人開.

明月直入, 無心可猜.

雄劍掛壁, 時時龍鳴.

不斷犀象, 繡澁苔生.　　　　　　　　　　　　　　　　　_「獨漉篇」

선인이 두 발을 드리웠던가?

계수나무는 얼마나 둥글게 자랐는가?

흰 토끼 약을 다 찧고

누구에게 먹일 건지 묻네.

두꺼비가 둥근 그림자 먹어치워

환한 달은 밤에 이미 죽어버렸지.

仙人垂兩足, 桂樹何團團.

白兔搗藥成, 問言與誰餐.

蟾蜍蝕圓影, 大明夜已殘.　　　　　　　　　　　　　　　_「古朗月行」

이백의 달이 떴다.

달은 우주에서 시적 정취를 가장 잘 구비한 방랑자로서, 그것이 나타나면 우주는 자유로운 뜻을 묘사할 수 있는 거대한 우주가 된다. 그 달은 인간 세계의 방랑자에게 호응해달라고 요구한다. 이백이 달을 바라볼 때 그것은 문득 외부로 방출된 이백의 영혼이 된다. 술에 취한 달밤에 이 두 방랑자가 함께 포옹한다. 포옹은 잠깐이지만 방랑은 영원하다.

투명한 어린아이 이백은 달빛 아래에서 더욱 투명하게 변한다. 아이들이 자주 암송하는 「정야사靜夜思」가 있다. 고시古詩에서는 이보다 단순하고 명랑하며 대중화된 시를 찾아볼 수 없다. 고향이나 향수 때문만이 아니다. 그것은 시적으로 거주하고자 하는 인류의 환상을 자극하면서 더욱 광범한 정서를 담고 있다. 그것은 단순하고 투명한 심오함이다. 아이들뿐만 아니라 청년, 백발의 늙은이까지 모두 이 시 안에서는 유연하고 깊은 정을 지닌 존재로 변한다. 이백의 달은 당신이 고개를 들게도 하고 고개를 숙이게도 한다. 이 시를 쓸 때의 이백은 어린 이백일 수도 있고 백발의 늙은 이백일 수도 있다.

달빛 아래에서 천지는 드넓고 몽롱한 자연의 소리로 변한다. 달빛 세계 안의 인간이 느끼는 희열과 상심은 특별히 진실하다. 우주는 달을 통해 점점 이백에게 다가간다. 위호가 보았던 "눈동자가 형형하고 굶주린 호랑이처럼 입을 벌린" 모습은 대낮의 표정과 모습이다. 달빛 우주에서 이백은 온화해지고, 소란한 영혼은 기본적으로 차분해진다. 근심하고 고요히 사색에 잠기지만, 의미와 깊이가 있다. 달은 조용하고 차분한 이백뿐만 아니라 이 생애에서 파란만장을 겪은 이백도 비추어준다.

낮에 이백은 기세등등 고개를 치켜들고 미친 듯이 노래하다가, 달빛 아래에서는 고개를 숙인 채 깊은 사색과 정에 사로잡힌다. 그는 달빛 아래에서 조용하고 차분해져서 대낮의 상처를 치유해야 했다.

달은 인류와 친근하면서 가장 멀리 있는 자연이고 또 이백을 우주로 건너가게 해주는 나루터이자 다리다.

태양의 우주는 배타적으로 작열하지만, 달빛의 우주는 그윽하면서 온유하다. 하늘과 태양, 천자는 사람들에게 엎드려 절해야 할 존재이지, 친근할 수는 없었다. 장엄하면서 눈을 찌르는 부성父性의 대낮을 겪은 사람에게는 바로 친근하면서 부드러운 모성의 달밤이 필요하다.

달은 늘 옛날처럼 뜨니, 이백에게 이것은 영원히 비범한 일이었다. 달빛 아래에서 그는 비할 데 없이 신선한 존재로 변한다.

천산에 밝은 달 뜨니
구름바다 사이에 아득하구나.
거센 바람 수만 리를 불어
옥문관을 넘어간다.
明月出天山, 蒼茫雲海間.
長風幾萬里, 吹度玉門關.   _「關山月」

장안에는 조각달 하나
집집마다 다듬이질 소리.
가을바람 하염없이 불어오는데
모두 변방의 정이 담겨 있구나.
長安一片月, 萬戶搗衣聲.
秋風吹不盡, 總是玉關情.   _「子夜吳歌」「秋歌」

달빛 아래 읊조리며 오래도록 돌아가지 않나니
예로부터 나와 이어진 이 드물었다네.

月下沉吟久不歸, 古來相接眼中稀.　　　　　　　　　_「金陵城西樓月下吟」

지금은 그저 서강의 달만 있지만
예전에는 오왕 궁궐 안의 서시를 비춘 적 있다오.
只今唯有西江月, 曾照吳王宮裏人.　　　　　　　　_「蘇臺懷古」

지금 사람은 옛날의 달 보지 못하지만
지금의 달은 옛사람 비춰준 적 있지.
옛사람도 지금 사람도 강물처럼 흘러 가버렸지만
함께 보았던 밝은 달은 모두 이와 같았지.
今人不見古時月, 今月曾經照古人.
古人今人若流水, 共看明月皆如此.　　　　　　　　_「把酒問月」

이백은 거듭해서 달빛이 인간 세계를 '누르는壓' 풍경에 몸을 둔다.
달빛은 대지와 우주의 무게를 덜고 또 시인 육신의 무게를 덜어줘서 낮에
의지했던 것들과 무거운 짐, 긴장을 내려놓게 한다. 몽롱하고 공허한 우주
가 접촉할 수 있고 친근한 질감을 가진 우주로, 무정한 우주가 다정한 우
주로 변한다. 육신은 하늘에 닿을 수 없으나, 아득한 시혼詩魂은 달빛을 빌
려 어디에든 설 수 있고, 우주 어느 곳이라도 거점으로 삼을 수 있다. 그는
달과 우주, 지금 사람과 옛사람, 타인과 자기, 유한하고 무력한 생존과 무
한하고 무정한 영원을 보았다.
　　이백이 달을 향해 영혼의 우주를 열자 달빛 우주에도 환상과 취기
의 의미가 깊고 아득해졌다. 두 우주의 높이는 거의 딱 맞아서 하나의 미
적인 우주로 융합되었다.
　　벼슬길에 나아가고 물러나는 일과 관련된 갈등으로 인해 이백의 거

대한 정신세계는 뒤흔들렸고, 달빛은 그가 잠시 자신을 석방하여 풀어놓게 해주었다. 황제 권력 아래 사인들의 마음은 종종 유학을 위주로 뼈대가 형성되지만, 이 뼈대는 또 너무 유약하고 겁이 많아서 조금이나마 양강陽剛의 협기俠氣가 필요하다. 그런데 협기는 또 집착이 심하여 조금은 탈속적인 선도仙道의 기운과 희석해야 한다. 이백에게 선도의 기운은 진하고 강렬하여 일반 사인을 훨씬 넘어섰다. 이백에게 달은 우주에서 가장 선기仙氣와 영기靈氣를 갖춘 물상이다. 이백의 시혼에서 가장 중요한 이미지다.

달빛 미학이라는 학문은 없지만 달빛의 아름다움은 존재한다. 바람 속에만 존재할 수 있을 것 같은 아름다움도 달빛 아래에서는 드러날 것만 같다. 달빛은 눈으로 볼 수 있는 음악이다. 음악의 유동적 아름다움과 양식미情態美를 달빛 아래에서도 모두 느낄 수 있다. 이백은 대당의 달빛 속에서 노래하고 춤추며, 자신의 달빛 미학에 속한 것들을 연역演繹했다.

이백은 자부심이 깊고 재기가 빼어나고 스케일이 크고 혼돈스럽고 복잡했으나, 그 모든 경우에 달빛처럼 밝고 깨끗한 바탕색을 깔고 있었다. 이백의 미학은 투명한 미학이었다.

꽃 사이의 술 한 주전자
친한 이 없어 혼자 마신다.
잔 들어 밝은 달 초청하고
그림자 마주하니 세 명이 되었다.
달은 본래 마실 줄 모르고
그림자는 괜히 나만 따라 한다.
잠시 달과 그림자를 동반하나니
즐겁게 노니는 것은 봄날에 맞춰야 하기 때문이지.
내가 노래하면 달은 배회하고

내가 춤추면 그림자는 어지럽다.

깨어 있을 때는 함께 기쁨을 나누고

취한 뒤에는 각자 헤어지지.

무정한 사물과 영원한 교유 맺으며

아득한 하늘나라에서 만나기로 기약한다.

花間一壺酒, 獨酌無相親.

擧杯邀明月, 對影成三人.

月旣不解飮, 影徒隨我身.

暫伴月將影, 行樂須及春.

我歌月徘徊, 我舞影零亂.

醒時同交歡, 醉後各分散.

永結無情遊, 相期邈雲漢.　　　　　　　　_「月下獨酌」其一

달이 떴으니 술이 빠질 수 없다. 이백이 읊는 달은 종종 '취한 달'이었다. 달과 이백의 관계는 바로 국화와 도잠의 관계와 같다.

동쪽 울타리 아래에서 국화를 따고

느긋하게 남산을 바라본다.

신변의 국화는 도잠이 느긋하게 심원함에 잠기게 하고, 푸른 하늘의 달은 이백이 유한한 생존을 돌파하여 범속한 세계를 초월해서 노닐게 한다.

이백이 남긴 천 수 가까운 시 가운데 달을 노래한 것이 놀랍게도 300여 수에 이른다. 그가 '취한 달'을 노래한 시 가운데 「월하독작月下獨酌」은 일품逸品이요 신품神品이라고 할 만하다. 달과 술이 있어서 방랑자 이백은 비로소 우주의 가장 깊은 곳까지, 영혼의 가장 깊은 곳까지 떠돌 수 있었다. 그는 진지하고 융성하게 혼자만의 달밤의 연회를 준비했다.

"꽃 사이의 술 한 주전자 / 친한 이 없어 혼자 마신다." 꽃은 피었다가 져서, 순간적으로 밝고 아름다웠다가 영원한 적멸로 변한다. 술은 취하고 깸으로써 짧은 시간 해탈했다가 기나긴 무력감에 시달리게 한다. 이 시는 정말 완전한 아름다움을 넘어섰다.

낮에는 자존자대自尊自大했던 이백이 달빛 아래에서는 곧 생명의 가장 진실한 경지에 도달한다.

그는 진지해졌다. "잔 들어 밝은 달 초청하고 / 그림자 마주하니 세 명이 된." 리창즈李長之가 '적막한 초인寂寞的超人'이라고 불렀던 그는 한 사람을 셋으로 만들고, 혼자만의 독작을 세 사람이 벌이는 달빛 연회로 만들었다. 이 얼마나 아름다우면서도 적막한 달빛 연회인가! 노래하다가 춤추고 술잔을 드는 그의 모습을 상상해보라. 온통 고요한 천지에 적막이 징징 소리를 울린다. 이백은 자신을 이 달빛 속에 남겨주고 자신의 고독을 음미한다. 좋은 달빛만 있다면 그의 심정은 여태까지 지나치게 나빴던 적이 없다. 그는 그저 철저히 취하지 못한 것만을 한탄했다. 그리고 자기가 취한 뒤에 모든 것이 고요로 돌아가고, 자신이 환기한 이 달빛 연회도 순식간에 종적 없는 허구로 변해 사라지리라는 것도 잘 알았다. "무정한 사물과 영원한 교유 맺으며 / 아득한 하늘나라에서 만나기로 기약한다." 감정이 극에 이른 이백이 동경한 것은 오히려 무정無情 혹은 망정忘情이었다.

이런 정경 속의 이백은 분명히 도잠을 떠올렸을 것이다. 이백의 이 시가 도잠에게 연원을 두고 있다고 해도 안 될 게 없다.

마음속 번뇌를 말하려 해도 화답해줄 이 없어
잔 들어 외로운 내 그림자에게 권하노라.

欲言無予和, 揮杯勸孤影.　　　　　　　　　　　　　_陶潛,「雜言」

이백과 도잠 모두 술을 떠날 수 없다. 이백이 잔을 들어 달을 부른 것과는 달리 도잠이 술을 마시는 풍경은 이러하다. 방 안에 홀로 앉아 외로운 그림자와 술을 마시며 중얼중얼 노래를 읊조리는데 사방은 고요하다. 그는 손에 든 술잔을 불필요하게 큰 동작으로 휘두르듯 들었다 놓는다. 그들의 공통점은 항상 자기 그림자를 보고 무시하지 못한다는 데에 있다. '그림자'에 철학적 의미가 담기는 것이다. 장자에게는 그림자뿐만 아니라 그림자의 그림자까지 있으니, 그 이름은 '망량罔兩'[13]이다. 한 사람과 그림자 하나의 생존이야말로 가장 본질적인 생존이 아니겠는가! 이백과 도자는 모두 이 생존의 정취를 깊이 알고 있었다.

「월하독작」 안의 이백은 탁월한 재능과 탈속한 풍모를 지닌 채 자기를 감상하는 강렬한 능력을 지닌 존재다. 그는 달을 연민하고 달은 그를 연민하는데, 사실상 모두 이백이 이백을 연민하는 것이다.

밝은 달 향해 환히 웃고
이따금 떨어진 꽃잎 위에서 잠든다.
朗笑明月, 時眠落花.　　　　　　　_「早春於江夏送蔡十還家雲夢序」

탁월한 재능과 탈속한 풍모를 지닌 채 자기를 감상하거나 자아도취에

13　『장자』「제물론齊物論」: "망량이 그림자에게 물었다. '아까는 걷더니 이제는 서 있고, 아까는 앉아 있더니 이제 일어나니, 어찌 그리 지조가 없는가?' 그림자가 말했다. '내가 의지하는 게 있어서 그런 게 아닌가? 내가 의지하는 것도 의지하는 게 있어서 그런 게 아닌가? 내가 의지하는 게 뱀의 비늘이나 매미 날개일까? 그런 까닭을 어찌 알겠으며, 그렇지 않은 까닭을 어찌 알겠는가?'罔兩問景曰, 曩子行, 今子止, 曩子坐, 今子起, 何其無特操與. 景曰, 吾有待而然者邪, 吾所待又有待而然者邪, 吾待蛇蚹蜩翼邪, 惡識所以然, 惡識所以不然."

빠지는 것은 이백의 일생에서 바뀌지 않는 심리 상태였다.

> 그저 바라는 건, 노래하고 술 마실 때
> 달빛이 오랫동안 금 술잔을 비춰주는 것뿐.
> 唯願當歌對酒時, 月光長照金樽裏.　　　　　　　　_「把酒問月」

이런 심리는 '취한 달'이 뜨거나 '달을 보며 취할' 때면 철저하게 활짝 열린다.

> 마음속에 거울을 숨기고 있는 이는 누구인가?
> 누구인들 자기 일생을 맨발로 밟고 지나려 하겠는가?
> 誰是心裏藏着鏡子的人呢?
> 誰肯赤着脚踏過他的一生?　　　　　　　　_周夢蝶[14],「菩提樹下」

이렇게 할 수 있는 사람이 또 누구이겠는가? 이백이 아닐까? 이백은 자기도 모르게 마음속에 영원한 거울 하나를 숨기고 있었으니, 그것은 바로 달이었다. 그는 늘 자기로부터 아주 멀리 떠나 있었다. 오직 달만이 이백이 다시 자기에게 접근하게 해줄 수 있었다. 그는 맨발이었을 뿐만 아니라 가슴 바깥에 심장을 내걸고 있었다. 거울을 가슴에 담고 그림자와 함께, 맨발로 그는 이 세상의 생애를 살았다.

　잠시 동정호의 달빛을 외상으로 사서

14　저우멍디에周夢蝶(1921~2014, 본명은 치수起述)는 타이완의 시인으로서 『환혼초還魂草』와 『열세 송이 흰 국화十三朵白菊花』 등 5권의 시집을 간행했다. 1997년 국가문학예술기금회가 수여하는 문학상을 받았다.

배 몰고 흰 구름 근처에 가서 술을 사지.

且就洞庭賒月色,將船買酒白雲邊.　　　　　　　_「遊洞庭湖」¹⁵ 其二

맑은 바람 밝은 달은 한 푼도 쓰지 않고 살 수 있나니

옥산은 남이 밀지 않아도 저절로 쓰러지지.

清風朗月不用一錢買,玉山自倒非人推.　　　　　　　_「襄陽歌」

모두가 빼어난 흥을 품어 웅대한 생각 날아오르니

푸른 하늘에 올라 밝은 달 따고 싶어 하지.

俱懷逸興壯思飛,欲上靑天覽明月.　　　　　_「宣州謝朓樓餞別校書叔雲」

내 시름 달에게 부치고

바람 따라 곧장 야랑夜郞¹⁶의 서쪽으로 가고 싶소.

我寄愁心與明月,隨風直到夜郞西.　　　　_「聞王昌齡左遷龍標遙有此寄」

내게 만 년 묵은 집이 있나니

숭산 남쪽 옥녀봉이라오.

조각달 하나 오래도록 붙들어

동쪽 계곡의 소나무에 걸려 있다오.

我有萬古宅,嵩陽玉女峰.

長留一片月,掛在東溪松.　　　　　　　　_「送楊山人歸嵩山」

15　원래 제목은「족숙 형부시랑 이엽과 중서사인 가 아무개를 모시고 동정호에 나들이 가서 쓴 다섯 수陪族叔刑部侍郞曄及中書賈舍人至遊洞庭五首」다.

16　야랑夜郞은 중국 서남부에 소수민족이 건립한 최초의 나라 이름으로, 하나라와 상나라 때 백복百濮에 속했다. 전국시대 초나라 양왕襄王(기원전 298~기원전 262 재위)이 군대를 파견해 이 나라를 정벌했다는 기록이 있다.

맑고 그윽하고 기이하고 환상적이며 온화하고 요원하고 신비한 달은 사람에게 쉬이 안위를 줄 뿐만 아니라 쉬이 구슬프게 만들기도 한다. 황제 권력 시대의 사인들 중 일 대 일의 사랑을 체험할 가능성이 있는 사람은 극히 적었다. 사인과 산수 자연의 관계는 그래도 '연인'과 비슷한 상태를 나타낼 수 있었다. 이백은 가장 전형적이었다. "달빛을 외상으로 사고" "달을 따고" "시름을 붙이고" "조각달 하나 붙드는" 등등 불가능한 일이 없다. 이렇게 훌륭한 달빛을 한 푼도 쓰지 않고 살 수 있느니, 나 이백은 외상으로 달빛 한 움큼 사서 그녀에게 주고 싶다. 이것은 바로 대자연이라는 연인과 시시덕거리며 장난치는 것이다. 그는 천체에서 지음을 찾는 데에 성공한 듯하다.

달은 모든 이의 것이다. 그러나 시적 정취가 담긴 달은 동양의 이백의 것이다. 이백은 이백과 달, 우주 이 셋이 함께 존재한다고 느꼈다. 그의 환상 속에서, 이 쫓겨난 신선은 천상에서 인간 세계로 올 때 바로 달을 뗏목으로 삼아서 왔다. 이백이 깊은 정을 품고 응시하며 읊조렸던 달은 바로 종전에는 없었던 것이다.

이백이 부활할 수 있다면 응당 달빛이 가장 좋은 어느 시각에 부활할 것이다. 이백이 달빛 시를 진지하게 읽을 때 이백은 거의 부활한 것과 비슷해진다. 결국 우리는 이백 이후에 달은 종전의 달이 아니게 되었다고 말할 수 있다.

거침없이 호기 드러냄은 누구를 위해서인가?

대당의 강산에 홀연히 한 사람이 왔다. 그는 초인이고 대붕大鵬이어서 단번에 하늘까지 날아오르고, 한 번의 울음으로 인간 세상을 놀라게 했다. 그는 다름 아니라 이백이다. 이것은 다른 사람의 생각이 아니라 이백 자신의 생각이다.

> 기 노인은 황천에서도
> 좋은 술 빚고 있겠지.
> 저승에는 이백도 없는데
> 술은 누구에게 팔까?
> 紀叟黃泉裏, 還應釀老春.
> 夜臺無李白, 沽酒與何人.　　　　　_「哭宣城善釀紀叟」一作「題戴老酒店」[17]

이백은 자기의 우상이다. 그는 이렇게 말한다. 보라, 저승에는 정이 매우 깊고 인정과 의리를 중시하는 이백이 있다. 이백은 늘 시 속에서 스스로 이백을 부르면서 또 일인칭을 아주 많이 사용했다. 작품에서 이처럼 많은 '나'(아我, 여余, 오吾 등)를 쓴 시인은 이백 외에는 없다. 누구나 자기를 내려놓지 못할 수도 있지만, 이백은 한순간도 자기를 내려놓지 못했다.

이백이 처음 촉 땅을 나왔을 때, 공교롭게도 강하江夏에서 도교의 큰 스승인 사마승정司馬承禎[18]을 만났다. 사마승정은 이백에게 '선풍도골仙風道骨'이 있다고 칭송했는데, 이는 의심할 바 없이 이백의 신경을 건드렸다. 그가 자기에게 기대한 바가 바로 이러했기 때문이다. 이것은 20년 뒤에 그

17　이 시는 일반적으로 다음과 같은 두 가지 판본으로 알려져 있다. "기 노인은 황천에서도 / 좋은 술 빚고 있겠지. / 저승에는 날도 밝지 않을 텐데 / 술은 누구에게 팔까?紀叟黃泉裏, 還應釀老春. 夜臺無曉日, 沽酒與何人" 또는 "대 노인 황천에서도 / 좋은 술 빚고 있겠지. / 저승엔 이백도 없는데 / 술은 누구에게 팔까?戴老黃泉下, 還應釀大春. 夜臺無李白, 沽酒與何人" 샤리쥔은 이 두 판본을 섞어서 새로운 판본을 만든 셈이다.

18　사마승정司馬承禎(639~735, 자는 자미子微)은 법호가 도은道隱이고 스스로 백운자白雲子라 불렸는데, 도교 상청파 모산종茅山宗의 제12대 종사다. 그는 주로 천태산 옥소봉玉霄峰에 은거해 있었으나 이백과 진자앙, 송지문, 왕유 등 저명한 문인들과도 깊이 교류했다.

가 갖게 된 '적선인謫仙人'이라는 칭호의 리허설에 가까웠다. 젊고 생기에 충만했던 이백은 단번에 「대붕이 희유[19]를 만나다大鵬遇希有鳥賦」라는 부賦를 읊었다. 그가 보기에 오직 대붕 이백과 희유 사마승정만이 서로 아끼고 동정할 수 있었다. 이백은 중년에 이 부를 다시 쓰면서 아예 제목을 「대붕부大鵬賦」로 바꿔버렸다. 대붕은 "화가 나면 치지 못할 곳이 없고, 용감하여 이기지 못할 상대가 없으며怒無所搏, 雄無所爭" "높은 산을 흙덩어리로 여기고, 큰 호수를 술잔에 담긴 술처럼 바라보니塊視三山, 杯觀五湖" 천하제일의 인물이 자기가 아니면 누구겠냐고 큰소리쳤다. 「대붕부」는 뻔뻔하게 큰소리치고 고담준론을 펼치는 이백의 본색을 모두 드러낸다.

청년 이백의 또 다른 간알시干謁詩[20]도 대단히 유명하다.

대붕은 어느 날 바람과 함께 날아오르면
회오리바람 타고 곧장 구만 리를 올라가지.
바람이 멈추면 내려오는데도
여전히 대해를 쳐서 물결을 일으킬 수 있지.
세상 사람들 내가 항상 특이한 언행 일삼는 것 보는데
나의 위대한 말씀 듣고도 모두 냉소를 짓는구나.
공자도 후생을 두려워할 줄 알았거늘
대장부가 젊은이를 경시해서는 안 되지요!
大鵬一日同風起, 扶搖直上九萬里.

19 『신이경神異經』「중황경中荒經」: "곤륜산 위에 '희유'라는 큰 새가 있는데 남쪽을 향한 채 왼쪽 날개로는 동왕공을, 오른쪽 날개로는 서왕모를 덮고 있다. 등에는 깃털이 없는 작은 부분이 있는데 길이가 1만9000리나 되며, 서왕모가 해마다 날개 위로 올라가 동왕공을 만나기 때문에 생긴 자국이다上有大鳥, 名曰希有, 南向張左翼覆東王公, 右翼覆西王母. 背上小處無羽, 一萬九千里, 西王母歲登翼上會東王公也."
20 간알시干謁詩는 고대 중국의 문인이 자기를 추천하기 위해 쓴 시다.

假令風歇時下來, 猶能簸却滄溟水.

世人見我恒殊調, 聞余大言皆冷笑.

宣父猶能畏後生, 丈夫未可輕年少.　　　　　　_「上李邕」

이백은 자기가 큰소리치기 좋아한다는 것과 그러는 바람에 세인들의 조소를 자초한다는 것을 알고 있으나, 이후로는 좀 겸손해지자는 자율적인 생각은 전혀 하지 않았다. 그는 세상을 떠나기 전에 짤막한 「임로가臨路歌」로 세상과 결별했다.

대붕이 날아올라 팔방을 진동했는데
중천에서 꺾였으니 힘이 부쳤구나!
大鵬飛兮振八裔, 中天摧兮力不濟.

대붕 의식은 이백의 일생에 줄곧 함께했다. 그는 대당의 강산에서 영원히 하나의 음조音調로 한 가지 노래만 소리 높여 불렀다. 그는 황제에서부터 모든 귀족까지 자신을 대붕으로 여기고 귀빈으로 대해달라고 요구했다. 이것은 당연히 비현실적이었다. 영원히 그를 대붕으로 간주한 것은 오직 자신뿐이었다. 이백은 자기를 절대적으로 신임하고, 남들이 자기를 신임하는지 아닌지는 신경 쓰지 않았다.

당나라 때의 사인들은 모두 적극적이었으며 이백은 특히 더 그러했다. 당연히 그의 적극은 또 지극히 쉽게 '소극'으로 바뀌기도 했다.

가을에 이별하며 돌아볼 때 아직 쑥대가 날렸는데
단약을 아직 만들지 못해 갈홍葛洪[21]에게 부끄럽습니다.
통쾌하게 마시고 마음껏 노래하며 부질없이 나날을 보내는데 거침없이 호기 드러냄은 누구를 위해서입니까?

秋來相顧尙飄蓬, 未就丹砂愧葛洪.

痛飮狂歌空度日, 飛揚跋扈爲誰雄.　　　　　　　　　_杜甫,「贈李白」

두보가 이백을 노래한 시는 모든 작품이 심금을 울린다. 이 시가 쓰인 때는 745년 가을, 이백이 막 '황금을 하사받고 돌려보내진賜金放還' 때로서, 이백과 두보가 처음 만나서 제齊·노魯 지역을 유람하며 아름다운 시절을 보냈다. 이백은 분명히 이 생애에서 누구도 베풀 수 없는 강렬한 자극을 두보에게 주었다. 시인으로서 명성이 아직 드러나지 않았던 서른 네 살의 두보는 시단의 '최고봉'인 마흔다섯 살의 이백을 너무나 앙모하고 존중하여 감개무량한 심정으로 손목을 불끈 쥔 채 장탄식했다. 아아, 이 사람, 이 이백, 이 이백을 보시구려! 두보는 이백의 패기와 자존자대하는 모습에 감복했을 뿐만 아니라 그의 존재 상태에 대해서도 의미심장하게 캐물었다. 진한 유가적 정서를 지닌 두보는 명확한 봉헌의 대상이 있었으니, 이른바 "군주를 요·순의 경지에 이르게 한다"22라는 말은 인생의 최고 경지가 군주를 역사에서 가장 훌륭한 군주로 만드는 것이라는 뜻이다. 이백이 통쾌하게 술을 마시고 거침없이 소리 높여 노래하고 호기를 드러내는 것은 무엇을 위해서, 누구에게 봉헌하기 위해서인가? 마음은 만 명의 장정보다 씩씩하지만, 영웅으로 자처할 길은 또 어디에 있는가? 두보는 대답을 요구하지도 않았고 또 대답이 필요하지도 않았다. 그런 심리를 가진 이백도 두보의 추궁에 절대 진지하게 반성할 리 없었다. 이백보다 열한 살

21　갈홍葛洪(284~364, 자는 치천稚川)은 동진 시기의 저명한 의사로 예방의학의 길을 연『주후방肘後方』의 작자다. 한때 관내후에 봉해지기도 했던 그는 훗날 나부산羅浮山에 은거하여 연단에 몰두하면서『포박자抱朴子』를 저술했다.

22　두보,「봉증위좌승장이십이운奉贈韋左承丈二十二韻」: "군주께서 요·순의 경지에 이르러, 다시 풍속을 순후하게 하시도록 해야지致君堯舜上, 再使風俗淳."

이 적은 두보는 이미 초인적인 지혜와 위대한 흉금을 갖추고 있었다. 그는 이백을 숭배하고, 불쌍히 여기고, 내려다보고, 포용하고, 동정하고, 이해할 줄 알았다. 나이 어린 두보가 오히려 이백보다 훨씬 어른스러워 보인다.

이백의 호기는 누구를 위한 것인가? 그는 자기를 위해서, 자기의 생명과 생존, 삶을 위해서 노래하고 호기를 드러냈다. 우리는 그저 많은 망상과 욕망을 품은 채 정력이 왕성한 이백이 온 세계를 어지러이 뛰어다니는 모습만 볼 뿐이다. 그는 한 지역에서 안주한 경우가 극히 드물었다. 그의 정서는 바다처럼 깊고 흉험한 파도가 용솟음쳤지만, 그것이 어떤 인물이나 사물에 오래도록 집중적으로 투입된 적은 극히 드물었다. 혹자는 그가 자신의 영원한 '연인'이라고 했다.

이백의 고통은 이 세계가 결코 이백을 위해 맞춤 제작되지 않았다는 데에 있었다. 그러므로 그의 고통은 풀릴 수 없는 고통이었다. 그가 교훈을 받아들일 수도 있으리라고 바라서는 안 된다. 그가 생각하는 것은 영원히 이 세계에, 다른 사람에게 교훈을 주는 것이었다.

어이하랴, 천지간에서
그대는 은자가 되었거늘!
奈何天地間, 而作隱淪客.   _「送岑徵君歸鳴皐山」

큰길은 푸른 하늘처럼 광활하거늘
나만 홀로 나가지 못하는구나.
大道如靑天, 我獨不得出.   _「行路難」其二

나는 본래 세상을 버리지 않았으나
세인들이 스스로 나를 버렸다.

我本不棄世, 世人自棄我.   _「送蔡山人」

쇠락을 달가워하지 않았으나 거듭 쇠락한다. 대붕은 항상 날고 싶어 안달이었으나 날개가 묶였다. 이백은 늘 소리쳤다. 세상이 잘못되었고, 다른 사람들이 잘못했다고!

어찌 굽실거리며 권세 높은 귀족을 섬겨
내가 즐겁게 활짝 웃지 못하게 하랴?
安能摧眉折腰事權貴, 使我不得開心顏.   _「夢遊天姥吟留別」

이것은 이백의 대표적인 시구절로 간주된다. 공명과 높은 벼슬을 추구하는 데에 열중했다는 측면에서 속세를 벗어나 이해타산을 따지지 않은 것은 거짓된 모습이고, 높은 벼슬아치에게 끊임없이 자기를 추천한 측면에서 권세 높은 귀족을 멸시한 것은 거짓된 모습이다. 그런데 그 '거짓된 모습'은 지극히 진실하고 순수한 이백이 만들어낸 것이다. 초라한 영락零落은 사실 무력함에서 비롯되었는데, 죽을 때까지도 권세 높은 귀족의 도움의 손길을 갈망했다. 공명을 멸시하면서 또 공명을 몽상하고, 귀족을 멸시하면서도 또 끊임없이 자기를 추천한다. 이백이니까 이렇게 했던 것이다.

이백은 대단한 존재로 자처하면서 스스로 몸값을 올리려는 강렬한 바람을 갖고 있었다. 이백을 해학적이면서도 보는 이의 눈이 휘둥그레지게 만드는 부분은 오직 그가 죽어도 변하지 않았던 대붕 의식이라는 이 청춘의 몽상과 연계하여 이해하는 수밖에 없다. 좌절된 청춘의 몽상은 거듭해서 그의 생명의 절규 혹은 광소狂笑로 변했다.

스물네 살에 "칼 짚고 고향 떠나, 가까운 이와 작별하고 멀리 길을 나선"²³ 공명의 열망을 가득 품은 이백은 절박하게 이상을 현실로 바꾸려고 했다. 그렇게 책과 칼을 들고 떠돌다가 어느덧 여러 해를 허비해버렸다. 스물일곱 살이 되던 해 그는 안륙安陸의 어느 귀족 가문과 끈이 닿아서 옛날에 재상을 지낸 허어사許圉師²⁴의 손녀와 결혼하여 잠시 안정적으로 살았다. 그가 공명을 추구한 것은 이중의 책임감 때문이었다. 즉 자기 가문을 일으키고, 아울러 처가에 영광을 더해주기 위해서였다. 이백의 결혼은 실질적으로 명문 가문의 데릴사위로 들어간 것이었다. 이런 식의 결혼이 당나라 때는 절대 드문 경우가 아니었다. 명문 가문에서 빈한한 가문의 재능 있는 사람을 데릴사위로 들인 것은 출세하여 가문을 빛낼 대어를 낚으려는 의도였다. 그해에 이백은 정성을 기울여 「수산을 대신해서 맹소부에게 답함代壽山答孟少府移文書」을 썼는데, 그의 말투는 이러했다.

> 근래에 이백이라는 빼어난 인물이 아미산에서 왔는데 하늘과 도를 용모로 삼고, 남에게 굽히거나 간구하지 않으니, 소보巢父와 허유許由 이래로 이런 사람은 이 한 사람뿐입니다.
> 近者逸人李白自峨眉而來, 爾其天爲容, 道爲貌, 不屈己, 不干人, 巢由以來, 一人而已.

남에게 굽히지 않는 것이 이백의 본색이고, 남에게 자기를 추천하지 않았다고 한다면 이는 사실과 부합하지 않는다. 이 글 자체가 자기 추천서

---

23 이백, 「안주의 배 장사께上安州裴長史書」: "대장부는 반드시 천하를 경영하려는 큰 뜻을 지녀야 하니, 이에 칼 짚고 고향을 떠나 친인과 작별하고 멀리 길을 나섰습니다大丈夫必有四方之志, 乃仗劍去國, 辭親遠遊."
24 허어사許圉師(?~679)는 초국공譙國公 허소許紹의 막내아들로 정관(627~649) 연간에 진사에 급제한 뒤에 황문시랑 겸 동평장사同平章事, 감수국사監修國史를 거쳐서 좌승상으로 초국공에 봉해졌으나 중서령 이의부李義府에게 배척당해 건상이주자사虔相二州刺史로 나갔다가 곧 호부상서로 승진했다.

다. 자기를 '천고의 한 사람'이라는 높은 자리에 놓고도 그는 전혀 마음에 켕기는 게 없다.

> 관중管仲[25]과 안영晏嬰[26]의 담론을 펼쳐 제왕의 통치술을 도모하겠습니다. 지혜와 능력을 떨쳐 기꺼이 보필하여 천하가 크게 안정되고 중국을 통일하게 하겠습니다. 군주를 섬기는 도리를 완성하고 어버이를 영화롭게 하는 도의를 마친 뒤에는 도주공陶朱公 범려范蠡[27]나 유후留侯 장량張良[28]처럼 호수를 떠돌며 은사가 사는 창주滄洲에서 노니는 것도 어렵지 않을 것입니다.
>
> 申管晏之談, 謀帝王之術. 奮其智能, 願爲輔弼, 使寰區大定, 海縣淸一. 事君之道成, 榮親之義畢, 然後與陶朱留侯, 浮五湖, 戱滄洲, 不足爲難矣.

　자신은 제왕의 스승으로서 재능이 넘치니 재상을 맡기도 어렵지 않다는 것이다. 황제를 보좌하고 가문을 빛나게 한 뒤에는 은퇴하고 싶다고 했다. 이것은 마치 한 사람이 아니라 천하, 우주 전체를 향해서 하는 말인 것 같다. 대붕의 고고한 말은 자연히 경청해줄 웅대한 대상이 있어야 한다.
　몇 년이 지난 후 그는 또 「안주의 배 장사께上安州裵長史書」를 썼다. 이

25　관중管仲(기원전 723?~기원전 645, 이름은 이오夷吾, 자는 중仲)은 희공 33년(기원전 698)에 공자 규糾를 보좌하기 시작했다가 환공 1년(기원전 685)에 포숙아의 추천으로 국상이 되어 환공이 춘추오패 중 하나가 되도록 보좌했다. 법가 사상의 선구자로 꼽힌다.
26　안영晏嬰(기원전 578~기원전 500, 자는 중仲)은 춘추시대 제나라의 상대부 안약晏弱의 아들로 부친의 지위를 계승하여 50년 동안 세 제후를 섬기며 치적을 쌓았다.
27　범려范蠡(기원전 536~기원전 448, 자는 소백少伯)는 춘추 말엽에 월왕 구천을 도와 오를 멸망시키고 나라를 부흥하게 한 후 이름을 치이자피鴟夷子皮로 바꾸고 은거했다. 이후 세 차례 상업을 통해 거부를 축적한 후 모든 재산을 나누어줌으로써 훗날 '상성商聖'으로 존경받았고, 마지막으로 송나라 도구陶丘에 거처를 정했으므로 '도주공陶朱公'이라고 불렸다.
28　장량張良(기원전 250?~기원전 189, 자는 자방子房)은 한韓나라 국상을 지냈으나, 한나라가 망한 후 유방의 모사로 활약하면서 홍문연에서 위기에 빠진 유방을 구출하고, 항우를 격파하여 한漢나라를 건립하는 데에 공을 세워 유후留侯에 봉해졌다.

글은 도덕에서 재능에 이르기까지 자신을 대대적으로 칭송한 뒤에 이런 말투로 끝을 마무리했다.

> 만약에 벌컥 위세를 세우고 격노하며 들어오지 못하게 하고 먼 곳으로 내쫓으신다면, 저는 무릎걸음으로 대문 앞에 가서 재배하고 떠나 서쪽으로 장안長安에 들어가 조정의 모습을 쭉 관람한 후, 군후께 영원한 작별을 고하고 노란 고니처럼 높이 날아가겠습니다. 어떤 왕공대인의 대문인들 찾아가 장검을 퉁기며 도움을 청하지 못하겠습니까!
>
> 若赫然作威, 加以大怒, 不許門下, 逐之長途, 白卽膝行於前, 再拜而去, 西入秦海, 一觀國風, 永辭君侯, 黃鵠擧矣. 何王公大人之門, 不可以彈長劍乎.

배 대인裴大人이 자기를 거절하여 문 안에 들이지 않는다면, 자신은 멀리 장안으로 떠나겠다는 것이다. 맹상군孟嘗君의 대문 앞에서 칼을 퉁기며 노래했던 풍훤馮諼[29]을 생각해보라면서 그는 아예 위협을 불사했다. 나 이백의 미래는 틀림없이 비범할 터인데, 배 대인이 지금 나를 홀대하면 훗날 후회하게 되리라는 것이다. 당시 이백은 감당하기 어려운 어떤 시비에 휘말린 상태였는데, 이 글은 배 장사에게 자기를 구해달라고 청하는 뜻을 함께 담고 있다.

이백의 가장 유명한 자천서는 그가 서른네 살에 쓴 「한 형주께與韓荊州書」다. 이백은 편지를 보내기 전에 한조종韓朝宗[30]을 만난 적이 있는데, 그에게 동년배에게 인사하듯이 '장읍長揖'을 했다. 따지고 보면 이것은 금기

29　풍훤馮諼(?~?)은 이름을 풍환馮驩이라고도 쓰며, 맹상군의 식객이 되어 뛰어난 전략가로서 맹상군의 위엄과 안위를 위해 많은 노력을 기울였다.

30　한조종韓朝宗(686~750)은 형부시랑을 지낸 한사복韓思復의 아들로 처음에 좌습유左拾遺를 역임하고 훗날 형주자사가 되었다. 그는 최종지崔宗之와 엄무嚴武 등 후진을 잘 발탁하여 조정에 천거한 것으로 유명했다.

를 위반한 것이다. 그는 상대가 권세 높은 귀족임을 분명히 알면서도 먼저 '장읍'으로 인사하여 상대의 위세를 꺾음으로써 자기를 무시하지 못하게 했다. 그리고 자기 추천서에서는 '장읍'이 상대의 마음을 시험한 것이라고 해명했다.

> 바라건대 기꺼이 밝은 표정을 지으시고 제가 '장읍'으로 인사했다는 이유로 거부하지 말아주십시오. 반드시 성대한 연회를 열어 맞아주시어 마음껏 청담淸談을 펼치게 해주시고, 날마다 만 마디 말로 저를 시험하시면, 동진東晉의 원굉袁宏[31]이 그랬던 것처럼 말에 기대어 선 채로 손을 멈추지 않고 순식간에 훌륭한 글을 써내겠습니다.
> 幸願開張心顔, 不以長揖見拒. 必若接之以高宴, 縱之以淸談, 請日試萬言, 倚馬可待.

그러니까 이런 뜻이다: 아마 당신은 내가 장읍을 했다는 이유로 만나기를 거절하지 않을 것이오. 내 재능은 성대한 연회에서 마음껏 청담을 펼칠 기회가 필요하며, 날마다 내게 만 마디 말로 시험하여 민첩하고 빼어난 글솜씨를 자랑할 기회를 주시오.

> 그런데 군후께서 계단 앞의 한 자쯤 되는 좁은 땅을 아끼어 저를 만나주지 않아, 제가 기개를 펴고 통쾌하게 일을 한번 해보지 못하게 하시려는 것입니까?
> 而君侯何惜階前盈尺之地, 不使白揚眉吐氣, 激昻靑雲耶.

---

31 원굉袁宏(328?~376?, 자는 언백彦伯)은 어릴 때 자가 호虎였기 때문에 원호袁虎라고도 불렸다. 동진 때 사상謝尙의 참군으로 있다가 환온의 기실記室을 지내고 동양태수東陽太守를 역임했다. 현학가이자 문학가, 역사가이기도 했던 그는 순열荀悅의 『한기漢紀』 뒤를 이어 『후한기後漢紀』를 편찬했다.

그러니까 자기가 이미 한조종의 대문 앞에 와 있으니, 이야말로 한조종이 천리마를 알아보는 백락伯樂처럼 천고 역사에 이름을 남길 아주 훌륭한 기회가 아니냐는 말이다. 이 글과 앞서 언급한 「안주의 배 장사께」는 말투가 거의 똑같다.

여러 해가 지난 뒤에도 이백은 여전히 한 형주를 생각했다.

높은 모자 쓰고 씩씩하게 검을 찬 채
한형주께 장읍으로 인사했지.
高冠佩雄劍, 長揖韓荊州. ─「憶襄陽舊遊贈馬少府巨」

이것은 한조종에게 장읍한 행동을 들어서 대붕으로서 자기의 형상을 간접적으로 강조하며 자랑한 것이다.

그는 왜 그랬을까? 목적 추구라는 관점에서만 보더라도 그는 왜 사람을 대하는 방법을 더 연구하여 조금이나마 겸손을 보여주지 않았을까? 상대방이 그가 재능도 있고 나아가고 물러날 때를 아는 후배임을 알게 하고, 상대를 조금 편안하게 해준다면 자기 추천을 한 걸음 더 나아가게 하기가 쉽지 않았을까?

이백에 관한 깊은 연구를 반복해온 나로서는 그가 타인, 특히 권력을 지닌 귀족이 자기를 무시한다는 선입견을 위주로 깊이 경계하고 두려워했다고 설명할 수밖에 없다. 그는 진즉부터 일종의 '멸시 예방'이라는 강력한 심리 기제를 생성하여 평생토록 간직했다. 그런데 그 '멸시 예방'의 목적은 권력을 지닌 귀족이 자기를 특별히 중시하게 하려는 데에 있었다. 그러므로 그의 자존자대는 완고하면서도 취약했다. 이 또한 그가 가슴을 태우고 격분하는 정서의 근원이었다. 이런 상태로 권력을 지닌 귀족에게 자기를 추천하여 공명을 얻으려 하는 것은 일의 결과가 의도와는 반대로 나타나는 현상을 자초하는 것에 가까웠다. 옛사람들은 이백의 독특한 심리에서 이 측면을 이해하지 못한 듯하다. 열등Inferiority과 초월Transcendence 등 현대 심리학의 시각에서는 새로운 해석이 있을 수 있다. 지위와 재산을 중시하는 사회에서 이백과 같은 심리는 누구나 가질 수 있으나, 일반적으로 그 정도는 이백처럼 강렬하지 않다.

이백이 권력을 지닌 귀족을 멸시하는 것은 이런 정도다.

오송산³² 아래에서 하룻밤을 묵는데
쓸쓸하여 즐거운 일이 없구나.
농가는 가을 노동으로 고생스럽고
이웃집 여자는 추운 밤중에 쌀을 찧었지.
무릎 꿇고 줄풀 열매로 지은 밥 올리는데
달빛에 하얀 쟁반 환히 비쳤지.
빨래하는 아낙³³에게 부끄러워서
계속 사양하며 먹을 수 없었지.
我宿五松下, 寂寥無所歡.
田家秋作苦, 隣女夜舂寒.
跪進雕胡飯, 月光明素盤.
令人慚漂母, 三謝不能餐.　　　　　　　_「宿五松山下荀媼家」

하층 백성을 마주 대하자 이백은 '자존과 긴장' 그리고 '멸시당하는

32 　오송산五松山은 지금의 안후이성 퉁링銅陵 남쪽에 있다.

33 　한신韓信이 어렸을 때 곤궁하게 지내면서 회음성淮陰城 아래에서 낚시질하던 늙은 아낙이 그의 주린 모습을 보고 밥을 주었다. 이후 그는 유방이 천하를 통일하는 데에 기여하여 초왕楚王에 봉해지자 그 아낙에게 천금으로 보답했다고 한다. 여기서는 시의 주인공인 순 할멈荀媼을 비유한다.

두려움'을 철저하게 내려놓고, 지극히 감동적인 '포의시인布衣詩人'의 면모를 보여준다. 그는 이런 작품을 많이 남겼다. 하층 백성과 권력을 지닌 귀족 사이에서 시인은 자기 개성의 거대한 장력과 매력을 드러냈다.

이백은 자기도 모르게 숙명적으로 시인의 '어린아이 마음赤子之心'을 지키고 있었다.

그는 모든 언행을 이용하여 자기를 과시하면서 스스로 우쭐거리는 멋진 몸놀림을 전시했고, 또 상대방을 치켜세우는 일도 마다하지 않았다. 그는 이것이 남에게 부탁하는 것이니 고개를 숙이지 않을 수 없음을 알았으나, 그저 살짝 한 번 숙이고 나면 반드시 그보다 수천수만 배나 자기를 자랑하여 높은 하늘과 우주에까지 올라갔다. 안하무인으로 거만할 수 있는 실제적인 힘은 없으나 안하무인의 어투는 없어서는 안 되었다. 당연히 호기가 넘쳤으나 권력을 지닌 귀족이 그것을 좋아하기보다는 입술이 없어서 이가 시린 듯한 기분을 더 많이 느꼈을 것이다. 역사에는 배 장사나 한조종 같은 귀족이 이백을 장려하고 발탁해주었다는 어떤 정보도 없다. 그는 스스로 나아가 얘기했고, 끊임없이 세인들의 '냉소'를 들어야 했다.

757년에 쉰일곱 살이 된 이백은 목숨이 이미 한겨울로 접어들어 세상을 떠날 날이 머지않았다. 경솔하게 영왕永王 이린李璘[34]의 진영에 가담하여 처음 옥에 갇혔다가 곧 추방되었는데, 중승中丞 송약사宋若思[35] 등의 구명운동 덕분에 겨우 사면되었다. 간신히 목숨을 건지고 나자 또 공명에

---

34 이린李璘(720~757)은 현종의 16째 아들이자 숙종의 이복동생으로서 원래 이름은 이택李澤이었다. 생모를 일찍 여의고 형 이형李亨의 손에 길러진 그는 영왕永王에 봉해지면서 형주대도독 겸 개부의 동삼사가 되었다. 안安·사史의 반란이 일어나자 산남, 강서, 영남, 검중까지 네 지역을 아우르는 사도절도사로서 강릉대도독의 직무를 수행하며 강릉에 주둔했다. 그러나 지덕至德 1년(754)에 숙종은 반란을 모의한 혐의로 군대를 파견해 그를 정벌했고, 패전한 그는 영외로 도주했다가 이듬해 강서채방사江西採訪使 황보신皇甫侁에게 피살되었다. 보응寶應 1년(762)에 대종代宗이 명예를 회복시켰다.
35 송약사宋若思(?~?)는 천보(742~755) 말년에 감찰어사를 역임하고 어사중승에 발탁되었다. 지덕 2년(757)에는 선성군宣城郡 태수와 강남서도채방사江南西道採訪使로서 오吳 지역의 병사 3000명을 이끌고 하남으로 갔다가 옥에 갇혀 있던 이백을 빼내어 막부의 참모로 삼았다.

대한 열망이 생겨났다. 그는 스스로 「송 중승에게 자기를 천거함爲宋中丞自薦表」을 써서 송약사를 통해 숙종肅宗에게서 벼슬을 얻어보려고 하면서도 여전히 이런 어투로 말했다.

> 세상을 경영하고 백성을 구제할 재능을 지니고 소보와 허유 같은 절조를 지녔으며, 문장은 풍속을 변화시킬 수 있고 학문은 하늘과 인간의 경계를 궁구할 수 있습니다.
> 懷經濟之才, 抗巢由之節, 文可以變風俗, 學可以究天人.

이때의 이백은 이 생애에서 가장 엄중한 실패를 막 경험하여 정치 생명이 실제로는 이미 사형을 선고받은 상태라서 목숨을 건진 것만 하더라도 요행이었다. 예전에는 젊고 활기가 넘쳤으나 지금은 그저 낙담하지 않으려고 애쓰고 있다고 할 수밖에 없었다.

그렇다고 이백을 원망할 수는 없다. 황제 권력의 시대에 사인이 황제에게서 공명을 얻지 못하면 평생 평민으로 살아야 했다. 자기를 통해서 자기와 가족 후손의 출세라는 대업을 완성하려고 꿈꾸지 않은 사인이 어디 있었겠는가?

> 군자는 죽을 때까지 명성이 알려지지 않는 것을 싫어한다.
> 君子疾沒世而名不稱焉.   _『論語』「衛靈公」

공명을 추구하는 것은 유가에서 정당한 사업이고, 공명은 사인과 국가를 연결하는 띠다.

> 서른 살에 세운 공명 흙먼지처럼 보잘것없고……

三十功名塵與士……   _岳飛,「滿江紅-寫懷」

천지를 뒤집은 위대한 영웅도 공명을 세우지 못해 노심초사했다.

평생을 군주에게 보답하여
백대에 걸쳐 조상을 영광스럽게 하고자 했다.
一生欲報主, 百代思榮親.   _「贈張相鎬」

이백은 자연히 황제 권력의 공업功業이라는 거대한 그물 아래에 있었
다. 공명의 압력은 모든 사인에게 존재했으며, 이백에게는 더욱 무거웠다.
초보 단계에서 이백의 인생 목표는 천하를 진동하는 시인의 월계관
을 지위 높은 공명과 맞바꾸는 것이었다.

칼 뽑아 강물 잘라도 물은 다시 흐르고
술잔 들어 시름 없애도 시름은 다시 깊어진다.
抽刀斷水水更流, 擧杯消愁愁更愁.   _「宣州謝朓樓餞別校書叔雲」

흰머리가 삼천 길이나 되는 것은
시름이 그만큼 길기 때문이지.
白髮三千丈, 緣愁似個長.   _「秋浦歌十七首」其十五

이 세계에 대한 노호怒號는 이백의 시에서 쉽게 찾을 수 있다. 그가
이렇게 격하게 분노하면서 앉으나 서나 평안하지 않았던 까닭은 단지 황
제가 그에게 높은 벼슬을 주지 않았기 때문이다. 벼슬이 없이는 공명도 없
다. 그가 사방을 떠돌며 끊임없이 자기를 추천한 핵심적 목표는 공명을 구

하는 것이었다.

이백이 유생이라고 하는 이도 있고 도교 신도라는 이, 불교 신도라는 이도 있다. 그에 관해서는 뭐라고 얘기해도 맞고 뭐라고 얘기해도 틀리다. 이백은 사상이 빈약하고 난잡한 천재이며 개성이 무한하게 풍부한 시인이다. 그는 실질적인 반역 사상이 전혀 없었고, 이단異端이 응당 갖춰야 할 사상의 깊이와 사고의 용기도 없었다. 그의 기이한 사상이란 기껏 곁가지로 흘러나온 천재적인 시적 정취와 멋대로 노래하고 우는 어린애의 정서에 지나지 않는다.

사인들이 아무리 복잡한 사상을 표현하더라도 중심 사상은 기본적으로 유가였다. 이것은 체제의 강력한 규정 작용과 개개인의 생존 요구에 따라 결정되었다. 이백도 예외가 아니었다. 이 점을 놓치지 않는다면 고대의 사인을 해석하기가 비교적 쉬울 듯하다. 어떤 시구절이나 문장에 매달려 작자의 사상을 귀납하는 것은 믿을 만한 방법이 아니다.

나는 본래 초 땅의 미친놈이라
봉황의 노래로 공구를 비웃었지.[36]
我本楚狂人, 鳳歌笑孔丘.　　　　　_「廬山謠寄盧侍御虛舟」

이백은 늘 공자를 중시하지 않았다.

보게나, 내 재능이

---

36 『논어』「미자微子」에 따르면 초나라의 광인 접여接輿가 이런 노래를 부르며 공자 곁을 지나갔다. "봉황이여, 봉황이여! 어찌 그리도 덕이 쇠하였는가? 지나간 것은 뉘우쳐 탓할 수 없겠지만, 다가오는 것은 아직 늦지 않으니 그만두는 게 좋겠구나. 오늘날 정사에 복무하는 사람은 위태롭구나鳳兮, 鳳兮, 何德之衰. 往者不可諫, 來者猶可追. 已而, 已而. 今之從政者殆而!" 이에 공자가 수레에서 내려 함께 얘기하려 했으나, 그가 종종걸음으로 피해서 가버렸다고 한다.

노나라 중니와 얼마나 비슷한가?

위대한 성인도 불우했거늘

하찮은 유생이야 어찌 슬퍼할 만하겠는가?

君看我才能, 何似魯仲尼.

大聖猶不遇, 小儒安足悲. _「書懷贈南陵常贊府」

초나라의 광인이 또 식견 좁은 하찮은 유생으로 변했다. 황제 권력의
체제 아래에서 공자를 존중하는 것은 정치적으로 올바른 선택이었다. 그
런데 대당 왕조에서는 공자를 하찮게 여겨도 잘못이 아닐 수 있었다. 그러
나 이처럼 명랑하고 민감하지 않으며 사상의 자유가 보장된 황조皇朝에서
그럴듯한 사상가가 나오지 않았다는 사실은 의미심장하다. 당시 사인들
의 심리는 어쩌면 이러했을 것이다. 천지가 이처럼 넓게 트였고 삶이 이처
럼 아름다우니, 잘 살아서 공명을 획득해보자! 그들은 깊이 사고하는 데
에 게을렀다. 이백은 깊이 사고하려 하지 않고 그저 아름답고 맛깔나게 살
려고 했던 전형적인 인물이었다. 도산검림刀山劍林을 걸으면서 눈살을 찌푸
린 채 고심했던 위·진 시대 사인들의 모습을 상상해보라.

이백은 도교에 대해서도 특별히 관심을 기울였다. 그는 도교의 복잡
한 '절차儀程'를 통과하여 '도록道籙'을 받아 정식으로 등록된 도사가 되었
다. 이것은 이백이 은일隱逸과 신선을 동경한 정신세계와 밀접한 관련이 있
다. 도교는 현세적現世的이고 공리적功利的이며 향락과 양생養生, 장생長生,
신선 되기를 추구한다. 이백이 상상한 신선 세계는 틀림없이 비범한 아름
다움과 하고 싶은 것을 모두 할 자유가 보장된 세계로서, 그곳에서는 아
무 방해도 받지 않고 쾌락을 즐길 수 있었을 것이다. 당나라 때의 도교는
또 정치와 밀접하게 관련되어 있어서, '도교 정치학'에 정통하여 늘 궁정을
드나드는 도사가 많았다. 이 모든 것은 때맞춰 즐기고 정치적 공명에 열중

했던 이백에게 의심할 바 없이 지극히 큰 매력으로 여겨졌을 것이다. 그가 도를 배우고 신선을 추구하는 것을 노래하거나 언급한 시 작품은 놀랍게도 100수가 넘는다. 신선 세계를 동경하는 것도 시대적 유행이었으나, 이백은 특히 거기에 빠져들어 있었을 따름이다.

열다섯 살에 신선 세계에 노닐었는데
선계의 여행 멈춘 적이 없었다.
十五遊神仙, 仙遊未曾歇.　　　　　　　　　　　_「感興」

소년 이백이 벌써 신선이 되고자 추구하기 시작했고 또 평생 게을리 하지 않았다.

나는 절조를 다해 영명한 군주에게 보답하고
그런 뒤 그대와 손잡고 흰 구름 사이에 누우리라!
待吾盡節報明主, 然後相携臥白雲.　　　　　_「駕去溫泉宮後贈楊山人」

이때 이백은 한림원翰林院에서 일하고 있었다. 고대하고 있던 황제를 모실 기회가 왔는데도 수시로 은자의 세계 혹은 신선 세계로 숨어 들어가려고 준비하고 있었다.

내 장차 연단하고 수련하여
영원히 인간 세계와 작별하리라!
吾將營丹砂, 永世與人別.　　　　　　　　　_「古風五十九首」 其五

이때의 이백도 한림원에서 일하고 있었다.

공명을 추구하는 유생에서 속세를 초월한 신선까지, 이백이 펼친 생명의 욕망은 바닥이 없는 심연深淵이었다. 그는 유감없이 살고자 했으나 절대 "눈앞의 만족만 추구하고 결과는 문제 삼지 않는"[37] 것은 아니었다. 그는 유감없이, 또 유감없이 살아서 그대로 신선이 되고 싶어했다.

도잠에 대한 태도는 이백의 이런 역설적인 삶을 잘 반영한다. 도잠은 이백에게 어떤 거울이자 그림자였다. 이백은 늘 이렇게 말하곤 했다.

공을 이루고 나면 옷자락 떨치고 떠나
무릉도원으로 돌아가리라.
功成拂衣去, 歸入武陵源.　　　　　　_「登金陵治城西北謝安墩」

공을 이루고 나서 옷자락 떨치고 떠날 때가 되면
무릉의 복사꽃 환하게 웃으며 반겨주겠지.
若待功成拂衣去, 武陵桃花笑殺人.　　　　_「當塗趙炎少府粉圖山水歌」

이백은 외친다. 공을 세우든 세우지 못하든 간에 자신은 반드시 도잠을 본받으리라고.

옹졸하게 동쪽 울타리 아래에 있었으니
도잠은 본받을 만하지 않구나![38]
齷齪東籬下, 淵明不足群.　　　　　　_「九日登巴陵置酒望洞庭水軍」

37　이것은 왕쉬王朔의 소설 『실컷 만족하면 죽는다過把癮就死』에서 비롯된 표현인데, 삶에서 중요하다고 여기는 것을 추구하기 위해서 그에 뒤따른 나쁜 결과는 문제 삼지 않는다는 뜻이다.

38　건원乾元 2년(759) 8월에 양주襄州의 장수 강초원康楚元이 장가연張嘉延과 연합하여 반란을 일으키고 남초패왕이라고 자처했다. 이런 상황에서 이제 막 사면을 받은 이백은 반란을 평정하는 것이 중요하지 도잠처럼 세상을 피해 은거하는 것은 바람직하지 않다고 생각했다.

그러나 그해 쉰아홉 살이 된 이백은 영왕 이린의 막료로 들어가 있어서 목숨은 위태로웠으나 공명은 쉽사리 얻을 수 있는 때였는지라[39] 도잠은 너무 옹졸하여 본받기에 부족하다고 여겼다. 이야말로 투명하면서도 밉살스러운 이백이 아닌가!

하늘이 나라는 재목을 낳았으니 반드시 쓸모가 있으리라.
天生我材必有用.
_「將進酒」

이백이 추구했던 쓸모는 당연히 황제에게 쓰이는 것이었다. 이 속세에서 오직 황제만이 그를 쓸 자격이 있다.

군주와 신하가 헤어지고 만나는 것도 각기 정해진 운수가 있습니다. 어찌 이 사람이 우주에 명성을 날리면서 살아 있는 해들을 쇠잔하게 보내게 하겠습니까?
君臣離合, 亦各有數. 豈使此人名揚宇宙而枯槁當年. _「爲宋中丞自荐表」

시를, 좋은 시를 써서 우주에 명성을 날리는 위대한 시인이 되는 것은 이백이 생각하는 쓸모가 아니었다. 강상姜尙이나 관중, 제갈량諸葛亮, 사안謝安 같은 인물이 되어야 비로소 쓸모가 있다고 할 수 있다. "살아 있는 해들을 쇠잔하게 보내며枯槁當年" 인간 세상에서 높은 벼슬도, 공명도, 영광도 없이 사는 것은 그가 가장 두려워하고 전력을 다해 반항했던 결말이었다. 그는 이 세계가 자기에게 높은 지위와 공명을 주어야 하는 것은 불변의 진리이자 아울러 당장 실행되어야 할, 빠르면 빠를수록 더 좋은 일

39　이린李璘은 이미 지덕 2년(757)에 죽었고, 이 시는 건원 2년(759)에 쓴 것이므로 샤리쥔의 이 설명에는 약간 착오가 있다.

이라고 여겼다.

높은 벼슬과 공명을 얻고 제갈량이나 사안 같은 인물이 되고 나면 또 어떻게 되는가? 그는 이렇게 말한다. 여러분, 안심하시라. 나는 노중련魯仲連[40]이 되겠소!

제나라에 호방한 이 있었는데
노중련은 특별히 뛰어났지.
(…)
나 또한 담박한 사람이라
옷자락 떨치고 떠나 뜻을 함께 맞추리라!
齊有倜儻生, 魯連特高妙 (…)
吾亦澹蕩人, 拂衣可同調. _「古風五十九首」其十

큰 공을 세우고도 내세우지 않아 권력을 지닌 귀족들이 허리를 숙이게 했던 제나라의 노중련은 그에게 가장 완벽한 우상이었다. 공명을 이루고 나면 잠깐 즐긴 셈이니, 다시 헌신짝처럼 버려서 왕후王侯조차 오시傲視할 만한 자격을 얻어야 고급스럽고 흥취가 있지 않겠는가? 그런데 노중련처럼 되고 나면 또 어떻게 되는가? 은사가 되었다가 신선이 되어 세속을 떠나 있으면서 노을을 먹고 이슬을 마시면서 우주 곳곳으로 정신적 여행神遊을 떠난다. 이백은 틀림없이 저 독선적이고 오만한 깃발을 하늘에 닿을 듯이 높이, 자기도 또렷이 볼 수 없는 완전한 높이로 세우려 할 것이다.

40　노중련魯仲連(기원전 305?~기원전 245?)은 노련魯連이라고도 부른다. 전국 말엽 제나라 사람으로 전단을 도와 제나라를 부흥하게 하는 등 뛰어난 모략과 언변으로 진秦나라를 성공적으로 견제했다. 편지 한 장으로 요성聊城을 점령한 일화로도 유명한 그는 명성과 부를 멀리하고 도의를 추구한 것으로 높이 평가된다.

첫 번째 물건을 손에 쥐지도 못했는데 그는 상상 속에서 둘째, 셋째 물건을 얻는 쾌감을 정신의 스낵으로 삼아 즐겼다.

그는 신선이 되려고 했을 뿐만 아니라 자신을 불교도 혹은 부처로 여기기도 했다.

나는 청련거사 적선인으로

술집에서 삼십 년 동안 이름 숨기고 살았지.

호주사마여, 왜 굳이 물으시는가?

금속여래[41]가 내 후신인 것을!

靑蓮居士謫仙人, 酒肆藏名三十春.

湖州司馬何須問, 金粟如來是後身.　　　　　_「答湖州迦葉司馬問白是何人」

누군가 자기 신분을 묻자 그는 이렇게 대답했다. 내쫓긴 신선이자 술꾼, 금속여래가 모두 자기라는 것이다.

삶은 다채롭고 욕망은 뚜렷한데, 정치적으로는 어리벙벙하고 담력은 있으나 무식했다. 이것이 바로 이백이다. "천자가 불러도 배에 오르지 않는 天子呼來不上船"(杜甫,「飮中八仙歌」) 광망한 사람이었다가 다시 "홀연히 다시 배 타고 해 곁으로 가는 꿈을 꾸는 忽復乘舟夢日邊"(「行路難」其一) 신첩臣妾이 되고, 또 어느 순간 "오악으로 신선을 찾아다니며 먼 길도 마다하지 않는 五嶽尋仙不辭遠"(「廬山謠寄盧侍御虛舟」) 도교 신자였다가 금방 또 "모름지기 한 번 마시면 300잔은 마셔야 會須一飮三百杯"(「將進酒」) 하는 술 귀신이 된다.

이백의 근심은 정말 많다. 방탕아 기질과 협객 정서, 신선과 부처에 대한 환상, 도사 기질, 유생의 이상 가운데 어느 것도 그에게는 빠진 게 없

41　금속여래金粟如來는 유마거사維摩居士의 전신인 과거불過去佛이라고 알려져 있다.

다. 이 굶주린 호랑이, 수많은 것을 삼키려는 호랑이는 그저 영원히 형형한 눈동자를 빛내며, 꼬르륵거리는 주린 배를 안고 대당의 무한한 강산 위를 분주히 뛰어다녔다.

운명은 이렇게 가혹하여 이백은 초급의 목표조차 실현하기 어려웠다. 목표는 늘 물거품이 되었고, 취한 순간이 오히려 진실이 되었다.

눈앞의 일은 이미 꿈처럼 변했나니
훗날의 나는 누구의 몸이 될까?
(…)
선인은 너무나 황홀하니
취중의 진실보다 못하구나!
卽事已如夢, 後來我誰身 (…)
仙人殊恍惚, 未若醉中眞.
_「擬古十二首」其三

인생은 꿈과 같고 존재는 허무하다는 것이 그의 영원한 개탄이 되었다. 그가 완전하고 철저한 허무에 빠질까 염려할 필요는 없다. 위대한 당나라의 이 어린이는 주의력이 아주 신속하게 다른 곳으로 옮겨 갈 수 있었다. 재미있는 물건은 아주 많다. 술 한 주전자, 미인, 벗, 꽃나무, 푸른 산, 강물과 호수가 모두 그를 갑자기 흥분하게 만들 수 있었다. 그는 늘 이렇게 생각했다. 얻지 못한 것은 그저 잠시의 현상일 뿐이야!

하루는 갑자기 조서詔書가 내려와서, 그는 단번에 황궁으로 달려 들어갔다.

권력의 최고봉이자 인간 세계 최대의 비밀인 황궁은 이백이 자신의 세속적 몽상을 가장 많이 기탁한 곳이었다. 이백이 갖고 싶었던 첫째 물건이 바로 거기에 소장되어 있었다. 황금 열쇠는 황제의 수중에 있었다.

그는 마침내 청춘의 몽상에 근접해 생명의 광소狂笑를 터뜨리려 했다.

하늘 우러러 껄껄 웃으며 대문을 나섰다

운명은 이백이 대당의 강산에서 방랑을 거듭하도록 내몰았고, 순식간에 20년 가까운 세월이 흘러가버렸다.

천보天寶 1년(742), 마흔두 살의 '굶주린 호랑이' 이백의 허기증은 더욱 강해졌다. "마흔이나 쉰이 되었는데도 명성을 날리지 못하면, 이 또한 두려워할 만한 사람이 못 된다"라는 공자의 말은 수천 년 동안 사인들을 자극했으니, 당연히 이백도 예외가 아니었다. 보라, 그의 모든 시구절은 사람을 잡아먹으려 하고 있다. 아무리 심한 시름과 고뇌, 광기, 희열과 웃음, 질투, 취기라 할지라도 굶주린 호랑이가 포효하면 이런 시구절이 된다. 허기가 극에 이르면 초조함과 극도의 흥분, 히스테리 등의 증상을 피할 수 없다.

이백은 공명을 삼키고 싶은 열망이 너무나 컸다. 자신과 가족, 처가가 모두 목마르고 굶주린 호랑이처럼 노려보고 있지 않은가! 중요한 것은 공명이라는 이 저급低級의 목표를 얻을 수 없으니, 더 고급한 생명의 광소狂笑를 터뜨릴 길이 없다는 사실이었다.

그런데 갑자기 그에게 황궁으로 들어오라는 조서가 도착했다.

한 가닥 참을성마저 없는 굶주린 호랑이에게 이토록 오랜 세월의 불우를 겪게 한 것이, 그에게 미칠 듯한 환희를 체험하게 해주려는 운명의 장난이라고 나는 믿고 싶지 않다.

백주가 새로 익어 산중에서 돌아오니
노란 닭 기장 먹고 가을 되자 살이 통통해졌구나.

하인 불러 닭은 삶고 백주를 따르니

자녀들이 즐거이 웃으며 내 옷자락 잡아당긴다.

소리 높여 노래하고 취하여 스스로 위안하고자

일어나 춤추며 지는 해와 밝음을 다투었지.

천자에게 유세하기에는 안타깝게도 때가 늦었으나

채찍 들고 말에 올라 먼 길 떠나노라.

회계 땅의 어리석은 아낙은 주매신朱買臣[42]을 경시했는데

나도 집을 떠나 서쪽 장안으로 들어가노라.

하늘 우러러 껄껄 웃으며 대문 나서나니

우리가 어찌 벼슬 없이 초야를 떠돌 수 있겠는가?

白酒新熟山中歸, 黃鷄啄黍秋正肥.

呼童烹鷄酌白酒, 兒女嬉笑牽人衣.

高歌取醉欲自慰, 起舞落日爭光輝.

遊說萬乘苦不早, 著鞭跨馬涉遠道.

會稽愚婦輕買臣, 余亦辭家西入秦.

仰天大笑出門去, 我輩豈是蓬蒿人. _「南陵別兒童入京」

백주와 노란 닭, 자녀들의 즐거운 웃음소리. 그가 미칠 듯한 환희를
억누르기 위해 얼마나 애썼는지는 모르지만, 시는 상대적으로 차분하게
시작하고 있다.

그다음의 정서는 바람에 일렁이는 파도처럼 스스로 억제하기 어려

42　주매신朱買臣(?~?, 자는 옹자翁子)은 한나라 무제 때 중대부를 역임하고 이후 회계태수와 주작도
위에 올라 구경의 반열에 들었다. 그러나 훗날 어사대부 장탕張湯을 모함한 일이 발각되어 장안에서 참
수형에 처해졌다. 마흔 살이 넘어서 벼슬길에 들어섰는데, 가난을 견디지 못한 아내는 이미 그를 버리고
떠났다. 이후 그가 회계태수가 되었을 때 마침 길을 닦고 있던 전처와 그녀의 새 남편을 만났다. 이에 그
들을 관사로 데려가 먹여주자, 전처는 수치심을 견디지 못하고 스스로 목을 맸다.

왔다. 그는 자기도 모르게 꾸짖었다. 아직 출세하지 않은 주매신을 박대한 저 회계의 어리석은 아낙은 근시안적인 행위로 인한 대가를 치르게 되리라! 가증스러운 아낙이여, 그대는 구석에 고립되어 울고 있는가? 보아하니 이백은 자기 주변의 '어리석은 아낙'에게 아주 오랫동안 압력을 받아온 듯하다. 시의 제목에서는 그저 '자식들'과 작별한다고만 밝혔을 뿐이니, '어리석은 아낙'은 그와 작별할 자격조차 없다. 활달한 이백도 보아하니 집안에서는 고상하고 편안하게 지내기 어려웠던 듯하다.

청춘의 몽상이 실현되어 공명을 손쉽게 얻고 대당 왕조는 그에게 오랫동안 빚진 높은 벼슬을 줄 듯했다. 한걸음에 하늘에 올라서 한 번의 울음으로 세상 사람들을 놀라게 할 거대한 공연이 개봉박두했다. "벼슬 없이 초야를 떠도는 신세蓬蒿人"가 된 것도 너무나 오래되었다. 이백은 미친 어린애처럼 기뻐했다. 하늘을 우러러 턱이 떨어질 만큼 껄껄 웃었다. 그가 어떻게 평범하게 웃을 수 있겠는가? 그는 오직 이렇게 웃을 수밖에, 이렇게 자기 생명의 미친 듯한 절규와 광소를 토할 수밖에 없었다. 하늘을 우러르며 껄껄 웃는 모습은 너무나 천진난만하니, 선풍도골은 저속하기 짝이 없다. 보라, 처자식 앞에서 자랑하는 이백의 이 존엄한 얼굴을! 이백의 자식들과 그 '어리석은 아낙'은 즐거워 어쩔 줄 모르는 이백을 마주 대할 때 어떤 심정이었을까? 문득 두보가 떠오른다. 두보에게 갑자기 경사가 생겼다면 어떠했을까?

처자식 돌아보니 근심은 어디로 갔는가?
대충 『시경』과 『서경』 책장 넘기며 기뻐 미칠 것 같구나!
却看妻子愁何在, 漫卷詩書喜欲狂.　　　　　　　_ 杜甫, 「聞官軍收河南河北」

보라, 두보는 처자식이 기뻐하는 것을 보고 기뻐했다. 좋은 남편과 나

뻔 남편의 차이가 정말 일목요연하다. 딸을 시집보내려거든 두보 같은 사람에게 보내야지 이백 같은 사람에게 보내서는 안 된다. 이백에게 시집가게 되면 무궁한 죄를 추궁당하게 될 것이다. 애인을 찾는 것이라면 얘기가 다를 테지만.

> 아내조차 그대를 찾지 못할 게요.
> 連太太也尋不到你.
> _余光中[43], 「尋李白」

쇠털보다 부드럽고 자수刺繡한 꽃보다 생생한, 우아한 현대 시인의 이런 개탄은 어떠한가?

십여 년 후, 이백은 여산廬山에서 얼떨결에 영왕 이린의 부름에 응했는데, 노병老兵 이백은 뜻밖에도 공명을 쟁취하겠다는 열망을 다시 불태우며 그럴싸하게 "아내와 작별하고 정벌에 나섰다別內赴征."[44]

> 대문을 나서자 처자식이 억지로 옷자락 붙들고
> 서쪽으로 떠나면 언제 돌아오느냐고 묻는다.
> 돌아올 때는 재상의 황금 인장 차고 있을 테니
> 소진蘇秦처럼 출세하지 못했다면 베틀에서 내려오지 마시게.
> 出門妻子強牽衣, 問我西行幾日歸.
> 歸時倘佩黃金印, 莫見蘇秦不下機.
> _「別內赴征」

---

43 위광중余光中(1928~2017)은 타이완대학 외국어과를 졸업하고 미국 아이오와대학에서 예술을 공부했고 홍콩중문대학 등에서 교수를 역임했다. 시인이자 작가, 학자, 평론가, 번역가로서 활동하며 21편의 시집을 포함해 모두 40여 종의 저작을 발표했다.
44 이것은 이백이 아내 종씨宗氏와 작별하고 정벌에 나서며 쓴 3수로 된 연작시의 제목이기도 하다.

처자식 앞에서는 「남릉에서 자식들과 작별하고 경사로 들어가며南陵別兒童入京」에서 그랬듯이, 너무나 천진하고 속된 모습을 보여준다.

이백이여, 중년의 남자로서 그대를 숨넘어가게 할 만한 이 광소가 조금 늦게 왔다고 생각했겠지만, 아마 그대는 너무 일찍 웃었는지도 모른다.

이백은 거창하게 황궁에 강림했다. 그는 영원히 거창하다. 그가 조금이라도 목소리를 낮춰 겸손해지게 하는 것은 불가능하다.

그는 자신이 곧 속세의 자기를 완성하게 되리라고 생각했다.

이 걸음으로 이미 자기의 이번 생애의 최고봉에 올랐음을 그는 생각지도 못했다. 최고봉은 또 하나의 거대한 허무였다.

나이로 치면 충분히 이백의 조부에 해당하고, 반세기 동안 궁정을 드나든 위대한 시인 하지장賀知章[45]은 그를 보자마자 깜짝 놀라 '적선인謫仙人'이라고 부르며, 허리에 차고 있던 황금 거북을 풀어 술을 사서 호탕하게 함께 마셨다. 이백의 생애에서 두 가지 득의한 일이 있다면 하나는 현종의 부름에 따라 곧장 궁정으로 들어간 것이고, 다음이 바로 하지장이 '적선'이라는 칭호를 불쑥 내뱉은 일이었다. 전자가 롤러코스터를 타는 듯한 환희와 실의를 보여주었다면, 후자는 평생 매달고 다닐 수 있는 영광스러운 '밧줄'이었다. 이백은 이 칭호를 너무나 아껴서 평생토록 하지장에게 감사했다. '적선인'은 이백이 초인적인 자아를 재차 확인하게 해주는 금박 입힌 간판이 되었다. 이 간판의 강렬한 암시와 유도에 따라 이백이 원래 지니고 있던 선기仙氣와 일기逸氣, 광기는 거듭 강화될 수 있었고, 본래부터 모자랐던 세상에의 적응 능력과 정치적 능력은 거듭 약화되었다.

황궁은 황제 권력이 다스리는 비밀스러운 공간이다. 사인들만 그곳

---

45 하지장賀知章(659?~744?, 자는 계진季眞)은 측천무후 때인 증성證聖 1년(695) 진사에 장원급제하여 국자사문박사國子四門博士를 시작으로 태상박사太常博士, 예부시랑, 공부시랑, 비서감 등을 거쳐 예부상서까지 지냈다. 절구絕句 창작에 뛰어났는데 작품은 『전당시』에 19수가 전해진다.

을 동경하는 것은 아니다. 궁벽한 시골의, 황궁과는 영원히 인연이 없는 수많은 중생도 저마다 황궁의 신비한 이야기를 조금씩 할 줄 안다. 인간 세계의 태양, 최종의 재판관, 최대의 은혜와 복을 내리는 사람, 천하의 모든 세수稅收를 거둬들이는 사람이 거기에 살고 있다. 이제 이 요원하고 신비한 곳이 이백을 향해 한 귀퉁이를 열어주었다.

한쪽은 신비막측한 황궁이고 다른 한쪽은 투명하면서 자유분방한 이백이다. 이백이 이 요원한 정신의 공간을 극복하도록 도와줄 역량은 어디에도 없다.

'직관적 쾌락'(프로이트, 「창조적인 작가와 백일몽」)을 추구하는 이백, '유아독존적 자아'(같은 책)라는 간판을 내건 이백은 황궁이 응당 자기를 더욱 활달하고 자유롭고 즐겁게 해줄 수 있는 곳이라고 여겼다. 그는 실질적으로 황궁을 인생 설계에서 다음과 같은 단계로 간주했다. 그곳은 그가 '신선 세계'로 통하는 계단 가운데 하나라는 것이다. 그럴 수만 있다면 황제도 이백과 신분을 바꾸려 했을 것이다.

신선 세계도 황궁도 모두 갈 수 없어
인간 세계에서 오래도록 상심하노라.
仙宮兩無從, 人間久摧藏.　　　　　　　　_「留別曹南群官之江南」

'선仙'은 신선이 되는 일 또는 신선 세계를, '궁宮'은 황궁을 가리킨다. 이 시는 그가 황궁을 떠나고 십 년 후에 쓴 것이다. 그는 개탄한다. 신선이 되고자 해도 성공하지 못했고 궁정에 들어가는 일도 더 기다릴 수 없게 되었으니, 그저 인간 세계에서 이렇게 한없는 좌절을 겪을 수밖에 없다. 궁중의 이백과 훗날 정처 없이 떠도는 이백은 모두 자기에 대해 반성할 가능성이 없었다.

마흔두 살부터 마흔네 살까지 이백은 궁중에서 세 해를 보냈지만, 실제로는 겨우 일 년 반에 지나지 않았다. 현종 이융기李隆基는 "황금을 하사하고 돌려보내는" 우아한 방식으로 이백을 황궁에서 축출했다.

황궁에 온 이백은 영원히 깨지 않을 자신의 '백일몽'을 계속 꾸었다. 한바탕 광소를 앞세우고 궁정에 걸어 들어갈 때는 모든 것이 사전에 이미 정해진 듯했다. 준동을 꾀하던 적선인이자 가슴 가득 공명에 대한 열망으로 가득 찬 적선인인 이백은 자신과 황궁 사이가 수많은 산과 강에 의해 영원히 가로막혀 있음을 몰랐다.

이백은 줄곧 자신이 정치의 천재라는 강렬한 망상을 품고 있었고, 나아가 절박하게 그것을 증명하려 했다. 그는 선진先秦 시기의 책사 노중련과 삼국 시기의 명신 제갈량, 진晉나라의 위대한 영웅이자 명사인 사안 등을 인생의 모델로 삼았으나 그들과 같이 종횡으로 수완을 부리는 정치적 재능은 전혀 없었다. 제갈량의 「융중대隆中對」나 「출사표出師表」 등을 이백의 간알문干謁文과 대조해보면 정치적 재능에 천양지차가 있을 뿐만 아니라, 엄중한 흉금과 조급한 개성도 뚜렷하게 대비된다. 이것이 뛰어난 학자이자 신하인 사람과 명사이자 광사狂士 즉, 행동거지가 상궤를 벗어난 이의 차이다. 나는 고대의 시인 가운데 이백과 같은 사람이 하나도 없다는 사실을 늘 의아했다. 줄곧 생각해보니 근대의 시인 공자진龔自珍과 조금 비슷한 면이 있었다. 이미 현대 문명의 충격을 느낀 공자진은 천재적인 데다가 조숙하여 시와 문장의 뜻과 기상이 드높았다. 그의 외조부이자 위대한 학자였던 단옥재段玉裁[46]는 그의 영명한 재기才氣를 아끼고 또 그의

---

46 단옥재段玉裁(1735~1815, 자는 약응若膺, 호는 무당懋堂)는 건륭 연간의 거인으로 귀주 옥병玉屏과 사천 무산巫山 등지의 지현을 역임한 후 병을 핑계로 귀향하여 소주에서 두문불출하고 학문에 전념했다. 문자학과 음운학, 훈고학, 교감학 등 다양한 분야에 정통했고 『급고각설문정汲古閣說文訂』을 지은 뒤, 20년에 걸쳐 『설문해자독說文解字讀』 540권을 펴냈고, 이 두 책의 기초 위에 다시 13년을 들여 『설문해자주說文解字注』를 완성했다.

미래를 생각해서 "훌륭한 학자나 신하가 되도록 노력해야지 명사가 되기를 바라지 말아라"라는 내용의 편지를 써서 경계하며 가르침을 주었다. 훗날 공자진은 당연히 외조부를 실망시켰다. 이백에게는 이런 가르침을 준 사람도 없었지만, 누군가 그렇게 가르쳤더라도 소용없었을 것이다.

대통일이 이루어진 천하에서는 책사策士가 살아갈 땅이 없을 뿐만 아니라 명사도 쇠미해질 수밖에 없었다. 그런데도 이백은 전력을 다해 책사나 명사보다 더 큰 위세를 드러냈고, 아울러 그 위세에 상응하는 고급 대우를 요구했다.

대당 왕조처럼 재능 있는 인사를 아꼈던 왕조는 없었다. 당나라의 사인들에게는 개성을 자랑할 수 있는 최대의 공간이 있었다. 이 왕조는 관료와 시인이 연합해서 다스리는 사회 같았다. 이렇게 많은 시인이 관료 체제에 진입한 것은 황제 권력의 시대에 이 왕조가 유일했다. 바로 이런 분위기 덕분에 이백은 문학사에서 특별한 풍경을 완성할 수 있었다. 그는 평생 정치에서 실의를 맛보았지만, 이백이 문학적 재능을 지닌 인사에 대한 존중과 영예를 누린 측면은 다른 왕조에서는 상상하기 어려운 것이었다. 이것은 이백의 광포한 시적 정서를 들끓게 한 근원이며, 그가 황궁으로 들어갈 수 있게 된 큰 배경이었다.

현종이 처음 황궁에 들어온 이백을 좋아했던 것은 믿을 만한 사실이다. 이양빙의 「초당집서」에 따르면 현종은 "가마에서 내려서 걸어와 마치 기리계綺里季[47]를 맞이하듯이 하고, 칠보상七寶床에 음식을 차리게 하여 친히 국을 떠서 밥을 먹게 해주었고, (…) 나라의 정치에 관해 물으면서 조고詔誥의 초안을 쓰게 했다."[48] 문학적 재능이 있는 인사를 좋아한다는 배경 아래 현종은 시인으로서 명성이 천하를 진동하는 이백을 좋아했을 뿐

---

47 기리계綺里季(?~?)는 진秦나라 말엽의 유명한 은자인 '상산사호商山四皓' 중 한 명이다.
48 「초당집서」: "降輦步迎, 如見綺皓, 以七寶床賜食, 御手調羹以飯之 (…) 問以國政, 潛草詔誥."

만 아니라 조금은 동경하기까지 했다. 지위가 높고 권세가 큰 사람은 자연히 편리하게 이용할 수 있는 우세優勢를 점하고 있으니, 명인名人에게 자신을 낮추어 예의를 갖추며 대단히 겸허하게 대하는 태도도 그 가운데 하나다. 관료사회의 부하를 대할 때는 일반적으로 이럴 필요가 없다. 그것은 예나 지금이나 마찬가지다. 현종이 불러서 만난 사람은 명인이지 관료 체계 속의 성원이 아니었다.

이백이 죽은 후 "양귀비楊貴妃가 먹물을 받들어 시를 쓰게 해주었고" "고역사高力士49가 장화를 벗겨주었다"라는 등의, 그럴싸하게 들리지만 일반적인 상식으로는 생각해내기 어려운 이야기들이 나타났다. 이런 식으로 과장되어 이백이 받은 총애는 그야말로 극치에 이르러서, 마치 그가 평지를 걷듯이 쉽게 황궁을 드나든 것처럼 여겨졌다. 황궁은 진정 이백이 비범한 개성을 철저히 펼치도록 제공된 안성맞춤의 장소인 듯했다. 이렇게 즉흥적으로 이백과 공명共鳴하게 된 황궁은 실제로 있을 수 없다. 이런 이야기들은 당시 사료史料에서는 낌새조차 찾아볼 수 없으며, 이양빙과 위호 등 동시대 사람들과 그보다 조금 후대의 범전정 등도 모두 언급하지 않았는데 나중에야 야사에서 언급되다가 심지어 정식 역사에까지 들어가게 되었으니, 의미심장한 일이다. 예로부터 지금까지 줄곧 이런 이야기의 진실성에 관한 논쟁이 이어졌다. 그러나 사실 이에 관해서는 이백이 진즉 무언의 대답을 내놓은 바 있다. 이런 괴상한 이야기들은 이백의 시와 문장 전체를 살펴봐도 티끌만 한 흔적조차 보이지 않는 것이다. 정말 그런 일이 있었더라면, 그가 설령 궁중에서는 필사적으로 참았더라도 황궁을 나온

---

49 고역사高力士(684~762)는 본명이 풍원일馮元一이며, 반주자사潘州刺史를 지낸 풍군형馮君衡의 아들이다. 어려서 황궁에 들어가 환관 고연복高延福의 양자가 되어 이름을 고역사로 바꾸었고, 무측천의 총애를 받다가 현종 때는 위황후韋皇后와 태평공주太平公主 반란 진압에 기여해 표기대장군 겸 개부의동삼사에 임명되고 제국공齊國公에 봉해졌다.

뒤로는 우주 끝까지 자랑하지 않았겠는가! 큰소리치기 좋아하는 그의 개성을 고려하면 궁중에서도 참고 얘기하지 않는 것이 불가능했다. 형주자사 한조종에게 장읍으로 절한 일도 평생 잊지 못한 그가 하물며 이렇게 매력적인 이야기를 그냥 넘어갔겠는가!

미칠 듯한 환희가 지나간 후에는 깊은 실망이 망연하게 펼쳐진다. 이것은 이백의 숙명이었다. 현종은 이백을 아주 잠시 좋아했으나 오래도록 실망했다. 그의 눈에 이백은 "조정에서 쓸 그릇이 아니어서非廊廟器"(「本事詩」) 중용할 수 없었다. 궁중에서 이백은 신속하게 거북스럽고 재미없는 상황에 빠져버렸다. 그가 궁중에 있을 때 쓴 시들을 자세히 살펴보면 전혀 신중하지 않았던 것은 절대 아니었음을 알 수 있다. 다만 의심할 바 없이 '정치적 성숙'과는 거리가 있었다. 그가 정치적으로 비범한 담력을 보인 것은 분명하지만, 실제로는 담력은 있으나 무식했다.

이백은 끊임없이 자기를 추천했으나 오직 권력을 쥔 귀족으로서 충분한 자격을 지닌 현종만이 한 차례 높이 평가해서 '수습 기간'을 주었을 따름이다. 황제는 일체의 절차를 생략하고 일개 평민을 직접 황궁으로 불러들였다. 이것은 엄청난 기회였고 아주 유리한 출발점이었다. 그야말로 천고 문인들의 꿈이 아니던가! 그런 몽상을 오직 이백만이 실현했다. 그는 이 은혜에 감격했다. 이 당시의 현종도 한 시대의 걸출한 군주라고 할 만했다. 이백을 보면 그 점이 나타난다. 환경 등의 요소를 고려하면 한 개인의 정치적 재능에 대해서는 결론을 내리기 어려울 듯하다. 그러나 이것을 내세워 이백이 '재능은 있으나 불우하여懷才不遇' 한없는 원망을 품었다고 인정하는 것도 너무 경솔하다. 일반적으로 정치에는 이성과 실용성, 융통성이 필요한데 이백은 그 가운데 어느 것도 그다지 내세울 만하지 않았으니, 그보다 더 높은 정치적 지혜는 논할 필요도 없다. 이임보李林甫[50]나 고역사 등 권력의 맹수들과 맞붙었을 때 그가 어찌 적수가 되었겠는가? "마음은 만 명의 장정보다 씩씩하다"라는 허풍이 시와 문장에서는 통하겠지만, 현실에서는 반쪽의 장정조차 감당하지 못했다. 물론 '수석 재판관'인 현종이 그를 인준했다면 다른 맹수들도 어쩔 수 없었을 것이다. 그러나 이백은 '환심을 사고' '변함없는 총애를 유지'하는 데에는 분명히 소질이 없었다. 궁정은 황제 권력의 온상이자 인간 세상에서 가장 처세술이 필요한 곳이다. 이백의 처세술은 너무나 모자랐다.

이백은 결국 더 이상 버틸 수 없다는 것을 깨닫고 궁에서 나가게 해달라고 자청했다. 현종은 추세에 맞추어 황금을 하사하며 돌려보냈다. "황금을 하사하여 돌려보낸다賜金放還"라는 것은 의미심장한 어휘 조합이다. 황금을 하사한다. 황제가 돈 몇 푼을 내주는 일이야 너무 쉬운 일이다. 돌려보낸다. 너를 부른 것은 실수였으나, 대당의 이 드넓은 강산에서 너 이태백이 발 디딜 만한 땅이 어디 없겠느냐는 것이다. 현종은 여유만만한 심정으로 탁월한 재자才子를 내쫓는 쾌감을 획득했고, 이백의 거대한 실패도 어떤 체면이 서게 되는 듯했으니, 조금은 유머러스한 맛이 난다. 현종이 이백을 좋아한 적이 있다는 것은 사실이며, 중용할 만하다고 판단한 것도 정확했다. 재자의 그릇을 관망하고 냉정하게 처리한 과정은 이 당시 현종이 아직 황제로서 자격이 충분했음을 명확하게 증명한다. 써먹을 수 없을 것 같은 재자를 이렇게 우아하게 내쫓은 황제가 또 어디 있었던가? 이 풍류 넘치는 천자는 이백에게서 자기의 어떤 그림자를 발견했다. 똑같이 감정과 욕망을 지닌 인간이니 이백이 하지장과 두보 같은 대당의 재자들에게 강력한 자극을 주었던 요소가 현종을 자극하지 못했을 수는 없다. 지

---

50   이임보李林甫(683~753)는 당나라 종실의 지파로서 태자중윤과 어사중승, 황문시랑을 거쳐서 개원 23년(735)에 예부상서 겸 동중서문하삼품同中書門下三品에 임명되어 재상이 되었다. 이듬해에는 중서령이 되어 진국공晉國公에 봉해졌고, 이후 현종의 재위 기간에 가장 오래 재상 자리에 있었다. 죽은 후에는 태위 겸 양주대도독에 추증되었으나 얼마 후 양국충楊國忠에게 무고를 당해 벼슬을 잃고 재산을 몰수당했으며, 자손은 유배되었다.

고무상한 권력 외에도 이융기가 이백보다 뛰어난 부분은 얼마나 될까? 대당의 '위대함'은 그냥 얻어진 수식어가 아니다. 대당의 황제는 사상 투쟁과 같은 고급 수단을 채용할 줄 몰랐다. 황제의 행동에는 대당의 재자들에 대해 동정적으로 이해한다는 요소가 담겨 있었다.

금전이 해결할 수 있는 일은 모두 자잘한 일들이다. 조금이라도 큰일이라면 벼슬을 이용해야 한다. 그보다 더 큰일이라면 무력을 써야 한다. 황제는 돈도 무력도 모두 지니고 있으며 벼슬, 특히 높은 벼슬은 희소한 자원이어서 황제가 쓸 수 있는 가장 훌륭한 선물이다. 이백은 이것을 좇아서 왔으나, 유감스럽게도 얻지 못했다. '한림공봉翰林供奉'은 명예직과 유사해서 가장 낮은 등급의 관직도 차지하지 못한다.

이백의 생명 열정과 청춘 광소狂笑, 명사로서의 위세에 '적선인'이라는 허세의 맹렬한 발효 작용이 더해짐으로써 그는 영원히 구름을 탄 듯이 머리가 어질어질할 수밖에 없었다.

칼 뽑아 들고 사방을 둘러보니 마음은 망연하다.
拔劍四顧心茫然.   _「行路難」其一

칼을 뽑아 들고 사방을 둘러보는데, 마음은 망연하다. 이백이 묘사한 자기 심정이 너무나 적절하고 생동적이지 않은가!

쫓겨난 신선의 망토 아래에서

이백은 어쩔 수 없이 강호를 떠도는 예전의 생활로 회귀해야 했다.

그러나 이번에는 '적선인'이라는 모자를 쓰고, "황금을 하사받고 돌려보내졌다"라는 이도 저도 아닌 후광後光, 그리고 '궁정의 옛 신하'라는 배경까지 더해진 상태. 예전의 생활에 새로운 콘텐츠가 더해졌다.

그런데 전혀 뜻대로 풀리지 않았던 잠깐의 궁정 생활은 황궁을 나선 뒤의 이백에 의해 거듭 미화되고, 계속해서 마음에 걸렸다. "과거의 모든 것은 아름답게 변한다"[51]라는 현대시의 구절도 이백에게 적용할 수 있다.

멀리 장안의 해를 바라보지만
장안의 사람은 보이지 않네.
장안의 궁궐은 높은 하늘에 있는데
이곳에서 한때 황제를 가까이에서 모시던 신하였지.
하루 또 하루 지나가고
백발이 되어도 마음은 변하지 않았다네.

遙望長安日, 不見長安人.
長安宮闕九天上, 此地曾經爲近臣.
一朝復一朝, 髮白心不改.　　　　　　　　　_「單父東樓秋夜送族弟沈之秦」

손님은 장안에서 왔으니
다시 장안으로 돌아가시겠지요.
광풍이 내 마음을 불어
서쪽 함양의 나무에 걸어두었다오.

客自長安來, 還歸長安去.
狂風吹我心, 西掛咸陽樹.　　　　　　　　　_「金鄕送韋八之西京」

51　저자가 밝히지는 않았으나 이것은 푸시킨(1799~1837)의 유명한 시 「삶이 그대를 속일지라도」에 들어 있는 "그리고 또 지나간 것은 / 항상 그리워지는 법이니"를 가리키는 듯하다.

두 시는 모두 동로東魯에서 지어졌다. 이백이 황궁에서 나오고 얼마 뒤다. 이 마음은 아직 궁정의 온도를 간직한 채, 다시 장안으로 돌아가고 싶다는 열망을 거듭 분출한다. 비록 "황금을 하사받고 돌려보내"졌으나 그는 아직 그것이 잠시의 좌절일 뿐이라고 굳게 믿었다. 금방 돌아가서, 더욱 자랑스럽게 성상의 총애를 얻고 천은天恩을 입으리라는 것이다.

노 땅의 나그네 서쪽 향해 웃나니
군주의 대문 꿈속에 있는 듯.
내쫓긴 신하의 머리칼 서리에 시드는데
날마다 황궁을 그리워한다오.
魯客向西笑, 君門若夢中.
霜凋逐臣髮, 日憶明光宮.   _「魯中送二從弟赴擧之西京」

늘 뜬구름이 해를 가려서
장안이 보이지 않으니 시름겹게 하는구나!
總爲浮雲能蔽日, 長安不見使人愁.   _「登金陵鳳凰臺」

두 시는 각기 황궁에서 나오고 3년째와 4년째 되는 해, 이백이 마흔 여섯과 마흔일곱 살 되는 해에 썼다. 이 시들의 의미를 살펴보면 "흰머리 궁녀가 / 느긋하게 앉아 현종을 이야기하고 있구나白頭宮女在, 閑坐說玄宗(元稹,「行宮」)라는 시구절과 같은 맛이 분명하게 느껴진다. 궁궐이 나날이 멀어지는 느낌이 갈수록 강해지고 있다.

한번 기린각52을 떠나니
곧 조정과 장안 저자와 헤어졌다.

옛날의 벗들은 찾아오지 않고

가을 풀만 날마다 계단 위로 올라온다.

一去麒麟閣, 遂將朝市乖.

故交不過門, 秋草日上階.

_「書懷贈南陵常贊府」

십여 년의 세월이 지나 이백은 쉰여섯 살이 되었다. 그는 이미 늙었
고, 장안은 진즉부터 돌아갈 수 없는 가슴 아픈 곳이 되어버렸다. 대문 앞
은 찾아오는 이 없이 쓸쓸하고 끈질긴 고독과 적막은 아무리 떨치려 해도
떨어지지 않는다.

성은 입어 처음 은대문 들어가서[53]

글 쓸 때는 홀로 금란전에 있었지.

명마에 화려한 등자와 백옥 안장 얹고

상아 장식한 상에 화려한 음식 황금 쟁반에 차려졌지.

당시 나를 비웃던 미천한 자들이

오히려 찾아와 환심을 사려 했지.

하루아침에 병 때문에 사직하고 강호를 떠돌게 되었는데

예전에 사귀던 이 몇이나 남아 있는가?

앞문에서는 손님 맞고 뒷문은 잠가버렸나니

오늘 교유하던 이들 내일이면 바뀌겠지.

承恩初入銀臺門, 著書獨在金鑾殿.

龍駒雕鐙白玉鞍, 象床綺食黃金盤.

---

52 기린각麒麟閣은 한나라 때 소하蕭何가 미앙궁未央宮에 세운 도서관인데, 여기서는 당나라 한림
원翰林院을 가리킨다.

53 한림원은 대명궁 안에 있었는데, 그 뜰은 우은대문右銀臺門 안에 있었다고 한다. 한편 이 구절을
"성은 입어 감천궁에서 황제를 모셨지承恩侍從甘泉宮"라고 쓴 판본도 있다.

當時笑我微賤者, 却來請謁爲交歡.

一朝謝病遊江海, 疇昔相知幾人在.

前門長揖後門關, 今日結交明日改.   _「贈從弟南平太守之遙」

이백은 쉰아홉 살이 되어서 세상을 떠날 날도 이미 머지않았다. 그런데도 궁중의 생활은 여전히 이번 생에서 넘어설 수 없는 최고의 영광이었다. 그러나 아름다운 회상은 왜 이렇게 많은 각박한 세상인심과 연관되는가? 그를 둘러싸고 있는, 권세와 이익에 휘둘리는 소인들은 왜 이리 많은가? "당시 나를 비웃던 미천한 자들이 / 오히려 찾아와 환심을 사려 했지." 아, 이태백이여, '한림대조翰林待詔'라는 직위가 미천함에서 벗어난 것이라고 할 수 있는가? 그대는 재상이, 제왕의 스승이 되려 하지 않았는가? 당시에 '한림대조'에 지나지 않는 그대와 교유하려 한 이들이 얼마나 되었는가? 구양수歐陽修는 이 시를 읽고 한탄을 금치 못했다.

그가 평생 뜻대로 풀리지 않았던 것도 당연하구나!
宜其終身坎壈也.   _歐陽修,『老學庵筆記』

잃어버린 영화는 과장할수록 더 처량해진다. 총애를 받는 것은 순간이지만, 총애를 잃고 난 뒤의 나날은 길다. 한밤중의 꿈속에서도 적막을 곱씹을 시간은 충분하다. 이백은 이 나날을 어떻게 보냈는가?

이백은 생애 전반기에 남의 시선을 끌기 위한 큰소리를 많이 쳤는데, 후반기에는 남의 도움을 청하는 애원을 자주 나타냈다. 이백의 나날은 갈수록 나빠져서 처지도 갈수록 곤란해졌다. 처지가 변하자 기억 속 예전의 삶의 색조도 따라서 바뀔 수밖에 없었다. 한림대조는 결국 이번 생애에서 가장 높은 지위가 되고 말았다. 이것은 심리적 논리에 부합한다.

장안에는 하나의 태양이 있고, 이백이 인간 세계에서 구하려 한 물건은 모두 이 태양의 수중에 있었으니, 어떻게 그것을 포기할 수 있겠는가?

> 천자가 불러도 배에 타지 않고
> 자칭 저는 술 속의 신선이라고 했지.
> 天子呼來不上船, 自稱臣是酒中仙.　　　　　　　　_ 杜甫, 「飮中八仙歌」

두보는 이백을 너무 좋아했으니, 시에서 미화한 것도 이해할 만하다. 어쩌면 이백이 술에 취해 황제를 '모시지侍從' 못할 사건이 우연히 일어났을 수도 있으나, 꿈속에서라도 '황제의 배龍船'에 타고 싶었던 것이 이백의 본질이다. 애석하게도 현종은 그를 다시 배에 태우지 않았고, 황제가 새로 바뀌면 그럴 가능성은 더욱 없어질 것이었다.

> 한가로이 푸른 계곡에서 낚싯대 드리우다
> 홀연히 다시 배 타고 해 곁으로 가는 꿈을 꾼다.
> 閑來垂釣碧溪上, 忽復乘舟夢日邊.　　　　　　　　_ 「行路難」其一

활달하고 표홀한 영혼이 영원히 궁궐 아래에서 배회하는 듯하다. 한껏 호기를 부리며 마음껏 술 마시고 소리 높여 노래하던 낭만적인 생애에서 시종일관 잊지 못하고 살그머니 조정으로 가서 산과 강물 건너편의 태양을 향해 추파를 던진다. 초조하게 공명을 추구해야 하는 압박에 뒤얽힌 채 '해 곁으로 가는 꿈'과 비슷한 종류의 꿈들을 그는 평생 거듭해서 꾸었을 것이다. 이 꿈은 바로 황제 권력 체제의 사인들이 천 년 동안 깨지 못한 꿈이기도 했다.

이백이 황궁을 나오게 된 원인에 대해서는 여러 가지 견해가 있다.

틀림없이 여러 가지 직접적이고 구체적인 원인이 있을 테지만, 근본적인 원인은 그가 시인의 개성을 고치려 하지도 않았고 고칠 수도 없었다는 데에 있다.

「옥호음玉壺吟」은 그의 궁중 생활 후기에 쓴 중요한 작품으로서, 당시 그의 처지는 이미 상당히 좋지 않게 변해서 참소와 조롱을 염려하는 심리가 지극히 진했다.

> 세상 사람들 동방삭을 알아보지 못해
> 궁중에 은거한 이가 바로 내쫓긴 신선이라네.
> 서시는 웃고 또 눈살 찌푸리는 게 마땅하지만
> 추녀가 따라 하면 부질없이 몸만 지칠 뿐.
> 군왕은 비록 미녀를 아끼지만
> 어이하랴, 궁중에 질투가 너무 심한 것을!
> 世人不識東方朔, 大隱金門是謫仙.
> 西施宜笑復宜矉, 醜女效之徒累身.
> 君王雖愛蛾眉好, 無奈宮中妒殺人.

여기서 이백은 자신을 동방삭에 비유하면서 질투심에 둘러싸인 상태임을 절감하고 있다.

그는 한나라 무제 때의 동방삭을 생존의 참조로 삼았다. "조정에 은거한" 동방삭이라는 빼어난 형상은 주로 후세 사인들의 상상과 미화에서 비롯되었다. 당연히 이백은 그를 더욱 이상화했다.

동방삭은 경륜이 풍부했으나 나라를 다스리는 일에 관해서는 말을 삼갔다. 그는 유머러스하고 지혜로웠으며 자기 조롱에도 뛰어났다. 상황에 따라 필요하면 미친 듯이 발광하고, 때로는 대신들도 감히 조롱하지 못하는 황제를 조롱하는 대담함을 보이기도 했다. 반고班固는 『한서漢書』에서 그가 "은거를 빙자해 세상을 조롱한依隱玩世" '익살의 대가滑稽之雄'라고 했다. 동방삭은 사람의 말과 표정을 살피는 데에 뛰어나서 남의 약점을 아주 정확하게 공격했다. 물론 그는 황제가 함박웃음을 짓게 하는 것을 최고의 원칙으로 삼았다. 황제가 웃는다면 안전할 뿐만 아니라 좋은 일이 생길 수도 있었다. 한나라 무제 유철劉徹이 동방삭을 '대조공거待詔公車'에서 '대조금마문待詔金馬門'으로 발탁하여, 황제의 놀잇감이었던 '저급의 신하弄臣'가 고생 끝에 고급의 놀잇감 신하로 승격했다. 유철은 난쟁이에게 말을 보살펴 수레를 끌게 하고, 난쟁이가 공연하는 연극을 구경하기를 즐기는 취미가 있었다. 보아하니 신장의 커다란 차이가 뜻밖에 오락적 가치를 낳아서 일대의 걸출한 제왕에게 적지 않은 즐거움을 주었던 듯하다. 동방삭은 난쟁이를 격노하게 하는 것도 마다하지 않는 방법으로 황제가 자기에 대한 대우를 올리도록 유도했다. 황궁에 들어가기 전에 동방삭이 황제에게 자신을 추천할 때에는 자기 신장의 우세를 힘껏 부각했다. 궁중에서 봉직하게 된 뒤에는 정신의 깊은 곳에서 시종일관 '난쟁이'라는 말을 꺼내지 않도록 입조심을 했다. 공손홍公孫弘[54]과 급암汲黯[55]과 같은 영예로운 대신을 보자 동방삭은 마음에 불만이 생겼으나 자신을 억제했다. '겸허'하게 난쟁이가 될 수 있어야만 무슨 떼를 쓰더라도 안전할 수 있는 것이다. 황궁에 들어갔어도 자기를 바꾸려 하지 않고, 권세를 지닌 귀족들이 자기를

---

54 공손홍公孫弘(기원전 200~기원전 121, 자는 계季 또는 차경次卿)은 바닷가에서 돼지를 기르다가 마흔 살이 되어서 공부를 시작했고, 무제 때에 추천을 받아 박사가 되었다. 그리고 십 년 안에 삼공의 우두머리로 승진하여 평진후에 봉해졌고 승상을 역임했다. 그는 현량한 인사를 초빙하고 민생을 보살피며 유학을 널리 전파하는 데 기여했다.
55 급암汲黯(?~기원전 112, 자는 장유長孺)은 경제 때에 부친 덕분에 태자세마太子洗馬가 되었다가 무제 때에 알자를 거쳐서 동해태수, 주작도위를 역임했다. 강직하고 직간을 망설이지 않았던 그는 흉노와의 화친을 주장하기도 했으나, 자잘한 죄를 지어 관직을 잃고 고향에서 몇 년을 지냈다. 나중에 복양태수에 임명되어 그곳에서 죽었다.

초인으로 봐주라고 요구하면서 늘 날아오르려는 대붕 흉내만 내는 짓은 이백 같은 바보나 할 수 있다.

무제는 난쟁이를 좋아했고 현종은 닭싸움을 좋아했다. 현종과 무제의 정신 구조는 기본적으로 같았으나, 이백과 동방삭의 정신 구조는 기본적으로 달랐다. 자기도 모르게 작아져서 난쟁이가 되지 않는다면 금마문金馬門은 그다지 숨어 있기 좋은 곳이 아니다.

이백은 또 늘 촉蜀 출신의 사마상여司馬相如[56]를 참조했다. 그리고 사마상여도 이상화했다.

똑같이 문학으로 유철을 모셨던 신하였으나 궁정에서 사마상여의 지위는 동방삭보다 훨씬 높았다. 어려서부터 어른이 될 때까지 나는 과장과 포진鋪陳의 능력을 극도로 발휘한 저 사마상여라는 위대한 부賦 작가에 관해 탐구해보려고 여러 차례 시도했으나 괜히 고생만 하고 말았다. 사마상여의 영혼은 정확하면서도 애매하고, 극도로 흥분하면서도 내용 없이 공허한 저 놀라운 장편의 대부大賦 안에서만 편히 지낼 수 있을 뿐 광야로 달려 나올 힘이 없었고 또 우리의 영혼으로 진입하기도 어려웠다. 하늘을 찌를 듯한 호기를 부리면서 불태운 것이라곤 고작 영문을 알 수 없는 허세뿐이었다. 가려운 곳을 긁는 듯한 '미묘한 풍자微諷'만이 제법 정교하게 엮여 있으나, 그 또한 분명히 문인의 명호를 내걸고 황실에서 양두구육羊頭狗肉의 속임수를 쓴 것이었다. 대부의 정신적 본질은 크지 않고, '난쟁이'에 지나지 않았다.

패도霸道의 권리와 유머의 권리는 기본적으로 일치한다. 위대한 인물

---

56 사마상여司馬相如(기원전 179?~기원전 118, 자는 장경長卿)는 경제 때 무기상시武騎常侍가 되었으나 병 때문에 퇴직했다. 이후 양효왕梁孝王 유무劉武의 빈객으로 있을 때 「자허부子虛賦」를 지었는데, 이후 무제의 부름을 받아 그 뒤를 이은 「상림부上林賦」를 지어 낭관에 임명되었다. 그러나 원수元狩 5년(기원전 118) 병으로 퇴직하고 무릉에서 살았다. 한나라 부의 대표적인 작가로서 후세에 종종 부성賦聖 혹은 사종辭宗이라고 불렸다.

이 내키는 대로 보여준 언행은 종종 엄청난 유머로 여겨져서 수많은 감탄과 갈채를 유발한다. 사마상여 같은 부류는 평생 정신적 난쟁이 상태에서 감히 벗어나지 못했다. 난쟁이임을 자각하면 난쟁이의 방식으로 애교를 피우거나 약간 발광하더라도 모두 괜찮다는 것을 잘 알고 있지만, 자기가 영웅이어서 유머의 권리를 갖고 있다는 망상을 하게 되면 문제가 된다. 자각적인 난쟁이 상태로 들어갈 수 있다면, 어떤 '발광의 권한'을 포함한 약간의 권력을 상으로 받을 수 있다.

이백의 영혼은 광야를 떠돌고 우주에서 노닐었으나, 궁중에서는 특이한 부류가 될 수밖에 없었다. 그는 현종이 최소한 그에게 사마상여나 동방삭과 같은 궁중의 지위를 주리라고 여겼으나, 그것은 불가능한 일이었다. 이백은 자신을 개조할 수 없었고, 놀잇감이 되어줄 수 있는 신하의 심리를 완성하기 어려웠기 때문이다. 낭만적인 정신이 없지 않았던 현종도 아마 대당 왕조의 가장 산뜻한 재자才子를 놀잇감 신하로 '희롱'하려고 애쓸 생각이 없었을 것이다.

당나라 사람들은 '광기狂氣'를 숭상했다. 대당의 위대함은 여기에서도 그 일면을 볼 수 있다. 대다수가 의외라고 느낄 수도 있지만, 두보도 미치광이에 해당한다. 그가 광기를 숭상한 데에는 연원이 있다. 그에게는 광기로 유명한 조부 두심언杜審言[57]이 있었다. 명망 높은 시인이었던 두심언은 광기 때문에 많은 고초를 겪었으나 그 성품을 고치지 않았다. 두보는 조부의 의발을 계승하여 자칭 '미친놈狂夫'이라고 했고, 노년에는 결국 이런 미친 말까지 했다.

---

57 두심언杜審言(645?~708?, 자는 필간必簡)은 함형咸亨(670~673) 연간 진사에 급제했으나 중종中宗 때 장이지張易之 형제와 교유하다가 남월南越 땅에 속하는 봉주峰州에 유배되기도 했다. 낙양승洛陽丞 등의 말단 관직을 지내기도 했으나 수문관직학사修文館直學士까지 올랐다. 그는 중국 근체시近體詩의 토대를 다진 사람 가운데 하나로 꼽히기도 한다.

죽어서 시신이 도랑 채우려 하는데도 그저 벼슬도 없이 제멋대로 굴어

스스로 미친놈이라 비웃으며 늙어갈수록 더욱 거침없어지는구나!

欲塡溝壑唯疏放, 自笑狂夫老更狂.   _杜甫,「狂夫」

미친 두보의 눈에 이백은 오히려 '미친 척하는佯狂' 사람이었다.

오랫동안 이 서생 만나지 못했는데

미친 척하는 모습 정말 애처로웠지.

세상 사람들 모두 그를 죽이려 하나

나는 유독 그의 재능을 좋아했다네.

不見李生久, 佯狂眞可哀.

世人皆欲殺, 吾意獨憐才.   _杜甫,「不見」

이것은 두보가 이백을 노래한 마지막 작품이다. 이때 이백은 이린李璘
사건에 연루되어 있어서, 인생의 종점이 이미 머지않았다. 이백은 진정한
미치광이였는데, 그것도 모자라서 '미친 척할' 필요까지 있었다. 미친 데에
미친 척이 더해졌으니 두보는 '정말 애처로웠다'라고 썼던 것이다. 두보의
내재 정신은 상대적으로 고지식했으나 그 광태狂態는 오히려 허세의 성격
이 비교적 컸다.

하지장도 광기로 유명해서, 만년에는 스스로 '사명광객四明狂客'이라
는 호를 썼다. 장원급제한 몸이라 명성이 천하에 자자했던 그는 반세기 동
안 궁궐을 드나들며 황실 측근으로서 요직에 앉아 있었다. 그는 조야에서
모두 존경과 사랑을 받고 있었다. 이백이 궁중에서 내쫓기던 해에 여든여
섯 살의 하지장은 병 때문에 도사가 되기를 자청하며 벼슬을 사직하고 귀
향했다. 현종과 조정의 요인들이 분분히 시를 써서 증별贈別했고, 황태자

는 문무백관을 인솔해 전별했으니, 가장 복이 많은 대당의 시인이라 할 만하다. 그의 광기는 융통성 있고 노련하며 세상 물정을 잘 아는, 남을 거스르지 않고 자기를 내세우는, 그리고 본질적으로 약간 난쟁이 의식을 자각한 광기였다. 그의 시는 부드럽고 원만하며 가벼운 분위기를 드러내서 이 미치광이가 환경과 묵계했음을, 이 세계와 이미 화기애애한 조화를 이루었음을 보여준다. 그가 자신의 광기 자랑을 잊지 않은 까닭은 여타 다른 이들과 똑같아지고 싶지 않았기 때문이다. 이백의 광기는 골수에 깊이 뿌리박힌 광기이자 조급하고 경망하며, 심지어 격앙된 광기로서 남의 사정이나 체면을 봐주지 않는 광기다. 그리고 가끔 미친 척하기도 한다. 그는 반드시 자기의 광기를 다시 백배 천배 과장하려 했다. 수년 전에 여든네 살의 하지장은 이백을 보자마자 이미 지나간 자기의 청춘을 본 것처럼 '적선인'이라는 감탄을 토해냈다. 그러나 정치적 역량을 헤아리고 나서 그가 이백을 어떻게 보았는지는 알 수 없다. 그가 살았을 때와 죽은 후에 이백은 그에게 증정하거나 추념한 시를 썼으나, '적선'이라는 호칭 하나를 제외하고 하지장은 이백에 대해 다시 한마디도 언급하지 않았다. 이 노인과 장년인은 거의 동시에 황궁에서 나가서 각자의 품성에 따라 대당의 하늘 아래에서 서로 다른 인생을 살았다.

이백이 홀연히 '깨달음'을 얻었다면 한사코 문학시신文學侍臣이자 황제의 놀잇감으로 개조되었을 테니, 우리는 그의 위대한 시 작품을 읽을 수 없었을 것이고, 너무 애석한 일이 되었을 것이다. 이백은 '시인의 힘줄'을 지닌 채 끝까지 걸어갔으니, 이런 일생도 너무 고통스러운 것이었다.

나도 모르게 이런 환상에 잠긴다. 이태백이여, 정치적으로 조금만 더 성숙하고, 개성을 바꿔 조금만 더 신중하고, 조금 자제하면 하지장과 같은 고관대작이자 위대한 시인이 될 수 있지 않겠소? 대당 및 황제 폐하께서도 이렇게 도량이 크시지 않소? 그러면 그대가 살아가면서 부딪친 많은 현실적 곤경도 순리적으로 해결될 것이고 세속의 복도 조금 누릴 수 있지 않겠소? 심지어 정치적 이상도 어느 정도 실현될 수 있을 게요.

이것은 당연히 망상일 뿐이다.

개조될 수 없는 것이 이백의 시인으로서 숙명이다. 그는 무의식중에 공교롭게도 인격과 문학적 품격을 고도로 통일하는 데에 성공했다.

그러나 이백은 자신의 그런 숙명에 반항하려 했다.

북쪽 창 안에서 시 읊조리고 부를 짓지만
만 마디 말이 한 잔의 물보다 값어치 없구나!
吟詩作賦北窗裏, 萬言不直一杯水.　　　　　　_「答王十二寒夜獨酌有懷」

시를 읊조리고 부를 짓는 것은 정말 별 게 아니라는 것이다.

설령 인척 관계로 황궁과 이어진다 해도
스스로 고관대작 되는 것보다야 못하지.
보라, 부귀를 눈앞에 둔 사람에게
죽은 후 오래도록 이어질 명성이 무슨 소용이겠는가?
遮莫姻親連帝城, 不如當身自簪纓.
看取富貴眼前者, 何用悠悠身後名.　　　　　　_「少年行」

경사에 인척이 가득하더라도 자기가 직접 높은 버슬에 오르는 게 더 낫다는 것이다. 눈앞의 부귀를 획득할 수 있다면 죽은 후의 헛된 명성이 무슨 소용이랴? 이것은 당시의 청년들에 대한 묘사지만, 그 안에는 의심할 바 없이 자신의 그림자와 생각도 포함되어 있다. 이백의 구체적인 시와 문장들은 당연히 구체적인 창작 배경이 있다. 살아 있는 시절에 본인이 직접 누리는 부귀영화가 죽은 후의 명성보다 중요하다는 것은 확실히 이백의 독특한 사고방식이었다.

이백은 죽을 때까지 내쫓긴 신선으로서 자신이 단지 하급 또는 열외의 등급으로 간주되는 것을 받아들일 수도, 이해할 수도 없었다.

그는 내쫓긴 신선의 망토를 걸치고 외로이 날아오를 수밖에 없었다.

그는 세 가지 측면이 겹친 고아였다.

현종에게 시험적으로 임용된 후에 울분을 터뜨리지는 않았으나 정치적으로 더는 희망이 없어졌으니, 그는 정치적 고아였다.

그의 가계는 의심스럽다. 가족 가운데 한 사람도 대당 왕조에서 조금이라도 체면을 세웠음을 보여주는 증거가 없다. 그의 시와 문장이 증명한다 해도 그의 한없이 많은 족형族兄과 족제族弟, 종숙從叔, 종질從姪들의 내력은 더욱 의혹을 증폭한다. 그의 행적과 정리情理를 놓고 추측해보면 대부분 그들이 이백에게 붙어서 가족관계를 강조하려 한 것이 아니라 그 반대다. 그러니 그의 방랑은 전혀 목표가 없었음을 알 수 있다. 그는 늘 무언가를 필사적으로 움켜쥐려 했다. 그는 부모를 언급하지 않았고, 죽을 때까지 촉 땅으로 돌아가지 않았으며, 처자식을 돌본 일도 극히 드물었으며, 친형제와 만나지도 않고 다른 친인들과 교유했다는 정보도 없다. 그러니 그가 '인륜의 고아'라고 할 수 있지 않겠는가?

이백의 시풍詩風은 "홀연히 천상에서 내려온" 듯이 미학적 면모가 독특하다. 그도 당연히 누군가를 계승하고 본받았을 텐데 옛날의 시인들 가운데 그와 비슷한 이는 하나도 없다. 그가 죽은 후에도 천 년 동안 그를 따라잡을 수 있었던 사람도 없다. 그러니 진정 "앞으로는 옛사람 보이지 않고 뒤로는 오는 사람 보이지 않는"[58] 격이니, 그는 미학의 고아였다.

---

58 진자앙陳子昻, 「등유주대가登幽州臺歌」: "前不見古人, 後不見來者."

대당이여, 조물주여, 왜 우리에게 이런 고아를 보냈는가? 이 고아가 충분히 순수하지 않다고 두려워할 이 누구인가?

장자는 '혼돈混沌'에게 일곱 개의 구멍을 낸 이야기를 들려준다.[59]

남해의 신은 이름이 '숙儵'이고, 북해의 신은 이름이 '홀忽'이며, 중앙의 신은 이름이 '혼돈'이다. 숙과 홀이 혼돈의 땅에서 만나자, 혼돈이 정중하게 그들을 초대했다. 이에 숙과 홀은 혼돈에게 어떻게 보답할까 상의하다가 다음과 같은 결론에 도달한다.

"사람에게는 모두 귀와 눈 등 일곱 개의 구멍이 있어서 그것을 통해 보고 듣고 먹고 숨 쉰다. 그런데 혼돈에게는 그게 없으니 우리가 뚫어주자."

그렇게 그들은 하루에 하나씩 구멍을 뚫어주었는데, 이레 후에 혼돈은 죽고 말았다.

장자의 이야기에서 일곱 개의 구멍이 뚫리지 않은 '혼돈'은 천진한 자연인데, 거기에 일곱 개의 구멍을 뚫은 것은 천진한 자연을 파괴한 것이다.

이백에게 구멍을 뚫으라고 핍박하는 역량이 그렇게 거대했음에도 그는 끝내 구멍을 뚫지 않았다. 시인이 충분히 '혼돈'스럽지 않다고 두려워하는 이 누구인가?

장아이링張愛玲[60]은 "사람은 누구나 자기 옷 안에서 산다"라고 했다.

이백은 어디에 살았는가? 그는 내쫓긴 신선의 망토 아래, 큰소리와 망상 안에, 바꿀 수 없는 천진한 혼돈 안에 살았다. 옷은 그에게 중요하지 않았다. 그는 심장을 가슴 바깥에, 함양咸陽으로 대변된 장안의 나무 위

59　해당 이야기는『장자』「응제왕應帝王」에 수록되어 있다.

60　장아이링張愛玲(1920~1995)은 본명이 장잉張煐이고 필명은 량징梁京이다. 상하이에서 태어나 12살 때부터 잡지에 작품을 발표하기 시작하여 1943년부터 1944년까지『침향설沉香屑: 제일로향第一爐香』『침향설: 제이로향』,『자스민향茉莉香片』『나라를 망하게 한 사랑傾城之戀』『홍장미와 백장미紅玫瑰與白玫瑰』등의 소설을 발표했고, 1955년에는 미국으로 건너가 영어 소설을 창작했다. 1969년부터는 고전소설을 연구하여 논문집『홍루몽의 가위눌림紅樓魘』을 발표했고, LA에서 생을 마쳤다.

에, 달에, 우주에 그리고 자기가 좋아하는 모든 곳에 걸어놓았다. 그러니까 남들이 볼 수 없는 곳, 개조를 위장한 곳에는 걸어놓지 않았다. 더욱이 장엄한 체면을 내보이며 똑똑한 발음과 낭랑한 목소리를 자랑하는 뻔뻔함은 내보이지 않은 채, 속으로 몰래 계산하거나 신독愼獨의 여부를 놓고 다투며 이른바 사상 투쟁을 진행하는 민낯을 남겨놓았다.

인성의 약점은 거대한 권력을 장악한 사람을 신으로 섬기게 만드는데, 극한의 권력을 지닌 사람을 신으로 섬기는 것은 숙명처럼 피하기 어렵다. 시신詩神은 당연히 '인간의 신'이 저지르는 해코지의 본질을 뚜렷하게 해준다. 시신의 자유롭고 자연스러운 천성은 절대 '인간의 신'에게 굴복하지 않기 때문에 늘 권력으로부터 멀리 떨어져 광야를 유랑한다. 권력과 화친한 상태에서 나온 위대한 시 작품은 없다.

조물주는 우리에게 생명의 정조가 활달하고 낭만적이며, 개성이 뚜렷하면서도 혼돈스러운 이 시인을 주었다.

제2의 얼굴을 내보이지 못한 이백은 절대 영원히 호방할 수 없었다. 내쫓긴 신선이라는 망토를 걸친 채 그는 강산 위를 이리저리 날아다녔다. 내쫓긴 신선의 위세를 내세워 되는대로 먹고 마시는 것은 어렵지 않았으나, 공명과 높은 벼슬을 얻으려는 것은 사실 망상이었다. "힘겹게 찾아다녀도 쓸쓸하고 적막할 뿐"[61]인 나날이 얼마나 많았던가!

군왕은 비록 미녀를 아끼지만

이백은 황제가 자신을 좋아했으나 참소하고 질투하기 좋아하는 소인

---

61   이청조李淸照,「성성만聲聲慢-심심멱멱尋尋覓覓」: "尋尋覓覓, 冷冷淸淸."

이 너무 많고 너무 고약했다고 말했다.

> 군왕은 비록 미녀를 아끼지만
> 어이하랴, 궁중에 질투가 너무 심한 것을!
> 君王雖愛蛾眉好, 無奈宮中妒殺人.　　　　　　　　　_「玉壺吟」

「옥호음」은 그가 황궁을 나가기 전에 쓴 것이다. 그가 이미 이렇게 소리친 이상 궁궐에서 쫓겨난 것은 필연적인 결과였다.

본질을 모르거나 본질을 회피하는 것. 이백의 생존은 종종 이런 상태였다.

이백이 책과 칼을 들고 떠돌며 슬퍼 노래하고 경망스럽게 굴 때, 그의 삶은 늘 지극히 난감한 지경에 빠지곤 했다. 그의 정치 행위는 좀처럼 그럴 듯한 결과를 만들어내지 못했으나, 가장 흔한 곤경은 정치적 곤경이 아니라 그가 말한 '참소와 질투의 곤경'이었다. 그는 늘 분노하며 자신이 참소와 질투의 포위망에 빠졌다고 호소했으니, 평생 참소와 질투에 시달린 듯했다. 당시의 다른 시인들도 시와 문장에서 참소와 질투를 언급하긴 했으나 그 빈도와 강도는 이백보다 훨씬 낮았다. 이 내쫓긴 신선은 왜 속세 인사들과의 거리를 조금도 잘라내지 못했을까? 마치 그가 가는 곳마다 참소와 질투의 바람이 부는 듯했다. 회재불우하여 여러 차례 참소를 당했다는 것이 그의 시와 문장에서 가장 눈길을 끄는 주제다. 예로부터 지금까지, 특히 현대의 독자와 학자들 가운데 주류는 모두 이백의 이런 표명을 인정하고 동정한다. 그리고 어떤 이들은 그를 참소하고 질투했던 저 권세와 이익을 추구하던 한 줌밖에 안 되는 소인배들을 끊임없이 적발하기 위해 온 힘을 기울인다. 그러나 이런 인식은 문제가 있다. 남의 말을 따라 부화뇌동하다가 오랜 세월이 지나버리면 결국 타파하기 어렵게 고정된 사유의 틀이 되어버린다.

이백이 참소를 당했을 가능성은 있지만 확실한 것은 하나도 없다.

어떤 분야의 특출한 인재는 쉽게 질투의 대상이 된다는 것은 일종의 법칙이다. 특출한 인재가 어떤 성격의 약점이 있다면 더욱 쉽게 참소와 질투의 환경을 초래하거나 거기에 빠지게 된다. 이 또한 법칙이다. 특출한 인재가 아닌데도 자기가 너무 많은 질투를 받고 있다고 여기는 것도 흔한 심리적 병증이다.

이백은 당연히 특출한 인재였다. 그런데 대당은 어쩌면 참소와 질투가 가장 적은 황제 권력의 시대였을 수도 있다. 이 역시 대당의 위대한 측면이다. 이백이 남보다 빛을 발한 것은 시적 재능이었는데, 그것을 질투한 사람도 없었을 뿐만 아니라 비할 데 없이 존중을 받았다. 그의 시적 재능을 질투할 만한 자격을 갖춘 인물로 가장 유력하게 꼽히는 두보는 전혀 질투하지 않았을 뿐만 아니라 천하에서 이백을 가장 잘 이해하고 마음에 담고 있었다. 위호는 이백의 얼굴을 한 번 보기 위해 산 넘고 물 건너 삼천리를 달려갔다. 단지 시인으로서 명망이 높다는 이유만으로 황궁에 불려 들어간 것도 수천 년 황제 권력의 역사에서 두 번째 사례를 찾아볼 수 없는 일이 아닌가? 이융기와 고역사 등도 모두 시를 썼으나 이백의 시적 재능을 질투할 이유와 가능성은 전혀 없었다.

이백은 스스로 정치의 신화라고 여겼으나, 아무도 인정하지 않았다. 현종이 시험 삼아 그를 임용해보고는 더욱 그것을 인정하는 사람이 나올 수 없었다. 다시 말해서 한림대조는 전혀 벼슬의 등급이 아니었기 때문에 신분도 낮고 말의 비중도 약해서 정치적으로 '질투의 가치'가 높지 않았다. 다른 한림대조 혹은 그보다 지위가 조금 낮은 집현원集賢院 학사學士라면 그래도 그를 질투할 수 있었다. 다만 그들도 신분이 낮고 말의 비중도 약해서 황제를 좌우하려고 하기에는 사실상 어려움이 너무 크고 위험했다. 조금이나마 생존의 지혜를 가진 사람이라면 이런 위험을 무릅쓸 리 없었다. 이융기는 아직 눈과 귀가 어두워지지 않았기 때문에 이백이 '조정에 적합한 인재가 아님'을 판단하기가 어렵지 않았다. 뻔뻔하게 큰소리치고 무절제하게 술을 마시며 경거망동했던 이백은 틀림없이 걸핏하면 갖가지 파탄을 드러냈을 것이고 많은 흠집이 있었을 것이다. 만약 누군가 질투하거나 불만을 품었다면 몰래 숨어서 수작을 부릴 필요가 전혀 없이, 그저 정상적인 '보고'만 해도 되었을 것이다.

황궁을 나온 뒤에 이백은 궁중에서 소인배들에게 '심한 질투'를 받았다고 하면서, 아름답고 지극히 영예로웠던 궁정 및 궁중의 생활을 강렬하게 돌이켜 음미했다. 이것은 대단히 모순적이고 허황한 것이었다.

황궁에서 나와 몇 년을 유랑하고 나서 쉰 살이 되었을 때 그는 또 지극한 곤란에 빠졌다. 그런데 어찌 된 영문인지 알기 어렵다. 당시 그는 정치 활동에 참여하지도 않았고 그저 떠돌았을 뿐인데 어떤 큰일이 생길 수 있었겠는가? 곤경에서 벗어나기 위해 그는 장장 70구절에 이르는 「설참시증우인雪讒詩贈友人」을 썼다. 한 구절이 네 글자로 이루어졌기 때문에 호흡이 짧고 거칠며, 진이 빠져서 목소리가 갈라질 지경이었다.

아! 내가 술에 빠져
오만하게 날뛴 지 이미 오래인데
쉰 살이 되어서야 잘못을 안 것은
옛사람에게도 늘 있었지.
(…)
하얀 벽옥에게 무슨 죄가 있으랴?
파리가 여러 차례 찾아와 더럽혔을 뿐.
(…)

쌓인 비방이 쇠를 녹일 정도인지라

침울하게 시름겨워 노래하노라.

(…)

어휘도 다하고 뜻도 바닥이 났으나

마음은 절실하고 떳떳하다.

혹시 허망한 말을 했다면

하늘이 극형을 내리리라!

嗟予沉迷, 猖獗已久.

五十知非, 古人常有 (…)

白璧何辜, 靑蠅屢前 (…)

積毀銷金, 沉憂作歌 (…)

辭殫意窮, 心切理直.

如或妄談, 昊天是殛.

　　그는 결국 하늘이 벼락을 내릴 것이라는 저주를 퍼부었다. 보아하니
처지가 상당히 험악하고 '참소와 질투의 수렁'이 상당히 깊었던 듯하다. 같
은 시기에 쓴 「왕십이의 '추운 밤 홀로 술 마시며'에 답함答王十二寒夜獨酌有
懷」은 구절마다 글자 수가 일정하지 않은데, 무려 51구절에 이른다.

　　천리마는 웅크린 채 먹지도 못하는데

　　절름발이 노새는 뜻을 이루어 봄바람에 울어댄다.[62]

　　(…)

　　웃으며 얘기하는 사이에 표정이 창백해지는데

────────

62　이 두 구절에서 천리마는 현량한 인재를, 절름발이 노새는 간사한 소인배를 비유한다.

파리 같은 소인배 화려한 말로 요란하게 비방한다.[63]
증삼이 어찌 살인자이겠냐만
참언을 세 번 들으니 자애로운 모친도 놀랐지.[64]
驊騮拳跼不能食, 蹇驢得志鳴春風 (…)
一談一笑失顔色, 蒼蠅貝錦喧謗聲.
曾參豈是殺人者, 讒言三及慈母驚.

이백이 장편시를 쓸 때는 늘 격분한 상태여서 화산처럼 폭발하지 않으면 안 되었다. 이런 지경에 빠진 데에 대해 그가 전혀 반성하지 않은 것은 아니다. 「설참시증우인」에서 이미 이런 뜻을 드러낸 바 있다. 다만 철저한 반성은 불가능했다.

세상 사람들 내가 항상 특이한 언행 일삼는 것 보는데
나의 위대한 말씀 듣고도 모두 냉소를 짓는구나.
世人見我恒殊調, 聞余大言皆冷笑. _「上李邕」

이백은 젊은 시절부터 이미 자기가 큰소리치기 좋아하여 곤란한 일을 초래하거나 남의 비웃음을 살 수 있으리라는 것을 알았으나 오히려 권력을 쥔 귀족들에게 주의를 주었다. 대부의 말이 어찌 크지 않을 수 있겠으며, 자기가 어찌 우습게 여길 만한 사람이겠냐는 것이다.

63 『시경』 「소아·청승靑蠅」에 따라 금파리靑蠅는 일반적으로 참언하는 소인배를 비유한다. 또 『시경』 「소아·항백巷伯」에서는 꽃무늬 화려한 조개껍질貝錦로 참언을 나타냈다.
64 『전국책戰國策』 「진책이秦策二」에 따르면 증삼曾參이 비費 땅에 있을 때 그와 이름이 같은 다른 사람이 살인을 저질렀는데, 사람들이 그 모친에게 증삼이 사람을 죽였다고 하자 모친은 믿지 않고 태연했다. 그러나 여러 사람이 거듭 얘기하자 모친은 두려워 베틀 북을 내던지고 담을 넘어 도망쳤다.

내가 터무니없다고 쓴웃음 짓는데
지음은 어디 있는가!
苦笑我今誕, 知音安在哉.　　　　　　　_「贈王判官, 時余歸隱居廬山屛風疊」

쉰여섯 살의 이백은 그저 지음이 없음을 원망할 따름이다. 그는 젊은 시절부터 늘 참언으로 비방당했다는 느낌 속에 살았다. 「상안주배장사서」를 쓴 목적 가운데 하나는 바로 그 느낌 속의 곤경에 빠져서 배 장사에게 구원을 요청하는 것이었다.

　　나이의 많고 적음에 관계없이, 황궁 안팎에 상관없이, 시의 길이에 상관없이, 참언과 질투에 대한 이백의 호소와 성토는 늘 발견된다.

미인이 남방을 나서는데
부용꽃처럼 자태 아름다웠지.
하얀 이 끝내 드러내지 않고
꽃 같은 마음 공연히 스스로 억눌렀지.
예로부터 황궁의 여인들은
미녀를 함께 질투했지.[65]
美人出南國, 灼灼芙蓉姿.
皓齒終不發, 芳心空自持.
由來紫宮女, 共妒靑蛾眉.　　　　　　　　　　_「古風」 其四九

초 땅에는 금파리가 어찌 그리 많은가?
연성현의 하얀 벽옥 참소로 비방당했구나!

65　이 두 구절에서 황궁의 여인들은 대신들을, 미녀는 현량한 재능을 지닌 인재를 비유한다.

楚國靑蠅何太多. 連城白璧遭讒毀.　　　　　　　　　　　　_「鞠歌行」

금파리는 하얀 벽옥 쉽게 더럽히는데

「양춘백설陽春白雪」[66]은 같은 가락 찾기 어렵구나!

靑蠅易相點, 白雪難同調.　　　　　　　_「翰林讀書言懷, 呈集賢諸學士」

닭들은 무리 지어 먹이를 다투지만

봉황은 홀로 날며 이웃이 없지.

도마뱀붙이는 용을 조롱하고

물고기 눈알 진주에 섞어 속이는구나.

鷄聚族以爭食, 鳳孤飛而無隣.

蝘蜓嘲龍, 魚目混珍.　　　　　　　　　　　　_「鳴皐歌送岑徵君」

이 시들은 모두 황궁에서 나오기 전후에 지은 것들이다. 초인 이백은 자신을 극상의 미인에 비유했는데, 그 미녀는 늘 '여자들'에게 질투를 받는다. 이 역겨운 '금파리靑蠅'들은 영원히 그림자처럼 따라다니며 이백이라는 극상의 옥을 더럽히고야 말 태세다. 이백이라는 고상한 노래는 지음을 찾기가 너무 어렵다. 이런 시들을 읽는 후세의 독자는 그저 재미있을 따름이지만, 당시 동료들은 어떤 느낌이었을까?

　누구나 참언의 해를 입을 수 있고, 또 누구나 '참언 환경'을 이루는 요소가 될 가능성이 있다. 이백이 다양한 정도의 참언에 의한 비방을 들었을 가능성은 완전히 열려 있다. 그의 개성이 시비를 유발하기 쉬웠다는 것이 참언의 피해를 많이 입는 환경을 특별히 많이 조성한 결정적인 이유

---

66 「양춘백설陽春白雪」은 춘추시대 진晉나라의 악사 사광師曠 또는 제나라의 유연자劉涓子가 지었다는 금곡琴曲이다. 곡조가 고아하여 따라 부르기 어려운 노래를 가리킨다.

였다. 천재 시인으로서 이백은 감수성이 대단히 강했다. 그가 거듭해서 오만하게 처신하며 큰소리를 계속 내뱉으며 '멸시 예방' 조치를 거듭 사용하자 필연적으로 냉소와 맹렬한 반격을 초래할 수밖에 없었다. 그의 느낌 속으로 참언의 비방이 곧바로 찾아왔다. 아울러 그는 그 느낌을 계속해서 키웠다. 조서를 받자마자 곁에 고개를 돌려 '어리석은 아낙'을 꾸짖고 하늘을 우러러 껄껄 웃으며 떠났으니, 그가 세상 사람들을 어떻게 대했는지 상상할 수 있을 것이다. 그의 일생은 내내 귀찮음이 끊이지 않았다. 당연히 그는 그렇게 보지 않았을 것이다. 그의 마음은 자신을 둘러싼 환경이 너무 안 좋고, 권세와 이익을 좇는 소인이 너무 많음을 원망했다.

사람이 참언과 비방을 염려하는 것은 정상적인 마음이지만, 그것이 지나치면 마음이 건강하지 못하게 된다. 이백의 말을 그대로 믿고 무언가를 증명하려 한다면, 사실 이백의 작품을 읽을 필요가 없다. 그의 실패 원인을 외재적인 악과 해코지로 귀결시킨다면 간단하면서도 훌륭한 자기변명의 논리가 될 것이다. 자신의 실패에 대해 그가 이렇게 말하지 않는다면 어떻게 설명해야 하겠는가? 그는 내적 원인을 찾을 수 없었다. 강렬한 '멸시 예방'의 심리를 지닌 그로서는 수시로 멸시당하는 고통을 늘 느낄 수밖에 없었다.

이와 관련해서 이백은 항상 권력을 지닌 귀족에게서 버림받은 느낌을 표현했다. 그런 귀족 가운데 가장 큰 존재는 황제다. 그러나 황제를 욕할 수는 없다. 이런 점은 최소한의 경계 의식을 가진 이백도 알고 있었다.

어이하랴? 지위 높은 이들이
나를 흙먼지처럼 버린 것을!
진주와 옥으로 노래와 웃음을 사면서
현량한 인재에게는 술지게미를 먹여 기르는구나.

奈何靑雲士, 棄我如塵埃.

珠玉買歌笑, 糟糠養賢才. _「古風」其十五

　　자신은 영원히 '고급의' '황제가 마련한 잔치'로 대접받아야 하거늘 술지게미만 먹이다니! 그의 시에는 이와 유사한 구절이 많다. 오늘날 각종 해설에서는 이백의 회재불우를 얘기하는 것 외에도, 이것이 그가 현실을 비판한 것이라고 규정하기도 한다. 이는 지나치게 높은 평가다. 내가 보기엔 '혁명의 교조'로 역사를 해설했던 잘못된 관행의 여파에 지나지 않는다. 이백의 비판성은 사실 지극히 제한적이다. 그의 가치는 절대 사회 비판의 측면에 있지 않다. 여기서 소위 비판이란 통쾌한 시구절, 고급의 불평일 따름이다.

　　황궁과 황제, 그리고 천하는 영감과 격동에 찬 이백에게 호응하지 못했다. 황제가 베푸는 잔치는 한두 번에 그칠 따름이지 천 번 만 번 계속될 수 없었다. 이백은 하지장과 고적高適[67] 등의 시인이 어떻게 세속적 성공을 거두었는지 이성적으로 관찰하고 사고하지 못했다. 감성은 아주 강했으나 이성은 약했고, 체계적인 사유는 더욱 말할 게 없었으니, 깊이 있는 사회 비판은 할 수 없었다. 이백은 자신을 모르는 정도가 상당히 심했는데, 이것도 사회와 타인에 대한 그의 인식 깊이에 한계가 있을 수밖에 없었던 이유였다. 가치 있는 사회 비판도 자기 인식의 토대 위에 건립되어야 한다. 이백은 '대당 제일'로 빼어난 자기의 시적 재능은 그다지 마음에 두지 않은

67　고적高適(704~765, 자는 달부達夫)은 천보 8년(749) 진사에 급제하여 봉구현위封丘縣尉에 임명되었다가 곧 하서절도사 가서한哥舒翰의 서기로 활동했다. 이후 좌습유와 감찰어사로서 가서한을 보좌하다가 천보 15년(756)에 현종을 호위하고 성도成都로 가서 간의대부에 발탁되었다. 얼마 후에는 회남절도사로서 영왕 이린의 반란을 토벌하는 등 공을 세워 태자첨사 등을 지냈고, 광덕 2년(764)에는 조정에 들어가 형부시랑 등을 역임하고 발해현후에 봉해졌다. 당나라를 대표하는 변새시인邊塞詩人이며 『고상시집高常侍集』을 남겼다.

채, 자기가 불세출의 정치적 천재라고만 완강하게 믿고 있었으니, 거의 망상 장애delusional disorder에 가까웠다. 어떤 좌절도 그의 자기 인식을 비약적으로 바꾸지 못했다. 마치 어둠 속의 어떤 힘이 그를 싸서 인생의 고난을 두루 맛보게 한 듯했으나, 그가 영리한 마음을 품거나 세속의 생존을 위한 지혜를 키워서 순결한 자신의 시혼詩魂이 오염되지 않도록 해주지는 못했다. 그의 심리에는 어떤 천재적인 특이함이 구비되어 있었을 가능성이 크다.

이백이 순전히 시인으로서의 명성만 가지고 황궁에 들어갈 수 있었다는 사실은 당연히 당시의 궁정 생활에 낭만과 풍류의 기운이 없지 않았고, 궁정의 정치도 그다지 엉망으로 타락하지 않았으며, 수십 년 동안 영명한 군주였던 현종의 판단력이 아직 정상이었음을 입증할 수 있다. 범전정은 「이공신묘비」에서 이백에 대한 현종의 조치를 이렇게 설명했다.

취중에 조정을 드나들면 궁중의 기밀을 누설하지 않을 수 없으니 후환이 될까 염려하여 애석하지만 축출해야 했다.
慮乘醉出入省中, 不能不言溫室樹, 恐掇後患, 惜而逐之.

현종은 큰소리치는 이백이 취중에 궁중의 기밀을 누설할까 염려했던 것이다. 이것이 내쫓긴 직접적인 원인 가운데 하나라고 해도 상당히 믿을 만하다. 현종은 처음에 이백을 높이 평가해주었으나 곧이어 내쫓았다. 다른 사람들이 이백을 보는 관점(혹은 참소)이 영향을 주었을 가능성도 있으나, 결정권은 현종에게 있었다. 사회가 천재를 박해하는 것은 흔한 일이다. 굴원과 사마천, 도잠, 소식 등의 일생은 기본적으로 박해받은 인생이었다. 다만 이백을 겨냥한 특별한 정치적 박해를 증명할 증거는 없다. 좀 더 철저하게 말하자면 '정치적으로 박해'할 만한 가치가 그다지 없었다.

이백은 하늘을 우러러 껄껄 웃으며 지극히 흥분한 상태로 세상을 향한 첫걸음을 내디디면서 이제부터는 무난히 청운의 꿈을 이루리라 여겼으나, 사실상 다음 걸음은 디딜 데가 없었다. 그의 대뇌 지휘부는 아름다운 문구와 큰소리를 내보내는 일은 식은 죽 먹기로 해낼 수 있었으나, 가치 있는 정치적 지령을 내리기는 어려웠다. 성장하지 못하고 성숙을 거부한 이 어린아이는 정치적으로는 그저 망연에 망연을 거듭할 따름이었다.

천재일우의 큰 기회를 낭비하게 된 심층의 주요 원인은 오로지 이백 자신에게 있었다.

부용꽃과 뿌리 잘린 풀

내가 이백을 점점 각박하게 대하는 것 같다. 그러나 이백을 이렇게 읽게 될 줄은 미처 상상하지 못했다. 그런데 읽으면 읽을수록 이럴 수밖에 없다. 어떻게 모든 것이 다 이백의 잘못일까? 설마 궁중에서는 참소와 질투가 없었던 것일까?

궁정은 당연히 투쟁과 질투의 공연장이다. 권력의 꼭대기에는 처세술이 집중될 수밖에 없다. 하물며 가문과 제후국이 연합해 구성한 황제 권력임에랴! 궁정의 모든 것은 본질적으로 똑같지만, 궁정 안의 투쟁과 질투의 내용과 참담한 정도에는 차이가 있을 수 있다. 이백이 참소를 당했다는 것을 부인하지는 않지만, 이백의 정치적 실패를 참소로 귀결할 수 있다는 주장은 부인한다.

궁중에서는 모두가 질투에 능하게 되는 듯하다. 그것을 확장하면 궁정 밖의 광대한 사인들도 공명을 잊지 않는다면 모두 궁정을 동경하고 황제를 사모하는 아름답고 총명한 마음을 품게 된다. 이른바 "높은 궁을 마음에 품는心存魏闕"것이 바로 이것이다.

활달하고 자존자대하는 이백은 우선 내려놓고 마음에 원한을 품은 이백을 살펴보자.

지난날의 부용꽃이
이제 뿌리 잘린 풀이 되어버렸구나!
昔日芙蓉花, 今成斷根草.　　　　　　　　　　　　　　　_「妾薄命」

궁중에 있을 때 이백은 늘 궁중의 가련한 여인들을 떠올리고 '규방의 그리움과 원망'이 생기기가 아주 쉬웠다. 누구든 금지옥엽의 '부용꽃'이 되거나 비천하게 '뿌리 잘린 풀'이 되는 것은 완전히 황제가 마음먹기에 달렸다.

'참소와 질투'는 황제 권력의 시대에 사인들 사이에 통용되던 언어였는데, 이백이 특별히 이 말을 잊지 못했던 데에는 사실상 더욱 은밀한 또 다른 사인 심리가 도사리고 있다.

어쩔 수 없이 황당한 느낌이 없지 않은 한 가지 문제 즉, 이백의 '비첩 심리'를 파고들어야겠다.

홀로 우주와 맞서고, 거리낌 없이 당당하고 호기롭게 살고 싶은 생각을 하지 않은 사인이 어디 있겠는가? 이 또한 올바른 인성에 근원을 두고 있다. 이백은 바로 이것을 동경했다. 그러나 자기보다 훨씬 큰 다른 힘이 머리를 짓누를 때는 "머리 바로 위에서 신명神明이 내려다보고 있다"라는 중압과 구속감이 생길 수밖에 없다. 이런 경우에 영혼은 불가사의한 변이를 일으킨다.

고금 독자들의 마음에서 이백의 형상은 거의 「촉도난蜀道難」과 「장진주將進酒」 등의 활달한 대표작 및 '고역사가 장화를 벗겨준 것'과 같은 전설적인 이야기에 의해 고정되어 있다. 사실 「촉도난」과 같은 격앙된 정서가 담긴 작품의 수량은 이백의 작품 전체에서 10분의 1, 2도 되지 않는다. 그의 작품은 대부분 상대적으로 차분하고, 헤어지기 아쉬워하는 정서를 담거나 장난삼아 쓴 글도 아주 많다. 우리가 기억하는 것은 모두 격동이 치밀어 포효하는 이백이다. 차분하고 마음에 은밀한 원망을 품고 있으며 섬세한 이백은 낯설어 보인다.

우선 그의 이 특별한 규원시閨怨詩를 보자.

그대는 백마에 황금 굴레 씌우고 요동으로 가고
나는 비단 휘장 수놓은 이불에 봄바람 맞으며 누워 있지요.
지는 달이 창가로 내려와 꺼져가는 촛불 훔쳐보고
날리는 꽃잎 방 안에 들어와 빈 침대 보며 웃지요.
白馬金羈遼海東, 羅帷繡被臥春風.
落月低軒窺燭盡, 飛花入戶笑床空.　　　　　　　　　　_「春怨」

남편은 출정하고 젊은 아내는 적막하다는 것은 규방의 원망을 담은 노래에서 흔한 주제다. 다만 이 작품은 해학적이고 활달하며 에로틱한 분위기도 없지 않다. 고대의 다른 시인들에게서는 이런 '규방의 원망'을 찾아보기 힘들다. 꽃이 웃고 있는 것이 아니라 이백의 음흉한 웃음이다.

다시 몇 작품을 보자.

미인이 주렴을 걷고
깊숙이 앉아 고운 눈썹 찡그리네.
그저 젖은 눈물 자국만 보일 뿐인데
마음으로 누구를 원망할까?

美人卷珠簾, 深坐顰蛾眉.

但見淚痕濕, 不知心恨誰.　　　　　　　　　　　_「怨情」

연 땅의 풀은 푸른 실 같고

진 땅의 뽕나무 푸른 가지 낮게 드리웠네.

그대가 돌아올까 생각하는 날

제 애간장은 끊어지겠지요.

燕草如碧絲, 秦桑低綠枝.

當君懷歸日, 是妾斷腸時.　　　　　　　　　　　_「春思」

이백의 특색을 발견했는가? 적막하게 주렴을 드리우고 눈썹 찡그린 채 눈물 흘리는 이 몸은 애간장 끊어진다는 깊은 정이 은근한데 아무 말도, 도움도, 기력도 없다. 대신 말하고 있는 것은 모두 아낙의 원망과 그리움이라는 틀에 박힌 정서다. 이런 아낙은 사인의 글에서 통용되는 부호다. 호탕했던 이백이 뜻밖에도 도량이 바늘 끝보다 미세해지고 정서가 쇠털보다 부드러워졌다. 대붕이자 초인이 너무나 조그맣게 축소되어 섬세하고 유약하고 아름다운 여인의 행렬에 들어갔다. 광야에서 포효하고 큰길에도 호탕하게 노래하던, 우리가 잘 알고 있던 이백과 얼마나 많이 다른가! 이백의 규원시는 대부분 바로 이런 부류다.

이백만 그러했던 것은 아니다. 이런 정조가 담긴 규방의 원망은 어떤 사인의 붓끝에서도 나타날 수 있다. 고대의 이런 종류의 시는 모두 정감이 침울하게 가라앉아 원망을 품고 있으며, 싸늘한 색조에 무력감을 나타내는 경향이 있다.

황제 권력의 사회는 철저하게 남성 권력의 사회여서, 여성에게는 독립된 인권이 없었다. 삼강三綱의 '부위부강夫爲婦綱'은 '군위신강君爲臣綱'에 대응한다. 부부는 최소한 군주와 신하 관계이며, 가장 권력이 없는 남자도 여자 앞에서는 미약하나마 황제의 존엄한 위엄을 체험할 수 있다. 군주의 은혜는 흐르는 물과 같고 첩의 운명은 떨어진 꽃잎 같다. 그들은 영원히 침묵해야 하며, 실제로는 규방의 원망조차 입 밖에 내지 못했다. "수신제가修身齊家, 치국평천하治國平天下"를 자기 소임으로 삼고 "여자와 소인만은 기르기 어렵다"라는 관행만을 신봉하는 사내가 오히려 그 속에서 '시적 정서'의 보배로운 창고를 발견했다. 그들은 다들 이 가련한 여인들을 '대신해서 말하는' 것을 즐겼다. 무궁무진한 규원시가 모두 남자들의 붓끝에서 나왔다. 여자들이 대신 얘기해달라고 청한 것도 아닌데 사내들은 이 즐거움을 폐기하지 않았다. 대신 말하는 목적도 원망에 찬 여인을 구제해주기 위해서가 아니었다. 시는 여인을 위한 것이 아닐뿐더러 어떤 여인의 아주 작은 문제 하나를 해결해주기 위한 것도 아니었다. 원망에 찬 여인을 대신해서 말하는 것은 순전히 남성의 서정적 필요에서 비롯되었다. 이리저리 대신한다고 하면서 여인의 마음의 소리를 대신해주지는 않고 그저 자기를 대입시켰을 따름이다. 메이란팡梅蘭芳[68]이 여자로 분장하듯이 등장인물이 되는 것이다. 대신 말하기는 바로 분장한 서정, 분장한 연출이다. 그러므로 사인들의 은밀한 심리적 수요는 이런 방법이 아니면 충족될 수 없었음을 알 수 있다. 옛날 사인의 비첩 심리는 개별적인 현상이 아니라 보편적인 현상이었다. 이것은 황제 권력 시대의 문학과 문화의 역사에서 특징적인 모습이다.

　　이백이 규방의 원망을 대신 말한 시는 놀라울 정도로 많다.

68　메이란팡梅蘭芳(1894~1961)은 19살에 연극 무대에 등단하여 1915년부터 1916년 사이에 「환해조宦海潮」와 「뇌옥 원앙牢獄鴛鴦」 등 11개의 연극에 출연하고, 1949년 일본, 미국, 소련 등지에서 공연하여 사우스캘리포니아대학에서 명예 문학박사 학위를 받았다. 1950년부터 중국경극원, 중국희곡연구원의 원장을 지냈다.

역대로 궁녀들은

함께 미녀를 질투했지.

由來紫宮女, 共妒靑蛾眉.　　　　　　　　　　_「古風」其四九

당신의 은애는 이미 끝났으니

저는 이제 어찌하나요?

君子恩已畢, 賤妾將何爲.　　　　　　　　　　_「古風」其四四

　　현종의 총애를 잃은 것은 이백 인생에서 최초의 중대한 타격이었다. 현종은 금을 하사하여 돌려보내는 방식으로 가볍게 처리했다. 그런데 이백은 '총애를 잃은' 사건의 실질을 회피하면서 그저 참소와 질투를 당했다고만 했다. 대신 말하기 형식을 빌려 황제를 '무마'하기에는 사실상 이미 역량이 미치지 못했고, 본질적으로는 그저 자기를 무마하는 고통만 남았을 따름이다. 안치安旗[69] 등이 편찬한 『이백전집편년전주李白全集編年箋注』에서는 이백이 규방의 원망을 대신해서 쓴 많은 시가 한림대조로 있던 기간에 나왔다고 했으니, 이런 사실과 부합한다. 즉, 궁중에 있으면 비첩 심리가 생기기 아주 쉽다는 것이다. 사실 이 시들이 반드시 궁중에서 지어졌다고는 할 수 없다. 옛날의 사인은 일생의 어느 시기에나 이런 시를 쓸 수 있었다. 다만 궁중에 있으면 조금 더 특별하게 열중할 수 있을 터다.

　　진아교陳阿嬌[70]는 한나라 무제의 총애를 받다가 버려져서 후세에 거

69　안치安旗(1925~2019)는 만주족으로 집안이 가난하여 20세가 되어서야 쓰촨대학에서 공부를 시작했다. 1946년에는 옌안으로 가서 1948년에 공산당에 가입했다. 1979년부터 당시唐詩를 공부하여 『이백전李白傳』 등의 저작을 남겼다.

70　진아교陳阿嬌(?~?)는 개국공신이자 당읍후堂邑侯 진영陳嬰의 후예로서 기원전 140년에 한나라 무제 유철의 첫째 황후가 되었다. 그러나 원광元光 5년(기원전 130)에 무당에게 미혹되었다는 죄명으로 폐위되어 장문궁長門宮에 유폐되었다.

듭 노래의 모티프가 되었다. 이백도 거듭해서 그녀를 언급했는데, 거기에
는 '철학적 사유'가 담긴 결론이 없지 않다.

> 지난날의 부용꽃이
> 이제 뿌리 잘린 풀이 되어버렸구나!
> 미색으로 다른 이 섬기더라도
> 좋은 날 얼마나 될까?
> 昔日芙蓉花, 今成斷根草.
> 以色事他人, 能得幾時好.
>
> _「妾薄命」

"미색으로 다른 이 섬기는" 좋은 날은 오래 가지 못하는데, 글재주로
군주를 섬기는 것은 또 어떠하겠는가? 「첩박명妾薄命」은 조식曹植이 만든
악부잡체樂府雜體인데, 이백은 그 제목에 따라 주제를 정했다. 즉 군주의
은혜는 무상無常하고 첩과 아낙은 박명하다는 것이다. 조식은 제왕의 가
문에서 태어난 위대한 재자였으나 일단 신하의 신분이 되자 비첩의 심리
를 분명히 따랐다.

> 바라건대 서남풍 되어
> 멀리 그대 품에 들어갔으면!
> 그러나 그대 품은 정말 열리지 않으니
> 이 몸은 어디에 의지해야 하나요?
> 願爲西南風, 長逝入君懷.
> 君懷良不開, 賤妾當何依.
>
> _曹植, 「七哀詩」

'그대'는 마음을 열지 않는데 '이 몸妾'은 부질없이 품에 안기고 싶은

바람을 품을 뿐이다.

　신분이 낮고 연약한 여인과는 달리 남자는 늘 자신을 대장부로 여긴다. 그러나 황제 권력 앞에서는 대장부도 독립적인 인간이 되지 못하고, 그 역시 의지할 수밖에 없는 비천한 처지가 된다. 그물의 벼리綱를 집어 올리면 그물코目는 자연히 열리게 되는데, 그 '벼리'를 황제가 손에 쥐고 있다. 모든 여자가 잠재적으로 버림받은 아낙인 것처럼, 모든 신하도 잠재적으로 버림받은 신하다. 이렇듯 사내가 마음에 원망을 품고 남자에게 의지하는 온순한 비첩으로 변하는 것은 불가사의한 일이 아니다. 비첩이 유약하게 애교를 부리며 여린 모습을 보이는 것처럼 사인도 군주에게 순한 모습을 보이는 데에 익숙해 있다. "군주 모시기를 호랑이 모시듯 하라"라고 했듯이 조심하고 신중하며 온유하게 행동해야 한다. 맹수가 다른 맹수에게 굴복하면 몸을 낮추고 목을 움츠리는 몸짓의 언어로 약함을 보인다. 비첩으로 분장하거나 변신할 때 상대방이 즐거워지는 않더라도 자기는 안전하다고 느낄 수 있다. 원망에 찬 아낙은 당연히 사인의 연민과 미인을 아끼는 마음을 불러일으킬 수 있는데, 그보다 불러일으키기 쉬운 것은 말하기 어렵게 숨겨진 자기의 신세다. 호방한 남자와 원망에 찬 여자의 정서에 대응하는 것은 외로운 신하와 사랑받지 못하는 서자庶子의 마음이다.

　이백은 또 대신 말하기를 이용한 장편시 「백두음白頭吟」을 지어서 진아교와 탁문군卓文君을 한데 놓고 음미했다.

　　이때 진아교는 질투에 사로잡힌 채
　　장문궁에 홀로 앉아 시름 속에 날이 저물었지.
　　그저 군주의 은의로 이 몸을 잘 보살펴주기 바랄 뿐이니
　　어찌 노래 사는 데에 쓰는 황금을 아끼랴?
　　(…)

동쪽으로 흐르는 물은 서쪽으로 돌아가지 않고

가지를 떠나 떨어진 꽃잎은 옛 숲에 부끄럽지.

(…)

엎어진 물 다시 거둔들 어찌 잔을 채울 수 있으랴?

버려진 첩은 이미 떠나 다시 돌아오기 어렵지.

此時阿嬌正嬌妒, 獨坐長門愁日暮.

但願君恩顧妾深, 豈惜黃金買詞賦 (…)

東流不作西歸水, 落花辭條羞故林 (…)

覆水再收豈滿杯, 棄妾已去難重回.

구성지게 이어지는 은근한 마음에 몸을 지탱할 힘이 더는 없다.

모든 원망에 찬 아낙에게는 구체적으로 무정한 남편이 있으나, 황제는 신하들이 공유하는 무정한 남편이다. 최대의 권력을 장악한 황제는 자연히 인간 세계 최대의 다정다감한 존재이며, 오직 그만이 타인에게 총애를 베풀 권리와 무정할 권리를 가지고 있다. 은총과 죽음을 내리는 권리를 포함한 제반 권리를 한몸에 지니고 있으니 신하가 비첩의 심리로 황제를 대하는 것은 필연적이다. 황제의 희로애락은 바로 신하의 영욕이자 승강升降이다. 용안이 노하면 누군들 혼비백산하지 않겠는가? 대신 말하는 시에서 사인은 알게 모르게 황제 권력 체제 속의 정치와 인성, 성별이 엮어내는 신비한 세계를 파헤쳐 얘기하게 된다. 마음에 원한과 억울함이 있어도 황제의 권위 앞에서 대화하는 것은 불가능하니, 비천하고 연약한 자태를 빌려 대신 말함으로써 군왕에게 원망 섞인 추파를 던지고 또 정치와 인생의 좌절을 스스로 곱씹으며 울분으로 풀 수 있다.

궁정은 사랑을 쟁취하기 위한 시기와 질투가 난무하는 싸움터와 유사하다. 총애를 얻거나 잃는 것은 궁녀와 사인에 공통적인, 뼈에 사무치는 체험이다. 총애를 잃은 것은 실연당한 것과, 총애를 얻은 것은 '사랑'을 획득한 것과 지극히 유사하다. 절대적인 권력은 절대적인 부패를 초래한다. 황제는 당연히 절대적으로 부패한 난봉꾼이다. 그가 누구를 좋아하든 모두 은총을 내린 것이고, 누구를 버리든 모두 잘못이 없다.

'신하臣'는 옛날에 종奴을 의미했고, 선진先秦 시기에 이미 신첩臣妾을 나란히 붙여서 쓴 용례가 있다. "그러나 나는 노예가 아니고 절대 노예가 되지 않겠으며, 대신이자 중신重臣, 명신名臣, 나아가 제왕의 스승이다!" 굴원과 이백 등 역대의 위대한 사내는 모두 이렇게 생각했다. 인성은 초월을 추구하고 생명은 존엄을 요구한다. 이것은 인성의 자존심이 걸린 곳이다. 그러나 제왕의 스승이나 명신이 되려는 꿈을 품은 신하가 황궁에 들어가면 종종 어쩔 수 없이 첩이나 아낙의 방식으로 군주를 모시게 된다. 실제로 제왕의 스승이 되더라도 "스승이기에 앞서서 종"이라는 태도로 군주를 대해야지, 그렇지 않으면 십중팔구는 재앙을 맞이하게 된다.

사인의 심리 공간은 바로 황제의 스승이라는 심리와 비첩 심리 사이에 전개된다. 이렇게 되면 다시 굴원을 언급할 수밖에 없다.

천리마 타고 달려와
군주를 위해 성왕의 길을 인도하리라!
乘騏驥以馳騁兮, 來吾導夫先路.   _屈原,「離騷」

굴원은 추방되어 떠도는 도중에도 군왕의 스승이 되는 꿈을 꾸었으니, 그 스승은 지식을 전수하는 이가 아니라 정치를 인도하는 사람이다. 사랑하듯이 군주에게 충성했던 굴원이 바라던 군주와 신하 사이의 관계는 '연인' 관계와 비슷했다. 그는 자신을 미인으로 상상했을 뿐만 아니라 회왕懷王을 미인으로 상상하여, 천상과 지하를 오가며 '여인을 찾는' 자기만의 여정을 전개했다. 앞서 굴원에 대한 글에서 나는 이렇게 쓴 바 있다.

후세의 문인과 신하들이 '여인을 찾는' 이미지를 즐겨 만들고 그러한 전통을 갖게 된 것은, 단순하게 굴원의 그러한 이미지를 본뜬 것이라고 간주될 수 없다. 군왕에 대한 비첩의 심리도 결코 굴원이 발명한 것이 아니다.

궁정의 정치가 있으면 반드시 궁정의 질투와 비첩 심리가 있다. 역사상 최초의 독립적인 시인으로서 굴원은 환경과 심경心境의 압박 때문에 이것을 나타내지 않을 수 없었다.

중국 시가의 원류가 되는 경전인 『시경』에는 자연의 소리처럼 아름다운 애정시愛情詩가 많이 들어 있다. 공자는 그것이 "신하가 군주를 생각하는 것"을 은유한다고 해석한 적이 전혀 없으나, 후세의 '위대한 유생'은 그렇게 읽고 표준적이고 '긍정적'인 텍스트를 만들어서 천 년이 넘게 통용시켰다. 그리고 도저히 그렇게 읽을 수 없는 작품들은 '음시淫詩'로 규정했다. 자연적인 인성을 포위 토벌한 역사는 아주 오래되었다. 고대에는 민간가요 외에 진정한 애정시가 지극히 드물었으며, 대부분 위대한 남자가 규방의 원망을 대신 얘기한 것이었다. 게다가 주류는 변태적인 은유의 형식으로 군왕을 지향하거나, 자기가 황제의 꿈에 나타났다는 식의 터무니없는 망상에 젖는 것이었다. 혹은 그 반대인 경우도 있었다. 황제는 영원히 맞서 대항할 대상이 아니다. 황제에 대한 원한과 분노는 오직 사랑과 마음속의 원망이라는 형식으로만 표현될 수 있다. 새로운 봉헌의 대상을 찾아 삶의 틀을 새로 안배하지 않는다면 끊임없이 '해의 주변에서 노니는 꿈'을 꾸며 자기를 버린 그 사람을 사랑할 수밖에 없다.

이백과 굴원 모두 천고의 위대한 인물이라고 할 수 있다. 이백이 비첩 심리를 가졌다고 해서 '언행일치'의 비첩이 될 가능성은 절대 없었다. 그랬더라면 궁정을 드나들기도 어렵지 않았을 것이다.

마음은 만 명의 장부를 감당할 정도로 씩씩하고, 하늘 끝까지 방랑의 발길이 닿았으며, 터무니없는 큰소리를 늘어놓던 천재 시인이 그와 동시에 헤어지기 아쉬워 연연하면서 슬퍼하고 남몰래 애절하게 교태를 부리는 비첩의 심리를 함께 지니고 있었으니, 이것은 정말 너무나 희극적인 영혼의 기괴함이 아닐 수 없다. "어찌 굽실거리며 권세 높은 귀족을 섬기겠는가安能摧眉折腰事權貴?"(「夢遊天姥吟留別」) 이것은 시인이 '권력을 지닌 귀족을 멸시하는' 가장 강렬한 외침이었다. 이 구절은 몸부림치는 이백의 정신을 감칠맛 나게 표현했다. 자신은 공명과 지위를 바라지만 '굽실거리는' 비첩의 행동은 할 수 없다는 것이다.

이백과 달리 비첩 심리를 성공적으로 운용하여 생존한 사람도 있었다. 당나라 때 사람들은 과거시험에 참가하기 전에 늘 시를 통해 권력을 지닌 귀족에게 유세하거나 자기를 추천하여 시험장 밖에서 천거받기를 기대했는데, 이런 시를 '행권시行卷詩'라고 한다. 행권시의 본질은 바로 간알시干謁詩다. 중당中唐 시기에 대단히 유명했던 행권시 한 수를 보자.

신방에 간밤 내내 붉은 촛불 밝혀져 있었는데
새벽에 당 앞에서 시부모에게 절을 올리려 했지.
화장 마치고 낮은 소리로 남편에게 물었지.
눈썹 화장 진하기가 유행에 맞나요?
洞房昨夜停紅燭, 待曉堂前拜舅姑.
粧罷低聲問夫婿, 畫眉深淺入時無.　　　　　_朱慶餘, 「閨意獻張水部」

주경여朱慶餘[71]는 당시 수부랑중水部郎中으로 있던 시인 장적張籍[72]에게 행권行卷하면서 자신을 신부에, 장적을 신랑에 비유했다. 이것은 대신 말한 것이 아니라 생생한 비첩 심리를 나타낸 것으로써, 그야말로 터럭 하나 남김없이 모두 드러냈다고 할 만하다. 한 사내가 나긋나긋한 신부로 분장하여 한없이 부드럽게 또 다른 사내에게 '규방의 마음'을 바쳤다. 무엇을 나타내고 무엇을 바라든지 간에 섬세하고 부드러우면서 한없이 잘 들어맞으니, 서로 간에 표현하고 이해하는 데에 전혀 곤란함이 없다. 비첩 심리를 이처럼 정교하게 수습할 수 있다니 그저 감탄스러울 따름이다. "여자는 자기를 아껴주는 이를 위해 꾸민다女爲悅己者容"라는 말을 교묘하게 "사인은 자기를 아껴주는 이를 위해 꾸민다土爲悅己者容"라는 말로 바꾸어놓았다.[73] 장적은 쓰다듬어주는 즐거움을 누렸는지 과연 '신부'의 유세를 즐겨서, 오랫동안 주경여에게 관심을 기울였다. 짤막한 네 구절의 시가 주경여의 벼슬길에서 하나의 공을 세웠던 셈이다.

거꾸로 이를 드러내고 발톱을 휘두른 이백의 간알시나 자기 추천서를 보면, 그는 거의 자기의 통쾌함만을 추구했을 뿐 '상사의 유쾌함을 우선'하는 원칙을 위배했음을 알 수 있다. 그대가 좋아하지 않을 때 맹수가 방심하지 않으니, 먹고 싶은 고기는 노릴수록 멀어질 수밖에 없지 않은가!

주경여는 평생 지은 시 가운데 단지 두 수만 비교적 유명할 뿐인데, 모두 '규방의 뜻'을 은밀히 숨겨놓았다. 그의 다른 시도 대단히 오묘하다.

---

71 주경여朱慶餘(?~?, 본명은 가구可久, 자는 경여慶餘)는 보력寶曆 2년(826) 진사에 급제하여 비서성교서랑까지 지냈다. 인용된 「규의헌장수부」의 본래 제목은 「근시상장적수부近試 上張籍水部」다.
72 장적張籍(766?~830?, 자는 문창文昌)은 한유의 제자이며, 악부시를 잘 지어 왕건과 함께 명성을 날렸다. 정원 15년(801) 진사에 급제한 후 비서랑과 국자박사, 수부원외랑 등을 역임했다.
73 이 말은 춘추시대의 유명한 자객 예양豫讓이 "사인은 자기를 알아주는 이를 위해 죽고, 여자는 자기를 아껴주는 이를 위해 꾸민다土爲知己者死, 女爲悅己者容"라고 말한 것을 비튼 것이다.

적막하게 꽃 무성한 봄날 궁원宮院의 문은 닫혀 있고

미인들 화려한 낭대廊臺에 나란히 늘어서 있다.

정을 품은 채 궁중의 일 얘기하고 싶지만

앵무새 앞이라 감히 말하지 못하지.

寂寂花時閉院門, 美人相幷立瓊軒.

含情欲說宮中事, 鸚鵡前頭不敢言.　　　　　　_ 朱慶餘, 「宮詞」

　　궁녀는 '품은 정' 외에는 아무것도 가진 게 없다. 총애를 받는 것도 정을 품는 것이요, 총애를 잃는 것도 정을 품는 것인데, "감히 말하지 못하는" 것이 영원한 운명이다. 감히 말하지 못하는 것이 어디 궁녀뿐이겠는가? 시인은 이 두 편의 시를 빌려 불후의 효과를 냄으로써 역사에 이름이 전해졌다. 이런 시를 쓴 사내는 평소 어떻게 숨을 쉬었을까? 입은 얼마나 크게 벌리고 시선은 어떻게 처리하면서, 권력을 쥔 귀족이나 황제 앞에서는 어떤 표정을 지었을까?

　　군주를 생각할 필요도 없이 그냥 상사만 생각하더라도 남자는 능동적으로 자신을 분장하여 총애를 얻고 싶어 안달하는 신부가 되고 싶어 할 것이다. 아랫사람이 윗사람에게 비첩의 정서를 보이는 것은 이미 정치적으로 정확한 효과를 보증받았다. "밥 먹을 때마다 군주를 잊지 않는每飯不忘君"[74] 것을 가장 감동적인 도덕으로 여기는 사회에서 비첩 심리와 비첩의 표정은 이미 보편적이고 통상적인 것이었다. 비첩의 토양에서 비첩 심리가 생겨나고, 비첩 심리에서 비첩의 시적 정취가 생겨나는 것은 더할

74　채몽필蔡夢弼, 『두공부초당시화杜工部草堂詩話』: "소식은 『시화』에서, '고금에 시인은 많지만 유독 두보가 첫째로 꼽히는 것은 그가 쇠락하여 추위와 굶주림에 시달리고 죽을 때까지 다시 임용되지 못했으나 밥 한 끼 먹을 때에도 군주를 잊은 적이 없기 때문이 아니겠는가?'라고 했다東坡蘇子瞻詩話曰, 古今詩人衆矣, 而子美獨爲首者, 豈非以其流落饑寒, 終身不用, 而一飯未嘗忘君也歟."

나위 없이 자연스럽다. 황제 권력이 지배하는 세상의 하늘 아래에 비첩의 시적 정취가 얼마나 진했겠는가! 옛날 형식으로 쓴 시사詩詞와 부賦는 많은 것을 표현할 수 있었는데, 비첩의 시적 정취는 특히 쉽게, 특별히 힘써 표현했던 듯하다.

옛날 사인들 가운데는 일 대 일의 사랑을 체험하거나 표현한 사람이 드물다. 이백처럼 다정했던 사람에게서도 이런 이야기를 찾아보기 어렵다. 이백은 여성에게 애정보다는 욕망을 더 많이 느꼈다. 유영柳永[75] 등 강호를 유랑했던 문인들은 그저 기녀들 사이에서만 어떤 '유사 사랑'을 나타냈을 뿐이다. 만약 사인이 자신의 애정을 자랑하면 오히려 '정치적으로 올바르지 않은' 사람이 될 가능성이 컸다. 그와 반대로 사랑하는 낭군을 그리워하는 연약한 여자나 무정한 낭군을 둔 비첩의 마음을 이용해 황제를 그리는 신하를 묘사한다면 '정치적으로 올바른' 사람이 될 수 있었다.

규방의 원망을 대신 말하는 시가 여성의 운명에 대한 시인의 동정심에서 나왔다고 설명하는 학자도 있다. 이는 신을 신고 발바닥을 긁는 격화소양隔靴搔癢과 다를 바 없다. 동정하는 마음이 있었을 수는 있으나 지극히 희박했다. 옛날 사인들은 보편적으로 시를 쓰인 버릇이 있었는데, 운명적으로 또 심리적으로 그들은 '규방의 원망'이라는 시적 정서의 옥토를 발견하여 이용할 수밖에 없었다. 이런 요소가 여자를 동정하는 요소보다 훨씬 컸다. 그와 동시에, 내가 생각하기에 더 본질적인 원인은 이것이 권력이란 게 전혀 없는 여성에 대해 남권의식男權意識이 한 걸음 더 침범했기 때문이다. 무력하고 머리를 짓누르는 강력한 권력에 대항할 힘도 없으

---

75 유영柳永(984?~1053?, 자는 기경耆卿)은 함평 5년(1002) 고향인 산동 비현費顯을 떠나 항주와 소주 등지를 유람하다가 대중상부大中祥符 1년(1008)에 경사로 가서 과거시험에 응시했으나 계속 좌절하다가 경우景祐 1년(1034)에야 진사에 급제하여 목주단련추관睦州團練推官과 여항현령餘杭縣令 등을 역임하고 둔전원외랑을 지내다가 사직했다. 그는 북송을 대표하는 완약파婉約派 사詞 작가로 평가된다.

니 더 유약한 존재를 복선으로 삼아 권력자에 완곡하게 '사랑을 고백'하고 환심을 사려고 꼬리를 쳤던 것이다. 수천 년 동안 자유와 평등을 사회가 추구해야 할 목표로 확립해본 적이 없는 황제 권력 지배하의 봉건사회에서는 약자가 강자를 우러러보고, 더 약한 자는 땅바닥에 엎드리는 것이 보편적인 규칙이었다. 이백이 추구한 자유와 평등은 단지 권력을 지닌 귀족이 자기를 평등하게 대해주어 자유롭고 호방하게 살 수 있게 해주기를 추구하는 것에 지나지 않았다. 그러므로 그는 실패할 수밖에 없었다.

황제 권력의 사회에서 많은 도덕적 준칙은 인성을 위배했으나 기생과 어울리고 첩을 사는 등의 행위는 오히려 관용적으로 대했다. 부녀자를 경시하는 것이 일상적이었던 사회에서 이것은 충분히 이해할 만하다. '군주에 대한 충성심'만 고수한다면 정치적으로 성숙한 것이니, 큰 잘못을 저지를 수 없다. 이 점을 아주 잘 알았던 동방삭은 군주의 놀잇감이 되어줌으로써 받은 밑천으로 해마다 한 번씩 아내를 바꾸고도 '조정에 은거'했다는 훌륭한 명성을 얻을 수 있었다. 이 세 가지 어휘가 갑자기 내 머리에 한 줄로 늘어선다. 목민牧民, 어용御用, 어녀馭女. 이 세 어휘는 모두 상대적으로 강렬하면서도 단방향으로 가해지는 행동을 나타낸다. 마치 지위가 아래에 있는 이는 사람도 아니고 어떤 물건인 듯하다. 황제의 일과 가축을 치는 이의 일은 비슷해서 '백성을 친다牧民'라고 하고, 황제가 사람이나 물건을 쓰는 것은 모두 '어용'이다. 그리고 황제를 포함한 모든 남자가 그 짓을 하는 것을 '여자를 부린다馭女'라고 한다. 물론 황제가 하는 그 짓은 '은총'을 뜻하는 '행幸'이라는 말로 더 전문적이고 영광스럽게 부르기도 한다. 황제와 남성의 권력이 지배하는 천하에서 이런 어휘 사이의 내재적인 연관 관계는 대단히 명백했다. 사회의 최상부에서 바닥층까지 단지 단방향의 행동만 있을 뿐 상호관계가 없었던 데에 대해 도리를 따져서는 안 되었다. 현대인의 자유와 평등 관념에 비추어보면 이 세 어휘는 얼마나 부끄럽고 추한가! 도덕을 설계하면서 어떤 사람, 한 줌도 안 되는 어떤 이를 하늘처럼 떠받들게 되면 실제로 모든 사람이 옹졸하고 비천한 신세에서 벗어나기 어렵게 되고, 아랫사람이 윗사람에게 비첩 심리를 바칠 수밖에 없는 필연적인 상황을 초래하게 된다.

2000년이 넘도록 정성으로 황제를 봉양해온 이 대지 위에서 황제들은 대부분 대단히 비참했다. 한없는 향락을 즐기다가 홀연히 거대한 재난이 닥쳐와 황제와 신하들 모두 숨을 죽인다. 오로지 명신이 되고 싶었던 중신들은 마지막에 종종 오로지 어용의 놀잇감이나 비첩이 되는 것만을 추구하니, 황제의 백성은 매우 고달프게 살아야 한다. 황제는 늘 남이 알아서는 안 되는 어떤 일들을 걱정한다.

내쫓긴 신선이자 호방한 시인이었던 이백에게서 뜻밖에 비첩 심리를 읽어냈다.

이백을 헐뜯어 모욕할 생각은 없다. 굴원을 읽을 때 이미 사인의 비첩 심리를 강하게 느꼈다. 이백의 작품을 반복적으로 읽고 깊이 연구해보면 더욱 명확해진 증거를 얻게 된다. 규방의 원망을 대신 말한 이백의 시들은 나를 비밀스러운 세계로 데려가고, 이를 통해서 더 많은 시와 더 많은 옛 시인들의 복잡한 운명을 생각하게 되어서, '과연 그렇구나!' 하는 어떤 느낌이 들게 된다. 이백의 비첩 심리가 가장 심했던 것은 아니다. 그는 비첩 심리를 군주와 신하 사이의 관계로 한정했는데, 이것은 사실상 진즉부터 천하에 보편적인 현상이었다. 황제 외의 권력을 지닌 귀족에 대해 그는 '멸시 예방'의 원칙을 절대적으로 관철했다. 다른 많은 사인은 거의 절대로 그러지 못했다.

장웨이張煒[76]의 『다시 이백과 두보를 말하다也說李白與杜甫』라는 저서에는 다음과 같은 흥미로운 말이 들어 있다.

오늘날은 이런 상황을 어렵지 않게 볼 수 있다. 지위 높은 지도자를 만난 사람이 자기도 모르게 눈물을 흘리는 것이다. 이것은 인간 세계에서 이유를 알 수 없는 어떤 감동과 애착으로서, 어느 정도는 이성異性에게 다가가는 듯한 감정이 담긴 듯하다.

이 눈물에는 현대 규원시閨怨詩의 어떤 미묘한 시적 정취가 담겨 있다고 할 수 있을까?

이백의 비첩 심리를 읽어낸 것이 내가 그를 좋아하는 데에 영향을 주지는 않았다. 비첩 심리와 위인 사이에서 나는 다양한 스펙트럼의, 넓은 도량이 없지 않은 정신세계를 보았다. 비첩 심리는 굴원의 잘못도, 이백의 잘못도 아니었다. 그것은 봉건 전제정치 체제가 그들에게 강제로 부가한 정신적 치욕이며, 환경에 적응하기 위한 인성의 변이變異이기도 했다. 그렇게 어려운 상황에서 그들은 지극히 풍부하게 빛나는 인성이 담긴 위대한 시를 썼으니, 의심할 바 없이 그것은 위대한 인물로서 그들의 기백에 힘입음으로써 가능했다.

마음의 꽃이 활짝 피어 이백을 읽다

이백이라는 한 사람은 소란한 우주였다. 내가 이백을 읽는 과정은 바로 이백이 내 영혼 속에서 끊임없이 소란을 피우는 과정이었다. 이 소란에 대한 느낌이 길어질수록 그를 읽는 내 마음의 꽃이 활짝 피었다.

---

76 장웨이張煒(1956~)는 중국작가협회 부주석을 역임한 인물로 향토소설 『고선古船』과 2011년 마오둔 문학상을 수상한 대하소설 『고원의 너你在高原』 등을 발표한 바 있다. 『다시 이백과 두보를 말하다也說李白與杜甫』는 2014년에 중화서국에서 출간되었다.

이백이 살았던 시대에 그를 가장 아끼고 잘 이해했던 사람은 두보였다. 그런데 두보의 눈에 이백은 그 자신으로서는 인정할 수 없는 이백이었을 가능성이 대단히 크다.

두보와 하지장, 송약사宋若思, 이양빙, 고적, 원단구元丹丘,[77] 고역사, 양옥환楊玉環(양귀비), 이임보, 이융기 등 이백과 가장 친숙하거나 이백과 갈등을 일으켰던 몇몇 대당의 명인을 한데 모아놓고 모두 평등하고 자유로운 분위기 속에서 그 자리에 없는 이백에 관해 이야기를 나누게 하면 이백의 인성과 개성의 참모습에 다가갈 수 있을지 모른다.

나는 이렇게 이백이 보지 못하는 이백의 모습을 읽어내고 써보려는 환상을 갖고 있다. 이백이 홀연히 과거에서 이곳으로 온다면, 군주와 신하 관계가 사라진 상황이 그에게 벼락을 맞은 듯한 충격을 줄까?

이백에 관한 몇 가지 '결론'을 개괄해보자. 첫째, 이백은 강렬한 '멸시 예방' 심리를 지니고 있었다. 둘째, 정치적, 인륜적, 미학적으로 세 분야에 걸친 고아였다. 셋째, 그에게는 비첩 심리가 있었다. 넷째, 이백은 자아를 인식하는 정도가 대단히 낮았다. 나의 '결론'은 결코 학리學理의 관점에서 내린 것이 아니다. 내가 감각과 표현을 중시하는 것은 그저 내 입장에서 '정리情理'를 이해하고 싶기 때문이다.

이런 이백을 대당의 이백에게 바친다면 그는 분명히 격노하여 소리칠 것이다. "이태백이 어찌 이렇게 감당하지 못할 존재란 말인가!"

이백은 '과민형過敏型, irritability' 기질에 속한다. 그를 격노하게 만드는 것은 너무도 쉽다. 그는 "칼 뽑아 들고 사방을 둘러보니 마음이 망연해질 拔劍四顧心茫然"(「行路難」 其一) 필요도 없이 칼을 뽑자마자 나를 겨눌 것이다.

77　원단구元丹丘(?~?)는 이백이 평생 교유했던 인물 가운데 가장 중요한 사람 중 하나다. 이백이 스무 살 전후에 처음 만났을 때, 그는 하남 영양潁陽의 숭산에 은거하여 수행하던 도사였다. 이백은 그에게 14수의 시를 증정했고 또 대표작 가운데 하나인 「장진주將進酒」에서도 그 이름을 언급했다.

"죽여버리겠어, 정리도 모르고, 뻔뻔하게 큰소리치고, 멋대로 날뛰다가 매를 버는 이 비루한 후생 놈아!"

그렇다고 내가 겁먹을 필요는 없다. 진시황이든 한 무제든, 혹은 조조든 이백이든 모두 천 년 뒤의 비루한 후생을 죽일 능력은 없으니까. 하지만 후생은 종종 옛사람을 이리저리 뒤집어 살펴볼 자유를 갖고 있다. 뜻밖에도 '후생'이 되면 이렇게 좋은 점도 있다. 그러나 '후생의 후생'도 같은 방법을 쓸 수 있지 않겠는가! 보아하니 옛사람을 등쳐먹기도 그다지 쉽지는 않다.

> 후세에 지금을 보면 그 또한 지금 옛날을 보는 것과 같다.
> 後之視今, 亦猶今之視昔.
> _ 王羲之, 「蘭亭集序」

난정蘭亭의 모임이 한때 열기를 띠었을 때 왕희지王羲之가 본 것은 오히려 영원한 비애였다. 천재는 바로 비애를 쉽게 예감하는 사람이다. 이백은 열광의 순간에 비애로 떨어지기 가장 쉬운 사람이었다.

나는 사회 형태와 생활 방식은 이미 급변했을지라도 인성은 고금에 걸쳐서 본질적인 변화가 일어나지 않았다고 생각하며, 또 그렇게 자신한다. 옛사람을 읽을 때는 먼저 '지인론세知人論世[78]'와 '지세론인知世論人'의 관점이 있어야 "장님이 코끼리 더듬는" 상황을 면할 수 있다. 모든 생명은 일정한 시공과 일정한 환경 안에 살 수밖에 없다. 그들과 우리는 똑같은 사람이며, 똑같이 위대하거나 혹은 비루하다. 위대한 시인이나 작가에게

---

78 '지인론세知人論世'는 어떤 사람을 제대로 이해하기 위해서는 그가 살았던 시대적 배경까지 함께 고려해야 한다는 뜻이다. 『맹자』 「만장 하萬章下」: "그 사람의 시를 읊조리고 그의 글을 읽고도 그 사람을 모를 수 있는가? 그래서 그가 살았던 시대를 따지는 것이다 頌其詩, 讀其書, 不知其人可乎, 是以論其世也."

는 위대한 시공이 필요하다. 시대가 억지로 부가해준 시공 안에서 자기만의 기호가 새겨진 정신적·문화적 시공을 창조해내지 못한다면 절대 위대한 작가나 시인이 아니다.

순결한 자연을 이렇듯 강렬하고 눈에 띄게 표현할 수 있었던 사람은 역사에서 제2의 사례를 찾아보기 힘들다. 이백을 읽으면서 '이백의 시공'으로 들어가는 느낌이 없다면 제대로 독해했다고 할 수 없다. 이백의 눈과 귀, 생각은 특별히 생동적이고 민감하며 요원하고 광활하다.

> 큰길은 푸른 하늘처럼 광활하거늘
> 나만 홀로 나가지 못하는구나.
> 大道如靑天, 我獨不得出.　　　　　　　　　　　_「行路難」其二

> 칼 뽑아 강물 잘라도 물은 다시 흐르고
> 술잔 들어 시름 없애도 시름은 다시 깊어진다.
> 抽刀斷水水更流, 擧杯消愁愁更愁.　　　　　　_「宣州謝朓樓餞別校書叔雲」

> 그대여, 보지 못하는가, 황하의 물이 하늘에서 와서
> 바다로 치달려 가 다시 돌아오지 못하는 것을?
> 그대여, 보지 못하는가, 화려한 집 맑은 거울에 비친 슬픈 백발을?
> 아침에는 푸른 실처럼 싱싱하더니 저녁에는 눈이 되었구나.
> 君不見黃河之水天上來, 奔流到海不復回.
> 君不見高堂明鏡悲白發, 朝如靑絲暮成雪.　　　　　　　_「將進酒」

> 어찌 굽실거리며 권세 높은 귀족을 섬겨
> 내가 즐겁게 활짝 웃지 못하게 하랴?

安能摧眉折腰事權貴, 使我不得開心顏.　　_「夢遊天姥吟留別」

　　이백이 독자를 감동하게 하고 정복하는 것은 우선 이런 작품, 이런
시구절들 때문이다. 우리가 언제 이런 시를 본 적이 있던가? 이것을 시라
고 부를 수 있는가? 시의 운율과 정취는 어디 있는가? 시경詩境과 생동하
는 공령空靈은 어디 있는가? '온유돈후溫柔敦厚'한 시의 교화詩敎는 어디
에 있는가? 흡사 토라지거나, 싸우거나, 길거리에서 아무에게나 마구 욕
을 퍼붓고 있는 듯하다. 참을성 없고 격분하여 마음은 난마亂麻처럼 어지
러이 얽혀 있고, 분노의 불길이 활활 타오른다. 이백은 자기를 분출噴出하
고 공개하여 큰길로 내던지고, 우주로 돌진한다. 나는 이런 포효를 본 적
이 없다. 그러나 이 시구절이 내게로 오자 그저 강렬한 해학의 맛을 풍겼
다. 이 이백을 좀 보라고, 정말 웃기는군! 흰머리가 삼천 길이라네! 그는 한
없이 불만스러워 분노하지만, 내가 읽으면 마음의 꽃이 활짝 필 뿐이다. 나
는 그를 '천박하게 소비'한다. 내 생각에 이백이 이런 시들을 썼을 때 그도
실제로는 거의 마음의 꽃이 활짝 핀 상태였을 것이다. 그가 머리끝까지 화
가 치밀어 시를 쓸 수 없을 지경으로 만들 수 있는 이는 아무도 없다. 굴
원의 고통은 부분적으로 나의 고통이 될 수 있고, 도잠의 명징함도 부분
적으로 나의 명징함이 될 수 있으나, 이백의 고통은 내게 전달되기가 무척
어렵다. 이백은 자기에게 단독으로 어떤 공명과 지위를, 누구나 누릴 수 없
는 자유와 평등을 준비해달라고 요구했으나, 권력을 지닌 귀족은 거들떠
보지 않았고, 황제는 그렇게 해줄 수 없었다. 늘 특수한 것만 추구하는 이
백의 이런 특징에 대해 나도 별로 동정하지 않는다. 어쩌면 내가 보기에
이백이여, 그대의 그 고통은 기본적으로 당해야 마땅한 것이었다!
　　언어가 너무 거칠어서 비루하다고 할 수 있을 정도가 되었다. 그러나
기상은 얼마나 웅장한가! 「장진주」「행로난」「촉도난」처럼 대단히 호방한

색채를 띤 시들은 시인의 거침없는 부림 아래 한바탕 폭풍우 같은 언어의 운동회를 거행하고 있다. 이백은 유랑의 아름다움과 강산의 아름다움을 극치로 표현하고, 고통을 모두 시로 만들었다. 이백, 그는 수시로 준동하려 했던 내쫓긴 신선이었다. 모든 글자가 저마다 준동할 듯 생생하고 맹렬하여, 천지를 뒤덮을 듯 굉장하고 심금을 울린다. 구절의 길이는 들쭉날쭉하고 극도로 도약적이며, 손이 닿는 대로 일어났다가 스러져서 마치 천지의 기밀을 건드린 듯하다. 붓이 닿는 곳마다 바위가 구르고 우레가 진동하며 울분이 가파른 봉우리처럼 치솟는다. 자세히 살펴보면 언어에 질서가 없는 듯한데, 나란히 놓고 보면 기세가 웅혼하다. 한 구절이나 반 구절만 떼어놓고 보더라도 그 역량이 천만 근에 이른다.

이백은 어떻게 그걸 해냈을까?

이것은 그의 생명과 기상이 합쳐진 예술적 기상이다. 왕궈웨이王國維의 이 말은 정곡을 찔렀다.

이백은 순전히 기상으로 승리했다.
太白純以氣象勝.   _王國維,『人間詞話』

이백의 영혼의 파도가 일어나면 기상이 천변만화하는 미학의 우주가 된다. 그의 앞에도 뒤에도 이런 기상을 이뤄낸 사람은 없다. 이백의 '기상대'는 항상 풍운이 환상적으로 변화한다. 호탕함 속에 비애가 숨어 있는데, 슬프면서도 호탕하다. 배를 갈라 간담肝膽을 바쳐 온 세상을 깜짝 놀라게 한다.

이백의 생명은 바로 그의 고통이다. 자기 목숨을 터놓고 얘기했다.

마음이 명산에 노닐기 좋아하니

몸은 명산을 따라 멀어진다.

心愛名山遊, 身隨名山遠.　　　　　　　　　　　_「金陵江上遇蓬池隱者」

연산은 눈꽃이 방석처럼 커다란데

송이송이 불어 헌원대에 떨어진다.

燕山雪花大如席, 片片吹落軒轅臺.　　　　　　　　　_「北風行」

천산에 밝은 달 떠올라

운해 사이에 달빛 아득하다.

거센 바람 몇 만 리에 이어져

옥문관 불어 넘는다.

明月出天山, 蒼茫雲海間.

長風幾萬里, 吹度玉門關.　　　　　　　　　　　　_「關山月」

　　이것들은 상대적으로 평온하고 차분한 시구절로서 청량하고 맑은 풍경이 시인의 개성적인 정신과 유희하고 있는 가운데 장엄한 아름다움과 우아한 아름다움이 융합하여 웅장한 기상을 이룬다. 이백이 이른 곳에서는 산수가 깨어나고 우주가 격동한다.

　　이백의 글에는 종종 백 척과 천 척, 삼천 장, 천 리, 만 리, 몇 만 리, 구만 리, 구천九天, 만고의 시름萬古愁, 만고의 정情 같은 어휘와 대붕大鵬, 장경長鯨, 대강대하大江大河, 설산창해雪山滄海 같은 거대한 이미지가 나타난다. 그가 붓을 휘둘러 시를 지으면 우주가 다시 배치되는 것 같다.

　　따뜻한 봄이 아지랑이 피어나는 풍경으로 나를 부르고, 대지가 내게 아름다운 무늬를 빌려주었다.

陽春召我以烟景, 大塊假我以文章.　　　　　_「春夜宴從弟桃花園序」

　　이백과 대자연은 서로 일깨워주는 듯하다. 유랑자이자 여행가인 이백이 없었다면 시인 이백도 없었을 것이다. 그는 주변의 사람과 풍경에 아주 금방 물렀으니, 그의 일생은 곳곳에서 끊임없이 작별하고 만나는 상황으로 채워졌다. 새로운 사람과 새로운 풍경, 새로운 경험이 없으면 그의 '자아'는 즉시 케케묵은 것으로 변해버렸다. 성급하면서 영감을 잘 떠올렸던 이백은 갑작스럽게 자기를 부르는 대자연과 항상 쉽게 마주쳤다. 그에게는 하늘의 눈과 하늘의 귀, 하늘의 마음이 있는 듯했다. 「촉도난」이나 「몽유천모음류별夢遊天姥吟留別」 같은 시는 우주를 끌어당길 듯이 강렬한 표현으로 종잡을 수 없이 황홀하고 종횡으로 변화하여 시인의 생명이 말로 표현하기 어려운 어떤 반대의 역량과 대치하고 있다. 「관산월關山月」과 「등태백봉登太白峰」 등은 혼돈스러운 홍황洪荒의 경지로 들어가 신화의 원천에 도달한 듯하다.

　　인간은 대자연에서 나왔다. 인성은 자유롭고 순결할수록 대자연과 공명하기가 더 쉬워진다. 이백과 대자연은 천연적으로 연계되어 정보를 교환한 듯하다. 그는 강산의 도움을 받았고, 강산 덕분에 신기해졌다. 그는 황제의 강산을 자기의 미적 강산으로 바꾸어버렸다. 시인에게 강산은 또 무수한 역사의 유령을 싣고 있는 존재다. 옛사람이 지리를 응시하면 종종 역사를 응시하는 것이나 마찬가지였다. 이백의 많은 산수시는 바로 산수 안에 있는 그 '역사의 영혼들'을 만나는 것이었다.

　　기생 데리고 동쪽 회계산會稽山에 올라

　　실의에 젖어 사안謝安을 슬퍼하노라.

　　나의 기생은 오늘 아침 꽃처럼 달처럼 아름다운데

그의 기생 묻힌 옛 무덤에는 황량한 풀만 쓸쓸하다.

携妓東土山, 悵然悲謝安.

我妓今朝如花月, 他妓古墳荒草寒.　　　　　　　_「東山吟」

이것은 개중에 특수한 시다. 동진 사안의 고향에 와서 기생을 데리고 마음껏 술을 마시던 그의 눈에는 꽃처럼 아름다운 기생과 황량한 무덤 안의 해골은 불시에 변화하고 명멸한다. 이것은 유령과 만나는 것이고, 더 나아가 자기의 생존에 대한 추궁이다. 신선한 아름다움과 시들어 마름, 번화함과 처량함은 자기의 생명에 존재할 뿐만 아니라 역사와 현실에도 두루 퍼져 있다.

　이것이 산하를 삼키고 뱉으며 해와 달은 포용하는 이백이자 섬세하게 정신을 묘사하는 이백이기도 하다.

　　꽃 사이의 술 한 주전자
　　친한 이 없어 혼자 마신다.
　　잔 들어 밝은 달 초청하고
　　그림자 마주하니 세 명이 되었다.
　　花間一壺酒, 獨酌無相親.
　　舉杯邀明月, 對影成三人.　　　　　　　_「月下獨酌」其一

　　하늘 우러러 껄껄 웃으며 대문 나서나니
　　우리가 어찌 벼슬 없이 초야를 떠돌 수 있겠는가?
　　仰天大笑出門去, 我輩豈是蓬蒿人.　　　　　　　_「南陵別兒童入京」

　　사람이 태어나 뜻을 이루면 모름지기 즐거움 다 누려야 하나니금 술잔이 부질없이 달만 쳐다보게 하지 말지라.

하늘이 나라는 재목을 낳았으니 틀림없이 쓸모가 있을 테고

천금이야 다 쓰고 나면 다시 돌아오는 것이지.

人生得意須盡歡, 莫使金樽空對月.

天生我材必有用, 千金散盡還復來.　　　　　　　　　_「將進酒」

어린 기생 금릉자가 초나라 가락 노래하고

하인 단사는 봉황의 울음소리 흉내 내지.

나도 그대 위해 청주를 마시는데

그대의 마음은 사람에게 기울어지려 하지 않는구려.

小妓金陵歌楚聲, 家僮丹砂學鳳鳴.

我亦爲君飲淸酒, 君心不肯向人傾.　　　　　　_「出妓金陵子呈盧六」其四

　　격동하든 차분하든, 시름겨워 상심하든 즐거워하든 간에 이백은 늘
투명했다. "그림자 마주하여 셋이 되니" 달빛은 이백을 투시할 수 있는 듯
하다. "하늘 우러러 껄껄 웃으며 대문 나서는" 그는 범속한 모습조차 순결
하고 투명하다.

　　당나라 사람들은 비교적 투명도가 높아서 상당히 쉽게 자기를 드러
냈으며, 심지어 추한 모습을 드러내는 것조차 두려워하지 않았다.

아침에는 부잣집 대문 두드리고

저녁에는 살찐 말 따라가며 먼지 뒤집어쓴다.

술잔에 남은 술 마시고 식은 안주 먹나니

가는 곳마다 남몰래 슬프고 가슴 쓰리다.

朝扣富兒門, 暮隨肥馬塵.

殘杯與冷炙, 到處潛悲辛.　　　　　_ 杜甫,「奉贈韋左丞丈二十二韻」

두보는 분주히 권문세가를 다니는 괴로움과 낭패한 몰골을 거리낌없이 얘기한다. 한유는 맹교孟郊보다 자기가 더 교활하고 세상과 타협하는 능력이 뛰어나다고 솔직히 얘기했다. 당연히 이백은 더 전형적이다. 그는 불투명한 것에 대해 타고난 적대감이 있었다.「기생 금릉자를 나오게 하여 노육에게 보여주다出妓金陵子呈盧六」에서는 이백이 아무리 애를 써도 노육盧六은 그에게 마음을 열려 하지 않는다. 흥이 팍 깨져버린 이백은 술상을 차리고 노래하고 아름다운 기생을 불러낸 것을 후회한다. 재미가 없으니 자리를 접을 수밖에. 이백 앞에서 이유를 알 수 없이 '속 모를 사람悶葫蘆'의 태도를 고수하는 것은 그에 대한 가장 엄중한 멸시이자 타격이다. 심장을 가슴 바깥에 내걸고 있는 사람 앞에서, 자기는 남들이 속을 알 수 없는 사람이 된다면 조금 부도덕한 짓이 아닌가? 네 속에 뭐가 들어 있는지 누가 알겠어!

이백을 좋아한다는 것은 그의 순결하고 자연스러움을 좋아하는 것이다. 그의 순결함은 혼돈과 같은 순결이며, 생명이 본래부터 가지고 있던 모습이다. 그러나 세상에 적응한 결과 사람들은 종종 순결을 포기할 수밖에 없다. 사람은 기본적으로 그런 생명을 잊었다.

나는 초등학교와 중학교 시절을 대부분 '문화대혁명' 시기에 보냈다. 당시 선생님과 각종 읽을거리는 항상 잊지 않고 소극적이고 퇴폐적인 이백을 경계하면서, 조국이라는 꽃송이가 이백이라는 '독'에 담겨 당할까 두려워했다. 이백에게 무슨 독이 있는가? 당시에는 사람을 즐겁게 하고 스스로 인정을 억제하지 못하게 하는 것이 중독된 것이라면, 나는 중독 증세가 가볍지 않다고 생각했다.

이백의 시에서 나는 지금까지 통상적인 의미의 소극적 퇴폐를 읽어내지 못했다. 반대로 그는 내가 소극성을 치료하는 데에 훌륭한 약이 되어주었다. 그의 퇴폐는 바로 괴이함이며, 거기서 나는 소극의 그림자를 느끼지 못했다. 소극적으로 만들지 않을뿐더러 무슨 일이든 해보고 싶어 안달이 나서 마음의 꽃이 활짝 피게 한다. 그 이치는 바로 "흰머리가 삼천 길이나 되는 것은 / 시름이 그만큼 길기 때문이지白髮三千丈, 緣愁似個長"(「秋浦歌十七首」其十五)라는 구절에 담겨 있다. 시구절이 이처럼 분방한데 여기에 시름이 담겨 있다고 할 수 있을까? 이것은 시름을 찬미한 시다.

> 흰머리는 긁을수록 더욱 적어져서
> 이젠 비녀조차 이기지 못할 듯하구나!
> 白頭搔更短, 渾欲不勝簪.　　　　　　　　　　　_ 杜甫, 「春望」

두보야말로 정말 시름을 피워내고 있지 않은가!

> 내가 그대 위해 황학루를 부숴버릴 테니
> 그대도 나를 위해 앵무주를 쓰러뜨려주시구려!
> 我且爲君搥碎黃鶴樓, 君亦爲吾倒却鸚鵡洲.　　　　_ 「江夏贈韋南陵氷」

이 시를 쓸 때 이백은 이미 예순 살로서 병에 시달리는 몸으로 영웅의 말로에 이르러 인생의 가장 낮은 골짜기로 떨어져 있어서 격분하면서도 퇴폐한 정서가 환히 나타나지만, 여전히 호방한 영웅의 기풍이 시퍼렇고 풍류와 운치가 넘친다.

이백이 소극적이고 퇴폐적이라는 말은 절대 허튼소리가 아니어서, 그의 많은 말에는 분명히 퇴폐적인 의미가 들어 있다. 그러나 그의 소극과 퇴폐는 기세가 잿빛으로 가라앉는 것이 아닐뿐더러 밝고 드높다. 이백의 시가 내 주체에 주는 느낌은 영원히 적극적이고 자유롭다. 그의 소극성은 대단히 적극적이며, 그의 퇴폐성은 생기가 발랄하다. "하늘이 나라는 재목을 낳았으니 틀림없이 쓸모가 있으리라!"라는 포효는 충분히 통속적이지만, 천 년이 넘도록 사랑받고 있다. 심오한 사람이든 단순한 사람이든 모두 기꺼이 따라 낭송한다. 이 시구절에는 영원히 우리에게 필요한 것이 담겨 있다. 살아가려면 어느 정도 자신감이 필요한데, 설령 그것이 맹목적인 자신감이라 한들 어떠랴!

> 이백의 가치는 사람들에게 자유를 준다는 데에 있다.
> 李白的價値是給人以解放.　　　　　　　　　　　　　　_李長之

옛사람들은 이 점을 인식하지 못했다. 쾌락이 있으면 그는 자연히 쾌락을 즐길 줄 알았고, 쾌락이 없으면 만들어서라도 즐겼다. 퇴폐적일 수밖에 없을 때 그는 심지어 퇴폐를 즐겼다. 그의 매력은 그의 퇴폐와 타락에 충분한 진정성이 담겨 있었다는 데에 있다. 이백은 마른 풀과 썩은 나무를 꺾듯이 쉽게 가슴속에 담긴 것을 쏟아내 이 세계에 공헌했으며, 나는 그가 쏟아낸 것을 이용해 내 가슴속에 담긴 것을 쏟아낸다.

이백에게는 굴원과 같은 높은 도덕성도, 도잠과 같은 결연한 은일隱逸도, 소식과 같은 중후한 통찰력도 없었다. 그의 위대함은 순결하고 단순한 데에 있다. 그의 순결이 감동적인 까닭은 그것이 꾸며진 것이 아니기 때문이다.

이백은 장강의 물이요, 우주의 달, 한 그루 나무, 한 송이 꽃, 한바탕 소낙비, 바람이었다.

이백을 읽으면 내 마음의 꽃이 활짝 핀다.

이백과 관련된 혹은 무관한

어려서부터 이백을 좋아했으나 쉰 살이 넘어서야 비로소 어느 정도 시간을 들여서 그에 관해 체계적으로 연구할 수 있었다. 구체적인 작품에 대한 선호는 많이 변했다. 어렸을 때 좋아하던 몇몇 작품을 이제는 그다지 좋아하지 않게 되었을 수도 있다. 혹은 그 반대일 수도 있다. 나는 스스로 늙었는지 확신할 수 없으나, 천여 살의 이백이 아직 늙지 않았다는 것만은 확신할 수 있다. 인류가 성장한다고 여기더라도 나는 옛사람이 우리보다 젊다고 인정할 수밖에 없다. 몇몇 흥미로운 역사적 인물들에 관해 조금 심도 깊이 연구해보고 나니, 확실히 굴원과 사마천, 도잠 등은 모두 우리보다 젊다는 것을 느꼈다. 조조도 간사하고 교활했으나 우리보다 늙지는 않았다. 이백은 가장 젊은 분위기를 가진 옛사람이라 할 수 있다.

우리는 자기의 청춘과 청춘의 몽상을 아주 쉽게 잊어버리는 듯하다.

자발적으로 직장을 그만둔 뒤로 내 삶은 상대적으로 느긋해져서 결국 오래전에 기획했던, 옛사람에 관한 연구 시리즈에 전념할 수 있게 되었다. 스스로 지식인이라고 억지로 치부하지만, 평생 체계적인 연구에 몰두해본 적이 없으니, 보충수업이 필요했다. 연구와 글쓰기 계획에 포함된 최초 십여 명의 옛사람 가운데 한 사람의 저작을 읽고 글을 쓰는 데에 반년 가까이 걸렸으며, 쓴 글의 길이도 편마다 각기 2만 자 전후였다. 나로서는 글쓰기라는 임무를 내세워야만 독서에 깊이 몰두할 수 있었다.

이백을 연구하고 글을 쓴 지 반년에 이르렀을 때는 이제 마무리를 지어야겠다고 생각했다. 그리고 앞서 몇몇 인물에 관해 쓰던 습관에 따라, 초고가 침전될 때까지 어느 정도 내버려두었다가 다시 수정하려 했다. 그런데 다음의 역사적 인물에 관해 읽기 시작했는데, 무엇을 읽든 항상 이백이 떠오르는 것이었다. 이백은 정말 만만한 상대가 아니었다. 그는 대당의 소란 속에서 강행했던 것을 내게 가했다. 고개를 돌릴 수밖에 없었다. 오늘에 이르기까지 이백에게 붙들려 지낸 시간이 뜻밖에 이미 일 년이 되었고, 글의 길이도 계획을 훨씬 초과했다.

이백에 관한 연구가 마음대로 벗어날 수 없는 지경에 이른 것은 아마 개인의 문학적 취미 때문으로 돌릴 수 있을 것이다. 그런데 완전히 그런 것도 아닌 듯하다. 투명한 이백은 펄펄 뛰던 생애에서 자기와 세계의 관계를 상당히 독특하고 복잡하게 만들었다. 천여 년이 지난 후에도 그와 이 세계의 관계는 여전히 한마디로 표현하기 어렵다.

이백이 살아 있을 때든 그 뒤에든 아무도 두보만큼 그를 이해하고 정감을 준 사람은 없었다. 그런데 나는 내 글 속의 이백은 두보가 본 이백과 비슷해야 한다는 망상을 했다. 도덕과 인륜의 무거운 짐을 짊어진 두보가 호탕하고 표일한 이백을 격찬하고 깊이 동정했다. 하지만 나는 아무 부담 없이 그저 옛사람의 마음을 한껏 체험하고 독서의 즐거움을 누릴 수 있기만 바랐다.

이 기간에 섭렵한 저작과 인물들에 대해 간략히 정리할 필요가 있다.

이백과 두보의 관계는 천 년에 걸쳐 이어진 화제였다. 당연히 이 글에서도 마찬가지였다. 1971년에, 출판물이 극히 적었던 상황에서 연달아 두 권이 장중하게 출간되었다. 하나는 궈모뤄郭沫若[79]의 『이백과 두보李白與杜甫』, 다른 하나는 장스자오章士釗[80]의 『유문지요柳文指要』였다. 후자는 마오쩌둥이 거듭 관심을 보여서 겨우 출판될 수 있었다. 이백과 유종원柳宗元은 모두 마오가 즐겨 연구했던 옛사람이었다. 마오가 좋아했던 고대 작가

---

79 궈모뤄郭沫若(1892~1978)는 문학가이자 역사학자, 고고학자로서 많은 저작을 발표했으며, 그것들은 『궈모뤄 전집全集』(전38권)에 수록되어 있다.

80 장스자오章士釗(1881~1973)는 중화민국 베이양 정부 돤치루이段祺瑞 정부의 사법총장 겸 교육총장을 역임했다. 1911년 이후로 퉁지대학과 베이징대학에서 교수로 재직했고, 중화인민공화국에서는 중앙문사연구관장中央文史研究館長을 지낸 바 있다.

는 일반적으로 대단히 개성적인 인물들이었다. 두 책의 저작과 출판은 모두 마오의 사상 및 독서 취미와 깊이 관련되어 있었다. 근래에 작가 장웨이張煒가 『다시 이백과 두보를 말하다也說李白與杜甫』라는 책을 출판했다. 이 책은 순전히 개인의 취미와 선호에서 나온 것이다. 책의 제목은 분명히 궈모뤄의 저작에 대응하고 구별하려는 의도를 드러낸다.

『이백과 두보』는 특수한 시대에 특수한 작가에게서 나온 특수한 작품이다. 읽을거리가 지극히 모자랐던 시절에 그 책은 당시 많은 사람에게 정신적 양식이 되었다. 천재적인 학자이자 시인이라는 명성에 부끄럽지 않게 궈모뤄가 제기한 많은 관점은 지금까지도 많은 학자에게 인정받고 있다. 나는 '문화대혁명'이 끝날 무렵과 2000년 전후, 그리고 지금까지 이미 여러 차례 그 책을 읽고 인용한 바 있다. 처음 읽었을 때는 무슨 얘기인지 갈피를 잡지 못했고, 두 번째 읽을 때는 상당히 익살스럽다고 느꼈으며, 이번에 읽었을 때는 익살스럽기도 하고 신랄하기도 했다. 작자는 전력을 다해 천 년 동안 이백을 억누르고 두보를 찬양하던 전통을 뒤집으려고 노력했다. 그에 따르면 두보는 반동적인 지주地主였으니, 뜻밖에도 "내 집 지붕의 세 겹 띠풀을 말아 올리고卷我屋上三重"(「茅屋爲秋風所破歌」)라든가 "못된 대나무는 응당 만 그루를 베어야 한다惡竹應須斬萬竿"(「將赴成都草堂途中有作先寄嚴鄭公五首」其四)라는 시구절이 그 증거라고 했다. 그러니까 두보 집의 지붕에 띠풀을 세 겹이나 얹어서 겨울에 따뜻하고 여름에 시원하니 아주 호화롭고, 만 그루 대나무가 자라려면 적어도 100무畝의 땅이 필요하니, 그의 시가 바로 자신이 지주라는 사실을 증명한다는 것이다. 학문적 소양이 깊고 지극히 총명한 사람이 이게 무슨 짓이란 말인가? 설마 '후생'이 반어적 풍자와 항쟁, 또는 언어 바깥의 의미를 이해해주길 암암리에 기대한 것인가?

작품을 자세히 살펴보고, 궈모뤄 만년의 다른 작품과 언행을 연관시켜보면 부정적인 대답이 나올 수밖에 없다.

귀모뤄에게 너무 엄격한 것을 요구할 필요도 없고, 더욱이 딱지를 붙여서 매도해서는 안 된다. 그것은 '문화대혁명' 시대, 인류의 비정상적인 시대에 나온 책이다. 수많은 '사인'들이 진즉 혼비백산했으니, 귀모뤄 등 지위 높은 '사인'들은 더욱 말할 필요도 없다. 당시는 무엇이든 포기할 수 있는 상태에 능동적이고 자각적으로 들어가지 않고는 발을 디디고 살 곳이 없었다. 한때 분방하고 명랑했던 사람이 청춘의 몽상 등을 모두 버리게 되면 기본적으로 철저히 정치적인 동물로 개조될 수밖에 없다. 현대인은 고대인보다 더 큰 인격적 진폭을 보여준다.

장웨이의 『다시 이백과 두보를 말하다』는 강연 원고를 정리한 것으로서, 감칠맛 나는 입말의 특징을 담고 있다. 이 책은 매우 드문 작가의 시야와 감수성, 넓고 자유로우며 섬세한 시적 정취를 함께 갖추고 있어서 학술 저작에는 있을 수 없는 감정의 촉발을 제공했다. 많은 분량을 들여서 『이백과 두보』를 언급하면서 귀모뤄에 대해 최대한 '동정적 이해'를 해주었다. 장웨이의 비슷한 다른 저작 『도잠의 유산陶淵明的遺産』과 『초사필기楚辭筆記』는 모두 식견과 흥취를 통달했다. 소설 창작을 주로 하던 뛰어난 작가가 이런 일련의 작품을 발표한 것은 놀라운 일이다. 그는 훌륭한 독자이자 작가로서 부끄럽지 않은 인물이다. 이런 작가는 흔치 않다. 현대에도 이 사람밖에 없다고 해도 안 될 게 없다. 장웨이와 모옌莫言[81]은 제齊·노魯 토양이 배출해낸 위대한 작가로서, 서로 다른 문화적 표정으로 세계를 바라보았다.

『도교 신도 시인 이백과 그 고통道教徒的詩人李白及其痛苦』은 학자 리창즈李長之의 얇은 책인데, 1939년, 작자의 청년 시절에 초판이 나왔다. 이

---

81 모옌莫言(1955~)은 산둥성 웨이팡濰坊 출신이며, 『붉은 수수밭紅高粱』 『단향형檀香刑』 『개구리蛙』 등의 작품으로 우리나라에도 잘 알려진 작가다.

책은 학술적 속성에 청춘의 시적 정취가 가득 담겨 있어서 문학 작품으로 간주하는 것이 더 적합해 보인다. 리창즈는 현대의 청년이자 현대 사상가의 관점에서 젊은 이백을 읽어냈다. 이 책은 이백에 대한 현대적 해독의 물꼬를 연 작품으로 간주해도 지나치지 않을 듯하다. 인성과 청춘, 생명의 관점에서 옛사람에 대해 영감 있게 산발적으로 해독한 것은 비범하고 뛰어나다. 20세기 말엽에 나는 서역의 옛 카슈가르에서 3년을 보냈는데, 이 책은 나를 따라 수많은 산과 물을 건넜다. 내가 18년 전에 쓴 「서역에서 이백을 읽다」는 이 책에서 가장 큰 계발을 받았다.

옛사람의 아픔을 느낄 수 있는 사람이 있을까? 옛사람에게 부끄러움을 느낄 사람이 있을까?

오늘날 전문적인 이백 연구자는 수를 헤아리기 어렵고 저작도 지극히 많다. 뤄쭝창羅宗強과 페이페이裴斐, 양이楊義, 차핑치우査屏球, 위안싱페이袁行霈 등 학자들의 저작도 내게 크든 작든 자극을 줄 수 있다. 감정이 없이는 학문을 할 수 없다. 진정한 학자, 위대한 학자는 그 학술이 반드시 '학술의 틀'을 깨고 나와 시적 정취와 통해야 한다. 평생 초라하게 살았던 이백은 천년 뒤의 '후생'에게 은택을 남겨서 수많은 사람에게 직장 또는 모종의 사회적 지위를 제공했고, 그보다 많은 이에게 쓸데없는 공론을 펼칠 기회를 제공했다. 솔직히 말하자면 대다수 논문 또는 저작에서는 밀랍을 씹는 맛만 느껴질 따름이다. 이백에 대해 심심풀이로 농담하는 작품들은 당연히 더욱 언급할 필요도 없다.

내가 의지했던 것은 다음 세 종류의 기초적 저작들이다. 현대 학자 안치安旗 등이 편찬한 『이백전집편년전주』와 청나라 때 왕기王琦가 편찬한 『이태백전집李太白全集』, 그리고 『이백자료휘편李白資料彙編』[82]이다. 이백의 시 가운데는 창작 연대를 알 수 없는 것이 많은데, 안치 등의 편년은 공백을 보충해서 나와 같은 한계가 많은 독자에게 도움을 주었다.

일본 학자 마쓰우라 도모히사松浦友久의 『이백: 시가 및 그 내재 이미지』(張守惠 번역)와 『이백의 나그네 의식과 그 시상詩想: 이백 평전評傳』(劉維治 등 번역)은 가까운 외국 학자의 이백에 대한 감상을 제공해준다. 이백에 대한 마쓰우라의 따스하고 친절한 느낌은 강렬하다.

푸코Michel Foucault(1926~1984)의 『비정상인들不正常的人, Les Anormaux』 (錢翰 번역)과 매슬로Abraham H. Maslow의 『존재의 심리학을 향하여存在心理學探索, Toward a Psychology of Being』(李文湉 번역) 등 서양철학과 심리학 저작은 내가 이백을 이해하는 데 생각지도 못했던 점을 일깨워주었다. 이백은 국제성이 가장 강한 중국의 옛 시인이어서, 그의 개성은 서양 문화의 관점에서 더 이해하기 쉬운 듯하다. 그의 개성은 현대 심리학과 심리 분석에 연구의 표본을 제공한다.

이백의 문학적 전기傳記는 대단히 많다. 그러나 몇 가지를 훑어보았으나 그의 개성의 광채와 어울리는 작품은 아직 발견하지 못했다. 참고한 저작이 어떠했든 간에 나는 단지 문학적인 독해와 표현만 추구했다. 나는 학술에는 뜻도 없고 능력도 없다.

이백의 앞뒤에 그와 같은 인물이 전혀 없다는 것은 극단적인 말이다. 조건을 조금 느슨하게 하면 그래도 비슷한 인물이 있다. 당인唐寅[83]이나 공자진龔自珍 등에게는 이백의 그림자가 있으나 개성과 재기의 강도만 그보다 약할 따름이다. 물론 사람은 모두 시대 환경의 제약을 받은 결과물이다. 『홍루몽』의 주인공 가보옥賈寶玉을 생각해보라. 어리숙함과 치정癡情,

---

82   중화서국에서 간행한 『이백자료휘편李白資料彙編』은 페이페이裴斐·류산량劉善良이 편찬한 『금원명청지부金元明淸之部』(3책, 1994)와 진타오성金濤聲·주원차이朱文彩가 편찬한 『당송지부唐宋之部』(2책, 2007)가 있다.
83   당인唐寅(1470~1524, 자는 백호伯虎)은 홍치 11년(1498)에 응천부 향시에서 1등으로 급제했으나 이듬해 경사에서 치러진 회시會試의 부정에 연루되어 옥에 갇혔다 풀려난 이후 실의하여 유랑하면서 시와 그림에 몰두했다. 그림에서 심주沈周, 문징명文徵明, 구영仇英과 더불어 '오문사가吳門四家'로 꼽히며 시문詩文과 서예에서도 대가로 평가된다.

순결함이라는 측면에서 이백은 가보옥과 상당히 비슷하다. 부친 가정賈政은 이런 아들을 좋아하지 않고 오로지 못난 아들이 변하기만 바랐다. 가정은 사회의 주류를 대표하고, 가보옥은 이상異常 또는 이단異端에 해당한다. 이 점을 아주 잘 알고 있는 가보옥은 명예롭고 올바른 부친에게 줄곧 무례하게 굴지 않았다. 그는 부친이 자기를 개조하려 한다는 것을 잘 알았으나, 자기가 개조될 수 없다는 것도 알았다. 그가 부친보다 더 고명했던 부분은 부친을 개조하려는 마음을 전혀 갖지 않았다는 데에 있다. 가정이 오면 그는 시키는 대로 모두 순순히 따랐고, 가정이 떠나면 즉시 원래 모습으로 복귀했다.

오늘날에도 이백과 같은 작가나 시인이 있는가? 억지로 찾아보자면 모옌을 꼽을 수밖에 없다.

모옌은 혼돈의 기상을 조금 가지고 있으니, 이름 앞에 몇 개의 형용사를 붙여도 된다. 굶주림의 고통과 거칠고 변변찮은 음식을 실컷 먹은 시골뜨기의 입맛에 뜻밖에 신기한 변화가 생겨서 용맹한 문학의 입맛이 되었다. 모옌 시대의 작가는 기본적으로 '굶주림'에서 나왔다. 이백의 "굶주린 호랑이처럼 입을 쩍 벌린" 모습은 한없이 상상을 유발한다. 천재는 종종 어떤 굶주림 상태를 드러내는 듯하다. 반 고흐와 니체, 푸시킨 등 천재가 이러하다. 천지를 삼켰다가 뱉는 듯한 거센 서술과 탐욕스러운 도철饕餮 같은 성색聲色의 느낌을 조합하면, 그가 어린 시절에 참고 견뎠던 굶주림을 가슴에 단단히 새기고 있다고 상상하게 된다. 모옌은 이 문화 전통에는 상당히 낯선 서술의 세계로 진입하여 원기왕성하고 야만스러우며 거침없고 시시함이 한꺼번에 쏟아져 독자의 눈이 휘둥그레지게 한다. 활기와 불결함이 함께 존재하고, 낯섦이 선명함으로 변한다. 모옌의 '불결함'에 적응하지 못하는 이들이 많다. 사물이 바로 이렇다. 태어나는 것이 많아질수록 불결함도 많아진다. 모옌은 또 하나의 낯선 감각의 체계를 열어놓은 듯하다. 어느 정도는 '하늘 밖에서 찾아온 손님' 같은 느낌도 있다. 그러나 사실 그는 익숙한 흙덩어리의 틈에서 기어 나왔다.

모옌을 성인으로 '부양'해준 요소는 무엇인가? 한마디로 설명하기 어려울 듯하다. 가브리엘 가르시아 마르케스의 『백 년 동안의 고독』의 그 영양분은 분명히 모옌이 다듬어 만든 요술봉이다. 시골뜨기의 완고하고 짓궂은 천성이 단번에 철이 들었다. "이백의 가치는 사람들에게 자유를 준다는 데에 있다"라고 한다면, 내가 보기에 모옌에게도 어느 정도는 이 '자유를 주는' 맛이, 최소한 조금이라도 '문학적 자유를 주는' 기능이 있다.

여운이 만세를 울리다

이백의 편년집을 읽다가 그의 말년 부분에 이르자 가슴이 두근거리기 시작했다. 그가 죽은 지 이미 천 년이 지났음을 분명히 알고 있음에도 이백이 다시 죽는 듯한 기분이 들었다.

계속해서 극도로 흥분한 채 이미 자신의 생명이 종점에 가까워졌음을 모르는 이백을 마주 대하니 나도 모르게 그를 대신해 조급해졌다. 수십 년 동안 달을 바라보던 '형형한 눈동자'는 이제 곧 어쩔 수 없이 꺼질 것이다. 나는 속으로 중얼거렸다. 이백이여, 쓸데없는 짓 하지 마시라. 그대의 시간은 이미 얼마 남지 않았소! 이것은 잔혹감이 없지 않은 독서 경험이었다. 이미 말했듯이 시공에 관한 '후생'의 우월감은 허망한 것이다.

이백이 쓸데없는 짓을 하지 못하게 하는 것은 불가능하다.

755년 말엽에 안녹산安祿山과 사사명史思明의 반란이 폭발했다. 성당의 아름답던 순간이 피비린내 난무하는 전장으로 변했고, 등불을 밝혔던 수많은 집은 처참한 어둠 속에 잠겼다. 대당의 낭만적 분위기는 씻은 듯이 사라졌으나, 황제 권력의 신경은 극도 민감하고 긴장된 상태가 되었다. 권력 놀음의 패를 섞는 상황에 직면한 일부 집단은 당연히 가장 먼저 소동을 일으켰다. 궁정은 더욱 핵심적이었다. 역대 황실은 이런 상황이 될 때마다 매번 온 힘을 다해 맞서기도 했고, 또 자기들끼리 알력을 일으켜 상잔相殘하는 사태도 종종 불가피하게 벌어졌다.

난세가 찾아왔다. 이백은 애타게 걱정하면서도 다시 정신이 크게 진작되었다. 마흔네 살 때부터 지금까지 또 십여 년 동안 강호를 떠돌았는데, 망상 속의 위대한 정치적 포부는 여태 펼쳐보지 못하고 있었다. 예전에 황제가 알아봐준 데에서 시작되었으나 아직 무언가 큰일을 하지 못했는데, 난세를 맞이한 그에게는 어떤 고명한 수단이 있었을까?

이백은 죽을 때까지 자기가 아니면 안 된다는 기백을 견지했다. 이것을 창작에 응용한다면 이로움은 있을지언정 해로움은 없었을 텐데, 그는 그것을 절박하게 정치에 적용했다. 이것은 그다운 비극이었다. 가장 비극적인 것은 만년의 이백에게 이 기백을 맹렬히 사용할 수 있는 한 번의 기회가 결국 찾아왔다는 사실이었다. 그러나 그를 기다린 것은 정치상의 치명적인 재난이었다.

756년 말엽, 여산廬山에 은거한 채 시대의 변화를 관망하던 이백은 영왕 이린의 부름에 응해 막료가 된다.

낙양에 북방 오랑캐[84]가 삼대처럼 어지러운데
천하가 남쪽으로 달려가니 영가 연간과 비슷하다.[85]

---

84 낙양에는 하수河水와 낙수洛水, 이수伊水가 있어서 '삼천三川'이라 했고, 북방 오랑캐는 안녹산의 반군을 가리킨다.
85 서진西晉 영가永嘉 5년(311)에 유요劉曜가 낙양을 함락하자 문무백관을 포함한 백성 3만여 명이 가족을 이끌고 강남으로 피난했는데, 안록산이 장안과 낙양을 점령하자 비슷한 상황이 벌어졌다는 뜻이다.

동산의 사안을 임용하기만 하면

군주가 담소하는 사이에 오랑캐의 먼지 가라앉으리라!

三川北虜亂如麻, 四海南奔似永嘉.

但用東山謝安石, 爲君談笑靜胡沙.　　　　　　　_「永王東巡歌」其二

시험 삼아 군왕의 옥마를 다룰 채찍 빌려주신다면

군대 지휘하여 북방 오랑캐가 잔치 자리에 앉게 하겠나이다.

남방의 바람이 오랑캐의 먼지 단번에 날려 가라앉히면

서쪽 장안으로 들어가 천자 곁으로 가겠나이다!

試借君王玉馬鞭, 指麾戎虜坐瓊筵.

南風一掃胡塵靜, 西入長安到日邊.　　　　　　_「永王東巡歌」其十一

　　이백은 정치적으로 너무 오랫동안 침체해 있었다고 느꼈다. 쉰여섯 살의 이 '노병'은 막료로 들어가자마자 끊임없이 노래하며 투지를 드높였다. 그는 "하늘이 이 몸에게 큰 임무를 내린"[86] 때가 왔으니 드디어 사안謝安이나 제갈량과 같은 일을 하여 자신의 그 "위기를 되돌려 형세를 반전시키는" 비범한 역량을 발휘할 수 있게 되었다고 여겼다.

　　이때를 전후로 시세時勢를 잘 살펴서 영왕 곁에서 벗어나거나 부름에 거절 의사를 표한 이가 많았고, 심지어 군대를 일으켜 영왕에게 반항하는 이도 있었다.

　　난세는 투기 심리가 생기도록 재촉하기 마련이다. 권력의 핵심인 황자皇子와 황손皇孫은 더욱 그것을 피하지 못한다. 궁벽한 시골에도 황제가 되려는 큰 꿈을 꾸는 이가 없지 않다. 큰 혼란이 시작되자 현종은 다급히

86　『맹자』 「고자 하告子下」: "天降大任於斯人."

남쪽 성도成都로 도망쳤다. 현종의 셋째 아들이자 태자인 이형李亨과 열여섯째 아들인 영왕 이린은 어명을 받아 각자 반란을 평정했다. 756년 7월, 이형이 영무靈武에서 즉위했으니 바로 숙종肅宗이다. 현종은 태상황太上皇이 되었다. 그해 11월에 이형이 이린에게 촉 땅으로 가서 현종을 알현하라고 조서를 내렸는데, 이린은 항명하여 독자적으로 군대를 이끌고 동쪽을 순시했다. 이백의 연작시 「영왕동순가永王東巡歌」는 바로 그 순행 도중에 지어졌다. 당시 이린은 이미 새 조정에서 내린 어명에 따라 폐위되어 서인庶人 신분이 되어 있었다. 그리고 새 조정은 무력을 조직하여 이린을 토벌하기 시작했다. 이백이 알았는지는 모르겠지만, 이린을 토벌하러 나선 군대의 사령관은 뜻밖에 이백의 오랜 벗이자 명망 높은 시인인 고적高適이었다. 당시 고적은 회남절도사淮南節度使 신분이었다. 이듬해 2월, 이린은 패전하여 피살되었다. 겨우 몇 달 사이에 이백은 구름 위에 있다가 수렁으로 빠져버렸다. 그가 이린의 막부로 들어갈 무렵은 바로 이린이 '반역자'로 선포되던 때였다.

이백은 천하대세에 어두웠고, 게다가 정보의 전달 속도도 느렸기 때문에 최후의 고비에 이를 때까지 이린에게서 벗어나 자신을 구하지 못했다. 그는 천진했으나 세계는 그렇지 않았다.

이린이 참패하여 살해당하자, 숙종은 사후에 이린을 따랐던 이들을 붙잡아 처형했다. 그러나 나중에는 황실에서 다시 이린을 복권시키고 그 후예를 보살펴주었다. 이백이 격분하여 그렇게 된 것을 생각하면 확실히 조금 우스운 일이다. 주희는 이백이 "아무 생각이 없어서 이런 지경에 이르렀다沒頭腦至於此地"라고 했다. 이백의 정치적 어리석음을 비판하기는 너무 쉽다. 나 또한 그러하다. 하지만 공평하게 말할 필요가 있다. 암실 같은 정치 앞에서 투명한 이백은 무능할 수밖에, 실패할 수밖에 없다. 그의 정치적 지능지수가 낮다는 점을 얘기하려면 황제 권력을 기반으로 하는 정치

환경과 연계해야 한다. 공개적이고 투명한 정치가 있다면 이백도 반드시 일격을 감당하지 못하지는 않았을 것이다.

황제 권력이 큰 혼란에 직면하거나 왕조가 교체될 수도 있는 시기에 황자들 사이에 투기 심리가 생기는 것은 이상한 일이 아니다. 사인에게 어떤 투기 심리가 생기는 것도 정상적인 현상에 속한다. 이백에게 그런 심리가 없었을까? 그의 일생을 고려하고, 그가 이린을 따르기 전후의 작품을 되풀이해서 읽어봐도 결론은 내리기 어렵다. 현대인들은 종종 그가 이린을 따른 일을 두고 '애국 열정'이라고 설명하기도 하는데, 너무 생동감도 없고 쉽게 말한 것이다. 옛날에는 이렇게 설명하는 사람이 드물었다. 대부분 주희처럼 이백을 '아무 생각 없는' 사람으로 간주했다. 이백에게 투기 심리가 있었다고 하는 것은 너무 냉혹한 듯하고, 절대 그렇지 않다고 얘기하는 것도 설득력이 부족하다. 그렇다면 이렇게 하자. 이백에게 설사 투기 심리가 있었더라도 가장 천진하고 가장 졸렬한 것일 수밖에 없었다고 말이다. 투명하고 단순한 이백이 혼탁한 황실의 투쟁에 연루되었다는 것만이 기본적인 사실이다.

이백은 심양澤陽의 감옥에 갇혀 있으면서 절망 속에서 오랜 벗 고적이 도움의 손길을 건네는 환상에 잠겼다. 이백보다 몇 살 어린 고적은 변새시邊塞詩의 대가로 공인을 받고 높고 험준한 기개를 자랑하는 시풍詩風으로 일세를 풍미했다. 옥중의 이백은 여러 차례 이런저런 경로를 통해 고적에게 시를 바치며 아낌없이 치켜세웠다. 그러나 고적은 거들떠보지 않았다. 고적이 오랜 벗 이백이 바친 시를 읽은 심정을 추측하기는 어렵다. 이린을 토벌하는 군대의 사령관을 맡기도 했던 조정의 중신인 고적이 이런 태도를 보인 것은 이해할 만하다. 그러나 이백에 대한 타격은 분명히 엄중했을 것이다.

나를 좋아하는 이는 동정할 테지만, 나를 좋아하지 않는 사람이라 하
더라도 어찌 위험 앞에서 차마 서로 해치겠습니까?

好我者恤我, 不好我者何忍臨危而相擠. _____「萬憤詞投魏郎中」

옥중에서 그가 내뱉은 이 포효는 틀림없이 고적을 겨냥한 것이었다.
'멸시 예방'의 심리가 지극히 컸던 이백은 이번에 이미 권력을 지닌 귀족이
된 친구에게서 버려지고 멸시당하는 고통을 철저히 체험했다. 그가 타인
과 정치적으로 갈라서는 것은 정말 너무 쉬웠다.

이백은 옥에 갇히고 반년 뒤에 군대를 이끌고 그곳에 온 중승 송약사
의 도움으로 풀려났다. 그런데 구속에서 벗어나자마자 그는 또 공명을 생
각했다. 「송 중승에게 자신을 천거함爲宋中丞自荐表」을 쓰고 새 황제가 자신
에게 공명을 이루게 해주는 환상에 빠진다. 그는 송약사가 이렇게 말해주
길 바랐다.

"어찌 이 사람이 우주에 명성을 날리면서 살아 있는 해들을 쇠잔하
게 보내게 하겠습니까?"

황제가 이백과 같은 천재에게 공명을 주지 않는 것은 도리에 맞지 않
는다는 것이다. 그는 새 황제가 지금 그저 그를 죽일지 살려둘지, 옥에 가
둬둘지 내쫓을지 사이에서 고민할 뿐이라는 사실을 몰랐다. 옥에서 나오
고 얼마 후에 그는 또 새로운 판결을 받아 멀리 귀주貴州의 야랑夜郎 땅에
유배된다. '살아 있는 해들을 쇠잔하게 보낼' 운명은 바꾸기 어려울 듯했
다. 757년 말엽에 그는 유배길에 올랐다. 그리고 759년에 천하에 오랫동
안 가뭄이 들자, 긴장한 조정은 특별 사면령을 내렸다. 일 년 남짓 먼 길을
갔으나 아직 야랑에 도착하지 못했던 그는 요행으로 사면을 받았다. 유배
가는 도중에도 그는 끊임없이 시를 읊었다. 유배는 그의 또 다른 유랑의
방식인 듯했다.

이백이 자유로워지자 생명의 종점이 눈앞에 다가왔다. 그는 최후의 시간을 서둘러 쓰려는 듯이 계속해서 떠돌았다. 그의 마지막 몇 년 동안 의 심정을 살펴보자.

때를 만나지 못하면 성현도 고개를 숙일 수밖에 없다. 하물며 못난 내가 내쫓겨 쇠잔해진 것은 당연히 마땅한 일이 아니다.
苟非其時, 賢聖低眉. 況僕之不肖者, 而遷逐枯槁, 固非其宜.
_「與諸公送陳郎將歸衡陽幷序」

천지가 다시 새로워져 법령이 관대해졌는데
야랑에 유배된 나그네 찬 서리 맞아 흰머리가 되었다.
(…)
내가 그대 위해 황학루를 부숴버릴 테니
그대도 나를 위해 앵무주를 쓰러뜨려주시구려!
적벽에서 싸우던 영웅들은 꿈속에 있는 듯하니
잠시 노래하고 춤추며 이별의 시름 누그러뜨려보세.
天地再新法令寬, 夜郎遷客帶霜寒……
我且爲君搥碎黃鶴樓, 君亦爲吾倒却鸚鵡洲.
赤壁爭雄如夢裏, 且須歌舞寬離憂.
_「江夏贈韋南陵冰」

울퉁불퉁 산길에서 수레를 탄 듯이 격렬하고 파란만장한 생애에서 그는 너무나 아슬아슬하게 예순 살이 되었다. 살아남은 것만 해도 이미 행운이었다. 시적 재능과 시인으로서 명성이 어느 정도 구명救命의 역할을 했을 것이다. 그에게 칼을 휘두르려던 이도 그의 대단한 명성을 고려하지 않을 수 없었다. 그해에 이백은 아주 많은 시를 썼다. 그는 극히 이례적으로 반성 의식을 드러내며 운명을 받아들이는 듯한 냄새를 풍겼다. "야랑에 유배된 나그네 찬 서리 맞아 흰머리가 되었으나" 설령 '흰머리'가 나고 치료할 방도가 없는 엄중한 상처를 입었음에도, 시인은 아직 웅지雄志가 남아 있어서 여전히 호탕했다. 조각조각 깨져버렸다 할지라도 웅지는 웅지가 아니겠는가!

나는 「회사懷沙」를 노래한 굴원이 아니라
그저 「채릉采菱」[87]의 노래를 찬미할 따름.
바라는 바는 동산으로 돌아가는 것이니
내 마음도 여기서는 만족하리라.
予非懷沙客, 但美采菱曲.
所願歸東山, 寸心於此足.　　　　　　　　_「春滯沅湘, 有懷山中」

꿈에 다섯 그루 버드나무 가지 보았나니
이미 말 채찍 걸어놓을 만하지.
언제나 팽택으로 가서
도연명 앞에서 목청껏 노래할까?
夢見五柳枝, 已堪掛馬鞭.
何日到彭澤, 狂歌陶令前.　　　　　　　　_「寄韋南陵冰」

굴원의 노래 해와 달처럼 높이 걸렸는데
초왕의 누각과 정자 산언덕에 공허하구나.

---

87 『이아익爾雅翼』에 따르면 초楚 땅의 풍속에는 마름菱이 익으면 남녀가 함께 그것을 채취했는데, 그 때문에 「채릉採菱」 노래를 주고받으며 불렸다고 한다. 초사 가운데 하나인 「초혼招魂」에는 마름을 채취할 때 부르는 노래로 「양아陽阿」라는 것이 언급되어 있기도 하다.

(…)

부귀공명이 영원하다면

한수도 응당 서북쪽으로 흐르리라!

屈平辭賦懸日月, 楚王臺榭空山丘 (…)

功名富貴若長在, 漢水亦應西北流.　　　　　　　　　　_李白,「江上吟」

　　나 이태백은 「회사」를 읊조리고 스스로 멱라강에 몸을 던진 굴원처럼 되고 싶지 않고, 동산東山의 사안謝安과 팽택의 도잠을 따라 은사가 되고 싶다. 공명의 관점에서 보면 '쇠잔'한 이 생애는 이미 국면이 정해졌다. 천하를 아울러 구제하는 것은 가망이 없고, 홀로 선행하는 것은 부질없어졌으니, 목표를 추구하던 인간으로서 이백은 한 가지 목표도 실현할 수 없었다. 대붕의 날개를 접고 거대한 상실감을 안은 채 종말의 날을 맞이한다. 그렇다면 마지막 안위는 무엇으로 삼을까? "만 마디 말이 한 잔의 물보다 값어치 없다萬言不直一杯水"(「答王十二寒夜獨酌有懷」)라는 호언이 살그머니 "굴원의 노래 해와 달처럼 높이 걸렸다"라고 바뀌었다. 이전에는 별것 아니라고 여기던 시적 재능과 시인으로서의 명성이 권력을 지닌 귀족과 허무에 대항하는 유일한 저울추가 된 것이다. 굴원과 같은 숙명을 거절하지만 어쩔 수 없이 그 이름으로 우주를 관통하여 위안으로, 측량대로 삼는다. 줄곧 기대했으나 끝내 받아내지 못했던 세속의 부귀공명은 다시 한번 철저하게 멸시하는 수밖에 없다.

　　회계의 치욕[88] 씻어

　　천자의 영광스러운 은혜에 보답하려 했지.

88　춘추시대 오나라가 월나라를 격파하자 월왕이 회계에서 항복했다. 여기서는 절浙 땅에서 일어난 원조袁晁(?~763)의 반란을 가리킨다.

도중에 병으로 돌아오니

동남쪽을 정벌할 수 없게 되었지.

(…)

하늘이 사나이의 마음 빼앗으니

길게 탄식하며 금릉을 떠나노라!

願雪會稽恥, 將期報恩榮.

半道謝病還, 無因東南征 (…)

天奪壯士心, 長吁別吳京.　　　　　　_「聞李太尉大擧秦兵百萬出征東南,

儒夫請纓, 冀申一割之用, 半道病還, 留別金陵崔侍御十九韻」

　　762년 가을, 태위太尉 이광필李光弼[89]이 동남 지역으로 출정한다는 소식을 들은 예순두 살의 이백은 나이에도 아랑곳하지 않고 종군을 강행했으나, 안타깝게도 도중에 병이 들어 돌아올 수밖에 없었다. 이 시는 총 38구절로 되어 있으며 제목만 하더라도 38자나 된다. 병들어 허약한 시인이 놀라울 정도로 긴 제목의 시를 썼다. 이 제목은 그야말로 긴 채찍처럼 현실과 역사에 걸려 있다. 이백은 이미 삶이 얼마 남지 않았음을 알고 자기의 최후를 힘껏 활용하려고 전장에서 죽는 것도 두려워하지 않았다. 그러나 그 생이 겨우 몇 달밖에 남지 않았다는 사실은 몰랐다.

　　나는 지금까지 이백이 애국했는가 아닌가 하는 것으로 그를 평가하지 않았다. 광대한 사인을 두고 애국의 정감은 논의할 필요가 없는 것이다. 애국의 딱지를 붙이는 것은 사실 지나치게 간편한 독해다. 황제 권력이

89　이광필李光弼(708~764)은 거란족 출신으로, 처음에 좌위친부좌랑장으로서 계군공薊郡公 작위를 세습했다. 천보 15년(756)에는 하동절도사로서 안·사의 반란을 진압하는 데 참여했고, 상원上元 2년(761)에는 하남부원수, 태위 겸 시중으로 회하 지역에서 장수들을 통솔하다가, 이듬해에 원조의 반란을 진압하여 임회군왕臨淮郡王에 봉해졌다. 다시 이듬해에 안·사의 반란이 평정되자 그에게 철권鐵券이 하사되고 능연각에 초상화가 그려졌다.

지배하는 나라를 사랑한다는 것은 그다지 쉬운 게 아니다. 이른바 '충군애국忠君愛國'에서 '애국'을 한 결과 '군주에게 충성하지 않은' 죽을죄를 저지르게 될 수도 있다. 그런 예는 너무나 많다. 백성을 도탄에 빠뜨리는 엄청난 혼란은 여전히 지속되고 있었다. 이백은 전과자의 몸으로 씻을 수 없는 치욕을 짊어지고 있었다. 열정적인 마음이 솟아났으나 헛된 시도로 끝날 뿐이었다. 이 장편시에서 그는 더 이상 공명도, 신선도, 도道도, 협俠도, 은거도 얘기하지 않고 그저 천하에 대한 염려, 다시는 자기를 쓸 수 없는 평생의 한만을 얘기했다. 그는 순수하게 애국했으며, 그 애국은 또 "천자의 영광스러운 은혜에 보답하기" 위한 것이었다. 아무것도 가진 게 없는 그는 여전히 황실과 국가가 자기에게 은혜를 베풀었다고 여겼다. "하늘이 사나이의 마음 빼앗으니 / 길게 탄식하며 금릉을 떠나노라!" 가련하게도 '쫓겨난 신선'은 긴 탄식만 남길 뿐이다.

긴 탄식은 또 하나의 긴 탄식으로 이어진다. 몇 달 뒤, 종점에 도착한 이백은 「임로가臨路歌」로 이 생애와 세상과 결별했다. 「임로가」는 이백 특유의 유언이자 탄식이다. 그의 종점에는 신선도, 도도, 협도, 은거도 없이 그저 하늘로 오르는 도중에 날개가 꺾인 한 마리 대붕만 있었다.

나는 생의 종점에 이른 이백이 여전히 신선이 되고 도를 깨닫는 따위의 망상으로 그의 '자아'에서 도피하지나 않을까 걱정했다. 그랬다면 이 '후생'은 더욱 슬펐을 것이다. 고맙게도 그는 그가 동경했던 삶을 살지는 못했으나 어쨌든 기본적으로 분명하게 살았던 셈이다.

> 대붕이 날아올라 팔방을 진동하려 했는데
> 중천에서 꺾였으니 힘이 부쳤구나!
> 남은 바람은 만세를 격탕하겠으나
> 부상扶桑[90]에 노닐다가 왼쪽 소매가 걸렸구나.

후세 사람이여, 이걸 알게 되면 전해다오.

공자가 죽었으니 누가 나를 위해 눈물 흘려줄까?[91]

大鵬飛兮振八裔, 中天摧兮力不濟.

餘風激兮萬世, 遊扶桑兮掛左袂.

後人得之傳此, 仲尼亡兮誰爲出涕.   _「臨路歌」

대붕과 천하 팔방, 중천, 힘이 부침, 만세를 격탕함, 부상에서 노넒, 왼쪽 소매가 걸림, 공자, 눈물……

대붕이 중천에서 날개가 꺾였으니, 이백은 그 뼈를 하나하나 뽑아 당시의 세상에, 천 년 뒤에, 나에게 내던졌다. 나는 그 뼈를 하나 집어 들고 대붕의 생기와 숨결을 맡았다. 얼마나 생동적이고 핍진逼眞하며, 얼마나 웅장하고 또 처량한가!

이백은 촉 땅을 나온 뒤 「대붕부」로 자기의 청춘을 선언했고, 이때부터 시종일관 대붕의 자세로 자존자대하며 걷다가 시를 읊조리면서 이 생애를 지나왔다. 「임로가」에서 그는 대붕이 늙어서가 아니라 중천에서 꺾였다고 했다. 대붕은 영원히 젊은 대붕이고, 이백 자신은 영원히 젊은 이백이라는 것이다. "나는 본래 초 땅의 미친놈이라 / 봉황의 노래로 공구를 비웃었지"(「廬山謠寄盧侍御虛舟」)라고 소리쳤던 이백이 임종할 때는 공자와 자기를 대비하여 최후의 안식을 찾고자 했다. 그렇게 멀리 떠나왔음에도 여전히 공자와 유가로 회귀했다. 당시 세상에는 '기린을 위해 울어줄' 공자가 없으니, 이태백을 위해 울어줄 사람도 없다고 했다. 그처럼 호탕했던 이백

---

90 부상扶桑은 옛날 신화에서 해가 뜨고 지는 곳, 또는 그곳에 있는 나무를 가리킨다. 그리고 고대에 해는 군주를 상징하는 경우가 많았으니, 여기서 부상은 황제가 있는 곳을 의미한다.

91 춘추시대 노나라 애공 14년(기원전 481)에 기린을 한 마리 잡았는데, 공자는 그 기린이 나올 때를 제대로 맞추지 못해 붙잡혀 죽었다고 눈물을 흘렸다고 한다.

의 기본 인격은 여전히 '유가의 인격'이었던 것이다. 그는 자기의 실패를 인정했으나 자부심과 긍지는 여전했다. 날개 꺾인 대붕도 여전히 대붕이고, 실패한 영웅도 여전히 영웅이다. 이백의 호소력과 위대한 힘이 여기에 있다. "남은 바람이 만세를 격탕하리니" 실패한 이백은 그래도 자기가 반드시 불후의 행렬에 들어가리라 믿는다.

역사에 길이 남을 명성을 쌓았건만
죽은 후의 일은 적막하기만 하구나!
千秋萬歲名, 寂寞身後事.　　　　　　　　　　_杜甫,「夢李白」其二

두보는 진즉 이백의 이런 숙명을 간파했다. 이것은 천재들의 공통적 숙명이다.

항우는 스스로 목을 긋기 전에 절창絕唱「해하가垓下歌」를 불렀다. 항우와 이백, 실패했고 또 단순하면서 맹렬했던 두 영웅! 항우는 먼 옛날 영웅의 기풍을 전하지만, 이백은 중고中古 시대에 가장 낭만적인 영웅의 기풍을 지닌 위대한 시인이었다. 이런 기풍은 어디로 갔는가? 왜 세상에는 이제 또 다른 이백이 없는가?

사마천은 깊고 어두운 역사 속으로 물러나 거의 실현 불가능한 것처럼 보였던 인격의 존엄을 역사가의 붓으로 실현했고, 도잠은 전원으로 물러나 적막한 전원을 이용해서 자기의 인격을 무정하게 해치던 무도한 인간 세상을 차단했다. 그러나 이백은 물러날 줄도 '나아갈' 줄도 몰랐다. 그는 자기를 확대하고 또 확대하여 하늘 높이 기세를 떨친 대붕으로 만들었다. 그런데 이 대붕은 광막한 허무의 그물 속에 영원히 덮이고 말았다. 생존은 항상 자질구레하고 맥 빠진, 미미한 것으로 그를 욕보이고 소모했다. 그는 한 곳에서 포효하고, 다시 다른 곳으로 가서 포효하면서 인생의 종점에 이를 때까지 계속 포효했다. 종점에서 그는 날개 꺾인 대붕이 찾은 포효로 자신의 공연이 끝났음을 선언했다.

이백의 이 마음은 누구도 보살펴줄 수 없었다. 남이 위로해주고 보살펴줄 수 있는 마음은 위대한 마음이 아니다. 위대한 마음은 누구도 보살펴줄 수 없다. 사마천이나 도잠 등은 오직 스스로 보살필 수밖에 없었다. 위대한 마음을 가졌음에도 이백은 자신을 돌볼 능력은 너무 모자랐다.

이백이여, 그대의 일생은 바로 '무용無用'의 일생이었다. 그대는 남에게 쓰일 수 있는 재목이 아니었다. 예로부터 이러했다. 쓰이기를 갈망하는 사람들도 있고, 어쩔 수 없이 쓰이게 된 사람들도 있으나, 합당하게 자기를 써서 자기를 완성할 수 있는 사람은 극소수였다. 모든 게 허사가 된 이백은 결국 억지로 시를 써서 가치 있는 일로 삼았다. 시를 쓴다는 측면만 놓고 보면, 이백이여, 그대는 자기를 사용하여 자기를 완성한 희귀한 사람이라 할 수 있겠다.

출발점이 대붕이었고 종점도 대붕이었다. 이백은 초심을 잊지 않고, 초심이 변하지 않은 전형적인 인물이었다. 이 초심 안에는 인성의 순결함이, 어린아이의 투명함이 담겨 있었다. 중국 문화사에서 장자의 철학에 담긴 대붕은 이백의 시적 대붕이 되었다.

에필로그, 기나긴 전설

이백이 죽고 수십 년 후에 중당中唐의 위대한 시인 백거이白居易[92]가

---

92   백거이白居易(772~846, 자는 낙천樂天, 호는 향산거사香山居士)는 한림학사와 좌찬선대부 등을 역임했으며, 원진元稹과 함께 '신악부新樂府'를 써서 현실의 부조리를 비판한 것으로 유명하다. 「장한가長恨歌」「매탄옹賣炭翁」「비파행琵琶行」 등의 많은 걸작을 남겼다.

이백의 무덤 앞에 왔다.

> 채석기采石磯 강변 이백의 무덤93
> 묘지를 둘러싼 풀밭 구름까지 한없이 이어졌구나.
> 가련하여라, 황량한 무덤에 묻힌 황천의 해골이여
> 옛적에 경천동지할 글을 지은 적 있지.
> 그러나 시인은 대부분 박명하고
> 개중에 그대보다 더 실의한 이는 없지.
> 采石江邊李白墳, 繞田無限草連雲.
> 可憐荒壟窮泉骨, 曾有驚天動地文.
> 但是詩人多薄命, 就中淪落不過君.　　　　　 _ 白居易, 「李白墓」

이백의 운명은 어느 정도 공명을 이루고 세속의 복을 누린 백거이가
크게 개탄하게 했다.

높은 벼슬과 후한 봉록을 제외하고 당나라 때의 인간 세상에서 겪을
수 있는 모든 삶을 이백은 경험했다. 비범한 시적 재능과 자존자대하는 인
격으로 천하를 떠돌면서 기생을 끼고 마음껏 술을 마셨다. 천금의 준마도
첩과 바꾸고, 황금은 다 써버려서 술값도 내지 못하게 되도록 한바탕 꿈과
같은 호사한 삶을 즐기며 쾌락과 아픔을 극도로 느끼며 강호와 궁궐을
아우르는 파란만장한 생애를 그는 거의 자연스럽게 살아냈다. 황제가 가
업家業으로 여기는 무한한 강산은 세속을 놀라게 한 이백의 시와 문장을
담는 그릇이 되었고, 그에게 부릴 수 있는 다리를 제공하는 호탕한 정신적
기마대가 되었다. 이백만큼 넓은 지역을 유랑한 시인은 없다. 그는 한 생애

---

93 이백은 안휘 당도當塗에서 죽어 처음에는 용산龍山에 묻혔으나 817년에 청산靑山(안휘 채석산采
石山)으로 이장했다.

로 몇 개의 인생을 살았다.

이백은 생존에 필요한 성숙을 끝내 거부했다. 망상하고 실패했는데, 다시 망상하고 또 실패했다. 열광하다가 허무해졌는데, 다시 열광하고 또 실패했다. 이렇게 생명의 종점까지 갔다. 그의 일생을 이렇게 개괄하는 것은 조금 냉혹할 수도 있겠다. 투지 드높았던 일생, 광폭하고 허황했던 일생, 끝없이 낙담했던 일생, 풍부하고 다채로웠던 일생. 이렇게 개괄하면 비교적 빈틈없이 세심해질 수 있다. 이백도 평범한 우리처럼 남들 앞에서 현재의 부귀를 자랑하는 것이 좋다는 것을 잘 알았다. 다만 치러야 할 게 너무 많더라도, 스스로 모욕하거나 남의 모욕을 견뎌야 하는 일이 너무 많더라도 그것을 원하겠는가가 문제다. 사마천과 도잠 등은 자각적으로 그런 것을 원하지 않았다. 이백은 평생 그 좋은 것을 생각했으나 모욕당하지 못하는 인성을, 그 개성을 개조하지 못한 것이 그가 바람을 이루지 못한 결정적인 이유가 되었다.

황제 권력의 지배 아래 지극히 매혹적인 그 권력은 이백이 진입할 수 없는 보루였을 뿐만 아니라 평생 벗어날 수 없었던 포위망이기도 했다. 어쩌면 바로 이 때문에 그의 다른 연출들이 극치에 이를 수 있었는지도 모른다.

살아 있을 때 멸시당했던 혹은 동정받았던 이백은 아주 신속하게 '전설 속의 주인공'이 되었다. 그가 죽은 뒤 그에 관한 이야기는 그의 인생보다 열배 백배 길어졌다. 그의 에필로그는 면면히 이어지는 전설이다. 전설 속에서는 권력을 지닌 귀족들, 심지어 황자들도 그를 환호하는 구경꾼이나 관중이 되었다.

이백이 떠나버린 세계에서 사람들은 그를 거듭 부활시켰다. 각지에서 끊임없이 선인仙人 이백의 출몰 소식이 들렸다. 그의 발자취가 닿았던 곳은 물론이고, 그가 가보지도 않았던 곳에서도 마찬가지였다. 마치 서양의 신에 관한 전설과 비슷했다. 그가 살아 있을 때도 전설적 색채가 이미 진했는데도 사람들은 그다지 싫어하지 않았고, 이백에게 자신의 실제 삶보다 더 전설적으로 보이게 만든 것은 아니었다. 사람들은 이백이 평생 좌절 속에서 살았다는 사실은 무시했고, 전설 속의 이백은 늘 비할 데 없이 생생했다. 그는 이미 대단히 극단적이었는데 사람들은 그를 더욱 극단적으로 만들었다. 고역사가 장화를 벗겨주고, 양귀비가 먹물을 받쳐주고, 현종이 손수 국을 떠주었다는 이야기가 진짜가 되었을 뿐만 아니라 끊임없이 더 풍부하고 생동적으로 변했다. 고역사와 양귀비 같은 권세 있는 인물들이 이백 앞에서는 거듭 체면을 잃었다. 심지어 황제마저도 이백 앞에서는 기뻐 어쩔 줄 몰라 말을 우물거리며 추태를 부려서 거의 어릿광대에 가까워졌다. 극단적으로 초라해진 상태에서 세상을 떠난 이백이 전설 속에서는 오히려 달을 잡으려고 물속으로 들어가서 떠난 존재가 되었다.

전설 속에서 사람들은 '유머의 권리'를 뒤집었다. 왜 이런 이백이 필요했는가?

이백 이전에는 그런 유형의 인물이 없었고, 그 이후에도 종적을 찾기 어렵다. 이유는 아주 많이 들 수 있다. 이백과 같은 극단적인 개성은 현실의 생존에 불리하니, 사람들은 각자의 성격 속에 담긴 '이백적 요소'를 자각적으로 억제한다. 어쩌면 이것이 주요 원인일 수도 있겠다. 우리는 각자의 마음속에 담긴 '이백'을 밖으로 방출하여 소란을 피우고 사고를 치게 해서는 안 된다는 것을 모두 잘 알고 있다. 동물도 은폐하고, 거짓으로 공격하는 척 속임수를 쓰고, 상대의 시선을 피해 우회하는 등의 전략으로 먹이를 잡아먹거나 적에게서 피할 줄 아는데, 이백은 그저 크게 고함만 지를 줄 안다. 어서 내놔! 응당 내놓아야지! 반드시 내놓아야 해! 이런 '이백'은 확실히 함부로 방출해서는 안 된다.

질적으로 보면 그의 요구는 사실 일반인과 다르지 않지만, 양적으로
보면 일반인은 그처럼 크게 요구하지 못한다.

就質論, 他其實是和一般人的要求無殊的, 就量論, 一般人却不如他要求得

那样強大.   _李長之

나는 이 관점에 극히 동의한다. 정상인은 누구나 성격 속에 크든 작
든 '이백적 요소'를 담고 있고, 모두의 정신 깊은 곳에는 하나의 이백이 존
재한다. 리창즈는 또 "이백의 가치는 사람들에게 자유를 준다는 데에 있
다"라고 했다. "하늘이 나라는 재목을 낳았으니 반드시 쓸모가 있을 것"과
같은 이백의 직접적인 언급이 담긴 시구절을 낭송해보는 것만으로 우리
는 설령 자신감을 얻지는 못할지라도 카타르시스를 느낄 수 있다. 생존을
위해, 이익을 위해 우리는 늘 고지식함과 치정癡情을 포기한다.

이백을 좋아하는 것은 생생하게 살아 있는 사람, 바로 자신을 좋아
하는 것이다.

권세의 위압은 실제적이다. 권력의 위압을 수시로 느끼는 사인은 권
세를 멸시할 심리적 요구가 생길 수도 있다. 권력을 지닌 귀족과 거리가 먼
중생들도 아무리 먼 곳이라 해도 닿지 못하는 곳이 없는 권력의 압박을
거부할 방도가 없다. 그래서 이백을 신격화하여 자기 대신 권력을 지닌 귀
족을 모욕하고 희롱하게 하자는 것은 일종의 공통적인 심리적 요구가 되
었다. 자기를 아끼고 중시하는 사인은 아주 쉽게 이백의 전설을 믿고, 나
아를 부풀리게 된다. 이백이 분방하고 오만할수록 사인은 더욱 한을 풀고
통쾌해진다. 이것은 사인의 '비첩 심리'에 대한 일종의 교정이자 완화인 셈
이다. 소식처럼 총명한 사람도 결국은 고역사가 이백의 장화를 벗겨주었
다는 전설을 사실로 믿었다.

두보를 본받는 것은 비교적 안전하지만, 이백을 본받는 것은 상대적

으로 안전하지 않다. 황제 권력의 시대에는 이백을 억누르고 두보를 칭송하는 것이 줄곧 주류였다. 현대에 이르러서야 이백을 좋아하는 이가 많아졌다. 이것은 현대 사회에서 인성이 비교적 많이 해방되고 존중되게 되었다는 사실과도 일치한다. 고대 중국에서는 이백과 같은 인물을 찾아보기 어렵고 셸리Percy B. Shelley(1792~1822)와 바이런George G. Byron(1788~1824), 휘트먼Walt Whitman(1819~1892), 니체 등 서양의 천재적 인물들이 나타낸 매력과 투명한 느낌이 오히려 이백과 상통할 수 있을 듯하다.

사람은 천성적으로 투명해지기를 바라지 않는다. 엄폐하고 꾸미는 것이 일반적이다. 오늘날 이른바 프라이버시의 권리는 바로 이 천성을 보호하거나 거기에 굴복하는 것이다. 프라이버시 권리를 이용하여 지저분한 짓을 엄폐하는 이들도 있는데, 이것은 개방된 사회가 치러야 할 어쩔 수 없는 대가다. 이백의 누추함을 우리는 피하기도 어려울뿐더러 그보다 더 누추해질 가능성도 있다. 그러나 그의 순결함은 종종 우리의 순결함이 되기 어렵다. 그의 순결함은 자각하지 못한, 혼돈의, 어린아이의 순결함이다. 어떤 사회에서도 복잡함과 지저분함이 없을 수는 없으나 순결함과 투명함이 결여될 가능성은 지극히 크다.

이백은 서양에서 가장 많이 번역되고 지명도도 가장 높은 중국 시인이다. 그는 현대와 미래와 통할 수 있다. 이백 현상은 무엇보다도 생명 현상이고 예술 현상이다. 그는 중국 황제 권력의 시대에 보기 드물게 개성을 높이 드날린 기적적인 인물이다. 그는 대중을 위해 자유와 평등을 쟁취할 생각은 전혀 하지 않고 오로지 자기의 사유만을 추구하며, 권력을 가진 귀족들이 자기를 평등하게 대해주길 바라는 망상에 빠져 있었다. 이것만 하더라도 이미 엄청나게 위대했다. 덕성德性은 수준이 높지 않았다고 할 수 있으나 그의 귀중한 가치는 고대의 누구도 대신할 수 없다.

다시 공자진을 언급할 수밖에 없다. 현대 문명의 충격을 이미 통절하게 느낀 그는 이백에게서 선진先秦의 분위기를 천재적으로 인식했다.

　　장자와 굴원은 사실 달라서 병존할 수 없는데, 그들을 병합해서 마음
에 담은 것은 이백에게서 시작되었다.
　　莊屈實二, 不可以幷, 幷之以爲心, 自白始.　　　　　　_龔自珍,『最錄李白集』

　　장자는 자연의 소리를 제창했고 굴원은 기묘하면서도 허황한 아름
다움을 보여준다. 그런데 이백에게서 그들은 하나로 통합되었다. 이백은
어린아이의 형상으로 대단히 짓궂고 선명하게 역사의 중간지대에 섰다.

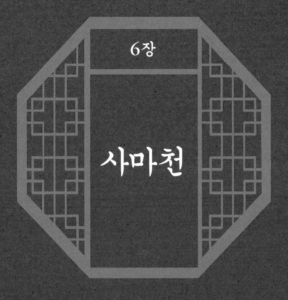

6장

사마천

육체와 영혼 사이에서

중국 역사에는 크나큰 억울함을 당한 두 남자가 있으니 바로 굴원과 사마천이다.

몽혼夢魂이 하룻밤에 아홉 번이나 달려갔지.

魂一夕而九逝.
_ 屈原,「抽思」

굴원은 시종일관 버려진 느낌을 강렬하게 지니고 있었는데, 하룻밤 사이에 아홉 번이나 육체를 떠난 영혼은 어디로 가려 했을까? 초나라의 수도 영도郢都로 갔다. 굴원이 강물에 몸을 던진 것은 절망 뒤의 자포자기였으며, 또한 버림받은 운명에 대한 무력한 반항이었다.

그래서 창자가 하루에 아홉 번이나 뒤집히고……

是以腸一日而九回……
_ 司馬遷,「報任安書」

무슨 이유로 사마천은 간장이 마디마디 끊어지고 가슴이 찢어지는 지경에 빠져버렸는가? 치욕, 육체를 갈가리 찢고 영혼으로 깊이 파고드는 치욕 때문이다. 궁형宮刑을 받은 것을 표지로 사마천의 인생은 확연히 둘로 나뉜다. 그도 버려졌고, 더욱 철저히 버려져서 '사람이 아닌非人' 존재가 되었다. 치욕의 톱이 그의 육체와 영혼을 켜고 있다. 불구의 몸을 비틀거리며, 위로하기 힘든 거대한 상처를 지닌 채 그는 격분하면서도 또 냉혹하게 등장했다.

사마천은 저 맹수가 날뛰는 성세盛世에 자신을 생매장했으니, 『사기史記』는 바로 그의 무덤이자 묘지명이었다. 그는 비상한 심력心力으로 역사의 깊은 곳, 인성의 깊은 곳으로 돌진했다.

궁형은 살아 있는 사람이 받을 수 있는 가장 엄중한 육체의 상처이자 정신적 억압이었다. 혐오는 불구가 된 자기 육체에만 한정된 것이 아니었다. 역사와 현실이 혐오감을 주는 곳은 바로 사마천이 혐오하는 곳이기도 했다. 그는 이런 혐오감을 품은 채 남은 생을 살았다.

의기義氣가 깊고 무거웠던 사마천과 의기가 깊고 무거운 『사기』는 독자의 영혼을 건드릴 뿐만 아니라, 심지어 생리 반응을 야기하기도 한다.

성세의 심부름꾼

그 사람을 모르겠거든 그 벗을 살펴봐라.

不知其人, 視其友.   _『史記』「張釋之馮唐列傳」

지혜로운 이는 때를 이용하는 것을 중시하니, 때를 놓쳐서는 안 된다.[1]

智者貴在乘時, 時不可失.   _司馬遷

역사에서는 줄곧 한나라 무제가 다스리던 시대를 위대한 성세라고 했다. 사마천의 독특하고 험난한 인생 역정은 기본적으로 이 시대와 시작과 끝을 함께 했다.

사람은 역사의 동물이다. 자신을 역사 안에 놓는 것은 인류의 유서 깊은 정신적 요구였다. 무제 시대에 한족은 이미 풍부한 역사 경력을 누적해놓고 있었다. 그리고 역사 문화가 가장 풍부했던 가족은 바로 사마천의 가족이었다. 사마씨는 대대로 사관史官이 되었다.

한나라 초기에는 도가의 무위無爲의 정치를 숭상해서 어지러운 전쟁을 물리도록 겪은 사회가 휴식하며 양생할 수 있게 되었다. 일곱 번째 황제인 무제 유철劉徹은 생기 넘치고 야심에 찬 방대한 제국을 물려받았다. 이 제국은 거의 이전까지의 '천하'라고 할 수 있었다. 선진先秦 시기 제자백가가 동경했던 천하통일의 국면이 실현된 듯했다.

이런 시대가 어떤 인물들을 수용했는지 보자.

첫 번째 인물은 당연히 유철(기원전 156~기원전 87)이다. 그는 열여섯 살에 등극하여 반세기가 넘도록 황제 자리에 있으면서 한 왕조를 전성기로 끌어올렸는데, 수명도 길고 위세도 엄중하고 능력도 뛰어났으니, 그림자도 컸다. 원정元鼎 4년(기원전 113)에 유철은 하동군河東郡(지금의 산둥성 샤현夏縣)까지 순행巡幸을 나갔는데, 갑자기 황제가 올 줄 예상하지 못했던 태수太守는 미처 접대하고 경호할 방법을 마련하지 못했는지라 너무 다급해서 자살로 도망쳐버렸다. 사마천은 이 일을 11자로 기록했다.

하동 태수는 뜻밖에 황제의 행차가 도착하여 제대로 처리할 수 없자

---

1 이것은 사마천의 말이 아닌 듯하다. 『사기』「춘신군열전春申君列傳」에 "적에게 관용을 베풀어서는 안 되고, 때를 놓쳐서는 안 된다敵不可假, 時不可失"라는 구절이 있으나, 인용된 문장은 찾을 수 없다. 대신 『삼국지연의』 제67회에 "智者貴於乘時, 時不可失"라는 구절이 들어 있다.

자살했다.

河東守不意行至, 不辦, 自殺.　　　　　　　　　　　　　　_『史記』「平準書」

이듬해에는 똑같은 이유로 농서군隴西郡 태수가 자살했다. 황제라는 권력의 공룡은 그림자만으로도 사람이 놀라 죽게 한다. 유철은 무공武功을 세우고 순행하는 데에 열중하여, 가장 먼 곳까지 가장 여러 차례 순행한 고대의 황제가 되었다. 그는 여자에게 열중한 것으로도 유명하다.

무제는 인정을 베풀듯 칼을 썼고, 병력을 부리듯 인정을 베풀었다.

用劍猶如用情, 用情猶如用兵.　　　　　　　　　　　　　　_翦伯贊

위청衛靑[2]과 곽거병霍去病,[3] 이광李廣 등은 현실과 역사에서 모두 혁혁한 명성을 날리고 있다. 그들은 연달아 막북漠北과 서역西域을 원정했다. 그들은 무제의 성격을 연장한 존재들이며, 제국이 휘두르는 무쇠 주먹이었다. 대내적인 집권集權과 대외 정벌이 바로 유철의 역량의 근원이었다. 그는 위청에게 한 번만이라도 출정하지 않으면 천하가 불안할 것이라고 말했다. 무제의 조정에는 고대 중국의 역사에서 공격형 장수가 가장 많았다. 거친 무력을 믿고 한나라에 도전했던 흉노는 무제의 무쇠 주먹에 끊임없이 얻어맞고 어쩔 수 없이 멀리 도망치기를 거듭해야 했다.

2　위청衛靑(?~기원전 106, 자는 중경仲卿)은 전한의 명장이자, 무제의 둘째 황후 위자부衛子夫의 동생으로 대사마대장군을 역임하고 장평후長平侯에 봉해졌다. 그는 일곱 차례나 흉노를 정벌하여 모두 승리함으로써 하삭河朔과 하투河套 지역을 수복하고 선우를 격파하는 등 많은 전공을 세웠다.

3　곽거병霍去病(기원전 140~기원전 117)은 위청衛靑의 외조카이자 권신 곽광霍光(?~기원전 68)의 이복형으로 무예와 책략에 능하여 하서와 막북에서 흉노와 벌어진 두 차례 전투에서 큰 공을 세워 대사마표기장군을 역임하고 낭거서狼居胥에 봉해졌으나, 젊은 나이에 병사했다. 이후 경환후景桓侯에 추봉되었다.

장건張騫[4]은 고대 중국에서 가장 멀리까지, 가장 오랜 기간에 걸쳐 사신으로 다녀온 외교가이자 여행가다. 장수들이 먼 지역을 향해 무력을 내뻗을 때, 한나라의 사신은 먼 지역에 제국의 소식을 전파했다.

　　동중서董仲舒는 처음으로 유가의 지고한 지위를 확립한 사상가다. 천하가 통일되자 필연적으로 '소프트웨어'의 통일도 필요해졌다. 제국이 차분하게 소프트웨어를 구축하게 되자 동중서가 천운에 따라 태어났다. 그는 유학을 세속화하고 실용화, 신학화神學化하여 체제를 위해 자기 학설의 합법성을 찾으려고 천상에서 인간까지 섭렵하며 전심전력을 기울였다.

　　사마천과 동시대에 살았으나 그들 모두 신분도 미천하고 언행도 경솔한 사마천을 신경 쓰지 않았다. 그러나 일찌감치 역사가로서 사명의식을 가지고 있던 사마천은 그들에게 유의하지 않을 수 없었다.

　　위대한 문명에는 위대한 시공이 필요하다. 한나라 사람들은 아무리 멀리 가더라도 자기들보다 문명이 높은 곳을 발견하지 못했고, 자기 제국보다 큰 나라는 더욱 발견할 수 없었다. 이런 큰 배경 아래에서 좋은 말을 구하려는 유철의 열정은 극도로 팽창했고, 이를 위해 그는 엄청난 인력과 물력을 아낌없이 써서 서역 깊은 곳까지 장수와 병사들을 연달아 파견했다. 후세는 그의 이런 행위를 비판하는 이들이 끊임없이 나왔다. 사실 이것은 오늘날 첨단무기를 추구하는 것과 유사했다. 그는 자신이 첨단무기를 지닐 자격을 가장 잘 갖추었으니, 가장 훌륭한 말은 당연히 자신의 제국을 위해 치달려야 한다고 여길 만한 이유가 있었다.

4　장건張騫(기원전 164?~기원전 114, 자는 자문子文)은 실크로드를 개척하는 데 크게 기여한 인물이다. 장화張華의 『박물지博物志』에 따르면, 한나라 무제가 장건에게 황하의 끝을 알아보고 오라고 하자 뗏목을 타고 여러 달을 가서 어느 곳에 이르렀는데, 관청처럼 생긴 성 안에서 베를 짜는 여인과 소를 끌어다가 강물을 마시게 하는 남자를 만났다. 그가 이곳이 어디냐고 묻자 남자는 도가 사상가인 엄군평嚴君平(기원전 86~서기 10)에게 물어보라고 했다. 또 베를 짜던 여인은 장건에게 지궤석楮机石을 주었다고 한다. 이후 장건은 박망후博望侯에 봉해졌다.

사마천(기원전 145?~기원전 87)이 직면한 것은 바로 이런 시대였다. 그의 운명과 재능은 이 시공에서 전개되었다.

이런 시대에 살았다는 사실보다 더 행운은 어쩌면 그의 부친이 위대한 역사학자인 사마담司馬談이었다는 점일 것이다. 사마담은 당시 문화의 절정을 차지할 만한 능력과 조건을 갖춘 인물이었다. 그는 문장과 역사, 천문을 관장하는 태사령太史令이었다.

천하에 남은 글과 옛날의 사건들은 모두 내게 모였다.
天下遺文古事, 無不畢集太史公.   _『史記』「太史公自序」

사마천의 독서 조건은 당시 누구도 비교할 수 없을 정도였다. 사마담은 도가의 정신을 마음에 새기고 있었으나, 아들은 공안국孔安國[5]과 동중서 등을 스승으로 모시고 유학을 공부하게 했다. 이것은 응당 아들의 미래 인생을 설계하기 위한 현실적 고려였다. 유학을 존숭하는 큰 국면이 이미 정해졌으니 유학을 공부해야 벼슬길에 들어갈 수 있었다. 이것은 오늘날 입시교육을 받는 것과 유사하다. 사마천이 열 살 때 부친은 고향인 하양夏陽(지금의 산시성陝西省 한청韓城)에서 그를 경사京師 장안長安으로 데려갔다. 스무 살 때 사마천은 그의 일생에서 대단히 중요했던 첫 번째 장거리 여행을 떠나게 되었다. 당시 그는 공직이 없었기 때문에 그 여행은 틀림없이 부친이 안배했을 것이다. 이로 보건대 사마담은 아들에게 깊은 기대감을 품고 있었음을 알 수 있다. 사마담의 영향과 의도적인 양육은 틀림없이 대단히 일찍부터 아들이 문화적으로 자각하고 역사학에 대한 담력과

5   공안국孔安國(기원전 156~기원전 74, 자는 자국子國)은 공자의 10세 후손으로서 무제 때 간대부諫大夫와 임회태수臨淮太守를 역임했다. 『고문상서古文尙書』 『고문효경전古文孝經傳』 『논어훈해論語訓解』 등의 저작을 남겼다.

식견을 키울 수 있게 도와주었고, 정신적으로 더 씩씩하고 문채文彩가 더욱 풍부한 사람으로 성장하여 주요한 기초를 다지게 해주었을 것이다.

사마천은 「태사공자서太史公自序」에서 스물네 살 이전의 삶을 고도로 개괄했다.

나는 용문龍門에서 태어나 용문산 남쪽에서 농경과 목축을 했다. 열 살 때는 고문 저작들을 암송할 수 있었다. 스무 살 때 남쪽으로 장강과 회수를 여행하고 회계산會稽山에 올라가 우혈禹穴을 탐방하고, 구의산九嶷山에서 순임금의 유적을 살펴보고, 완수沅水와 상수湘水를 뱃길로 지나 북쪽으로 문수汶水와 사수泗水를 건너 옛 제齊나라와 노魯나라의 도읍에서 학업을 연구하며 공자의 유풍遺風을 살펴보았다. 그리고 추鄒와 역嶧에서 향사례鄕射禮[6]를 익혔고, 파鄱와 설薛, 팽성彭城을 지날 때는 곤욕을 치르기도 했으며, 옛날 양梁나라와 초楚나라 땅을 들러서 장안으로 돌아왔다.

遷生龍門, 耕牧河山之陽. 年十歲則誦古文. 二十而南遊江淮, 上會稽, 探禹穴, 窺九嶷, 浮於沅湘, 北涉汶泗, 講業齊魯之都, 觀孔子之遺風, 鄕射鄒嶧, 厄困鄱薛彭城, 過梁楚以歸.

그는 자신의 여행에 무척 의기양양했다. 첫 번째 장거리 여행은 대략 삼 년이 걸렸으며, 두 번째 여행을 나설 때는 이미 조정의 젊은 관리 신분으로 사신으로 파견되었다. 이런 여행들은 그가 진행한 역사학의 '현장답사'라고 할 수 있다. 비범한 학문적 소양을 쌓은 청년이 또 때맞춰 비범하

---

6 향사례鄕射禮는 활을 쏘고 술을 마시는 고대의 예법이다. 두 종류가 있는데 하나는 주州의 장관이 봄과 가을에 주의 학교州序에 백성을 모아서 활쏘기를 익히게 하는 것이고, 다른 하나는 향대부가 3년에 한 번씩 공사貢士들을 모아놓고 거행하는 것이다.

고 낭만적인 장거리 여행을 함으로써 담력과 식견, 문기文氣를 유력하게 단련했으니, 그는 광활한 지리로 인생의 토대를 다진 셈이다. 다정다감한 청년 시절에 서재를 나와 대지의 산하를 마주 대하고 가슴에 담긴 전적典籍과 전고典故를 여행 중에 일일이 확인했으니, 서생의 마음이 활짝 열렸을 것이다. 이런 시공의 장거리 여행은 한나라 이전에는 상상할 수도 없었다. 나라가 커지면 심장도 커진다. 제국의 강력하고 큰 심장은 비범함을 지향하는 사마천을 아주 먼 곳까지 보내줄 수 있었다. 사마천은 이 시대를 잘 알았고 또 좋아했다. 물론 이것이 그가 나중에 이 시대를 격렬히 비판하는 데에 방해가 되지는 않았다. 이후 20여 년 동안 그는 또 순행에 열중하는 황제 유철을 끊임없이 수행해 모시며 위대한 한나라 강산을 두루 다녔다. 후세의 역사학자들 가운데 각력脚力과 심력心力의 측면에서 사마천을 따라잡을 수 있는 이는 아무도 없었다. 비범한 여행을 통한 고찰을 통해 그는 역사, 특히 당시의 역사에 대해 선명한 현장감을 갖출 수 있었고, 역사의 큰 국면과 세부가 가슴에 일목요연하게 담겼다. 그는 여행을 『사기』의 한 맥락으로 만들었는데, 깊이 가라앉은 그 맥동脈動은 각 편篇에서 불시에 모습을 드러낸다.

사마천은 이미 자신을 이런 인물로 확립했다. 가장 깊고 넓게 여행하고 문화적으로 가장 충분하게 준비된 역사학자. 사마천이 심오한 시선으로 역사를 살펴볼 무렵에 이르자 고대 중국도 위대한 역사 저작의 출현을 고대하게 되었다.

이 위대한 시대에 사마천은 줄곧 별것 아닌 인물이었다. 그는 스물네 살 전후에 낭관郎官이 되었다. 이후 20여 년 동안 그는 거의 유철의 순행을 수행하며 모시다시피 했다. 그 자신은 이것이 더없이 큰 영광이라고 생각했으나, 사실상 대수롭지 않은 방관자이자 기록자에 지나지 않았다. 다른 이들과 다른 점이라면 직업에 민감하고 지식을 닦는 것을 사명으로 여긴 이 기록자가 알게 모르게 통찰자가 되었다는 점이다. 그는 남이 보지 못하는 역사의 활극을 보고 경험할 수 있었다. 그런 활극 가운데 그는 그저 심부름꾼으로 뛰어다니는 배역일 뿐이었으나 극의 줄거리에 대해서는 주인공이나 감독보다 더 분명히 알고, 아울러 그런 줄거리가 생겨난 배경까지도 잘 알았다. 원봉元封 1년(기원전 110)에 유철은 한나라 최초로 태산泰山에 올라가 성대한 봉선封禪 의식을 거행했는데, 사마담은 갑자기 주남周南, 즉 낙양에서 병이 위독해지는 바람에 수행하지 못하고, 임종할 때 사마천에게 『사기』를 완성하라는 유언을 남겼다. 사마천은 눈물을 흘리며 분부를 받들었다. 한나라 제도에 따르면 아들은 부친의 직위를 계승할 수 있었다. 3년 후, 서른여덟 살의 사마천은 태사령 직위를 계승했다. 이후 마흔여덟 살에 궁형을 당하기 전까지 그는 본래의 사무를 처리하는 것 외에 정력을 집중해 『사기』를 편찬했다.

그는 역사를 통찰하는 능력을 갖췄다고 자신했는지 모르겠으나, 자기의 운명에 대해서는 완전히 속수무책이었다. 역사를 잘 알았으나 현실에서는 너무 순진했다. 순진함 때문에 '의외'의 대가를 치러야 했다.

이릉 사안의 의외의 사건

순종하는 천 명보다 거리낌 없이 직언하는 한 사람이 더 낫다.
千人之諾諾, 不如一士之諤諤.   _『史記』「商君列傳」

사인은 자기를 알아주는 사람을 위해 헌신하고, 여자는 자기를 아껴주는 이를 위해 꾸민다.
士爲知己者用, 女爲悅己者容.   _「報任安書」

투항했을 때나 투항한 후의 처지에 얼마나 우여곡절이 있었는지 상관없이 이릉李陵[7]이 반역자라는 것은 역사적인 사실이다.

기괴한 것은 시대가 지날수록 후세 사람들은 줄곧 이 반역자를 동정하거나 심지어 좋아했다는 사실이다. 역사의 두려움과 흥미로움은 이릉에게서 충분히 구현되었다. 이릉에 대한 사람들의 이런 역사 감정은 상당 정도 사마천이 토대를 마련한 것으로서, 반역자를 가련하게 여기는 그의 정서가 스며들어 발효된 것이다.

사마천은 벗이 아주 적었다. 『사기』 편찬이라는 엄청난 프로젝트를 수행하기 위해서는 다른 데에 신경을 쓰지 말아야 했다. 가문이나 사회적 지위도 그가 조정의 측근이 되는 데에는 부족했으니, 권력을 쥔 귀족에게 아첨할 필요도 없었다. 그러나 무제 유철의 그림자는 어쩔 수 없이 그를 깊이 덮었다. 궁형을 받기 전에 그는 이런 마음이었다.

빈객과 교유를 끊고 집안일을 잊은 채 못난 재주와 힘을 다해 오롯한 마음으로 직무를 수행하는 데에 힘써서 주상께 신임과 총애를 받으려고 밤낮으로 생각했다.

絶賓客之知, 忘室家之業, 日夜思竭其不肖之材力, 務壹心營職, 以求親媚於主上.　　　　　　　　　　　　　　　　　　　　　 _「報任安書」

누구에게도 아첨할 필요는 없을 수 있지만, 황제는 생존의 의미가 달

7 　이릉李陵(기원전 134~기원전 74, 자는 소경少卿)은 전한의 비장군 이광의 장손으로 조부의 공적 덕분에 시중과 기도위를 역임했다. 천한天漢 2년(기원전 99) 이광리를 따라 흉노를 정벌하러 출정한 그는 5000명의 보병을 이끌고 준계산浚稽山에서 8만 명의 적과 격전을 벌이다가 중과부적으로 투항했다. 그러나 무제가 삼족을 멸했고 사마천이 궁형을 당했다는 소식을 듣자 흉노 제후선우鞮侯單于에게 투항하고 공주와 결혼하여 우교왕右校王에 봉해졌다. 이후 한나라 소제昭帝가 즉위하여 대사마 곽광을 통해 귀국을 종용했으나 거절하고 흉노 땅에서 죽었다.

린 존재다. 젊은 낭관 사마천은 조심스럽게 황제를 만족시켜서 환심을 사는 것을 최고의 행동 준칙으로 삼았다. 황제 권력 아래의 많은 신하와 측근처럼 그 역시 '비첩 심리'를 가지고 있었다.

임안任安[8]은 그의 몇 안 되는 벗 가운데 하나다. 기원전 98년에 사마천은 옥에 갇혔다가 궁형을 받고 이듬해에 출옥했는데, 의외로 황실의 기밀을 담당하는 비서관인 중서령中書令이라는 높은 직위에 임명되었다. 그로부터 7년 뒤에 임안은 '무고의 재앙巫蠱之禍'[9]으로 인해 옥에 갇혔다가 요참형腰斬刑에 처해졌다. 임안은 옥에 갇히기 몇 해 전에 이미 중서령을 맡고 있던 사마천에게 편지를 보내 "현량한 인재를 추천하는 대의를 다해"달라고 했는데, 다시 말해서 직무를 이용해서 유철에게 자기를 천거해달라는 뜻이었다. 뜻밖에 사마천은 몇 년이 지나도록 아무 반응이 없다가, 임안의 죽음을 눈앞에 두었을 때가 되어서야 답장을 보냈다. 2000년이 지난 후 「보임안서」를 다시 읽어보아도 사마천의 피를 토하는 심정이 여전히 독자의 간담을 서늘하게 한다. 오랜 벗 임안이여, 그대는 너무 내 마음을 모르는구려! 유철이 사마천에게 궁형을 내린 후, 황제의 마음은 여전했으나 사마천의 마음은 이미 달라져 있었다.

사마천이 이릉의 가족을 우러르고 동정한 것은 이미 유래가 오래되어서, 그때까지 그는 그 가족과 전혀 갈등이 없었다.

8　임안任安(?~기원전 90?, 자는 소경少卿)은 대장군 위청衛靑의 추천으로 낭중이 되었다가 이후 익주자사가 되었다. 기원전 91년에 강충江充 등이 여태자戾太子 유거劉據(기원전 128~기원전 91)를 모함하여 여태자가 군대를 이끌고 그들을 죽인 후 장안에서 승상 유굴리劉屈氂(?~기원전 90)의 군대와 격전을 벌였다. 당시 여태자가 임안에게 출병하여 도우라고 했으나 임안은 명령에 따르지 않았고, 사태가 진정된 후 무제는 임안에게 불충죄를 적용하여 요참형에 처했다.

9　무고巫蠱는 무당이나 사제가 구리나 나무로 만든 인형을 땅에 묻고 저주를 퍼부어 상대에게 재앙을 끼치려는 무술巫術의 일종이다. 정화征和 2년(기원전 91)에 승상 공손하公孫賀의 아들 공손경公孫敬이 이 방법으로 무제를 해치려 했다가 부자가 모두 옥에 갇혀 죽었고, 두 명의 공주와 위청의 아들인 장평후 위항衛伉이 처형되었다. 무제는 총애하는 신하 강충에게 이 사건을 조사하게 했는데, 잔혹한 고문으로 죄를 뒤집어씌워 수만 명이 목숨을 잃었다.

나는 이릉과 함께 벼슬살이했는데[10] 평소에는 별로 친하지 않았고, 추구하고 버리는 것도 길이 달라서, 지금까지 술을 마시며 은근한 우정을 나눈 적도 없다.

夫僕與李陵俱居門下, 素非相善也, 趣舍異路, 未嘗銜杯酒接殷勤之歡.

_「報任安書」

이릉과 술 한 잔 나눈 사이도 아닌데 그 때문에 너무나 큰 치욕을 당했다.

이릉은 조부 이광李廣과 마찬가지로 공을 세우는 데에 급급했다. 기원전 99년 가을, 그는 보병 5000명을 이끌고 흉노를 공격하겠다고 자발적으로 요청했다. 그가 막북에 진입했을 때는 이미 찬바람이 몰아치는 겨울이었다. 이것은 그가 넘을 수 없도록 운명적으로 정해진 겨울이었다. 준계산浚稽山 일대에서 이릉의 부대는 3만 명에 이르는 흉노 기마병과 조우하여 예기치 않았던 전투를 벌였다. 흉노 선우單于는 자기의 3만 기마병이 이릉의 5000 보병을 제압하지 못하리라는 것을 재빨리 알아챘다. 그는 다시 8만여 명의 기마병을 선발해서 이릉의 부대를 포위했다. 이릉 부대에 있던 150만 대의 화살이 모조리 흉노를 향해 날아갔다. 그러나 부대는 참담한 손실을 입었고, 게다가 맨손에 빈 활을 든 부대가 되어버렸다. 그는 부대원들에게 해산하여 각자 포위를 뚫으라고 명령했다. 그런데 선우는 이릉을 사로잡고 싶은 마음이 간절했다. 그 바람에 이릉은 포위를 뚫지 못하고 결국 사로잡히고 말았다.

그는 투항했다.

그가 투항하기 20년 전(기원전 119)에, 당시 예순 살이 넘었던 조부

---

10   사마천과 이릉은 한때 시중조侍中曹에서 시중으로 일한 적이 있다.

이광은 마지막으로 출정하여 흉노를 공격했다. 흉노인은 모두 전장에서 이미 40년이 넘는 세월을 보낸 이광을 두려워하며 '한나라의 비장군飛將軍'이라고 불렀다. 팔자가 사나웠던 이광은 끝내 열후列侯에 봉해지지 못했다. 그는 전장의 공로를 내세우려 했다. 그러나 부대가 길을 잃는 바람에 전투 시기를 놓치고 말았다. 황제에게 사죄하기 위해, 그리고 본인과 가족이 치욕을 당하거나 도살당하는 일을 면하기 위해 과감하게 진영 앞에서 자살해버렸다.

이릉은 복잡한 선택의 기로에 빠졌다.

이릉의 전군이 궤멸했다는 소식은 큰 파문을 일으켰다. 유철이 그가 전사했다는 소식을 듣고 나자 투항했다는 소식이 이어졌다. 이에 그는 관상쟁이를 불러서 이릉 모친과 아내의 관상을 보게 했다. 관상쟁이는 그녀들의 얼굴에 죽음과 관련된 기색이 없다고 했다. 독재자는 종종 남의 희생을 구경하는 것을 즐기며, 희생이 장렬할수록 독재자의 마음은 더욱 위안을 얻게 된다. 이러면 되는 것이지! 장수 하나가 공을 세우려면 만 명의 병사가 해골이 되어 눕기 마련이다. 이릉이 전사했거나 자살했다면 황제의 체면이 서겠으나, 뜻밖에도 그는 황제를 위해 죽으려 하지 않았다. 유철의 입장에서는 적어도 그가 조부 이광과 같은 정도는 했어야 마땅했다.

명장이 전투에서 적에게 투항한 사건은 조정의 심장을 깊숙하게 찔렀다. 사건의 중심은 이릉이 아니라 황제였다. 유철의 심정은 바로 '신첩臣妾들'의 최대 관심사였다. 그들은 그 시점에서 유철이 듣고 싶어하는 말이 무엇인지 곰곰이 생각했다. 이전에 이릉을 찬양했던 이들도 모두 이릉을 비난했다. 사마천은 아무도 그에 대해 공평하게 말하는 사람이 없는 상황이 무척 불만스러웠다. 신첩의 심리 때문에 그는 또 유철을 염려하면서 황제가 조금 너그러운 마음을 가지길 바랐다. 마침 황제가 묻자 보잘것없는 신하 사마천은 이런 취지로 대답했다.

제가 보기에 그 사람은 타고나길 빼어난 사람으로 부모를 지극히 효성스럽게 섬기고, 벗과 신뢰를 지키며, 재물에 청렴하여 취하고 주는 것이 도의에 맞고, 나이와 지위를 분별할 줄 알아 겸양하며, 아랫사람에게 공손하고, 항상 자기를 돌보지 않고 위급한 나라를 위해 목숨을 바치려고 생각하고 있습니다. 그가 평소에 쌓은 품덕이 있으니 저는 국사國士로서 풍도가 있다고 생각합니다. (⋯) 또 이릉은 5000명도 되지 않는 보병을 이끌고 전장 깊숙한 곳으로 들어가 선우의 궁정을 밟고 호랑이 아가리에 먹이를 드리운 것처럼 강한 오랑캐를 도발해 억만의 적군을 맞아 십여 일 동안 선우의 군대와 계속 싸워 살상한 적이 자기 부대원 수보다 많았습니다. (⋯) 천 리를 전전하며 전투를 벌여 화살도 떨어지고 길은 끊겼는데 구원병이 오지 않아 죽고 다친 병졸이 무더기로 쌓였습니다. 그러나 이릉이 소리쳐 군대를 독려하자 병사들은 모두 일어나 눈물을 흘리면서 피를 바른 채 울음을 삼키고 빈 활시위를 당기고 적의 칼날을 무릅쓴 채 북쪽을 향해 필사적으로 적과 싸웠습니다. (⋯) 비록 패했으나 그 마음을 보면 마땅한 기회를 봐서 한나라에 보답하려 했습니다. 일이 이미 어쩔 수 없게 되었으나, 그가 적을 꺾고 물리친 공로는 충분히 천하에 드러낼 만합니다.

僕觀其爲人自奇士, 事親孝, 與士信, 臨財廉, 取予義, 分別有讓, 恭儉下人, 常思奮不顧身以徇國家之急. 其素所畜積也, 僕以爲有國士之風. (⋯) 且李陵提步卒不滿五千, 深踐戎馬之地, 足歷王庭, 垂餌虎口, 橫挑疆胡, 仰億萬之師, 與單于連戰十餘日, 所殺過當. (⋯) 轉鬪千里, 矢盡道窮, 救兵不至, 士卒死傷如積. 然李陵一呼勞軍, 士無不起, 躬流涕, 沫血飮泣, 張空弮, 冒白刃, 北首爭死敵. (⋯) 身雖陷敗, 彼觀其意, 且欲得其當而報漢. 事已無可奈何, 其所摧敗, 功亦足以暴於天下. _「報任安書」

이것은 임안에게 한 말이지만, 그는 바로 이런 취지로 황제에게 대답했다. 그러나 수재秀才의 마음과 황제의 마음은 그야말로 완전히 상반되었다. 유철의 용안에 격노가 서렸다. 그는 사마천이 이릉을 빌려서 공적을 자랑하고, 여러 차례 원정을 다녀왔으나 별 성과 없이 장수와 병졸만 잃고 돌아온 이사장군貳師將軍 이광리李廣利[11]를 공격한다고 생각했다. 이광리가 누구인가? 바로 유철이 총애하는 이부인李夫人의 오빠가 아닌가! 국가, 국가라고 하나, 그 나라國는 바로 유철의 집家이 아닌가? 의심 많고 박정하며 심리적으로 큰 타격을 입은 유철에게 이런 말을 한 점으로 보아 사마천이 지혜롭지 못했다고 여겨질 수도 있겠다. 독재 권력을 쥔 사람은 남의 강력함과 우세함을 인정하지 않고 외면해버리니, 아닌 밤중에 홍두깨와 같은 뜻밖의 이런 공격을 신하나 종은 당연히 당해낼 방법이 없다.

사마천은 옥에 갇혔다. 그는 이릉 사안에서 하나의 의외의 '사건'이 되었다.

이것은 완전히 사마천의 예상을 벗어난 것이었다. 미천한 이 신하는 오로지 충심만을 품고 있지 않았던가!

그런데 이후에 더 큰 불행이 기다리고 있었다. 이듬해에 유철은 이릉 사건에 대해 후회하는 바가 있어서 공손오公孫傲[12]를 흉노에게 파견하고,

---

11 이광리李廣利(?~기원전 89)는 한나라 황실의 외척으로서 무제의 총비 이부인李夫人의 오빠이자 창읍왕창읍王 유박劉髆의 외숙으로 해서후海西侯에 봉해졌다. 무제는 그에게 대원국大宛國 이사성貳師城(지금의 키르기스스탄 우쉬Oosh)에서 명마를 구해오라고 파견하면서 '이사장군'이라는 직함을 얻어준 바 있다. 그는 기원전 99년부터 기원전 97년까지 여러 차례 흉노를 정벌하러 나섰으나 별다른 성과 없이 병력과 장수만 잃었고, 기원전 90년에는 유굴리와 모의하여 창읍왕을 태자로 세우려다가 발각되어 유굴리가 처형되자, 흉노에게 투항했다. 그러나 이듬해에 위률衛律의 손에 죽었다.
12 공손오公孫傲(?~기원전 96)는 전한의 장수로서 원광元光 6년(기원전 129)에 효기장군 이광과 함께 1만의 병력을 이끌고 흉노를 공격하러 나섰다가 7000명의 기마병을 잃는 바람에 참수될 위기에 처했으나 벌금을 내고 서인庶人으로 강등되었다. 이후 원수 2년(기원전 121)에 곽거병과 함께 출정했으나 또 사막에서 길을 잃었다. 그러다가 태시太始 1년(기원전 96)에 아내가 '무고巫蠱의 재앙'에 연루되는 바람에 그도 요참형에 처해졌고, 일가족이 몰살되었다.

기회를 봐서 이릉을 데려오려고 했다. 그런데 공손오는 이릉을 만나지 못하고 유철에게 이렇게 보고했다. 이릉이 흉노 병력을 훈련해서 한나라에 맞서려고 준비하고 있다는 것이었다.

유철은 다시 마음에 큰 상처를 입었다. 황제는 늘 분노를 풀 방법이 있으니, 이릉의 가문은 멸족되었고 옥중의 사마천에게도 사형이 선고되었다.

사마천이 무제 앞에서 이릉을 변호할 때, 마음에는 서생의 천진함뿐만 아니라 비첩과도 같은 절대적인 충성도 담겨 있었다. 몇 마디 말로 죽음의 재앙을 야기하게 되자 그는 금방 깨달았다. 제왕의 심사와 신첩臣妾의 심사 사이에는 정말 천양지차가 있구나! 당시에 그는 아마 혀를 깨물고 싶은 생각마저 했을 것이다. 그러나 궁형을 받고 7년 뒤에 쓴 저 유명한 「보임안서」에서도 그는 여전히 자기도 모르게 이릉을 칭찬했다. 당시에 그렇게 말한 것은 후회할 수 있으나, 일단 백지에 글을 쓰니 그래도 그렇게 말해야 했던 것이다.

사마천의 비극은 우연 중의 필연이었다. 변방을 치달리던 장수는 승리하거나 패하거나 죽거나 투항할 수도 있는 것이 정상적인 운명이다. 그런데 장수의 정상적인 운명 때문에 사마천에게 불의의 재앙이 닥친 것은 또 비정상적인 사건인데, 그에게 비정상적인 사건이 일어난 데에는 또 필연성이 내재했다. 그가 그 자리에 없었거나 그 자리에 있었어도 말을 하지 않았다면, 혹은 눈치를 살펴서 대세에 따랐다면 모두 재앙을 면할 수 있었다. 그는 그 자리에 있었고 말을 했으며, 그 말은 틀림없이 그의 본심에서 우러나온 것이었다. 그러나 본심에서 우러난 말은 재앙을 야기할 수밖에 없으니, 바로 궁정의 저 밀림의 법칙에 저촉되기 때문이다. 이것은 성격이 운명을 결정한다는 것을 보여주는 고대의 실례實例다. 철저한 공포 효과는 절대적인 징벌권에서 비롯되며, 독재자는 사리를 따지지 않을 필요가 있다면 절대 사리를 따지지 않는 일도 해낼 수 있다.

한나라의 법률에 따르면 사형은 50만 전錢을 내어 속죄하거나 궁형을 받아 죽음을 면할 수 있었다. 그런데 사마천의 집안에는 재물이 넉넉하지 않았고 조정에서도 그를 위해 나서서 얘기해준 사람이 아무도 없었기 때문에, 그는 세 가지 가운데 하나를 택할 수밖에 없었다. 자살하거나, 처형되거나, 궁형을 받는 것이다. 자살은 조금의 존엄을 지킬 수 있는 가장 좋은 방법이고 사마천도 그럴 생각이 간절했다. 『사기』를 읽어보면 자살은 대단히 보편적이었다. 오자서伍子胥, 전횡田橫[13]과 500명의 문객門客, 이광李廣, 굴원, 몽염蒙恬 등도 모두 자살했다. 자살은 뜻을 밝히거나 모욕을 피하고, 해탈하는 등의 목적에 유용했다. 그러나 부친의 당부를 아직 실현하지 못해 『사기』가 완성되지 않은 상황에서 사마천은 죽을 수 없었다. 감히 죽지 못했다. 참수되느냐, 거세되느냐? 그는 신체의 두 부위 사이에서 선택할 수밖에 없었다. 그리고 궁형을 선택했다. 당시의 왕조가 진정에서 우러난 말을 허락하지 않으니, 역사와 후세 사람들에게 진정에서 우러난 말을 하고 싶다는 그의 바람이 유달리 강렬해졌다. 그는 반드시 살아야겠다고 굳게 결심했다. 터무니없는 육신을 받아들여 터무니없는 상황 속에서 살아가기로 했다. 이때부터 스스로를 자살했어야 마땅한데 아직 그러지 못한 사람으로 간주했다.

사람은 자기 이익을 위해서 동류同類 혹은 다른 동물을 거세하는 유일한 동물이다. 육체적 거세보다 더 보편적인 것은 정신적 거세다. 현실의 질서를 결정할 수 있는 이는 반드시 심리적, 정신적 질서를 결정하려 한다. 궁형을 받기 전에 사마천은 초인적인 학식을 지니고 있었음에도 자발적으

---

13   전횡田橫(?~기원전 202)은 원래 제나라의 귀족이었는데, 진나라 말엽에 진승 등이 반란을 일으키자 그도 형인 전담, 전영과 함께 옛 제나라 땅을 할거했는데, 유방이 천하를 통일하자 신하가 되기를 거부하고 500명의 문객을 거느리고 바다의 섬으로 도피했다. 그런데 유방이 사람을 보내 억지로 배에 태워 낙양으로 데려가려 하자, 낙양에서 30리 떨어진 언사偃師의 수양산首陽山에서 자살했다. 그가 죽었다는 소식을 들은 섬의 문객 500명도 모두 따라서 자살했다.

로 정신적 거세의 길을 걸었다. 즉 "주상께 신임과 총애를 받으려_{以求親媚於} _{主上}"했다. 황제 권력의 체제에서 비첩 심리는 이상한 것이 아니라 정상적인 것이었다. 거대한 환경은 사람들에게 자발적으로 '자율적 비첩' 정신을 기르게 한다. 궁정에서는 아마 황제 한 사람만이 '태감의 표정'과 무관할 것이다. 거세당한 육체와 정신 속에서 황제 권력은 그것이 필요로 하는 가장 '순정'한 노예성을 획득할 수 있다.

민감하고 자존심 강하며 초인적인 학식을 지닌 마흔여덟 살의 늙은 남자 사마천은 궁형을 받았다. 어려서 거세되었다면 자연스럽게 환관과 같은 인격을 기르겠지만, 그는 이미 48년 동안 남자로 살았다.

궁형은 정말 치가 떨리게 하는 잔혹한 형벌이며, 중국적 특징이 가장 뚜렷한 모욕 주기 방법 가운데 하나다. 문명이 진화한 결과 남녀의 성기는 가장 기피하는, 가장 근본적인 프라이버시가 되었는데, 궁형은 이 모든 것을 단칼에 잘라내버린다. 제거된 성기는 사실상 형벌을 받은 이의 얼굴에 걸려 있는 것으로 간주할 수 있다. 사마천은 치욕을 열 가지로 나누고, 개중에 가장 심한 것이 부형_{腐刑} 즉 궁형이라고 했다. 궁형은 살아 있는 사람에게 가장 극렬한 치욕이다.

> 나는 입으로 내뱉은 말 때문에 이런 재앙을 당했는데 (…) 조상을 모욕했으니 또 무슨 면목으로 부모의 무덤에 다시 갈 수 있겠는가? 100년이 지나더라도 허물은 더욱 심해질 것이다! 그래서 창자가 하루에도 아홉 번이나 뒤집히고 (…) 이 치욕을 떠올릴 때마다 등에서 땀이 나 옷을 적신다!
> 僕以口語遇遭此禍, (…) 汚辱先人, 亦何面目復上父母之丘墓乎. 雖累百世, 垢彌甚耳. 是以腸一日而九回, (…) 每念斯恥, 汗未嘗不發背沾衣也.
>
> _「報任安書」

7년, 2000번이 넘는 밤낮이 지났어도 치욕은 감소하거나 완화되지 못했다. 그는 육체의 그 빈자리를 수시로 느꼈다. 거세된 환관은 황제 권력의 체제에서는 없어서는 안 될 구더기 같은 존재였다. 남은 생애에서 사마천은 수시로 몸에 구더기가 기어 다니는 듯한 혐오감을 느꼈다.

궁형의 칼날이 내리치고 나자 사마천은 마침내 제왕의 심사를 간파했다. 그는 결심했다. 유철, 이번에는 네 손에 놀아나지 않겠다. 네 비첩이 되어주지 않겠어!

무제 유철과 근접전을 벌이는 동안 사마천은 유철이 절대 키가 크지 않다는 것을 알았고, 그의 얼굴에 있는 모공과 눈자위의 실핏줄까지 똑똑히 보았다. 기어 다니던 그는 일어나서 대장부가, 오롯한 마음으로 천하를 마주할 수 있는 대장부가 되었다. 사마천에게 지금 세상은 이미 '황량한 들판'이 되어 있었다. 이제 『사기』는 그의 삶에서 가장 중요한 것이 되었다.

이제까지 중서령은 환관이 담당했다. 사마천이 궁형을 당한 후 이 직책을 맡은 것을 두고 유철이 그를 모욕하여 일부러 그가 거세당한 몸이라는 사실을 강조하려는 조치였다는 주장이 계속 있었다. 예전에는 나도 이런 주장에 동의했다. 오늘 다시 보니 그것은 유철의 감성지수를 너무 높이 평가한 것이었다. 아랫사람에게는 벼슬보다 더 중요한 상이 없다는 것이 황제와 각급 수장首長의 공통적인 생각이었다. 사마천이 옥에서 나왔을 때 이릉 사건은 이미 우여곡절 끝에 결말이 나 있었다. 공손오가 전한 소식은 잘못된 것이었다. 흉노에게 군사 훈련을 시킨 사람은 이릉이 아니라 다른 투항한 장수인 이속李緖이었다. 이릉은 가족이 몰살되었다는 소식을 들은 후 격노하여 이속을 죽여버렸다. "대세가 이미 떠나버린大勢已去"(거세를 당한—옮긴이) 사마천이 옥에서 나온 후 뜻밖에 승진해서 황실의 기밀에 관여한 것은 유철이 후회했다는 것을 보여주는 중요한 증거라고 할 수 있다. 손 하나 까딱해서 사람을 죽일 수 있는 황제가 더 높은 등급의 관직을 이용해 누군가를 모욕할 필요도 없었고, 사리에도 맞지 않는다.

황제의 심사에 대해 사마천은 이미 불을 보듯 환히 파악했다. 그러나 그의 심사를 황제는 전혀 몰랐다. 유철은 남성을 잃은 눈앞의 이 사람이 정신적으로 이미 아주 멀리 떠나 있다는 것을 전혀 몰랐다. 사마천이 궁형을 당하던 해에 유철은 예순 살의 노인이었다. 이 늙은 영웅, 권력을 극한까지 사용했던 제왕은 자기 주위의 이 보잘것없는 인물의 웅대한 뜻과 감정의 폭풍을 판단할 수도 없었고 판단하고 싶은 마음도 없었다.

생전의 영욕이나 황제의 은총은 사마천에게 완전히 무의미해졌다. 비록 권력 체계 안에 있었으나 정신적으로는 절대적인 '국외자'가 되어 있었다. 황제도 '황량한 들판'의 한 부분에 지나지 않았다. 궁형은 한바탕 정신적 담금질과 다르지 않았다. 그는 이미 정신적으로 당대當代를, 황제를 완전히 포기했다.

사마천은 어디에도 의지하지 않고 역사 속에 서고 싶었다.

막부에 도착하자 이광은 부하들에게 말했다.

"내가 상투 튼 어른이 되고 나서 흉노와 70여 차례의 크고 작은 전투를 치렀고, 이제 다행히 대장군(즉 위청衛靑)을 따라나서 선우의 군대와 맞붙게 되었다. 그런데 대장군께서 내 부대가 자리를 옮겨 멀리 돌아가게 하셨고 또 길을 잃었으니, 어찌 하늘의 뜻이 아니겠는가! 게다가 내 나이가 예순이 넘었으니 어떤 경우라도 다시 도필리刀筆吏와 대질하여 논쟁할 수는 없다."

그리고 칼을 뽑아 스스로 목을 그었다. 이광의 군사와 대부를 비롯한 온 군대가 통곡했다. 그 소식을 들은 백성은 이광을 아는 사람과 모르는 사람, 노인과 장정을 막론하고 모두 눈물을 흘렸다.

_『史記』「李將軍列傳」

「이장군열전李將軍列傳」은 이릉의 조부 이광과 이릉 가족을 위해 깊은 동정을 담아 부른 만가挽歌다. 사마천의 깊은 동정은 역사의 깊은 동정이 되었다. 이릉 사건은 『사기』에 가장 깊고 무거운 의기義氣를 더해주었다.

이릉 사건은 의외로 사마천의 운명을 바꿔놓았고, 그렇게 운명이 바뀐 사마천은 중국 역사를 다시 썼다. 중국 역사에 '의외'의 표정 즉, 사마천 이 표정이 더해진 것이다.

이름을 닦아 빛내다

명성을 세우는 것은 품행의 궁극적 목표다.
立名者, 行之極也.　　　　　　　　　　　　　　_「報任安書」

작은 절조에 얽매인 사람은 영예로운 명성을 성취하지 못하고, 자잘한 수치를 싫어하는 사람은 큰 공을 세울 수 없다.
規小節者不能成榮名, 惡小恥者不能立大功.　_『史記』「魯仲連鄒陽列傳」

사마천은 자각한 비극적 인물이 되었다. 터무니없는 육체와 비참한 정신, 무정한 세계로 인해 그는 어쩔 수 없이 눈을 부릅뜨고 영혼 속의 마지막 한 가닥 허위까지 내던졌다. 그는 알몸으로 역사와 마주했다. 자발적으로 터무니없는 상황 속에서 여생을 보냈다. 이 뿌리 없는 육체로 그는 자신에게 치욕을 안겨준 당대의 세계를 직면하고 초월함으로써 놀라운 의지와 위대한 재능, 강인한 인격으로 자신을 역사 속으로 들여보냈다.

통상적으로 거세되고 좌절된 인격의 역할과는 정반대로 사마천은 정신적 거세에 반하는 거센 물결을 일으키며 인격의 기치를 높였다.

사마천에게는 어떤 사상과 정신적 자원이 있었는가? 그가 살았던 시대는 선진先秦과 그리 멀리 떨어지지 않았다. 그는 어렵지 않게 선진 시기의 사상적 자유와 문화적 번영의 분위기를 느낄 수 있었다. 그와 동시에 무제의 시대가 이룩한 대통일의 기상도 그를 고무했다. 그는 자신이 성세盛世를 만났음을 흔쾌히 인정하고, 줄곧 시대와 '보조를 맞추려' 했다.

철혈정책에 의지해 대통일을 완성한 진나라는 제국의 '소프트웨어'를 미처 설치하기도 전에 무너져 와해됐다. 그래도 진나라가 창립한 국가 체제는 기본적으로 새로 일어난 한 왕조에 계승되었다. 진 제국은 모든 개인을 절대적으로 통제하여 만세에 이어지는 극도로 안정적인 구조를 건립하려 했으나, 맞이한 것은 뜻밖에도 우담바라처럼 반짝 피었다 스러지는 허무한 숙명이었다. '만세에 이어지는' 것은 후세의 제왕들이 항상 품었던 마음이다. 다만 진나라가 순식간에 흥성했다가 순식간에 망해버렸다는 참담한 사실만이 눈앞에 생생하게 펼쳐져 있을 따름이니, 백성을 다스리는 기술은 더 이상 진나라처럼 무지막지하고 노골적일 수 없게 되었다.

동중서는 전력을 다해 유교를 신비화하고 세속화해서 황제 권력과 정치에 친근하게 했다. 그가 제시한 천인감응天人感應과 하늘이 변하지 않으면 도道도 변하지 않는다는 등의 주장은 시대의 명제로 확립되었다. 논쟁을 용납하지 않을 듯한 이런 이론은 통치자의 입맛에 아주 잘 들어맞았다. 진나라는 "관리를 스승으로 삼아以吏爲師" 사상을 통일하려다가 실패로 끝났는데, 한나라 무제의 '독존유술獨尊儒術'은 크게 성공했다. 다행히 단명한 진나라가 선진 시기의 위대한 분위기를 완전히 단절하지 못해서, 백가쟁명百家爭鳴의 역사적 국면은 재현되기 어려울지라도 확실히 사마천의 시대에는 아직 제자백가의 풍류를 여운이나마 느낄 수 있었다.

도가 인물이었던 사마담이 아들에게는 유가를 공부하게 했다는 것은 아주 의미심장하다. 사마담의 만년에는 유가를 숭상하는 것이 이미 대세가 되어 있었으니, 아들이 그 시대의 저명한 학설에 주목하기 바라는 것은 당연했다. 사마천은 부친의 기대를 저버리지 않았다. 『사기』에는 공자에 대한 앙모와 찬미가 가득 차 있다. 사마천은 스스로에게 공자의 의발 전수자가 될 것을 주문했으며, 자발적으로 "선생님께 절충折中於夫子"했다. 즉 공자를 시비 판단의 기준으로 삼은 것이다.

사마천은 도가도 무척 좋아했다. 『사기』의 여러 글에서 드러난다. 후세의 개성적인 사인은 종종 유가를 존중하면서도 노장사상을 좋아했다. 이른바 유가와 도가가 상호 보완한다는 데에 사인 정신의 장력張力이 있다. 사마천은 그런 물꼬를 튼 사람이라고 할 수 있다. 흥취가 있는 사람은 유가든 도가든 상관없이 모두 흥취가 있으며, 그 반대의 경우는 흥취가 없는 것이다.

사마천은 창작의 목표를 이렇게 세웠다.

> 이것으로 하늘과 인간의 경계를 탐구하고 고금의 변화를 통달하여 일가의 언론을 이루고자 한다.
>
> 欲以究天人之際, 通古今之變, 成一家之言.　　　　　_「報任安書」

사마천은 결코 체계적인 이단 사상을 가지지는 않았으나 신비화되어 안개에 덮인 유학에 대해서는 홀로 다른 주장을 견지할 용기가 있어서, 당시 유학의 굴레를 수시로 타파했다. 비록 『사기』에서는 "하늘과 인간의 경계를 탐구"한 뒤의 명확한 답안을 찾아볼 수 없으나, 그의 하늘이 동중서의 하늘과는 달랐다는 점은 인정할 수 있다. 그는 공자를 '성인'으로 만들었고, 동중서는 유교를 '신비화'했다. 동중서의 하늘은 탐구할 수 없지만, 사마천은 하늘을 탐구했다. 『사기』「백이열전伯夷列傳」에서 그는 백이와 숙제가 고결한 품성을 지니고 있었음에도 굶어 죽었고, 도척盜跖은 포악하고 잔인했으나 천수를 누리고 죽었다고 쓰면서 개탄을 금치 못했다.

나는 이것이 무척 의심스럽다. 이른바 천도라는 것은 옳은 것인가 그른 것인가?
余甚惑焉. 儻所謂天道, 是邪, 非邪.

그의 사상은 불시에 엉뚱한 곳으로 흘러서 정통 유가의 규범을 넘어서며, 더욱이 한나라 때의 유학에 대해서는 완곡한 비판이 적지 않게 들어 있어서 다원적인 혼돈, 심지어 모순 상태까지 구현했다.

사마천의 영혼은 바로 혼돈스러우면서도 맑고, 확고하면서도 회의적이다. 바로 여기에 그의 심오함이 있다.

다원적이고 혼돈스러운 사마천이 가장 확고하고 명확하게 정신적으로 추구한 것은 자기의 이름을 닦아 빛내는 것이었다. 이름을 닦아 빛내야만 비로소 자기가 겪은 고난 앞에서, 조상들과 천지 및 우주 앞에서 면목이 서고, 손에 쥐고 있는 '역사를 쓰는 붓史筆'에게도 떳떳해질 수 있었다. 그는 비장한 심정으로 이 점을 다루었다.

이름을 중시하는 것은 유가의 전통이다.

군자는 죽을 때까지 명성이 알려지지 않는 것을 싫어한다.
君子疾沒世而名不稱焉. _『論語』「衛靈公」

사마천은 공자의 이 말을 좌우명으로 삼았다.

명성을 세우는 것은 품행의 궁극적 목표다.
立名者, 行之極也. _「報任安書」

그는 명예와 절조를 확립하는 것이 인생의 궁극적인 목표라고 여겼다. 『사기』에서 그는 "명성이 헛되이 서지 않았다名不虛立"라든가 "명성이 제후들 가운데 으뜸名冠諸侯""이름을 후세에 드리웠다名垂後世" 또는 "명성이 태산보다 무거웠다名重泰山"라는 말로 자기가 서술한 뛰어난 인물을 칭송했다.

사나이가 죽지 않는다면 그만이겠으나, 죽는다면 크게 명성을 날려야 할 따름이다!
壯士不死卽已, 死卽擧大名耳.   _『史記』「陳涉世家」

이것은 민초들 사이에서 봉기한 진승陳勝의 호방하고 씩씩한 말이다.

내가 은인자중하고 구차하게 살면서 더러운 흙과 같은 옥에 갇히는 것도 마다하지 않는 까닭은 마음에 다하지 못한 바람이 있는데 비루하게 죽어 후세에 문채를 나타내지 못하게 되는 것을 유감스럽게 생각하기 때문이다.
所以隱忍苟活, 幽於糞土之中而不辭者, 恨私心有所不盡, 鄙陋没世而文彩不表於後也.   「報任安書」

그는 자기의 문채에 대해 진즉부터 자각하고 있었다. 그 재능을 나타내서 후세에 전하지 못하는 것은 수치스러워할 만한 일이라고 생각했다.
사마천이 이름을 중시하는 것은 또 유가의 세속적 윤리에 따른 책임감에서 비롯되었다.

무릇 효는 어버이를 섬기는 데에서 시작하여 중간에는 군주를 섬기고

입신하는 데에서 끝난다. 후세에 이름을 날림으로써 부모를 나타내는
것이 효도 가운데 큰 것이다.

且夫孝始於事親, 中於事君, 終於立身. 揚名於後世, 以顯父母, 此孝之大者.

_「太史公自序」

자기 이름을 닦아 빛내는 것은 부모를 포함한 조상들에게 효도를 다
하는 것이다. 이로 보건대 품덕立德과 공명立功, 언론立言을 세운다는 유가
의 '세 가지 불후不朽' 정신이 사마천의 생명 의식 속에서 차지하는 지위를
알 수 있다. 그가 보기에 품덕을 세우고 공명을 세우는 것은 자신과 인연
이 없고, 오직 언론을 세우는 것만이 자신 있게 추구할 수 있을 듯했다.

후세에는 사마천이 "명성을 추구하는 데에 급급했다"라는 비판이 끊
이지 않았으나, 이는 자존자대한 그의 인격을 우러러볼 수 없었기 때문이
다. 궁형으로 인해 명성을 세우려는 그의 충동이 더욱 긴요해지고 강렬해
졌다는 사실은 부인할 수 없다. 그러나 그가 명성을 세우려는 가장 중요한
목적은 자기 인생에서 너무나 큰 치욕을 씻는 것이었다. 게다가 당대에 씻
겠다는 것이 아니라 역사 속에서 씻어서, 수치를 당한 영혼의 이름을 바
로잡고자 했다. 사마천의 이름, 그 이름과 절조는 고금을 관통하고 하늘을
떠받치면서 땅 위에 우뚝 선 영웅적 판단과 정의를 담당한다. 이것을 버리
면 그의 마음속의 위대한 이름을 절대 확립할 수 없다. 예로부터 늘 명성
과 이익은 함께 따라다녀서, 명성을 추구하고 이익을 좇는 것은 반드시 당
장 눈앞에서 실현해야 하고, 반드시 권력을 지닌 귀족과 결탁해야 했다.
그러나 사마천은 이름을 세우면서 눈앞의 공명과 이익을 철저히 제거하고
당대를 포기하는 것을 전제로 했기 때문에, 저술로 당대에 공명을 추구하
자는 생각은 전혀 하지 않았다. 그는 공자가 요구한 이름 세우기의 경지보
다 더 철저하고 순수했다고 할 수 있다.

마흔이나 쉰이 되었는데도 명성을 날리지 못하면, 이 또한 두려워할
만한 사람이 못 된다.

四十五十而無聞焉, 斯亦不足畏也已. 　　　　　　　　_『論語』「子罕」

공자는 공명을 완전히 자기가 살고 있는 그 시대에 추구해야 한다고
여기면서 나이에도 제한을 두어서, 공명을 이루는 것은 빠를수록 좋다고
했다.

사마천의 이 말들을 음미해보라.

지나간 일을 서술하고 나중에 올 사람을 생각한다. (…) 나는 정말 이
책을 다 쓰면 명산에 숨겨 이 내용을 이해할 사람에게 전하겠다.

述往事, 思來者. (…) 僕誠已著此書, 藏之名山, 傳之其人. 　　_「報任安書」

훗날 어느 군자가 이것을 볼 수 있으리라.

後有君子, 得以覽焉. 　　　　　　　　　　　　　_『史記』「封禪書」

그것을 명산에 숨겨놓고 경사에도 하나 두어 후세의 성인군자를 기다
리겠노라.

藏之名山, 副在京師, 俟後世聖人君子. 　　　　　　_「太史公自序」

이런 어투와 정감이 『사기』 전체에 가득 차 있다. 이것은 대단히 중요
하다. 2000여 년의 시공을 사이에 두었기 때문에, 우리는 이 말들의 자존
자대함과 깊은 정을 이해하기에 더 유리하다. 사마천은 미래의식으로 역
사를 자세히 살펴보았다. 그는 이름을 세우려는 충동을 거대한 역사의 좌
표에 놓았다. 그는 역사를 판단하고, 아울러 그 판단이 시간의 시험을 견

녀낼 수 있으리라 자신했다. 그가 이름을 중시한 것은 어떤 의미에서 진리를 추구하는 것과 같은 뜻이었다.

창작하면서도 절대 눈앞의 명성과 이익을 꾀하지 않는다는 것은 흘러넘친 욕망이 난무하는 요즘 세상에서는 누구도 바랄 수 없고, 고대 사회에서도 짝을 찾기 어렵다. 이름을 중시한 사마천이었지만 당대를 취소해버리고, 무제가 자기를 평판할 자격을 취소해버렸다. 네가 내 거시기를 떼어버렸으니, 나는 네 쓸개를 없애주마! 눈앞의 강산은 너희 황실의 것이니, 나는 '역사의 강산'을 깨끗이 청소하겠다. 내 판단은 근본적인 판단이다. 이것은 어떤 마음인가? 누가 이런 마음을 가질 수 있겠는가? 누가 이런 마음을 가졌었는가?

사마천은 정신적으로는 철저하게 현실에서 물러났으나 역사에서는 종횡무진 치달렸다. 그는 역사 속에서 스스로 명분을 바로잡으려 했다. 그리고 결국 해냈다.

천하대세가 내 마음에 들어 있다

사람이 궁하면 근본으로 돌아가게 된다.
人窮則返本.   _『史記』「屈原列傳」

천하가 번화한 것은 모두 이익을 위해 달려오기 때문이고, 어지러이 몰려다니는 것은 모두 이익을 위해 달려가기 때문이다.
天下熙熙, 皆爲利來, 天下攘攘, 皆爲利往.   _『史記』「貨殖列傳」

사마천은 홀로 말을 타고 깊은 정을 쏟으며 외고집으로 역사의 깊은 곳까지 돌진했다.

『사기』는 기록의 깊이와 폭, 사상과 감정의 높이와 강도의 측면에서 그 이전에 유사한 예를 찾아볼 수 없을 뿐만 아니라 후세에도 비견할 상대가 없을 정도라고 할 만하다. 철학 또는 인류학의 관점에서 보면 『사기』는 인성사人性史 즉, 인성의 비밀을 감칠맛 나게 나타낸 책이다. 사마천 이후로 통치자들은 갈수록 역사 편찬의 책임을 강조했으나, 역사 편찬의 길은 갈수록 좁아져서, 지위 높은 대신이 역사 편찬을 감수監修하는 것이 일반적인 상황이 되었다. 그 바람에 역사서는 갈수록 재미가 없어지고 개성의 광채와 인성의 깊이, 비판의 칼날이 전면적으로 물러나서 넘치는 문기文氣와 탁월한 식견을 다시 보기 어렵게 되었다.

사마천은 권세와 이익에 휘둘리는 이 비극적 세계를 제대로 파악했다. 무수한 사람이 이익에 부림을 당하다가 각양각색의 비극에 빠져든다. 그러나 또 무수한 사람이 정의正義와 정의情義, 신념, 국가를 위해서 혹은 그저 인격의 존엄을 지키기 위해서 자발적으로 비극적 인생을 선택한다. 전체 130편의 『사기』 가운데 112편이 인물을 서술하고 있으며, 그 인물들 가운데 대다수는 비극적 인물이다. 비극적 인물이 그렇게 많고, 비극적 분위기가 그렇게 농후하며, 비극성이 그렇게 철저한 것은 고대 중국의 역사학과 문학 저작을 모두 살피더라도 이 책을 넘어서지 못한다. 비극 의식은 사마천 정신의 본질이다. "태사공왈太史公曰"은 사마천의 독창적인 탄식의 형식이며, 『사기』는 바로 깊고 긴 탄식이다. 많은 글이 "슬프다!悲夫" 또는 "~로구나乎哉!" 아니면 "~로다矣"와 "~인가乎!" "~로구나哉" 등의 감탄사로 끝난다. 『사기』에는 울적한 심사와 고민, 적막, 격정, 침음沈吟이 충만해 있어서 사마천의 영혼에서 짜낸 쓴 물이 흥건한 자서전이라고 할 수 있다.

상앙商鞅과 형가荊軻, 항우, 몽염蒙恬, 백기白起, 오기吳起, 굴원, 가의賈誼, 이사李斯, 이광, 이릉, 장탕張湯[14], 주보언主父偃[15] 등 시정의 보잘것없는 백성에서 궁정의 권세 있고 지위 높은 사람까지, 그들의 인생은 예외 없이 비극으로 끝난다.

이사는 벗을 팔고 스스로 정신을 거세한 전형적인 인물이다. 스스로 정신을 거세한 그는 환관 조고趙高[16]의 손에 죽었다. 사마천의 복잡한 감정을 일으키는 이 인물에게는 혐오와 애석함, 연민이 모두 느껴진다. 「이사열전」에서 사마천은 첫머리부터 이사를 쥐, 명예와 이익을 위해서라면 수단과 방법을 가리지 않는 쥐와 마주하게 한다. 이것은 육체적으로 거세당한 이가 스스로 정신을 거세한 이에게 정해준 자리다. 이사는 방대한 정보를 가진 인물로 사마천의 글에 등장한다.

장탕은 '모범적' 혹리酷吏로서 끝내 자살할 수밖에 없는 인물이다. 「혹리열전酷吏列傳」에서도 사마천은 첫머리에서 장탕과 쥐를 조우시킨다. 장탕이 어렸을 때 쥐가 고기를 훔쳐 먹어서 부친께 집안을 잘 살피지 않았다고 매를 맞자, 화가 난 그는 쥐구멍을 파서 쥐를 잡는다. 과연 그럴듯한 장면 배치다. 그는 문서 형식으로 장엄하고 엄숙하게 "쥐를 심문"하고 '책형磔刑'[17]을 선고한다. 쥐를 심문하던 아이가 자라서 혹리가 된다. 전한의 성세는 대단히 아름다워 보이지만, 많은 혹리를 동원해 사회의 안정을 지켜야 했다. 「혹리열전」에 묘사된 공포 세계는 황제 권력을 투영한 것이

---

14   장탕張湯(?~기원전 116)은 무제 때의 유명한 혹리로 진황후陳皇后 사건과 화남왕 및 형산왕의 모반 사건 등을 잔혹하게 처리한 것으로 유명하다. 그 덕분에 태중대부와 정위, 어사대부 등을 역임했으나 결국 어사중승 이문李文과 승상장사 주매신朱買臣의 모함을 받아 자살을 강요당했다. 조우趙禹와 함께 『월궁률越宮律』과 『조율朝律』 등의 법률서를 편찬하기도 했는데 혹리였음에도 청렴하고 검소했다.

15   주보언主父偃(?~기원전 126)은 『주역』과 『춘추』, 제자백가를 공부한 후 원삭 1년(기원전 128)에 장안으로 가서 무제에게 상소를 올리고 서악徐樂, 엄안嚴安과 함께 낭중에 임명되었다가 얼마 후 중대부가 되어 '대일통'을 주장했다.

16   조고趙高(?~기원전 207)는 이사와 모의하여 진나라 이세 황제 호해를 등극시키고 승상으로서 중거부령을 지냈다. 이후 기원전 208년에는 이사마저 살해하고, 또 이듬해에는 호해에게 자살을 강요한 후 자영子嬰을 황제로 세웠다가 오히려 자영의 계책에 걸려 삼족이 몰살당했다.

17   책형磔刑은 살을 베어내고 사지를 자른 후 다시 목을 자르는 잔혹한 처형 방법이다.

었다. 주왕紂王은 하나뿐이었지만 그가 포학暴虐한 짓을 하도록 도운 이는 많았을 게 틀림없다. 장탕이 쥐를 심문한 장면에서 알 수 있듯이 장엄한 것은 종종 해학적이다.

장탕과 이사, 쥐 사이의 관계라는 자잘한 이야기는 아주 진한 블랙 유머의 맛을 풍긴다.

주보언은 황제 권력의 시대에 평범한 관료가 맞이한 평범한 비극을 보여준다. 그러나 사마천은 오히려 그에 대해 깊이 개탄한다. 「평진후주보열전平津侯主父列傳」에서 주보언의 일족이 멸해진 부분에 이르자 사마천은 다시 슬픔이 치밀었다.

주보언이 요직에 있을 때는 많은 이가 모두 칭송했다. 그런데 명예가 무너지고 자신이 처형되자 사인들은 다투어 그의 죄악을 얘기한다. 슬프도다!
主父偃當路, 諸公皆譽之. 及名敗身誅, 士爭言其惡. 悲夫.

이 표지標識는 천 리를 흐르는 복류伏流처럼 『사기』 전체를 관통한다.

사마천이 문학의 필법을 역사에 도입한 것에 대해 후세에 논쟁이 끊이지 않았다. 그가 최초로 기전체紀傳體라는 역사 서술의 체제를 발명한 것은 사실을 기록하려는 '실록實錄' 정신뿐만 아니라 자기의 '문채'를 후세에 나타내려는 결심에 따라 결정되었다. 이 체제는 인물을 묘사하고 그의 비범한 문채를 진열하기에 가장 유리했다. 이사가 뒷간의 쥐와 관청 창고의 쥐를 마주했을 때 느낀 심리와 어린 장탕이 혼자 집 안에서 쥐를 심문하는 장면, 홍문연鴻門宴의 암투, 항우가 오강烏江에서 스스로 목을 그을 때 보여준 언행 등등……. 『사기』에는 이처럼 지극히 강한 프라이버시가 담긴 세부 줄거리가 두루 분포되어 있다. 이런 이야기들은 어떻게 만들어진 것일까? 나는 차라리 일부 이야기들은 사마천의 위대한 문학적 재능에서 나왔다고 믿고 싶다. 이것이 역사의 진실을 위배했는가? 사마천이 추구한 것은 또 다른 층위의 진실, 더욱 본질적인 진실이었다. 역사의 장면을 생동적으로 독자의 눈앞에 펼쳐놓는 것이 바로 사마천의 돋보이는 능력이다. 역사의 식견과 지능이 없는 사람에게 아무리 많은 사료를 제공한들 아무 의미가 없다. 『사기』는 서사시이고 또 시로 쓴 역사다. 그것은 위대한 시 작품의 미학적 의미를 동시에 구비하고 있다.

사마천의 붓 아래에서 당시 사람들과 옛사람은 완전히 다른 맛을 지녔다. 옛사람을 묘사할 때는 격정이 팽배하더라도 그저 증거를 찾아 개괄하면서 이성理性을 중심으로 한다. 그러나 동시대 사람을 묘사할 때는 마음 놓고 글을 쓴다. 보라. 진승과 오광吳廣, 항우, 번쾌樊噲, 유방劉邦 등은 모두가 살아 있는 듯 생동적이고 너무나 소설 속 등장인물 같다. 사마천은 역사의 진실을 원래대로 돌려놓고자 하는 강렬한 열망을 가진 역사학자이자 비범한 창작 능력을 지닌 위대한 문학가였다.

바로 소설가로서의 플라톤의 특별함 때문에 사람들은 역사학자로서의 플라톤을 의심하게 된다. _ 러셀Bertrand Russell, 『서양철학사』

우리도 당연히 사마천을 이렇게 대할 수 있다. 그러나 구체적으로 『사기』 속의 역사적 사실과 이야기를 믿어야 하는지 의심해야 하는지는 해결하기 어려운 문제이고, 아울러 더는 중요한 문제가 아니다. 역사에 감정을 주입하는 것은 사마천의 결점이기도 하고 위대함이기도 하다. 사마천의 감정을 제거한 『사기』는 절대 위대한 작품이 될 수 없다. 그는 자기 시대에서 그다지 멀리 떨어지지 않은 인물들에 대해서는 과감하게 창조와 형상화를 진행하여 문채를 한껏 자랑했다. 그것은 그가 자료를 충분히 점유하고 인물에 대해 본질적으로 파악했다고 자신했기 때문이다. 그는 역사를 기록하면서 동시에 예술적 진실을 실현했다.

사마천이 창조한 체례는 후세에 계승되었으나, 그가 역사를 쓴 본질적인 정신은 계승되기 어려웠다. 다행스러운 점은 그의 문학 정신이 그래도 대대로 문장의 대가를 길러내서 한유와 유종원, 소식 등이 모두 『사기』를 법도로 삼았다는 사실이다. 문학 기풍이 쇠락할 때 진정한 문학가는 사마천에게서 생기와 역량을 찾았다. 『홍루몽』의 진한 비극적 분위기에서도 『사기』의 흔적을 찾아낼 수 있다. 위대한 문화 창조는 서로 호흡이 이어질 수밖에 없다.

사마천은 문학과 역사, 천문을 담당했으나 역사를 서술하는 것은 개인적인 일이었다. 후한 반고班固에 이르면 이미 어명을 받들어 역사를 편찬했다. 사적으로 저술한다고 해서 반드시 정신적 거세 상태를 초월하는 것은 아니지만, 어명을 받들면 먼저 정신부터 거세해야 한다. 『사기』에 비해 『한서』는 상대적으로 표준적인 황실의 역사책이다. 『한서』의 요지는 어쩌면 이렇게 개괄할 수 있을 것이다. 천인감응을 밝혀서 황제 권력과 통일을 공고히 다지고 관방官方 역사의 규범을 완성한다. 핵심은 "그것으로 주상께 신임과 총애를 구하는以求親媚於主上"것이다. 반고는 완전히 "진리를 장악한眞理在握" 시선으로 『사기』를 판단했다.

> 그의 시비 판단은 성인과 상당히 어긋났고, 대도大道를 논할 때는 황로사상黃老思想을 앞세우고 '육경'을 뒤로 했으며, 유협遊俠을 나열할 때는 처사處士를 물리치고 간웅奸雄을 내세웠으며, 화식貨殖을 서술할 때는 권세와 이익을 숭상하고 가난하고 신분이 낮은 것을 수치로 여겼다. 이것들을 그는 숨겼다.
> 其是非頗謬於聖人, 論大道而先黃老而後六經, 序遊俠則退處士而進奸雄,

述貨殖則崇勢利而羞賤貧, 此其所蔽也.　　　　_『漢書』「司馬遷傳」

반고에게 사마천은 엄연한 이단이었다. 대가는 종종 모순으로 가득 차 있으나, 정신을 거세한 이는 쉽사리 입장을 견고하게 정하고 진리를 장악한 모습을 보인다. 반고는 『사기』의 실록 정신은 긍정했으나 그 사상의 서슬은 받아들이기 어려웠다. 반고의 말은 황제 권력의 후세에 대단히 큰 영향을 미쳤다. 한나라 말엽에 사도司徒 왕윤王允[18]이 채옹蔡邕[19]을 처형하려 하자, 채옹은 상소를 올려 한나라 역사를 저술할 수 있도록 얼굴을 훼손하고 발꿈치를 자르는 월형刖刑을 내리되 목숨만은 살려달라고 청했다. 이것은 분명히 사마천을 흉내 낸 것이다. 그러자 왕윤이 말했다.

> 옛날에 무제가 사마천을 죽이지 않는 바람에 그가 비방하는 책을 써 후세에 전하게 했다.
> 昔武帝不殺司馬遷, 使作謗書, 流於後世.　　　　_『後漢書』「蔡邕列傳」

결국 채옹은 죽음을 면하지 못했다. 『사기』는 비방의 책이라는 주장이 한나라 전체에 걸쳐서 대단히 유행했는데, 이는 사마천의 발분저서發憤著書를 '화풀이 저서'로 깎아내리는 것이었다. 사마천이 정말 비방하는 마음을 품고 있었는지와는 상관없이, 그가 실록 정신을 관철하는 순간 당대

18　왕윤王允(137~192, 자는 자사子師)은 대대로 환관을 지낸 태원太原 왕씨의 후손으로서 효렴 출신으로 사도 고제高第에게 발탁되어 시어사와 예주자사, 하남윤 등을 역임했고, 동탁이 집권한 후 태복 겸 상서령, 사도에 임명되었다. 이후 계략을 써서 동탁을 죽이고 여포와 연합하여 정권을 잡았으나 동탁의 잔당이 장안을 점령할 때 피살되었다.
19　채옹蔡邕(133~192, 자는 백개伯喈)은 후한 말엽에 낭중과 의랑 등을 역임했지만, 죄를 지어 북방으로 유배당했다가 여러 차례 고난을 겪고 강남으로 피난하여 12년을 보냈다. 동탁이 집권할 때 억지로 불러들여 좨주에 임명했고, 사흘도 지나지 않아 시어사와 상서, 시중, 좌중랑 등을 역임하고 고양후에 봉해졌다. 동탁이 죽자 그는 왕윤王允과 함께 한 자리에서 한숨을 쉬었다가 옥에 갇혀 얼마 후에 죽었다. 뛰어난 문학가이자 '비백飛白'을 창조한 서예가이기도 했다.

및 후세에 그것을 비방으로 간주하는 사람이 나올 수밖에 없었다. 사마천은 사실의 기록을 준수했으나 또 강렬한 주관성과 개성이 있었다. 평생 비첩 심리를 품고 살았던 반고 부자父子는 필연적으로 사마천의 기이한 광채를 우러러볼 수 없었다. 『사기』에 비해 후세에 나온 20여 종의 역사서는 모두 황제 권력을 위한 '통치의 밑천資治'을 만드는 데에 열중하여 사회 경제의 큰 국면을 폭로한 경우가 드물었고, 더욱이 인성에 대한 깊이 있는 탐구가 결핍되어 현저하게 도량이 좁고 왜소했다. 주관성과 개성이 없는 역사학자는 끝내 심원한 객관성을 실현하기 어렵다.

반고가 사마천을 비난했던 것을 두고 명나라 때의 사상가 이지李贄[20]는 이렇게 말했다.

성인과 어긋나지 않으면 어찌 사마천이라고 할 수 있겠는가?
不是非謬於聖人, 何足以爲遷乎.

『사기』는 사마천이 발분하여 지은 것이다.
史記者, 遷發憤之所爲作也.

그것은 한 사람의 독보적인 견해이니, 진정 반고가 엿볼 수 있는 것은 아니지 않은가!
其爲一人之獨見也者, 信非班氏所能窺也歟.

_ 이상 李贄, 『藏書』 권40 「司馬談司馬遷」

20　이지李贄(1527~1602, 자는 굉보宏甫, 호는 탁오卓吾)는 가정嘉靖 31년(1552) 거인이 되었으나 회시에는 응시하지 않았고 공성교유共城敎諭와 국자감박사, 요안지부姚安知府를 역임했다. 그러나 얼마 후 벼슬을 버리고 호북 마성麻城에서 강학하다가, 만년에 무고를 당해 옥에 갇히자 자살했다. 양명학좌파의 대표적인 사상가로 『분서焚書』 『장서藏書』 등의 저작을 통해 혁신적인 주장을 전개했다.

그야말로 정곡을 찌른 말이라 하겠다. 반고가 보기에 '가려진蔽' 것에 바로 『사기』의 광채가 담겨 있다. 한나라 무제와 그 시대는 분명히 사마천이 암중에 풍자한 주요 과녁이었다. 유철은 아무도 감히 자기를 판단할 수 없는 시대를 창조했으나, 사마천은 그를 판단했다. 통치자의 영광스러운 형상을 보호하려는 입장에는 『사기』가 그것을 비방한 책이라는 주장이 당연히 성립한다. 천성적으로 올바르다고 자부하는 사람이나 사물의 입장에서는 진실한 말을 하는 순간 비방으로 간주될 가능성이 충분하다. 유철의 부친을 서술한 「효경본기孝景本紀」와 유철을 서술한 「금상본기今上本紀」가 『사기』에서 제외된 사실도 이 점을 증명한다. 천 년 전의 옛날을 우습게 보기는 쉬워도 당대를 판단하기는 어렵다. 고대 중국의 전제 통치자가 당시의 역사에 대해 언급을 꺼리는 것은 거의 자연스러운 현상이다. 더 심한 이는 고대의 역사에 대해서도 그러했다.

정이 깊었던 사마천은 자기 시대와는 '절교'했는데, 그러지 않으면 웅장하게 트인 곳으로 나아가지 못했을 것이기 때문이다. 이 절교가 있었기에 비로소 절창絕唱이 나올 수 있었다. 그리고 이 절창이 있었기에 비로소 "역사를 독단獨斷했다"(장학성章學誠)라는 평가가 나올 수 있었다.

> 사마천의 마음에는 본래 천하의 대세가 들어 있었으니, 후대의 서생들이 근접할 수 있는 바가 아니었다.
> 太史公胸中固有一天下大勢, 非後代書生之所能幾也.
> _ 顧炎武, 『日知錄』 권26 「史記通鑑兵事條」

천하의 대세를 품고 있고, 자세한 이야기를 알고 있고, 깊은 정이 있는 사람이 바로 사마천이었다. 『사기』를 읽으면 종종 사마천이 내 옆에 서 있는 듯한 기분이 들곤 한다.

정신의 연옥을 통과한 사람

사람은 당연히 한 번 죽는데, 태산보다 무거운 죽음도 있고 기러기 깃털보다 가벼운 죽음도 있는 이유는 그것을 이용해서 추구한 바가 다르기 때문이다.

人固有一死, 或重於泰山, 或輕於鴻毛, 用之所趨異也. _「報任安書」

"사가의 절창이요, 운韻이 없는 「이소」다史家之絕唱, 無韻之離騷." 지금은 『사기』에 대한 루쉰魯迅의 이 평가를 보편적으로 받아들인다. 「이소」는 독립적인 시인의 등장을 나타내는 표지이고, 『사기』는 독립적인 역사학자이자 문학가가 우뚝 나타났다는 표지다. 굴원과 사마천은 극단적인 정신적 고통을 같이 겪었으나, 굴원의 고통은 외부적 요인에 의한 것이어서 완화되거나 해소될 수 있었다. 가령 초나라 왕이 그를 다시 임용했다면. 그러나 사마천의 고통은 해소할 길이 없었다. 그에게는 격정적인 감정과 강력한 이성이 함께 존재했지만, 굴원은 이성이 상대적으로 모자랐다. 역사학자는 역사의 정의를 위해 굴욕을 참고 구차한 삶을 선택했는데, 시인은 초나라와 자신의 운명을 돌릴 힘이 없기에 강물에 몸을 던졌다. 똑같은 비극이지만 사마천의 비극이 정신적으로 더 철저했다.

"사인을 죽일 수는 있어도 모욕을 줘서는 안 된다士可殺不可辱[21]"라고 했는데, 이런 유가의 인격관이 궁형을 받은 이후의 사마천에게서는 뇌관雷管으로 변할 따름이었다. 그는 모욕받는 구차한 삶을, 비천하고 부조리한 상황에 빠진 육체를 지니고 살아가는 것을 선택했다. 이것은 사마천의 분

---

21 『예기』「유행儒行」: "유생은 친근하게 대할 수는 있어도 해쳐서는 안 되고, 가까이할 수는 있어도 핍박해서는 안 되며, 죽일 수는 있어도 모욕을 줘서는 안 된다儒者可親而不可劫也, 可近而不可迫也, 可殺而不可辱也."

열이 아니라 사회의 분열이었다.

> 부조리한 세상에 태어난 사람의 유일하고 진정한 책임은 바로 살아가는 것이며, 아울러 자기의 생명과 반항, 자유를 의식하는 것이다.
>
> _ 카뮈 Albert Camus (1913~1960)

카뮈는 '부조리한 세계'를 전제했다. 사마천의 경우는 육체의 깊은 곳에 굴욕과 고통이 이식됨으로써 부조리도 함께 이식되었다. 그는 부조리를 살아가면서 아울러 그 속에서 자기를 증명하는 길을 선택했다.

이 글은 어쩌면 사마천의 『사기』 저작에 대해 궁형이 미친 영향을 지나치게 부각함으로써 한쪽에만 신경 쓰다가 다른 것들을 놓치는 잘못을 범하고 있는지도 모르겠다. 사마천 정도의 재능과 식견을 가진 사람이라면 궁형을 받지 않았더라도 『사기』를 완성하고, 또 이정표가 될 만한 위대한 작품을 만들 수 있었을 것이다. 다만 그랬을 경우 그는 어쩌면 "주상께 신임과 총애를 구하는" 심리와 작별하기 어려웠을 테고, 그렇게 되면 그것은 틀림없이 황제에게 헌상하기 위해 지어진 책이 되고 말았을 것이다. 그런데 궁형이 이런 심리를 철저하게 바꿔버렸다. 궁형으로 인해 사마천은 '발분저서'의 상태로 진입할 수 있었다. 이렇게 큰마음을 먹는 것은 높은 지위에서 부유한 삶을 누리는 저 어명을 받고 역사를 편찬하는 관리들로서는 체험하기 어려운 일이다. 도전의 정도, 박해받은 정도로 보면 사마천은 공자나 굴원, 좌구명左丘明[22]을 훨씬 넘어선다. 사마천은 중국 역사학과 문학에서 환관과 유약함에 반대하는 양강陽剛의 기맥을 확립했다.

---

22 좌구명左丘明(기원전 502?~기원전 422?)은 춘추 말엽 노나라에 부속된 작은 나라인 주邾나라 출신으로 노나라에서 사관인 태사를 역임했고, 실명하여 사직하고 귀향한 뒤에는 『춘추』를 해석하여 『좌씨춘추』 즉 『좌전左傳』과 『국어國語』를 편찬한 것으로 유명하다.

한나라 무제는 자기의 웅장한 일생에서 언급하기조차도 모자란 이 자잘한 일 즉, 사마천에게 궁형을 내린 일이 뜻밖에 이 땅의 문명에 깊은 영향을 주게 되리라고는 생각지도 못했을 것이다.

사마천은 영혼과 육체 사이의 막막한 황야를 걸어 지났다. 역사의 발전에 따라 그의 창작은 지극히 광활하고 심후한 영역을 만들어냄으로써 그 자신의 감각과 상상을 훨씬 넘어섰다. 2000년 동안 사마천과 『사기』가 겪은 처지는 문화 또는 문명이란 한 그루 커다란 나무이며, 그것은 어떤 양분을 흡수해야 하는지 잘 알고 있음을 알려주고 있는 듯하다.

정신의 연옥을 통과한 사람은 자연히 남들이 보지 못하는 풍경을 볼 수 있다.

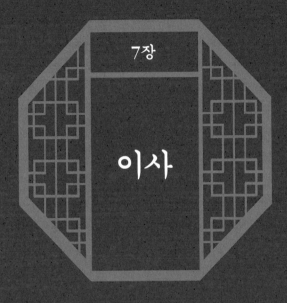

7장

이사

> 잃어버린 정원 <

사마천은 이사가 죽고 약 100년 뒤에 역사를 저술했다. 세밀하고 생동감 있는 문장으로 인물 형상을 묘사하는 데에 뛰어났던 사마천은 근세의 이 독특한 사인士人에 관해 생각하면서 상당히 주저했다.

독특한 풍격을 지닌 이사(기원전 284?~기원전 208)와 독특한 풍격의 『사기』「이사열전李斯列傳」. 그것은 이렇게 직설적인 말로 시작한다.

이사는 초나라 상채上蔡 사람이다. 젊어서 군郡의 하급 관리가 되었는데 관사의 측간에서 쥐가 불결한 것을 먹는 것을 보았다. 사람과 개에게 다가가게 하면 종종 놀라고 두려워했다. 이사가 창고에 들어갔다가 창고 안의 쥐를 보았는데, 쌓인 곡식을 먹고 큰 지붕 아래 살면서 사람이나 개를 만날 염려도 하지 않았다. 이에 이사가 탄식했다.

"사람이 현명하고 못나고는 쥐에 비유할 수 있겠구나. 자기가 있는 곳에서 스스로 처신할 따름인 것을!"

한바탕 거창한 연극이 상연되려 하는데, 사마천이 미래의 이 비범한 인물인 이사와 함께 포즈를 취하게 한 배역은 바스락거리며 먹을 것을 찾아다니는 몇 마리 생쥐였다.

사마천은 초나라 상채의 하급 관리 이사를 헤아려 보고, 아주 낮은 인격의 문턱을 제공해주었다. 즉 그는 수단과 방법을 가리지 않고 안전을 꾀하고 영광을 추구하는 관청 창고의 쥐와 같다는 것이다.

이사는 기적을 창조하여 끝내 성공했다. 못생긴 작은 오리에서 아름다운 백조로, 측간의 쥐에서 창고의 쥐로 용맹하게 승진한 것이다. 그러나 이상 속의 삶이 진실한 생존으로 변하고, 방관자에서 직접적인 경험자가 되면 맛이 크게 변할 수밖에 없다. 관청 창고에는 쥐만 있는 것이 아니라 고양이와 매, 다른 맹금猛禽과 들짐승도 있다. 이곳은 밀림의 법칙에 따라 운영되는 세계이며, 여기에서는 무슨 쥐라 해도 사실상 별것이 아니다.

「이사열전」의 마지막에서는 그의 죽음에 대해 이렇게 서술했다.

2세 2년(기원전 208) 7월에 이사에게 오형五刑을 모두 갖추어 함양의 저자에서 요참형腰斬刑에 처하도록 판결했다. 이사는 옥에서 나와 가운데 아들과 함께 잡혀갔는데, 그 아들을 돌아보며 이렇게 말했다. "내 너와 함께 다시 누렁이를 끌고 상채 동쪽 성문으로 나가서 약삭빠른 토끼를 쫓고 싶지만, 그게 어찌 가능하겠느냐!"
그리고 부자는 서로 통곡했고, 삼족이 멸해졌다.[1]

---

1 『한서』「형법지刑法志」에 따르면, 삼족이 멸해지는 경우에는 먼저 얼굴에 먹물을 새기고墨刑, 코를 자르고劓刑, 양쪽 발趾을 자르고, 죽을 때까지 태장笞杖을 친 다음, 수급을 베어 나무에 매달고, 마지막으로 그 시체를 잘라 젓갈을 담갔다.

진나라 때는 시적 정취가 없었고, 당시 사람들은 서정에 반대했다. 시적 정취는 진시황과 이사에 의해 소멸해버렸다. 그런데 정이 깊은 사마천은 그래도 이사에게 조금이나마 시적 정취를, 비참이라는 정취를 남겨줬다. 성공한 후에 또 철저하게 실패한 이사, 인생에 대해 어떤 긍정도 하지 않았던 이사, 한때 제국의 법령과 조령詔令을 담당했던 정치적 중추였던 이사, 죽음을 눈앞에 둔 관청 창고의 쥐였던 이사가 유일하게 다시 할 수 있는 말은 바로 전원의 삶으로 돌아갈 방법이 없다는 것이었다.

궁정에서 펼쳐지는 수많은 위험, 토끼가 뛰면 매가 덮치는 듯한 놀랍고도 두려운 위험에 직면하자 이사는 가끔이나마 고향으로 돌아가 아들과 누렁이를 데리고 노는 모습을 상상하곤 했다.

지나온 길을 되돌아보면 이렇듯 또렷하지만, 그는 이번 생에는 돌아갈 수 없음을 잘 알고 있었다. 당시는 일체의 돌아갈 여지, 돌아볼 가능성을 없애버린 시대였다. 유형의 전원뿐만 아니라 무형의 정신적 전원까지도 철저히 제거되었다. 쥐와 누렁이는 그들의 영민한 발톱으로 이사의 일생을 긁어댔다. 쥐들의 기량을 다 써버린 이사는 마지막으로 누렁이와 전원마저도 망상으로 만들어버렸다. 이사의 인생은 쥐를 두고 고민한 데에서 시작해서 누렁이를 상상하는 것으로 끝났다.

이사와 그의 '동행자'는 정신적으로 거듭해서 스스로 혹은 피동적으로 간략화해서, 설령 의지가 철석같이 단단했더라도 생존은 날려 스러지는 연기와 재처럼, 한바탕 덧없는 꿈과 다를 바 없었다.

이사와 순자

당시는 스승이 학생을 규정하는 역할이 대단히 컸다. 그렇게 많았던 공자의 제자 가운데 공자가 규정한 사상의 시야를 넘어설 수 있었던 이는 거의 없었다. 그런데 순자荀子(기원전 313?~기원전 238)에겐 이 규정이 효력이 없었던 듯하다.

순자에게는 세 명의 유명한 학생이 있었으니 이사, 한비韓非, 장창張蒼[2]이다. 장창은 요행히 살아남아 주로 한나라 초기에 정치 활동을 했으나, 그에 관해서는 길게 이야기하지 않겠다. 이사와 한비는 모두 전국 말엽과 진나라에서 활약했다. 이사는 영정嬴政을 도와 통일 대업을 완성함으로써 천고 제일의 재상이 되었다. 한비는 법가 학설을 극단으로 밀고 나가 진나라 때에 거의 성인聖人에 가깝게 받들어졌다. 순자의 이 두 제자는 능력도 뛰어나고 쉼 없이 노력했다. 순자는 천수를 누리고 평안히 죽었으나 두 제자는 모두 처참한 방식으로 생을 마쳤다.

이사는 쥐를 보고 인생에 대해 스스로 성찰한 뒤에 곧 밖으로 나가 스승을 모시고 공부했다. 순자의 제자가 되어 제왕의 기술을 공부한 것이다. 제왕의 기술은 백성을 다스리는 기술, 천하를 통어하는 기술이었다.

선진 시기 최후의 신화적 거인으로서 순자는 공자의 계승자로 자처하면서 유가를 제외한 다른 학설에 대해 모두 격렬히 비판함으로써 이미 공자와 유학만을 추존하고 사상을 통일하려는 움직임의 전조를 드러냈다. 공자와 맹자, 특히 맹자에게서는 도의와 이익이 대립했는데, 순자는 도의를 강조하면서도 이익을 함께 중시했다. 순자의 문장은 온후함 속에 웅변을 담아서 서슬과 힘, 도덕적 척도를 지니고 있었다. 그는 성악설性惡說

2　장창張蒼(기원전 256~기원전 152)은 전한 초기의 승상이자 역법가다. 순자의 제자로 이사, 한비와 함께 공부했던 그는 진나라에서 어사로 있다가 죄를 짓고 도망하여 유방을 따라 반란에 참여했다. 이후 한나라가 건립된 후 대국代國과 조국趙國의 재상을 역임하다가 북평후北平侯에 봉해졌고, 조정에 들어가 어사대부御史大夫를 역임했다. 이후 기원전 176년에 관영灌嬰이 죽자 그 뒤를 이어 승상이 되었으나 곧 스스로 사임했다. 『구장산술九章算術』을 교정하여 역법을 제정하고, 육체적 형벌을 없애야 한다고 주장했던 그의 대표적인 제자가 바로 가의賈誼다.

을 논의의 출발점으로 삼았다.

사람의 성품은 본래 악하며, 선한 것은 거짓으로 꾸민 것이다.
人之性惡, 其善者僞也.

길 가는 사람도 모두 우임금처럼 될 수 있다.
塗之人皆可爲禹.
_이상, 『荀子』「性惡」

나쁜 길을 잘 통제하도록 계획하기만 한다면 인성이 악하다 해도 선해지기를 기대할 수 있다. 순자는 성선설性善說을 주장한 맹자보다 인성에 대해 조금 더 성찰했음에도 여전히 인간을 믿었다. 『순자』를 읽으면 그의 탁 트인 흉금과 따스한 마음에 무척 감동하게 된다.

이사와 한비는 확실히 스승이 문호門戶를 지탱하던 무언가를 분실했다. 이사의 웅심雄心은 종종 불안한 소동에 휩싸인 전국 시기의 천하와 호응했다. 생사와 존망은 코앞에 닥친 현실이었고, 더불어 문화와 사상의 격렬한 싸움으로 변했다. 순자는 온후한 언사言辭를 견지했으나 이사의 영혼 안에는 이미 창칼이 삼엄했다. 어느 정도 배웠다 싶어지자 이사는 배움을 실제로 적용해보고 싶은 충동이 대단히 강렬해졌다. 조국 초나라의 왕은 섬길 만한 재목이 아니라고 판단한 그는 초나라를 포함한 동방의 여섯 나라가 모두 공을 세울 수 있는 이상적인 곳이 아니라고 생각했다. 이에 그는 서쪽의 강력한 진나라로 눈을 돌리고, 오직 진나라만이 자신의 맹금류 같은 웅심에 어울릴 수 있다고 단정했다. 이사가 순자에게 한 작별 인사는 정말 조금은 무례했다.

제가 듣건대 때를 얻으려면 게으름을 피우지 말라고 했습니다. 이제

만승의 대국이 다투는 때로서 유세하는 이가 일을 주관합니다. 지금 진왕이 천하를 삼키고 황제를 칭하며 다스리려 하니, 이야말로 포의지사布衣之士가 달려갈 때요 유세하는 이들이 성숙하는 시절입니다. (…) 그러므로 비천함보다 큰 욕이 없고, 곤궁함보다 심한 슬픔이 없습니다. 오랫동안 비천한 지위와 곤궁함에 시달리는 땅에 처해 있으면서 세상을 비판하고 이익을 싫어하여 스스로 '무위'에 의탁하는 것은 제대로 된 사인의 마음이 아닙니다. 그래서 저는 서쪽으로 가서 진왕에게 유세할 것입니다.

_「李斯列傳」

이사는 이미 너무나 초조해하고 있었다. 평민에서 출세할 수 있는 이 천재일우의 기회를 잡지 못하고도 버젓이 "이익을 좋아하지 않는다"라거나 '무위' 등의 논리로 자기를 꾸미는 자들을 '사인士'이라고 할 수 있는가! 그가 되고 싶었던 사인은 순자나 제자백가가 생각하는 사인과는 달랐다. 가진 것이라고는 웅심밖에 없었던 이 사인은 "때를 얻으려면 게으름을 피우지 말아야 한다!"를 되뇌며 다급히 진나라로 달려갔다.

순자는 이 제자에 대해 진즉부터 속으로 염려하고 있었다. 『순자』 「의병議兵」에는 다음과 같은 스승과 제자 사이의 논변이 기록되어 있다. 이사는 이렇게 말했다.

진나라가 4대에 걸쳐 승리하고 천하에서 병력이 가장 강하여 제후들에게 위력을 행사한 것은 인의로 한 것이 아니라 일을 처리하는 데에 편리함을 추구했기 때문일 뿐입니다.
秦四世有勝, 兵強海內, 威行諸侯, 非以仁義爲之也, 以便從事而已.

이사는 진나라가 여러 세대에 걸쳐 강성한 원인은 진나라가 목적을 달성하기 위해 수단과 방법을 가리지 않았기 때문이라고 결론을 내렸다. 그러자 순자가 진노했다.

네가 말한 편리함이란 불편한 편리함이다. (…) 진나라는 4대에 걸쳐서 승리했으나 늘 천하가 하나로 합쳐서 자기에게 대항할까 두려워했으니, 이것은 이른바 말세의 무력이지 인의를 바탕으로 한 전통이 아니다. (…) 지금 너는 인의의 바탕을 추구하는 게 아니라 말단에서 찾으려 하는데, 이 때문에 세상이 어지러워지는 것이다.

汝所謂便者, 不便之便也. (…) 秦四世有勝, 然常恐天下之一合而軋己也, 此所謂末世之兵, 未有本統也. (…) 今汝不求之於本而索之於末, 此世之所以亂也.

순자는 이사가 이익을 중시하고 도의를 가벼이 여기는 것은 본말의 전도라고 분명히 말하고, 안하무인인 진나라의 무력은 사실 '말세의 무력'일 따름이라고 날카롭게 지적했다. 순자는 으르렁거리며 이를 드러내고 휙휙 발톱을 휘두르는 이 강대국에 오래도록 지탱할 수 있는 '소프트웨어'가 없음을 이미 간파했다. 그가 생각해낼 수 있는 소프트웨어는 당연히 공자의 유학밖에 없었다. 부질없이 인의를 부르짖는다면 종종 쓸모가 없지만, 공공연히 그것을 버리고 치욕적인 일을 실천하면 재난에 가까운 결과를 초래할 가능성이 있다.

이사와 한비가 바로 이렇게 했다. 천하를 통일하려는 바람과 함께 그들은 사상의 통일을 격렬하게 추구했다. 이 소란한 세계는 거듭 간략화될 필요가 있었다. 이 바람은 뜻밖에도 진나라에서 실현되었다. 후세의 논자들 가운데는 부지런히 나대는 재주가 있는 이 두 제자 때문에 순자를 비판하는 이들이 있다.

순자는 왕도를 밝히고 예악을 서술했는데 이사가 그 학문으로 천하를 어지럽혔으니, 그가 이단의 담론을 강조함으로써 제자를 자극했기 때문이다.

荀卿明王道, 述禮樂, 而李斯以其學亂天下, 其高談異論有以激之也.

_ 蘇軾, 「荀卿論」

소식은 순자가 "이단의 담론을 강조高談異論"함으로써 이사를 자극했다고 여겼다. 이것도 일리가 있을 수 있다. 그러나 이사가 그런 인물이 된 이유가 이처럼 단순할 리는 없다.

형세는 사람보다 강하니, 사람은 이익을 위해서라면 누구에게든 기대기 마련이다. 시대는 소란스럽고 공명이 나를 부르는데, 국가 기관은 요란하게 삐걱거리며 굉음을 울리고 있다! 이것은 그 누구의 장황한 수다보다 훨씬 쓸모가 있다. 그러니 몇몇은 열광에 빠지지 않을 수 없다.

이사와 영정

국가 기관의 굉음이 가장 강경한 곳은 진나라였다.

상앙의 변법을 거치고 나자 문화적으로 낙후되었던 진나라는 신속하게 두각을 나타냈다. 과감하게 통일과 제국의 꿈을 꿀 수 있는 나라가 되었다. 이사는 사업과 공명을 이루려는 과감한 사람이었다. 진나라의 꿈과 이사의 꿈이 겹치는 부분은 가히 세기의 웅대한 꿈, 공전절후空前絶後의 굉장한 공연이었다. 천고 제일의 황제와 천고 제일의 재상, 천고의 대참극, 배우와 줄거리, 장면이 모두 충격적이었다. 역사의 이 지점에서 몇몇 인물은 자신의 모든 것을 연기할 기회를 얻었을 뿐만 아니라 끝까지 연기할 수밖에 없도록, 죽을 때까지 즐기도록 안배되었다.

　남자 주인공은 당연히 영정嬴政(기원전 259~기원전 210)이었고, 남자 조연은 이사가 아니면 안 되었다. 이사는 영정보다 25살이 많으니, '두 세 대에 걸친 사람兩代人'이었다. 그는 서른여덟 살에 진나라로 갔는데 마침 그때 진나라 장양왕莊襄王이 죽어서 태어나는 순간부터 온갖 수모를 겪었던 젊은 영정이 요행으로 즉위했다. 강력한 진나라의 젖비린내도 가시지 않은 '어린 왕'은 이사에게 무척 커다란 현묘한 공간을 제공했다. 세상에서 가장 큰 사업은 어디 있는가? 바로 군왕에게 있다. 군왕의 사업이란 무엇인가? 강산이요 천하다. 그러나 당시 이사는 너무나 미미한 존재여서 왕위에 있는 이와 거리가 대단히 멀었다. 그러나 그는 준비가 되어 있었다. 우선 진나라 재상 여불위呂不韋(?~기원전 235)의 문객門客이라는 역할을 얻어내고, 몇 년 만에 몽매에도 그리던 그 '어린 왕'을 알현할 기회를 얻어 냈다. 기록에 따르면 영정은 생김새가 그다지 훌륭하지 않았다. 진나라의 군사가 위료尉繚[3]는 영정의 모습을 이렇게 묘사했다.

　　진왕은 벌처럼 높은 콧대와 가늘고 긴 눈, 맹금처럼 튀어나온 가슴, 승
　　냥이의 목소리를 가지고 있으며 은혜는 별로 베풀지 않고 호랑이나 늑
　　대 같은 맹수의 마음을 지녔다. 곤궁할 때는 쉽게 남의 아래에서 예의
　　를 차리지만, 뜻을 얻으면 역시 쉽게 사람을 잡아먹는다.
　　秦王爲人, 蜂準, 長目, 鷙鳥膺, 豺聲, 少恩而虎狼心, 居約易出人下, 得志亦輕
　　食人.　　　　　　　　　　　　　　　　　　　_『史記』「秦始皇本紀」

　영정의 형상과 품성은 위료에게 상당히 좋지 않은 느낌을 주었고, 이

3　위료尉繚(?~?)는 본래 성은 알 수 없고 이름이 '요繚'였는데, 기원전 237년에 진왕 영정에게 유세하여 국위에 임명되자 '위료'라고 불리게 되었다. 병서 『위료자尉繚子』의 작자라는 설이 있다.

때문에 그는 진나라에서 도망치기로 했다. 영정은 구루병佝僂病으로 인한 새가슴이나 기관지염 같은 병을 앓았을 수도 있다. 그러나 그가 환경에 잘 적응했다는 것은 위대한 영웅으로서 반드시 갖추어야 할 소질을 지닌 셈이었다. 이사는 정치가의 마음으로 이 어린 왕을 재고 헤아려서, 입을 열자마자 이렇게 말했다.

> (…) 진나라가 승세를 타고 제후를 부린 지 대개 6대가 되었고 이제 제후들이 진나라에 복종하여 마치 군현郡縣과 같이 되었습니다. 진나라의 강력함과 대왕의 현명함으로 부엌에서 먼지를 쓸듯이 한다면 충분히 제후를 멸하고 제왕의 사업을 완성하여 천하를 통일할 수 있을 것이니, 이는 만 년에 한 번 오는 때입니다. 지금 게으름을 피워 서둘러 나아가지 않다가 제후들이 다시 강해져서 서로 모여 합종合縱을 맹약하게 되면 황제黃帝처럼 현명하더라도 천하를 겸병할 수 없습니다.
>
> _「李斯列傳」

그의 말에는 오직 하나의 중심만 있었다.

"영정, 그대는 틀림없이 공전의 거대한 제국을 창건한 사람이 되어야 하고 또 될 수 있을 것이오. 이것은 진나라의 국가적 사명인데, 지금 이 순간 그대의 위대한 사명이 되었소!"

이보다 더 감동할 만한 말이 어디 있겠는가? 얼마나 웅대하고 휘황찬란한가! 중요한 것은 이 꿈이 지닌 지극히 강렬한 현실성이었으니, 지금 이 순간이 바로 꿈의 한 부분이라고 할 수 있었다.

영정의 아동기와 소년 시대는 일반인들과 전혀 달랐다. 그는 인질의 아들이라는 신분으로 조趙나라에서 태어나 남의 집 울타리에 기생하는 형태로 아동기를 보냈으니 공명과 이익을 탐하는 어른들의 잔인함은 그의 소년 시대의 치욕이 되었고, 궁정이라는 밀림 깊은 곳에서 서로 속고 속이며 사방에 위기가 잠복해 있는 상황은 또 악한 인성에 맞서 생존을 도모해야 한다는 그의 감수성을 자극하고 강화했다. 아비는 목숨을 구하려고 그를 버리고 떠났고, 모친은 추호의 염치도 없이 음란한 쾌락을 즐겼으니, 어린 영정의 눈에 비친 생존에는 넘쳐흐르는 따뜻한 정감 따위가 애초에 없었다. 영정의 마음은 아주 일찍부터 얼음처럼 차갑고 무쇠처럼 단단해져 있었다. 그는 자기에게 필요한 것이 무엇인지 알았다. 그는 어린 나이에 즉위했기 때문에 나랏일은 오랫동안 여불위가 주재했다. 스물두 살에 몸소 정치를 주관하게 된 후로 그는 무쇠팔을 휘두르며 자신에게 거대한 치욕을 주었던 노애嫪毐[4] 집단과 여불위 집단을 단계적으로 제거했다. 그는 노애와 그의 생모 사이에서 태어난 두 아들을 자루에 넣고 망치로 쳐서 죽이고, 모후母后를 연금했다.

영정이 각박하고 잔인해지기가 아주 쉬웠다는 것도 여러 조상의 '행운'이라고 할 수 있다. 진나라 사람들에게는 각박한 전통이 있었다.

> 상앙은 선천적으로 각박한 사람이었다.
> 商君, 其天資刻薄人也. _『史記』「商君列傳」

각박한 상앙은 전사한 뒤에도 거열형을 받고 일족이 멸해졌는데, 강렬하게 각박한 색채를 띤 그의 변법 주장은 줄곧 진나라가 받들어 시행했다. 한비는 영정에게 살해당했는데, 상앙보다 더 각박했던 그의 이론은 진나라 조정에서 법도로 받들어졌다. 진나라는 오로지 각박한 길을 추구하

---

4 노애嫪毐(?~기원전 238)는 원래 무뢰잡배였다가 여불위의 계략에 따라 가짜 환관으로 입궁하여 진시황의 생모인 조태후趙太后와 사통하여 장신후長信侯에 봉해졌고, 스스로 진왕의 '의붓아비繼父'라고 자처했다. 훗날 일이 들통나자 반란을 일으켰다가 실패하여 거열형에 처해졌다.

여 문화는 시종일관 낙후했고, 6국은 시종일관 진나라를 맹수의 나라로 취급했으나 국가는 확실히 강대해졌다. 형세는 사람보다 강하고, 주먹이 말보다 훨씬 쓸모가 있다. 전국 시기는 나라를 무정한 주먹으로 단련하지 않으면 다른 주먹에 얻어맞을 수밖에 없었다. '국제사회'는 두려움에 차서 무력하게 서북방의 이 호랑이, 이 늑대를 쳐다볼 수밖에 없었다. 영정의 신체는 그다지 건강하고 아름답지 않았으나 그 새가슴 안에 담긴 것은 맹수처럼 충분한 힘을 지닌 심장이었다.

진나라 조정은 각박함이 필요했고, 이사는 곧 충분한 수준의 각박함을 봉헌했다. 진나라에서 누군가 정치적으로 성숙하지 않았다고 한다면 그것은 아마 그가 충분히 각박하지 않다거나 각박함의 수준이 모자란다는 의미일 것이다. 노애를 제거하고 여불위를 소멸하고 한비를 죽이는 등등의 큰 사건이 일어날 때마다 이사는 적극적으로 영정에게 협력하여 충분히 각박함을 보였다. 당연히 이사는 '사인'이었으니, 책임질 필요가 있을 때는 그 역시 충분히 책임질 마음이 있었다. 다년간의 분투 끝에 이사는 개인의 문객에서 곧장 장사長史(비서실장)와 객경客卿(타국 출신의 손님 신분의 경卿), 정위廷尉(최고 사법장관)로 승진했다. 그는 자신의 재간과 식견을 믿고 강철 근골로 이루어진 진나라라는 거대한 기관 안에서 종횡무진 수완을 부려 연합하고 이간질하고 포섭하며 대대적으로 권법拳法을 펼쳤다. 이사와 나라는 모두 맹렬하고 신속하게 성장했다. 바로 이때 정국鄭國[5]의 간첩 사건이 일어났다. 정국은 한왕韓王의 제안을 받아들여 진나라로 가서 진왕에게 대형 수리사업을 시작하도록 유세했는데, 그 목적은 진나라의 동쪽 정벌을 늦추려는 것이었다. 일곱 나라 가운데 진나라가 외부

---

5 정국鄭國(?~?)은 전국시대 한韓나라의 수리 전문가로서, 진나라에 파견되어 수리 공사를 하도록 유세했다. 원래 목적은 진나라를 피로하게 하는 것이었으나, 오히려 800리 진천秦川을 다스린 덕분에 관중 지역이 천하의 곡창이 되었다.

의 손님을 끌어들이는 것을 가장 중시했는데, 외부의 손님에 대해 진즉부터 원한을 품고 있던 진나라 종실宗室은 이 기회를 빌려서 진왕에게 '축객逐客'하라고 부추겼다. 이사를 포함한 많은 외부 손님이 모두 축출할 손님의 명단에 나열되었다. 이에 이사의 뛰어남이 발휘될 기회가 다시 찾아왔다. 그는 벼슬을 잃고 내쫓기지도 않았을 뿐만 아니라 오히려 기세 높고 통쾌하기 그지없는 「간축객서諫逐客書」를 써서 바쳤다. 그의 국가적 입장과 국제적 시야에 넓고 격정적인 정치적 포부가 더해지자 강심장을 지닌 영정을 흔들었다. 결국은 형세가 역전되어 '축객령'이 철회되었다. 「간축객서」는 어쩌면 중국의 정치와 역사에 가장 큰 영향을 미친 옛글이라고 할 수도 있다. 오늘날 그 글을 꼼꼼히 읽어보면 자기의 공업과 나라가 추구하는 바를 고도로 융합한 영혼을 느낄 수 있으며, 거대한 도전에 직면한 영혼이 패세를 되돌려 승리를 쟁취하는 담력과 식견, 호기를 느낄 수 있다.

재능이 넘쳤던 이사는 '지식인'이 될 생각이 전혀 없었다. 그가 평생 쓴 글은 아주 적으며, 글이 목표로 삼은 독자도 오로지 제왕 한 명뿐이었다. 뜻을 이루면 글 하나가 역사를 뒤흔들고, 실패하면 글자 하나하나가 모두 애달픈 비명이 될 따름이다.

이사라는 이 '문담文膽'6의 도움 덕분에 영정은 '무공武功'에 대해서도 더욱 믿음을 가지고 천하 통일의 속도를 대대적으로 높였다. 은밀히 모사謀士에게 많은 재물을 주어서 제후에게 유세하게 하면서 뇌물로 낚을 수 있는 제후와 명사에게는 뇌물을 쓰고, 뇌물을 거절하고 협력을 거부한 이들에게는 자객을 보냈다. 계책을 써서 먼저 제후와 신하 사이를 이간하고 나서, 군대를 일으켜 공격했다. 누렁이든 검둥이든 토끼만 잘 잡으면 훌륭한 사냥개라는 것인데, 과연 효과가 있었다. 법가의 실용주의를 실천하

---

6 '문담文膽'은 국가의 주요 정책과 법령 등의 문건을 제작하는 일을 주도하는, 문학적 재능이 뛰어나면서도 정치적으로 중요한 자리에 있는 인물을 비유한다.

는 인물로서 이사는 너무나 적합했다. 기원전 230년 한韓나라를 멸망시킨 때부터 기원전 221년 제齊나라를 멸망시키기까지 십 년 동안 여섯 나라를 마치 주머니 속 물건을 꺼내듯이 없애버렸다. 전례 없이 거대한 제국이 여섯 나라의 폐허 위에 우뚝 섰다. 왕후王侯가 마음대로 다스리던 왕국의 시대는 끝나고 황제 권력이 전제하는 제국 시대가 시작되었다. 역사의 신기원을 나타내는 표지로서 진나라의 강철 근골은 한기를 풀풀 풍기면서 사방팔방에 위세를 떨치며 항상 본론을 향해 곧장 달려갔다. 그러나 그것은 윤활유가 없는, '하드웨어와 소프트웨어를 겸비'하는 능력을 갖추지 못한 제국이어서 걸음을 내딛을 때마다 삐걱거리는 소리를 냈다.

천하가 수백 년 동안 갈망했던 통일이 뜻밖에 영정에게서 실현되었다. 그는 스스로 "공적은 오제五帝보다 높고 은택은 소와 말 같은 가축에게까지 미친다"[7]라고 여기면서 고대의 제왕들과 같은 반열에 놓이는 것을 수치로 여기고 스스로 '황제'라고 칭했다. 영정은 역사가 자기 가문에 의해 마무리되었다고 여겼다. 그는 '시간'을 다시 시작해서 자신이 '시황始皇'으로서 진 제국의 일세一世가 되고 자손은 2세와 3세를 지나 만세까지 끝없이 이어지리라 믿었다. 마침 원기 왕성한 나이였던 시황은 생생하고 다채로운 다섯 가지 큰 사업을 추진했다. 즉 황릉皇陵을 조성하고, 장성長城을 쌓고, 아방궁阿房宮을 짓고, 천하를 순행하다가 신선이 되는 것이었다. 모든 사업은 최고의 경지까지 추진되었다. 시황이 이런 일을 하게 된 동기를 탐구해보면 그의 생각은 의외로 단순했다. 예전에 없이 거대한 무덤을 만들어야 천고 제일의 황제라는 신분에 어울리고, 장성을 쌓아 가업과 세수稅收를 지키고, 고금에 필적할 대상이 없는 아방궁을 지어 인생의 호사를 극도로 누리며, 천하를 순행하며 강산의 아름다움을 감상하면서 아울

---

7 『사기』「진시황본기」: "功蓋五帝, 澤及牛馬."

러 천하에 위엄을 떨쳐 두렵게 하고, 이 삶에서 이미 인간 세상의 극치를 달성했으니 불로장생하거나 신선이 되어야 완전한 향락의 세계를 영원히 차지할 수 있다는 것이었다.

간략하게 통일할 수 있는 것은 모두 그렇게 했으며, 각각의 '사업'은 모두 시황이 추구하는 목표를 향해 추진되었다. 그러나 사람에게는 입이 있다. 그런데 입은 밥을 먹는 것 외에도 말을 할 수 있다는 것이 문제였다. 시황의 제국에는 '여론의 장성'이 절박하게 필요했다. 이에 '문담' 이사가 적절한 시기에 등장했다.

> 청컨대 사관에게 진나라의 기록이 아니면 모두 불태우게 하시옵소서. 박사로서 관청에 직무를 가진 이가 아닌데도 천하에서 감히 『시경』과 『서경』 및 제자백가의 언론을 소지한 자는 모두 군수郡守와 군위郡尉 에게 바쳐서 한꺼번에 태우게 하시옵소서. 우연히라도 감히 『시경』이 나 『서경』을 얘기하는 자는 기시형棄市刑에 처하고, 옛일을 들어 지금 을 비난하는 자는 일족을 멸하시옵소서. (…) 법령을 배우려는 이가 있다면 관리를 스승으로 삼도록 하시옵소서.
>
> _『史記』「秦始皇本紀」

「간축객서」가 외부의 손님과 사인을 위해 놀라울 정도로 자존자대 한 모습을 보여주었던 것과는 반대로 이 '상주문奏折'은 완전히 하급 행정 관리刀筆吏의 어투를 드러낸다. 일률적인 여론을 실현하기 위한 근본 조치 로 암담한 '분서갱유焚書坑儒' 사건이 일어나게 된 것이다. 이로부터 '승냥 이 같은 목소리'가 귀에 거슬리더라도 입을 열면 바로 법이 되었다. 조건이 갖춰지고 나면 독재자는 구설수에 대해 망나니의 칼로 응대하는 전략을 아주 쉽게 받아들이게 된다. 이사는 시황이 원하는 것이 무엇인지 잘 알았다. 사인 이사는 사인과 문화를 향해 가장 효과적으로 칼을 휘두르는 법을 잘 알았고, 이에 그는 시황의 정치적 요구를 만족시킬 수 있는 '문화 혁명'을 능동적으로 추진했다.

천하가 통일되고 얼마 후에 이사는 승상으로 승진했다. 역사적인 기회는 얻기 어려운데, 그는 하늘의 특별한 호의를 입은 듯했다. 통일을 전후로 한 수십 년 동안 이사와 영정은 잘 어울리는 군주와 신하로서 지극히 큰 공을 세웠다. 진나라의 꿈은 대지에 실현되었고, 이사의 꿈도 현실이 되어 그가 두려워했던 비천한 지위에서 철저히 벗어났다. 큰아들 이유李由는 삼천군수三川郡守가 되었고, 아들들은 모두 공주와 결혼했으며, 딸들은 모두 황족에게 시집갔다. 이유가 휴가를 보내려고 함양咸陽으로 돌아오면 인사하러 찾아오는 방문객의 수레가 천 대에 이르렀다. 그런데 뜨거운 불에 기름이 끓는 듯한 모습을 보며 이사는 처량하게 탄식했다.

아! 나는 '사물은 크게 번성하는 것을 금한다'라는 순경荀卿의 말을 들은 적이 있다. 나는 상채上蔡 땅의 벼슬 없는 백성이자 시골 마을의 평범한 사람인데 주상께서 내가 못난 사람임을 모르고 발탁하시어 여기까지 이르렀다. 지금 신하로서 나보다 높은 자리에 있는 이가 없으니 부귀의 극한에 이르렀다고 할 수 있다. 사물이 극성하면 쇠퇴하기 마련인데 나는 수레를 멈추고 돌아갈稅駕 곳을 아직 모르겠구나!

_「李斯列傳」

'탈가稅駕'는 말의 멍에를 푸는 것解駕 또는 휴식을 의미한다. 신하로서 극한의 지위까지 올랐으나 이 삶의 귀결점은 여전히 의문이다. 뜻밖에 이사도 스승 순자를 떠올릴 때가 있었던 것이다. 생존에 대한 초조한 염려는 그림자가 몸을 따르는 것 같았다. 일은 다 하지 않았는가? 이 생애를 나는 언제 어느 곳에서 어떤 방식으로 끝내야 하지? 이사의 꿈, 생존의 거대한 꿈은 또 하나의 진행 중인 악몽이었다.

시황은 양산梁山의 행궁行宮에 순행하여 멀리 수많은 수레와 말이 이사를 에워싸고 산발치를 지나는 모습을 보자 기분이 나빠졌다. 궁중의 누군가가 몰래 소식을 알려주자 그는 즉시 수레와 말의 수를 줄였다. 당연히 또 누군가가 시황에게 고자질했다. 시황은 기밀을 누설한 자를 조사했으나 도무지 범인이 색출되지 않자 당시 현장에 있었던 근신近臣들을 모조리 죽여버렸다. 제국의 '문담'은 지극히 큰 충격을 받았다. 자기가 직접 만든 체제의 거대한 바퀴가 빠르게 굴러가면서 국가라는 기계의 굉음만 귀에 가득 울렸다. 시황은 귀신도 무서워하지 않고 오로지 폭력만 믿었다. 폭력이라는 것은 단번에 효력을 발휘한다. 그가 원했던 것은 높은 압력 아래에서도 극도로 안정된 상태로 만대에 이어지는 제국이었다. 이 피비린내 나는 제국에서 누가 깔려 죽고 누가 살아남느냐 하는 것은 보아하니 정말 평범하고 우연한 일인 듯하다.

이사는 마침내 제국의 이인자인 자신이 얼마나 하찮은 존재인지 알게 되었다.

분서갱유라는 '혁명'을 거친 후 문화가 극도로 간략해진 제국에는 실제로 이미 늙은 '문담' 이사가 그다지 필요하지 않았다. 시황이 의외로 일찍 세상을 떠나면서 그를 더욱 혼비백산하게 만들 시각이 앞당겨졌다.

이사와 조고

담량의 크기와 각박하고 교활한 정도만 놓고 보면, 이사는 분명히 조고趙高보다 못함이 있었다.

조고가 후세에 황제 권력의 역사에서 가장 큰 간신이라는 딱지를 붙이게 되는 것은 대단히 강렬한 상징적 의미를 지닌다. 제국과 환관은 처음부터 깊은 관계를 맺었다. 제국은 천성적으로 천하를 거세하려는 충동을 지니고 있었다. '분서갱유'는 바로 천하에 대한 정신적 거세 행위였다. 조고가 거세했는지 여부는 역대로 논쟁의 대상이었으나, 여기서는 판단을 보류한다. 진나라 궁정에는 신체적으로 거세한 사람이 아니면 정신적으로 거세한 사람만 있었고, 건강하고 온전한 사람은 '존재'하기 어려웠다.

조고의 가계는 조금 특별했다.

> 조고는 조趙나라의 먼 친속親屬이었다. 조고의 여러 형제는 모두 환관을 아비로 하여 태어났는데[8], 그 어미는 사형을 당했고 대대로 비천했다.
>
> 趙高者, 諸趙疏遠屬也. 趙高昆弟數人, 皆生隱宮, 其母被刑戮, 世世卑賤.
>
> _『史記』「蒙恬列傳」

진나라와 조나라는 조상이 같았으니 조나라 출신의 조고는 영성嬴姓 조씨趙氏이며, 부친 항렬은 진왕과 먼 일가친척이었다. 조고는 가족이 "대대로 비천"한 처지에서 벗어날 중대한 임무를 자임했으며, 거기에 쏟은 힘도 아마 이사에 못지않았을 것이다. 조고는 총명하고 부지런했으며 당시에 유행하던 '옥법獄法'에 정통했다. 영정은 그를 좋아해서 중거부령中車府令에 임명하고 아울러 부새符璽를 관장하게 하여, 20여 년 동안 궁정을 드나들게 했다. 지위는 특별히 높지 않았으나 영정이 가장 신임하는 측근이었다. 이 기간에 조고는 자기 인생을 위한 복선을 미리 마련해놓았다. 즉

---

8 『사기색은史記索隱』에 따르면, 아비가 궁형을 당하고 그 처자가 관노가 되었는데 나중에 처가 야합하여 낳은 아들에게 모두 조씨 성을 잇게 하고 함께 거세했기 때문에 이렇게 표현한 것이라고 했다. '은궁隱宮'은 환관을 가리킨다.

공자公子 호해胡亥의 스승이 되어 옥사를 판결하는 법을 가르쳤던 것이다. 조고는 "비천한 자가 가장 총명하다"라는 말의 전형적인 인물이라 할 수 있다. 그는 생존을 위해 달리 의지할 곳이 없었고, '학문'과 마음 씀씀이가 가장 큰 자본이었다. 그러니 이 자본을 이용해서 최고의 권력에 아부하는 초보 단계를 완성해야 최고 권력을 조종하는 고급 단계로 올라갈 기회를 엿볼 수 있었다.

기회가 왔다.

시황은 불로장생과 신선이 되는 길을 열렬히 추구했다. 그는 너무나 많은 죽음을 목격했으나 죽은 이들은 모두 남이었다. 죽음을 눈앞에 두자 그는 자신은 응당 예외가 되어야 한다고 생각했다. 신선이 되지는 못하더라도 죽음은 응당 요원한 일이 되어야 했다. 그러나 죽음의 신은 그렇게 생각하지 않았다. 기원전 210년 7월, 하늘에 닿을 듯 열정이 드높았던 시황은 신선이 되는 길을 찾아 순행하던 도중 갑작스럽게 중병을 앓았다. 죽음이 임박하자 다급하게 유언을 내려서 몽염蒙恬을 따라 군대를 지휘하던 장자 부소扶蘇9를 함양으로 돌아오게 해서 장례를 주관하도록 했다. 이 유언은 조고와 이사, 호해 등 몇 명만이 알고 있었다. 시황의 시신은 여전히 수레 안에 있었으나 비밀에 부치고 발상發喪하지 않은 채 문무백관이 사안을 아뢰고 수라상을 들이는 일도 전과 똑같이 진행했다. 독재 정권은 항상 시신에 미련을 갖는다. 시신은 쓸모가 있기 때문이다. 죽음을 두려워했고, 만세에 걸쳐 제위를 전하려던 시황은 누군가가 자기 시신을 한 편의 거대한 글, 그의 제국을 소멸하고 그의 자손을 도륙하는 거대한 글로 삼

---

9 부소扶蘇(?~기원전 210)는 진시황의 큰아들로 용맹하고 멀리 내다보는 정치적 식견을 갖추었으나 범법자들을 생매장하려는 부친에게 반대하다가 내쳐져서 대장군 몽염과 함께 장성을 건축하며 흉노의 침입을 막았다. 진시황이 죽으면서 그를 후계자로 지목했으나 조고와 이사가 함께 모의하여 진시황의 열여덟 번째 아들인 호해를 등극시키고, 조서를 위조하여 부소에게 자살을 명했다.

을 수 있으리라고는 상상조차 하지 못했을 것이다.

'후계자' 문제는 황제 권력에서 영원히 핵심이 되는 정치적 사안이어서 모든 황제가 미리, 심지어 평생 계획해야 했다. 그런데 시황은 이에 대해 전혀 준비되어 있지 않았다. 이것은 상당 정도 죽음을 대하는 그의 태도로 인해 결정되었다. 이것은 확실히 치명적인 실수였다. 거대한 권력에 일시적으로 진공 지대가 생겼다. 부새는 권력의 상징으로서 그것의 사용 여부는 조정과 천하에 중대한 영향을 미치지만, 그것을 관장하는 사람은 공무원 비서와 비슷한 하급 심부름꾼이었다. 그래도 조고는 타고난 담력을 지닌 인물이었다. 시황이 죽자 뜻밖에 그가 부새를 직접 한번 사용할 기회가 생겼다. 은밀하고 미묘하고 자극적이며 위험천만한 요소가 모두 갖추어졌으니 판도라 상자가 어떻게 열리는지 보자.

조고는 비범한 담량과 비상한 수단으로 역사를 '창조'했다. 조서를 고쳐 써서 부소에게 자살을 강요하고 호해를 황제에 옹립했다. 그는 역사의 거대한 수레바퀴가 굴러가는 방향을 바꾸어놓았다. 조고가 호해를 설득한 말은 그야말로 흉금을 털어놓았다고 할 만하다.

남을 신하로 부리는 것과 남의 신하가 되는 것, 남을 제압하는 것과 남에게 제압당하는 것을 어찌 함께 취급하여 논할 수 있겠사옵니까? (…) 결단을 내리고 과감히 실행하면 귀신도 피할 것이옵니다.

_「李斯列傳」

조고의 강인한 영혼은 진정 악귀조차 멀찌감치 물러나게 할 수 있을 정도였다. 황제가 되는 것은 너무나 좋은 일이기 때문에 호해를 설득하기는 어렵지 않았다. 조고는 제자를 잘 알았다. 2 대 1의 국면은 진즉 예견했던 일이다. 그러나 이사의 존재는 거대했다.

제국의 승상으로서 오랫동안 갈고닦은 정치가인 이사는 당연히 삼엄하고 심오한 도량을 지니고 있었으니, 그를 끌어내리는 것은 절대 쉬운 일이 아니었다. 첫 번째 만남에서 이사는 엄격한 언사로 거절했다.

"어찌 이런 대역무도한 말을! 이게 신하로서 할 말이오?"

그러나 조고는 이사의 약점을 알았다. 시황이 살아 있을 때 제국의 '문담'은 돌아갈 곳을 찾는 문제로 고심했는데, 아무도 감히 이 문제로 그를 위협하지 못했다. 시황이 죽고 나자 물이 줄어 바위가 드러나고 물고기와 자라가 모습을 드러낸 채 서로 멀뚱멀뚱 쳐다보게 되는 때가 왔다. 조고는 말했다.

"그대의 재능과 공훈, 명망 등을 몽염과 비교하면 누가 더 낫겠소? 부소는 그대와 몽염 가운데 누구에게 더 의지하겠소?"

이것은 확실히 이사의 급소를 찔렀다. 조고는 차근차근 압박했다.

"우리 둘이 함께 계책을 세우면 '군주가 신하의 뜻에 따르는' 국면을 만들어낼 수 있소. 이것은 대대로 부귀영화를 누릴 수 있도록 근본적으로 보증하는 게 아니겠소?"

여러 차례 논쟁 끝에 이사가 굴복했다.

황제 권력의 역사에서 최초의 피비린내 나는 거대한 음모가 실행에 옮겨졌다. 부소는 자살했고, 제국이 의지하던 장수 몽염과 몽의蒙毅 형제도 모두 자살했다. 음모가 이처럼 거대하니 흘려야 할 피는 모두 흘려야 했다. 조고는 다시 호해에게 계책을 바쳤다.

법을 엄하게 하고 형벌을 각박하게 시행하여 죄를 지은 자가 있으면 서로 연좌해서 처단해 일족을 몰수하시옵소서. 대신을 멸하고 골육을 멀리 떨어지게 함으로써 가난한 자는 부유하게 하고, 신분이 비천한 자는 고귀하게 해야 하옵니다. 선제의 옛 신하를 모두 제거하고 폐하께서 친근히 여기고 믿는 이들로 바꾸어 가까이 두시옵소서. (…) 그러면 폐하께서는 베개를 높이 베고 마음대로 존귀한 몸으로 안락을 누리실 수 있을 것이옵니다.

_「李斯列傳」

황제 자리의 성질은 그 자리를 쟁취하는 수단을 결정하니, 공적이 있는 옛 신하일수록 더 죽여야 마땅하고, 호해와 혈연이 가까울수록 더 양립할 수 없는 적으로 간주해야 한다. 그에 조정 안팎에서 옛 신하들을 죽이고, 함양에서 열두 명의 공자公子를 멸족했으며, 두현杜縣에서 열 명의 공주를 책형磔刑에 처했다. 공자 고高는 일가족이 멸족하는 것을 피하기 위해 선제를 위해 순장殉葬되겠다는 내용의 상소문을 스스로 바쳤고, 그것을 본 호해는 무척 기뻐했다. 조고는 말했다. 보시구려, 신하들이 제 목숨조차 돌볼 겨를이 없는데 어찌 모반을 꾀하려고 생각하겠소이까? 폐하, 마음껏 즐기시오! 피비린내는 이미 궁정의 벽돌과 기와 하나하나에까지 스며들어 모두의 마음에 가득 찼으니, 황제의 보좌 아래에는 선혈이 콸콸 흐르고 있었다. 그런데 이것은 시작에 불과했다. 하나의 악은 더 많은 악으로 덮어야 완성되는 것이다. 호해가 보좌에 앉아 물었다.

"어떻게 해야 '마음이 즐기는 바를 다할窮心志之所樂' 수 있겠소?"

그가 바라는 것은 평범한 향락이 아니라 '하고 싶은 대로 하는隨心所欲' 향락이었다. 시황이 추구했던 주체는 정치적으로 '하고 싶은 대로 하는' 것이었으나, 2세 호해가 추구하는 주류는 이미 육체적으로 타락하여 '하고 싶은 대로 하는' 것이었다.

이 천하무적의 제국은 자살하고 있었다.

진승과 오광은 요역하러 가는 도중에 큰비를 만나 길이 막히는 바람에 시간에 맞춰 목적지에 도착할 수 없게 되었다. 진나라의 법률에 따르면 지각하는 경우 참수형에 처해야 했다. 한비韓非는 가벼운 죄도 엄히 다스려 범죄를 줄여야 한다고 주장했다. 그런데 통치자의 바람과는 반대로 가벼운 죄를 엄히 다스리자 아예 무거운 죄를 저질러버리려는 경향이 나타났다. 반기를 들고 일어나는 이들이 갈수록 많아졌다. 호해는 천하가 소란해진 죄를 이사에게 뒤집어씌웠다. 적의 배에 탄, 지난날 제국의 '문담'은 혼비백산했다. 이사는 호해에게 저 악명이 자자한 「상독책서上督責書」를 바쳐서 조고와 함께 호해에 대한 아첨 경쟁을 시작했다. 「상독책서」는 호해에게 신하를 엄격하게 감독하고 무겁게 문책하여 호사와 욕망의 극치를 아무 방해 없이 누리는 방법을 가르쳤다.

> 무릇 현명한 군주는 반드시 도를 온전히 하여 독찰督察하고 문책하는 기술을 행하옵니다. 독찰하고 문책하면 신하는 감히 능력을 다해 군주를 따르지 않을 수 없사옵니다. (…) 그런 까닭에 군주는 홀로 천하를 통제하면서 통제당하지 않으니 즐거움을 극도로 다 누릴 수 있사옵니다. (…) 그래서 현명한 군주는 혼자 결단을 내리므로 권력이 신하에게 있지 않게 되옵니다. 그런 다음에 인의의 길을 없애고, 유세하는 입을 막으며, 열사烈士의 행위를 하지 못하게 하고, 총명을 막아 안에서 홀로 보고 들으니 (…) 그러므로 거리낌 없는 마음을 뚜렷하게 홀로 행해도 아무도 감히 거스르지 못하게 할 수 있사옵니다.
>
> 夫賢主者, 必且能全道而行督責之術者也. 督責之, 則臣不敢不竭能以徇其主矣. (…) 是故主獨制於天下而無所制也, 能窮樂之極矣 (…) 是以明君獨斷, 故權不在臣也. 然後能滅仁義之塗, 掩馳說之口, 困烈士之行, 塞聰掩明, 內獨視听, (…) 故能犖然獨行恣睢之心而莫之敢逆.　　　_「上督責書」

선제의 옛 신하이자 고희를 넘긴 노인 이사가 전력을 다해 이 글을 썼으니, 그 표정이 얼마나 사나웠겠으며 그 마음은 얼마나 암울했겠는가! 정신적으로 이미 철저한 광분에 빠진 그로서는 어떤 건설적인 의견도 제시할 수 없었다. 구차하게 살아남기 위해 그는 무조건 폭군의 학정虐政을 돕는 길을 택했다. 파렴치한 조고 앞에서 그는 이미 어떤 우세라고 할 만한 것도 없었다. 「상독책서」는 가장 파렴치한 글이며, 글자 하나하나가 모두 타인을 희생해 자기를 지키려는 이사의 애달픈 비명이었다.

반反도덕적이고, 반인성적이며, 온정이 없고, 갈 길을 모르는 이 제국이 양심과 도덕을 깔끔하게 처단해버리고 나자, 권력의 첨탑 꼭대기를 차지한 세 사람 사이에는 한없이 각박하기만 하고 더없이 음험한 경쟁이 펼쳐졌다. 사람의 마음은 모두 깊이를 헤아릴 수 없는데, 개중에는 더욱 헤아리기 어려운 이들도 있다. 그러나 사람이 정신적으로 교활한 거짓에 철저히 빠지게 되면 극단적으로 어리석은 행위를 저지를 가능성이 오히려 더 높아진다.

독재자에게는 호해와 같은 어리석은 면이 있다. 칭송을 듣다가 속아서 토대를 잃고 병적인 자기중심주의에 빠지는 것이다. 한때 강력했던 진나라의 체제는 신속하게 에너지가 과도하게 유출되고, 국가 기관은 빠르게 김이 빠지고 허점이 드러나 바닥이 갈라졌다. 진나라는 아주 신속하게 말세를 맞이했고, 말세의 조정은 반드시 부정적 에너지의 집결지가 된다. 긍정적 에너지가 모두 소모되고 나면, 마지막으로 부정적 에너지들이 서로를 잔인하게 소멸시켜서 상황을 마무리 짓는 수밖에 없다.

실제로 진나라가 통일을 실현한 그날부터 세계는 바람 소리와 학 울음도 모두 군사의 소리로 들릴 만큼 겁에 질려버렸다. 방대한 제국의 신경은 하루도 느슨해진 적이 없었다. 처음에는 감히 느슨해지지 못했고, 나중에는 느슨해질 겨를도 방법도 없었다.

조고의 다음 수는 이사를 제거하는 것이었다. 이를 위해서는 호해에 대한 통제를 강화해야 했다. 조고는 호해에게 이렇게 계책을 올렸다.

> 천자가 존귀한 까닭은 단지 목소리만 들을 뿐 신하들이 아무도 그 얼굴을 볼 수 없기 때문이니, 그래서 '짐朕'이라고 부르는 것이옵니다. 또 폐하께서는 원기 왕성한 연세이시라 아직 모든 일에 다 통달하지는 못하실 수밖에 없사온데, 이제 조정에 앉아 견책하거나 천거하실 때 혹시 타당하지 않은 부분이 있으면 대신들에게 단점이 드러나게 되니, 이는 천하에 신명神明을 보이는 방법이 아니옵니다.
>
> _「李斯列傳」

호해는 이 계책을 받아들여서 궁궐 깊숙한 곳에서 지내며 대신을 만나지 않고 오로지 환락만 추구했다. 거리는 경외심과 공포, 신비감, 신神을 낳는다. 조고는 모든 역량을 다해 악을 만들고 키워서 그 악을 천지를 뒤덮는 스모그로 만들고, 호해를 그 스모그 속의 거대한 신이자 마귀로 만들었다. 그리고 자신은 그 스모그를 바라보며 섬뜩하게 웃었다.

아첨 능력으로 따지자면 이사는 분명히 조고의 상대가 되지 못했다. 이사는 거듭 타락하여 스스로 조고와 같은 선상에 서 있게 되었다고 여겼다. 그러나 조고에게는 마지노선이 없었다. 상대가 다가오면 그는 다시 성큼 물러섰다. 이 파렴치한 대결에서 이사는 패배할 수밖에 없는 운명이었다. 뜻밖에도 일국의 승상이 황제를 알현할 방법이 없었던 것이다. 이사는 사신死神의 숨결을 느꼈다. 그는 용기를 내서 호해에게 상주문을 올려 조고의 단점을 얘기했다. 그러나 호해가 보기에 조고는 당연히 더 충성스러운 사람이었다. 기분이 상한 호해는 조고에게 그 사실을 알려주면서 아울러 그에게 이사를 조사하여 처벌하도록 했다. 다른 사람이라면 몰라도 이사는 너무 중요했기 때문에 사건을 만들 수밖에 없었다. 옥중의 이사는 다시 호해에게 상주하며 그가 후회할지도 모른다는 환상에 잠겼다. 그러나 조고는 죄수가 어찌 상주할 수 있겠느냐며 그 상소문을 내던져버렸다. 이사는 호해에게 애절한 비명을 들려주는 것조차 불가능했다. 기원전 208년, 제국이 통일되고 13년 뒤이자 시황이 죽고 2년 뒤에 이사는 모반을 꾀한 대역죄로 함양에서 요참형을 당했고 삼족이 멸해졌다.

체제에서 개인에 이르기까지 반성이나 자성은 이루어지지 않았다. 이미 자기의 능력을 의심하지 않게 된 조고는 호해와 신하들 앞에서 '지록위마指鹿爲馬'의 상황극을 직접 연출했다. 수많은 눈이 지켜보는 앞에서 붉은 입술과 하얀 이로 흑백을 전도시켰다. 그가 바란 것이 바로 이런 결과였다. 종전에는 놀이에 참여했으나 이제는 그 스스로 놀이의 규칙을 정하게 되었다. 안전하다는 느낌이 극도로 결핍된 상태에서 잠시 독재 권력을 장악한 사람은 자기 생존이 얼마나 안전한지 검증하는 것이 절실히 필요했다. 조고는 단번에 흉험한 생존의 지옥을 만들어놓고도 그 지옥에서 절대적으로 안전한 생존을 획득했다는 환상에 빠졌다. 그런 그에게 치명적인 일격이 금방 떨어졌다.

호해와 조고가 함께 다스릴 때는 교활한 거짓과 우매함이 극치에 이르렀다.

이사가 죽고 그 이듬해에 조고는 호해에게 자살을 강요했다. 조고는 영성의 조씨라는 자신의 혈통을 믿고 제위를 찬탈하려고 생각했다. 그는 옥새를 허리에 차고 대전으로 발걸음을 내디딜 때 대전의 기반이 흔들리는 것을 느꼈는데, 다시 시험해봐도 마찬가지였다. 악한 인성의 부림을 받던 조고는 마침내 심리적 수용 능력의 극한에 도달했다. 뜻밖에 자신도 한계가 있는 사람이었던 것이다. 그는 옥새를 내려놓을 수밖에 없었다. 그는 혼자 생존의 안전을 실현할 수 없었고, 피를 좋아하는 체제가 그에게만 온정을 베풀 수도 없었다. 연극의 줄거리는 너무나 자극적이고 위험했다. 공연을 하지 않을 수는 없을까? 그럴 수도 없다. 도중에 퇴장할 가능성은 제로였다. 천하에는 이미 비바람이 몰아치고 있었다. 다급한 김에 시황의 후예 자영子嬰을 황제로 옹립했다. 그런데 자영이 즉위하고 나서 맨처음 한 일은 바로 조고를 죽이고 그 삼족을 멸하는 것이었다. 뒤이어 유방劉邦이 함양에 진입하자 자영은 자살했다. 오만하기 짝이 없었던 방대한 제국은 여기에서 붕괴했다. 다른 사람을 압박하는 데에 익숙했던 체제나 개인에게는 그 압박의 방식이 조만간 더욱 무정한 방식으로 자기 머리에 가해지기 마련이다. "항아리로 들어가시지요!"[10] 이런 식의 이야기는 인류 역사에서 늘 재연되곤 한다. 이사와 조고, 호해가 모두 그러했다. 시황은 일찍 죽었으나 나라를 망하게 하고 일족을 멸한 이 엄청난 비극은 그래도 그가 제일 먼저 감당할 수밖에 없었다.

　자기가 의지하는 체제와 국가를 망친 것은 전혀 논리에 맞지 않는 듯하지만 사실 사물의 발전 논리와 인성 및 인격의 논리에 정확히 부합한다. 후세 사람이 보기에 호해와 조고, 이사는 체제의 악과 인성의 악이 어떻게 서로 자극하고 서로 돕는지를 잘 보여주는 예다. 사악한 행위에 의지한 생존은 한순간도 사악함에서 벗어나지 못한다. 체제의 붕괴는 그들의 본의가 아니라 사실상 그들이 더 농락하지 못한 결과다. 예로부터 이런 식으로 설명하는 이들이 있었다. 조고는 자기 조국 조나라의 복수를 위해 스스로 육체를 훼손해 진나라 궁정에 들어가서 마침내 진나라를 멸망시켰

10　측천무후 때의 혹리로 문무대신을 포함한 수많은 무고한 백성을 잔혹하게 고문해 죽인 주흥周興(?~691)과 내준신來俊臣(651~697)이 유명했다. 어느 날 주흥이 모반을 꾀한다는 밀고가 들어오자 격노한 측천무후가 내준신에게 이 사건을 조사하게 했다. 이에 내준신은 성대한 술자리를 마련해 주흥을 초대해 마시다가 은근히 물었다. "죽어도 자백하지 않는 범인이 있으면 어떻게 처리하시오?" "커다란 항아리를 마련하고 뜨겁게 달군 석탄으로 주위를 둘러싼 후 범인을 그 안에 넣으면 자백하지 않을 놈이 없지요!" 그러자 내준신은 즉시 하인들에게 큰 항아리를 가져와 주흥이 말한 대로 준비하게 한 후, 모반 사건을 조사하게 된 경위를 얘기하고 주흥에게 안으로 들어가라고 청했다. 그러자 겁에 질린 주흥은 머리를 조아리며 죄를 자백했다.

다는 것이다. 이것은 전혀 역사적 근거가 없는 해학적인 설명일 따름이며 인격의 논리에도 어긋난다. 조국과 고향, 향수, 희생과 같이 따스하고 밝은 정서는 조고와 같은 부류와는 너무나 거리가 먼 것이다.

권력을 어둠 속으로 힘껏 조종하는 사람은 햇빛을 누릴 운명에 어울리지 않는다.

제국은 이미 피비린내 나는 고기 분쇄기가 되어버렸고, 피를 좋아하는 그 강력한 관성은 그것을 통제하는 사람까지도 절대 놓아주지 않았다. 이 체제는 비위가 너무 좋아서 아무리 악한 것이라도 삼킬 수 있었다. 체제 자체와 체제 안의 핵심적 인물이 모두 이성을 잃고 날뛰는 귀신이나 마귀 같은 몰골을 드러냈다.

체제와 이 사람들은 무슨 약을 잘못 먹었을까? 그 약은 한비가 조제하여 제공한 것이었다.

이사와 한비

이사의 몇 편 안 되는 글과 평생 행적은 그의 정신적 스승이 순자도 다른 제자백가도 아니고 바로 그의 동창인 한비(기원전 281?~기원전 233)였음을 증명한다.

한비는 한韓나라의 공자公子 가운데 하나 즉, 한나라 왕실의 가까운 친족이었다. 그는 말을 더듬었으니, 가슴 가득한 격정적인 사상을 글을 통해 떠들어댈 수밖에 없었다. 십여만 자에 이르는 『한비자韓非子』는 제자백가의 저작 가운데 분량이 특별히 큰 것이다. 여기서 인용할 때는 편명篇名만 밝히도록 하겠다.

이사는 한길만을 고집했는데, 스승은 거의 언급하지 않았고 반대로 자주 언급한 것은 한비였다. 시황에게 분서갱유를 권한 상주문과 추악한 「상독책서」도 그 정신적 본질은 전적으로 한비에게서 온 것이었다. 이사는 누차 한비를 '성인聖人'이라고 칭했다. 그런데 사마천의 기록에 따르면 한비가 억울하게 죽도록 추동한 첫 번째 인물이 바로 이사였다.

『한비자』를 읽으면 늘 비인간적인 느낌을 받는다. 「고분孤憤」「세난說難」「간겁시신姦劫弑臣」「비내備內」「궤사詭使」「육반六反」「팔간八奸」 등……. 선진 시기 제자백가의 문집에서는 모두 이와 유사한 제목을 찾아볼 수 없다. 한비의 문장은 급하고 날카로우며, 무겁고 난해하며, 각박하고 괴상하면서도 동시에 문채가 찬란하다. 한 편씩 읽어갈 때마다 등골이 서늘해지게 한다.

이런 학설의 본질을 판단하려면 먼저 인성에 대한 그의 태도를 이해해야 한다.

> 사람은 위로 하늘에 속하지 않고 아래로 땅에 붙어 있지 않으며 위와 창자를 근본으로 삼기 때문에 먹지 않으면 살 수 없으니, 그래서 욕망과 이익을 추구하는 마음에서 벗어나지 못한다.
> 上不屬天而下不著地, 以腸胃爲根本, 不食則不能活, 是以不免於欲利之心
>
> _「解老」

사람이 "욕망과 이익을 추구하는 마음에서 벗어나지 못한다"라는 판단은 잘못되지 않았다. 그러나 한비는 사람이 "위와 창자를 근본으로 삼고" 양심 없이 근본적으로 악하게 생존하는 존재이기 때문에 인의나 자애, 신임 등 도덕적 설교는 모두 허위적이고 사람을 해치는 것이라고 반복적으로 강조한다. 인성은 악하니 모든 사람은 믿을 수 없다. 도덕으로 사람을 논하지 말고 이해관계로 사람을 살펴야 한다. 이것이 바로 한비가 주장하는 이론의 출발점이다.

한비는 '법술지사法術之士' 즉, 법술의 이론으로 군왕에게 유세하는 사인이라고 자칭했다. 이사와 마찬가지로 한비의 글도 군왕이라는 한 명의 독자만을 목표로 쓴 것이었다. 그는 군왕에게 반복적으로 경고한다. 인성에 대한 일체의 환상을 버리고 법法과 술術, 세勢로써 일체의 사람과 사물을 냉정하게 대해야 한다는 것이다. 군왕의 수중에 든 무기가 바로 법과 술과 세라고 했다. 법은 공개해서 신하들이 분명히 알도록 해야 하고, 술은 '암기暗器'이므로 예측할 수 없이 깊어야 한다. 한비는 그야말로 '법술의 실천가'라고 할 만했다.

법과 술, 세를 시행할 대상으로 당연히 맨 먼저 떠오르는 것은 신하와 근신近臣이다. 한비는 군왕이 일찍 죽기를 갈망하는 사람은 바로 후비后妃와 부인, 태자의 무리라고 했다. 왜냐?

> 군왕이 죽지 않으면 권세가 크지 않기 때문이다. 마음은 군왕을 미워하지 않지만, 이익이 군왕의 죽음에 달려 있다.
> 君不死則勢不重. 情非憎君也, 利在君之死也. ＿「備內」

> 오직 군왕이 죽어야만 권세와 이익이 자기에게 이전될 수 있다.

> 신하는 죽을힘을 다해 군주와 거래하고, 군주는 벼슬과 봉록을 내려서 신하와 거래한다. 군주와 신하 사이는 부자 관계처럼 친밀하지 않고 계략과 권모술수가 나오는 곳이다.
> 臣盡死力以與君市, 君垂爵祿以與臣市. 君臣之際, 非父子之親也, 計數之所出也. ＿「難一」

군주와 신하는 위아래가 하루에도 백 번을 싸운다.

上下一日百戰 _「揚權」

군주와 신하 사이는 거래 관계이고 호랑이와 늑대의 관계이니, 어떤 환상도 모두 해롭다. 그러므로 그는 이렇게 말한다.

군주의 우환은 남을 믿는 데에 있으니, 남을 믿으면 남에게 통제당한다.

人主之患在於信人, 信人則制於人 _「備內」

한비의 결론은 이렇다. 인간은 모두 이익을 좇고 파렴치하고 양심이 없으니, 군주는 우선 인의의 설교를 버려야 비로소 "위아래가 하루에도 백 번을 싸우는" 와중에 승산이 있을 수 있다. 조금의 인정과 체면도 고려하지 않은 이런 가르침은 매 순간 험악한 궁정의 투쟁에 시달리는 군왕의 관점에서는 어쩌면 깨달음을 촉진하는 지혜를 불어넣는 것과 마찬가지로 여겨질 수도 있을 것이다. 그러나 잠재적인 규칙 자체와 그것을 드러내서 긍정하고 추진하는 것은 또 다른 일이다.

도덕의 마지노선을 없애고 나면 거리낄 게 없다.

거꾸로 말하고 일을 반대로 해서 의심스러운 신하를 시험한다.

倒言反事以嘗所疑. _「內儲說上」

필요하다면 군왕은 완전히 올바른 말을 거꾸로 하거나 올바른 일을 거꾸로 행하여 신하를 시험할 수 있다.

그러므로 현명한 군주가 통제를 행하는 것은 하늘처럼 공평하고, 사람을 부리는 것은 귀신처럼 신비막측하다.

故明主之行制也天, 其用人也鬼.　　　　　　　　　　　　　　　_「八經」

　　권력을 쓰는 것은 하늘처럼 공정하고 신하를 부리면 예측할 수 없이 신묘해야 한다. 이런 경지에 이르면 군주가 어떤 '은밀한 모의陰謀'를 '공개적인 계책陽謀'으로 선포하려 하는 것은 그가 보기에는 아주 재미있는 놀이일 따름이다. 유가를 포함한 제자백가는 대부분 군주의 권력을 제한하려는 사상을 드러내거나 숨기고 있는데, 유독 한비는 절대적인 군주의 권력을 주장하면서 아울러 군주가 무한히 욕망을 발휘할 권리가 있다고 주장한다.

　　한비 사상思想의 무기고 안에는 아주 충분한 양의 독액, 심지어 자신까지 독살할 수 있는 독액이 들어 있다. 한비의 죽음은 이사의 죽음보다 더 의미심장하다. 그는 글을 통해 절치부심했으나 그저 종이 위에서 병법을 논했을 따름인데, 제왕이 칼을 뽑아 들고 발언하면 휘두를 때마다 피를 본다. 권력과 운명 사이에서 한비는 자기를 믿거나 믿지 않는 두 개의 극단에서 요동쳤다.

　　한비의 글은 이런 자신감을 드러낸다. 군왕이 자기 말을 따르기만 하면 아무 걱정 없이 편안하게 생존의 안전을 보장받을 수 있을 뿐만 아니라, 부국강병을 통해 천하의 패자霸者가 될 수 있다는 것이다. 군왕의 안전을 실현하는 큰 방침은 바로 준엄한 형벌과 법을 통해 가벼운 죄도 무겁게 다스려서 모든 사람이 두려움에 떨며 불안해하도록 하는 것이다.

　　신하들과 백성이 잘못을 구제할 겨를도 없는데 감히 무슨 변란을 도모하겠사옵니까?

群臣百姓救過不給, 何變之敢圖.　　　　　　　　　　_ 李斯,「上督責書」

이사의 이 말은 완전히 한비에게 근원을 두고 있다. 한비는 군왕의 안전에 대해 세세한 부분까지 깊이 고려했다. "한 침대를 쓰는同床" 사람과 "곁에 있는在旁" 사람, "아비와 형父兄" 다시 말해서 처첩과 근신, 친족이 바로 '여덟 부류의 간악한 무리八姦' 가운데 가장 조심해야 할 앞쪽의 세 부류라는 것이다. 남이 독을 쓰는 것을 방지하기 위해서는 "평소와 다른 음식은 먹지 말아야"[11] 한다고 했다. 한비는 마침내 군왕이 살인하지 못할까 염려하여 조언이 필요하다고 생각했다.

> 살려두면 일에 방해가 되고 죽이면 명성을 해치는 자는 음식에 독을 타야 한다. 그렇지 않으면 그의 원수에게 넘겨주어야 한다.
> 生害事, 死傷名, 則行飮食. 不然, 而與其仇.　　　　　　　　　_「八經」

그러나 한비는 자기의 운명에 대해서는 전혀 자신하지 못했다.

> 은밀히 그의 간언을 활용하되 겉으로는 그 사람을 버린다.
> 陰用其言, 顯棄其身.　　　　　　　　　　　　　　　　　_「說難」

군왕은 은밀히 자기 말을 채용하면서도 공개적으로 자기를 버릴 수도 있다. 운명은 과연 그것을 증명했다. 영정은 「고분」과 「오두五蠹」를 보고 탄식을 금치 못했다.

> 아! 내가 이 사람을 만나 함께 노닐 수 있다면 죽어도 여한이 없으리라!

11　『한비자』「비내備內」: "不食非常之食."

嗟呼, 寡人得見此人與之遊, 死不恨矣.   _『史記』「老子韓非列傳」

그는 곧 한나라를 공격하라고 명령을 내렸으니, 그 목적은 뜻밖에도 한비를 얻기 위해서였다. 두려움에 떨던 한나라 왕은 한비를 진나라로 보냈다. 그런데 한비가 진나라에 도착하고 얼마 후에 이사와 요가姚賈[12]가 모함하는 말을 믿은 영정은 한비를 제거하라고 명령했다. 이에 이사는 동창에게 사람을 보내 독약을 주었다. 법가의 '검은 우유'를 먹고 자란 영정은 아마 한비가 바랐던 것보다 더 강심장이었던 듯이, 한비에게 죽음을 내리면서도 자기 명성에 손상을 입을까 전혀 걱정하지 않았다. 한비를 정신적 지도자도 여겼던 동창 이사는 보아하니 이미 충분한 죄악을 양성해놓은 듯이, 동창을 죽음의 길로 들어서게 하고도 애석해하지 않았다. 한비는 동창이 보낸 독약을 받고 어떤 생각을 했을까?

한비가 죽은 방식은 그야말로 생전에 스스로 맞춰놓은 것 같았다. 자기 이론 안에 죽는 길을 잘 설계해놓고 생존을 위해 죽음의 결말을 마련해놓았으며, 아울러 이 점을 대단히 또렷하게 의식하고 있었으니, 인류 역사에서 이런 사람을 또 찾아볼 수 없다. 그는 지나치게 총명했는가 아니면 지나치게 어리석었는가? 그는 강한 사람과 사인, 민중이 모두 적당하게 생존할 수 있는 세계를 구상하지 못했으니, 필연적으로 자기가 마음 편히 생존할 수 있는 세계도 상상하지 못했다.

이사와 한비의 사유는 바로 삭초제근削草除根의 방식이었다. 당시는 광범하게 거세된 시대였다. 전제 통치자의 관점에서 세계는 반드시 깔끔

---

12   요가姚賈(?~?)는 전국시대 위魏나라의 '세감문자世監門子' 출신으로 그 부친은 성문을 지키는 감문졸이었다. 그는 조나라에서 명을 받고 초나라와 한나라, 위나라를 연합해 진나라를 공격하려다 오히려 간첩 행위를 해 축출되었고, 진왕 영정에게 받아들여졌다. 그리고 진나라의 명을 받아 네 나라에 사신으로 다녀와 큰 공을 세운 덕분에 상경에 임명되고 천호千戶에 봉해졌다.

하게 거세된, 백지와 같은 곳이어야 했다. 한비는 제왕이 천하를 거세하는 데에 쓸 메스가 되려고 온 힘을 다했고, 이 때문에 그는 먼저 자기를 철저하게 거세해야 했다. 이사도 당연히 그런 메스가 되었다. 한비 이전에 사람들은 도피할 길이 있었다. 노장 사상도 하나의 도피였고, 혼자만의 선행을 강조한 유가 사상도 일종의 도피였으며, 바위 동굴에 은거하는 것도 도피였다. 그러나 한비의 이론을 관철하여 '문화 혁명'을 진행하면 모든 사람은 도피하고 싶어도 도피할 곳이 없어진다. 한비는 바위 동굴에 숨어 사는 은사들에 대해서도 대규모 토벌을 진행하면서, 그들의 존재는 군왕의 권위에 대한 멸시이자 도전이라고 여겼다.

한비는 시대를 위해 '단번에 효험이 있는' 신묘한 처방을 제공하려 했는데, 시대의 강자들도 그것이 신묘한 처방이라고 여겼다. 다행히 효과가 극명한 약은 종종 그와 동시에 독약이기도 하다. 효과가 빠른 만큼 죽기도 빨리 죽는다. 한비는 외곬으로 한길만 갔다. 실제로 그의 인생은 중도에서 캄캄해졌다. 한비의 캄캄한 운명은 본질적으로 자기의 캄캄한 영혼에 근원을 두고 있었다.

한비는 "법은 공평하여 존귀한 이들에게 아부하지 않는다法不阿貴"라는 주장을 제기하면서도 또 군왕은 일체의 법을 모두 초월하게 했다. 그는 인성은 절대적으로 악하다고 주장했으나, 『한비자』에서는 "나 한비는 본래 악한 사람이라 양심도 없고 믿을 수 없으니……"라는 식의 자기반성을 읽을 수 없다.

그는 군왕과 자기를 자기 이론의 재판을 받지 않는 지위에 두었으니, 그의 주장은 허위라는 비판으로부터 자유로울 수 없다. 그의 철저함은 정신적 광증과 유사하다. 그가 '정신이상'이라고 주장하는 것은 증명하기 어려우나, 그의 사상이 정신이상적이라고 하는 것은 별로 문제가 되지 않는다. 이 정신이상적인 사상을 이사는 진정 위대하고 철저하다고 여겼고, 영정은 정말 유용하다고 느꼈으며, 호해는 정말 편하다고 느꼈고, 조고는 그 독성이 자신의 신분을 높이고 왕조를 바꿀 수 있다고 기대했다. 사람이 창조한 체제인데도 인성과 영혼 안에 놓이지 못했다. 단명했던 진나라가 이성을 잃은 광증을 드러낸 것은 정서와 이치에 모두 들어맞는다. '한비의 사상'을 진나라 조정의 소프트웨어로 간주할 수도 있을 듯한데, 다만 이 소프트웨어는 처음부터 치명적인 바이러스를, 그 소프트웨어의 개발자까지 죽일 수 있는 바이러스를 지니고 있었다. 한비는 최소한 '비정상적인 사람'이었다.

선진 제자백가의 글에서는 대부분 깊든 얕든 간에 인문의 숨결을 느낄 수 있으나, 오직 한비만은 예외다. 한비에게는 자기반성이나 양심, 전체, 시적 정취, 사리사욕이 없는 담백함, 온정, 삶의 흥취는 없고 오로지 음흉함과 간악함, 각박함만 있을 뿐이다. 드넓고 호방하며 활짝 열려 웅장했던 선진 시기의 인문 정신이 갑자기 속박을 받아 좁고 긴장된 한비의 '캄캄한 동굴'에 쑤셔 넣어졌다. 한비 이론의 기치를 높이 치켜든 진나라와 이사가 걸어간 길은 운명적으로 돌아올 수 없게 정해진 길이었다.

이사와 한비는 삶과 죽음이 모두 특별했다. 이사의 생존 능력은 한비보다 훨씬 뛰어나서, 그보다 20여 년을 더 살았다. 그러나 결국에는 그의 동창보다 백배나 '장중'하게 죽었다.

이사와 한비는 최후의 사인으로서 선진 시기 사인 계층을 마무리했다. 그들 이후 기나긴 황제 권력의 역사에서 진정한 사인의 자취는 다시 찾기 어렵고, 오직 사대부士大夫만 있을 따름이다. 이사와 한비의 목숨은 자기들의 '사업' 안에서 끝났으나, 그들을 어떤 의미에서 도의를 위해 죽은 순도자殉道者라고 간주해줄 방법은 없다.

에필로그, 잃어버린 정원

이사는 사마천의 신경을 가잘 잘 자극했던 '현대인'이었다. 「이사열전」에서 사마천은 도덕적으로는 이사를 부정했으나 감정적으로는 지극히 동정했다. 사마천은 육체를 거세당했기 때문에 정신적 거세에 반대하는 분노의 불길을 거세게 일으켰는데, 이사는 스스로 정신을 거세하고 또 거세당한 뒤로 인성의 빛과 문화의 빛을 전혀 발산하지 못했다.

이사가 죽고 1600년이 지나서 황제 권력의 역사에서 보기 드문 사상가인 이지李贄가 나타났는데, 그는 이사에 대해 이렇게 말했다.

> 이사는 성인이자 마귀여서 함부로 평할 수 없다.
> 是聖是魔, 未可輕易評說.　　　　　　　　　　　_李贄,『史綱評要』

이지는 이사를 평가하기가 곤란하다는 것을 깨달았다. 한때 정신 역량이 강력했던 이사에게는 틀림없이 성인이 될 잠재능력과 충동이 있었을 테지만, 실제로는 성인이 되지 못하고 마귀의 면모로 나타났다. 역사는 세세한 부분까지 빠뜨리지 않는 인성의 실험실이라 할 수 있으니, 어떤 인성인들 검증받지 않았겠는가? 어떤 이들은 운명적으로 얼음 속에 묻히거나 불길에 구워질 수밖에 없었다. 이사는 얼음에 갇혔다가 또 불길에 태워졌다.

이사가 죽을 무렵은 중국 역사에서 가장 캄캄했던 시기였다. 진나라식의 '어둠'은 하나의 시스템 공학이었다. 이사 자신은 어둠의 시스템을 이루는 한 부분이었다.

진나라를 자기 집의 정원으로 여기는 사람은 아무도 없을 테고, 진나라 역시 누구도 자기의 정원에 속하도록 허락하지 않을 것이다. 누구도 어떤 정신도 고수하는 것을 허락하지 않는 체제가 뜻밖에도 신속하게 대지 위에 우뚝 서서 높고 혁혁하게 싸늘함을 끼얹었다.

통일은 당연히 한편의 위업을 다룬 정통 연극을 열연했으나, 호해에 이르러서는 완전히 익살극에 참극을 더한 모양이 되고 말았다. 이사라는 이 벼락처럼 날아오른 용맹한 매는 단번에 실 끊어진 연이 되고 말았다.

삼족이라면 아주 많은 무리로 대오를 이루었을 테니, 남녀노소를 합치면 수백 명은 되었을 터다. 이사는 평소 삼족이 몇 명이나 될지 진지하게 생각해보지 않았을 테고, 개중에 많은 사람은 그가 평생 얼굴조차 한번 보지 못했을 것이다. 이렇게 많은 무고한 이가 그와 함께 죽었으니 그가 흘린 것이 눈물이든 핏물이든 간에 죄다 아무 의미가 없어져버렸다. 공명을 위해 그는 스승을 배반하고, 선제先帝의 은혜도 저버렸으며, 동창을 팔았다. 선제와 동창이 누구냐는 것과 배반했는지 아닌지는 별개의 일이다. 이사는 자기 만년에 온 가족이 화목하고 즐겁게 지낼 커다란 정원이 있는 집이 기다리고 있을 거라는 환상을 품었다. 공명을 이룬 노년의 이사는 이 집에서 영광스럽게 천수를 마치리라 기대했다. 그러나 결과는 삼족이 멸해지는 것이었다. 성공한 뒤에 또 이처럼 철저히 실패하여 이 생애의 인연이 일제히 끊어져버렸다. 그것도 삭초제근하듯이 깔끔하게 끊어졌으니 어떤 염려도 필요 없게 되었다. 이 얼마나 슬프고 처량한가! 심지어 슬프고 처량하게 여기는 것조차 불필요한 지경이 아닌가! 시끌벅적한 소란이 끝난 뒤에 끝없는 죽음의 적막만 펼쳐진다. 눈물에는 인성의 온도가 필요하다. "늙은이의 눈물이 하염없는老淚縱橫"(杜甫,「羌村三首」) 것도 일종의 경지다. 너무나 비통하면 눈물조차 나오지 않는다. 사람은 늘 타인의 무상함은 보기 쉽지만 자기의 환멸은 깨닫기 어렵다. 나는 노년의 이사가 통곡할 수 있었을까 의심스럽다.

'누렁이의 한탄黃犬之嘆'은 사마천의 상상 속에 있는 이사의 정원에서 나온 한탄이다. 정원? 이사의 정원은 진즉 잃어버린 상태였다.

정원은 없고 그저 밀림만 있다. 영국의 토머스 홉스Thomas Hobbes (1588~1679)는 1651년에 출판한 『리바이어던Leviathan』에서 '밀림의 법칙'이라는 개념을 맨 처음 제시했다. 밀림의 법칙 아래의 사회는 약육강식으로서 승자가 모든 것을 차지하며, 도덕이나 연민 따위는 없고 그저 냉정하기 그지없는 먹이사슬만 있어서, 아무도 타인의 희생을 애석하게 여기지 않는다. 진나라에서 몇몇 사람은 확실히 승자독식을 실현했으나 만대에 전해지는 독식은 존재하지 않았다. 잠시 독식 능력을 지녔던 이들은 아주 신속하게 천하 사람들을 진승과 오광 같은 존재로 만들어버렸다. 강자와 사나운 자는 천당에 들어가지 못했다. 밀림의 법칙을 원래대로 시행한 곳은 하필 궁정, 강자의 인간관계 안이었다. 한비가 죽고 1700년 후인 1515년 무렵에 이탈리아의 마키아벨리Niccolo Machiavelli(1469~1527)는 밀림의 법칙 냄새가 짙은 『군주론Il Principe』을 피렌체의 귀족에게 바쳤다. 그것은 한비의 저술과 비슷하게 모두 통치자에게 바치는 '권모술수 교과서'였다. 통치자가 권력을 획득하여 공고히 다지도록 하기 위해 그는 온갖 궁리를 다했다. "목적을 달성하기 위해서는 수단을 가리지 않아도 된다"라는 것이 '마키아벨리주의'의 핵심이 되었다. 그런데 두 저작을 비교해 읽어보면 『군주론』이 비록 파렴치한 경향은 있으나 정치 설계의 수준과 인문적 색채, 인성의 온도가 '한비의 사상'과 '이사의 이론'보다 훨씬 높다는 것을 인정하지 않을 수 없다.

슬프고 처량한 이사와 짧고 비참했던 진나라는 수천 년 황제 권력의 역사의 출발점에 마치 느낌표처럼 우뚝 서 있다. 그런데 황제라는 칭호와 진나라의 체제를 이어받은 역대의 제왕들 가운데 누구도 시황과 그의 공업功業을 똑바로 보지 못하고 항상 그를 욕하고 폄하하여 자기가 도덕적·정치적으로 올바르다는 것을 과시하려 했다. 황제는 걸핏하면 사람을 죽이면서도 감히 군주와 도道가 일체라고 자부하지 못했고, "짐이 곧 진리"라고 선포하지 못했으니, '도'는 반드시 달리 소속된 곳이 있었다.

이사의 인생은 얼마나 요란하고 소란스러웠던가?

누렁이, 정원의 그 충성스러운 개는 아직 그 젊은 주인을 기억할까? 누렁이여, 너는 아느냐? 네 주인은 위대한 진나라의 영광스러운 승상으로서 탁월한 공훈을 세운 뒤에 또 너무나 비참하게 죽어갔음을!

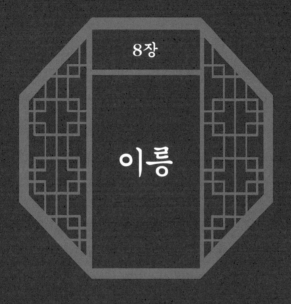

8장

이릉

> 빙설氷雪 속의 영혼 <

이릉이 아직 모친의 뱃속에서 태동하고 있을 때, 젊은 부친 이당호李當戶는 세상을 떠나서 핏줄이 이어지는 즐거움을 누릴 겨를이 없었다. 이릉이 태어나 마음속 환희가 폭발한 사람은 그의 조부 이광李廣이었다.

무제의 어명을 받은 비장군飛將軍 이광은 거듭 출정하여 북방의 흉노를 공격했는데, 매번 천리만리 먼 길을 가야 했다. 정벌에서 돌아올 때마다 그는 조금 더 커 있는 손자를 발견했다. 어쩌면 흉노를 두려워 떨게 했으나 과묵했던 이광은 이렇게 생각했을 것이다. 다들 내가 무제를 위해 적을 죽인다고 하지만 사실 손자를 위한 일이지! 이광은 전공을 내세워 가족의 지위를 높이리라 결심했다. 이릉이 어렸을 때 조부 이광은 반드시 그와 함께 『시경』「왕풍王風」의 저 유명한 「서리黍離」를 낭송했을 것이다.

저 기장 줄지어 자라고
저 피의 싹도 자라는구나.
느릿느릿 걸어가니

마음이 흔들린다.

나를 아는 이는

마음에 근심 있다고 할 테고

나를 모르는 이는

나더러 무얼 바라느냐고 할 테지.

아득한 하늘이여

이 사람은 누구인가!

彼黍離離, 彼稷之苗.

行邁靡靡, 中心搖搖.

知我者, 謂我心憂.

不知我者, 謂我何求.

悠悠蒼天, 此何人哉.

시의 의미를 알 듯 말 듯한 이릉은 조부를 바라보며 입술을 열었다 닫았다 하다가 깊이 가라앉아 기괴한 조부의 표정을 느꼈다. 조부는 하늘로 치솟는 핏빛을 본 듯, 끝없이 펼쳐진 눈 덮인 평원을 보는 듯, 아득한 대지에 자신이 남긴 무수한 발자국을 보는 듯했다. 그는 조부의 목소리에서 이 시의 아름다움을 들었다.

이광은 이릉에게 말했다. 옛날에 어떤 사람이 아주 오랫동안 집을 떠나 있었는데, 돌아와보니 집이 없어졌어. 집은 이미 남의 밭으로 변해서 기장과 피가 아주 높다랗게 자라고 있었지.

어린 이릉은 알 것 같았다. 사람은 너무 오래 집을 떠나 있으면 안 되고, 더욱이 평생 집에 돌아오지 않으면 안 된다는 말씀이로구나.

기원전 99년 가을, 이릉은 5000명의 보병을 이끌고 흉노를 치기 위해 출정했다. 그들은 하서河西로 나가서 대막大漠으로 나아갔다. 곧 겨울이 오는지라 차가운 바람이 막북漠北에서 몰아쳐 왔다. 이것은 그가 넘을 수 없는 겨울이었다. 준계산浚稽山 일대에 이르렀을 때, 두 개의 이어진 산봉우리 사이에서 이릉의 부대는 선우單于가 이끄는 3만 명의 흉노 기마병과 우연히 마주쳤다. 한바탕 처절한 전투가 벌어지고 나자 선우는 3만의 기마병만으로는 이릉의 군을 제압하기에 부족하다는 사실을 재빠르게 깨달았다. 그는 부대를 후퇴시키고 아주 신속하게 8만여 기마병을 소집해 포위망을 구축하고 이릉을 단단히 옥죄었다. 포위를 뚫어라! 이 순간 이릉의 마음속에는 오로지 이 생각밖에 없었다. 용맹한 장수와 사병들은 거듭되는 흉노의 공격을 격퇴했다. 그러나 선우의 포위망은 갈수록 더 단단해졌다. 이릉은 거듭해서 화살을 뽑았다. 그의 화살은 수천수만 개의 화살을 이끌고 적진을 향해 날아갔다. 그러나 갑자기 전통箭袋이 비어버렸다. 그는 소리쳤다. 화살, 화살, 화살을 다오! 그러나 거의 동시에 다른 장수와 사병들의 전통도 모두 비어버렸다. 5000명의 장수와 사병의 화살 150만 대가 모두 흉노에게 날아가버린 것이다. 이때부터 이릉은 맨손에 빈 활을 쥔 감각을 평생 떨치지 못했다. 그는 각자 포위를 뚫으라고 명을 내렸다. 흉노의 병사들이 선우를 에워싸고 신속하게 이릉에게 다가왔다. 이릉과 흉노는 서로의 얼굴을 또렷이 보았다. 이릉은 고삐를 당겨 말을 세우고 하늘과 대지를, 남쪽을 한 번씩 바라보고 나서 깊은 한숨을 내쉰 후, 말에서 내려 투항했다.

이릉의 부대가 전멸했다는 소식이 조정에 전해졌다. 무제는 처음에 이릉이 전사했다고 들었는데, 이어서 다시 그가 투항했다는 소식이 전해졌다. 무제는 곧 관상쟁이에게 이릉의 모친과 아내의 관상을 보게 했다. 관상쟁이는 그녀들의 얼굴에 죽음과 관련된 기색이 없다고 했다. 그 말을 들은 무제는 마치 자신이 패전한 것처럼 기분이 무척 나빴다.

20년 전, 그러니까 기원전 119년에 이릉의 조부 이광은 마지막으로 흉노를 치기 위해 출정했다. 이미 예순이 넘은 그는 40년이 넘게 전장을 전전하며 일흔 번이 넘는 전투를 치러서, 흉노인은 모두 그를 두려워하며 '한나라의 비장군'이라고 불렀다. 그러나 여러 차례 빼어난 공을 세웠음에도 그는 끝내 열후列侯에 봉해지지 못했다. 황실의 종친도 인척도 아니었는지라 출세하기 위해 의지할 곳이 없었으니, 그는 그저 전공만 내세우려 했다. 이에 그는 인생의 마지막 도박을 시도했다. 그러나 뜻밖에 이번 출정은 그를 인생의 막장으로 이끌었다. 그의 부대가 길을 잃어 전투에 참여할 시기를 놓쳐버린 것이었다. 그는 차마 조정으로 돌아가 하급 행정 관리들을 마주할 수 없어서 칼을 뽑아 진영 앞에서 스스로 목을 그어버렸다. 전군의 장수와 사병들이 비 오듯 눈물을 쏟았다.

이광은 이처럼 충성스럽고 의로웠는데 그의 손자는 투항했다. 무제는 이 점이 너무 마음에 걸렸다. 예전에 이릉을 찬양하던 이들은 이제 모두 이릉을 비난했다. 그들은 황제가 듣고 싶은 말이 무엇인지 알았다. 무제는 서생의 기질이 다분한 사마천에게 이 일에 관한 생각을 물었다. 사마천은 이렇게 대답했다.

"이릉은 부모를 지극히 효성스럽게 섬기고, 사람들과 교유할 때는 성실과 신뢰를 지켰으며, 나라를 위해 자기 몸을 돌보지 않았습니다. 이번 출정에서 궁지에 빠지기는 했으나 아주 많은 적을 죽였습니다. 그가 죽지 않은 것은 어쩌면 나중에 기회가 있을 때 폐하께 보답하고자 도모한 것일 수도 있습니다."

무제는 이 말이 싫어 사마천에게 궁형을 내렸다. 얼마 후 이릉의 일족이 멸해져서 노모와 아내, 어린 자식과 허약한 동생이 모두 살해당했다.

북해北海, 지금의 바이칼호 일대의 햇빛이 폭포처럼 쏟아지면, 남방에서 북방으로 온 사람은 늘 이 햇빛이 하늘에서는 더 멀리 갈 거라 느끼게 된다. 이릉과 소무蘇武[1]가 모두 여기에 있었다. 소무는 한나라의 부절

符節을 지닌 채 양을 쳤다. 이릉은 여전히 병사들을 이끌고 전쟁을 했는데, 다만 이번에 그가 거느린 병사들은 흉노인들이었다. 이릉은 선우의 딸과 결혼하여 반역자가 되었다. 한나라에서도, 역사서에서도 모두 그렇게 말했다. 이릉은 선우의 명령에 따라 북해에 가서 소무에게 투항을 권했는데, 권했다기보다는 호소했다고 하는 편이 나았다. 이것은 그들이 한나라에 대해, 고향에 관해 이야기를 나눌 수 있는 유일한 기회였다. 사실 그들은 따로따로 자기 말만 했다. 소무는 충효를 잊지 못했다. 이릉의 마음은 흉험하게 치솟는 북해의 저 물결 같았다.

이 세계에는 두 명의 이릉이 있어야 한다. 한 명은 죽었고 한 명은 살아 있다. 한 명은 치욕의 기둥에 못 박혀 있고, 한 명은 군대를 이끌고 전투하고 있다. 나의 혈맥, 조상이 물려준 혈맥은 이미 무제 유철에 의해, 또 나 자신에 의해 철저히 끊어져버렸다. 큰 나무가 쓰러지면 그 뿌리는 아주 먼 곳에서 또 싹을 틔우지만, 그것은 그저 또 다른 생명이라고 할 수밖에 없다. 장성과 황하, 내 조부가 칼을 뽑아 스스로 목을 그었던 곳까지 포함해서, 남쪽에서 북쪽까지 다닌 거리는 얼마나 요원한가! 나는 너무나 광대한 육지를 보았다. 원한은 바로 이 광활한 지역에서 전개되었다. 세계는 도대체 얼마나 크며, 흉노와 한나라 외에 또 어떤 인류가 있는가? 모든 인류가 서로 원수처럼 여기는가? 그렇지 않은 곳이 있는가? 만약 그런 곳이 있다면 아무리 먼 곳이라 해도 나는 찾아가고 싶다. 그러나 내가 체험한 모든 것은 원한이다. 종전의

---

1 소무蘇武(기원전 140~기원전 60)는 무제 때 낭관을 지내다 천한 1년(기원전 100)에 중랑장 신분으로 흉노에 사신으로 나갔다가 억류되었다. 흉노는 투항하라고 회유했으나 완강히 거부당하자 북해 근처로 보내 양을 치게 하면서, 숫양이 새끼를 낳으면 한나라로 돌려보내주겠다고 했다. 그러나 그는 19년 동안 끝내 굴복하지 않았고, 마침내 시원 6년(기원전 81)에 석방돼 한나라로 돌아왔다.

이릉은 흉노에게 원한을 품었고, 지금의 이릉은 한나라를 원수로 여긴다. 내 손에 죽은 모든 이는 나의 적이었으니, 이것이 바로 전쟁의 논리다. 조부는 평생 전장을 전전하며 사람을 죽인 후 자살하셨으나, 나는 조부처럼 자살하지 않았으니 계속 사람을 죽여야 할 운명인가? 남을 계속 죽이는 것은 모두 자기를 죽이는 행위가 아닌가?

내 모친과 아들, 아내, 아우, 친척들이여, 이릉이 그대들을 죽였소! 황제는 끊임없이 사람을 죽이지만 남에게 빚을 떠넘길 방법이 있다. 흉노인에게는 문자가 없고 역사서가 없어서, 그들의 말은 항상 바람을 따라 날려 흩어진다. 나는 그들에게 기록으로 남지 않을 것이다. 그러나 한나라는 나를 기록할 것이다. 다행히 이 모든 것이 내게는 이미 무의미하다. 내 인생의 태반을 지배했던 문자는 내 머릿속에서 천천히 죽어가고 있고, 나는 문자가 필요 없는 사람으로 변하고 있다. 인생의 뿌리는 이미 적의 땅에서 뽑혀버렸고, 남방은 내게 이미 이역異域이다. 북방의 햇빛과 공기, 바람과 물과 토지가 내 영혼과 면모를 개조하고 있다. 나는 이 북방에 뿌리를 내릴 것인가? 흉노인은 뿌리에 관심이 없는 민족이다. 그들 자신도 그들의 뿌리가 어디에 있는지 찾지 않는다. 어쩌면 그들의 뿌리는 말발굽에 묶여 있거나 칼 위에 걸려 있는지도 모른다.

국가, 국가라…… 나라 안에는 이미 가문이 없어졌으니, 국가는 이미 남의 국가로 변했다. 천하의 용사는 황제가 아니라 선우를 위해 전장에 나선다. 왜 이래야 하는가? 왜 자기를 위해 전장에 나서고 자기를 위해 살지 못하는가? 설마 모든 사람이 황제의 손에 쥐어진 도박판의 칩이어서 자기 마음대로 골라 던질 수 있다는 것인가? 조부께서는 그렇게 순수한 영웅이셨지만 끝내 자결하실 수밖에 없었다. 당시에 나는 아직 어렸는데, 조부가 자결하셨다는 소식을 듣고 집안의 그 작은 마당에서 북방을 바라보다가 북방에서 불어온 서늘한 기운을 느꼈다. 조정과 주위 사람들은 모두 내가 흉노를 원수로 여기도록 가르쳐서, 당시에 나는 흉노를 일종의 흉맹한 동물과 똑같이 여겼다. 세계는 바로 이렇게 원수를 맺는 것인가? 조부는 자신을 죽이셨고, 나는 가문을 몰살했다. 조부께서는 「서리」 속의 그 사람이 남의 밭으로 변한 자기 집을 보고 한없이 슬퍼했다고 하셨다. 당시 나는 그 사람이 집을 다시 지어야 한다고 생각했다. 그때는 몰랐다. 가문이 뿌리째 뽑히고 나면 다시 생장할 수 없다는 것을! 조부께서 자살하신 것은 가문을 지키기 위해서가 아니었던가! 나는 살아 있으니 내 가문은 반드시 소멸되어야 한다. 이것은 황제가 나를 소멸하는 한 방법이다.

미래의 인류가 어떤 하늘 아래 살아갈지는 모른다. 나와 내 조부는 아주 젊어서부터 서로 쫓아가 죽이는 인류의 행위에 참여했다. 설마 인류에게 이런 놀이가 필요한 것인가? 흉노인은 이미 너무나 비참하게 쫓겨 살해당했다. 남아 있는 흉노인은 완강한 시선으로 남쪽을 바라본다. 한나라가 영원히 살아남을까, 흉노가 영원히 살아남을까? 한나라나 흉노보다 높은 곳에서 이 모든 것을 판단하는 신령이 있을까?

이릉이 죽은 후 흉노는 남북의 두 부락으로 분열되었다. 남흉노는 한나라에 귀의했다가 훗날 중원 민족으로 녹아 들어갔다. 불굴의 북흉노는 아득히 먼 서북쪽으로 내쫓겼고, 남아 있는 인구도 얼마 되지 않았다. 이릉이 죽고 100년 남짓 후에는 300년 가까이 북방을 지배하면서 당시 세계의 초거대 제국인 한나라와 자웅을 겨루던 유일한 민족은 대지에서 사라졌고, 역사에는 뜻밖에도 한족 제일의 맞수였던 이들이 어디로 돌아갔는지 분명히 설명할 길이 없어졌다. 다만 아주 오랜 세월 사람들은 줄곧 흉노와 이릉에 관해 이야기하고 있다.

역사는 기묘한 방식으로 흥미로운 인물과 사물을 기념한다. 신장新疆 아투스阿圖什 일대의 키르기즈kirgiz 민족은 자기들이 이릉의 후예라고 완강히 주장하고 있으니, 뜻밖에도 한 민족이 기꺼이 '반역자'의 후손이기를 바라고 있다. 내가 카슈가르에서 아투스로 갔을 때 이릉 후예들의 얼굴을 마주 대하자 온갖 공상이 끊임없이 떠올랐다. 천고의 빼어난 문장인 「이릉이 소무에게 답함李陵答蘇武書」은 위작僞作이라고 한다. 지금까지 전해지는 이릉과 소무가 주고받은 시들도 나는 틀림없이 위작이라고 믿는다. 위작일수록 문제를 더 잘 설명하고 더 의미가 있다. 사람들은 왜 끊임없이 이릉을 대신해 시와 문장을 짓는 것일까? 그런 시와 문장들을 한번 읽어보라. 분명히 널리 전송되는 이런 시와 문장들에서 이릉은 소무보다 훨씬 생동적인 인물이다. 그것들은 이릉을 위한 애도사, 세상에서 가장 진실하고 깊은 정이 담긴 애도사다. 그것들은 사람들의 영혼에 근원을 두고 있다. 2000년 동안 사람들은 영혼 속에 이릉을 위해 은밀한 귀퉁이를 열어놓았다. 체제는 늘 자기의 수요에 적합한 우상을 빚어내는데, 이릉은 체제의 냉혹한 얼굴 바깥에 있다.

이릉은 흉노 땅에서 약 20년 동안 살다가 끝내 거기서 죽었다. 흉노인들은 그를 매장하고 그를 위해 곡해주었다. 그의 몸에는 틀림없이 두꺼운 빙설이 덮였을 것이다. 수치를 당하고, 두꺼운 빙설에 묻힌, 무수한 칼날을 꽂고 있는 한 영혼이 2000년 전에 안식에 들었다. 그가 묻힌 곳이 어딘지는 아무도 모른다. 매장지를 중시하는 것은 농경민족의 전통인데, 그는 이미 유목민족 속으로 녹아 들어가버렸다. 그러나 그가 생애의 전반을 살았던 곳에 있는 민족은 그를 잊을 수 없었다. 2000여 년의 세월을 사이에 두고 이릉이라는 이름을 언급하면 왜 항상 다른 느낌이 드는 것일까? 사람들은 이릉의 영혼 안에 있는 빙설을 느낀다. 그는 역사의 깊은 곳에서 영원히 묵묵하게 깊은 생각에 잠겨 있는 듯하다.

내가 보기에 역사는 줄곧 이릉을 꾸며왔으나, 다른 역사적 인물을 꾸민 것과는 달랐다. 사람들이 이릉을 떠올려 말할 때는 항상 가장 민감하고 가장 다정한 신경이 떨리고 있었다. 이릉이라는 투항자를 마주하면 사람들은 뜻밖에 부끄러움을 알게 된다. 사람들은 각자의 방식으로, 자기의 정감으로 이릉의 영혼 속에 있는 빙설을 녹이려고 시도한다. 이릉이 빙설 속에서 멀리 더 멀리 떠나지만, 사람들은 줄곧 그의 뒷모습을 바라보고 있다.

지식인은 어둑한 등불 아래에서 중얼거린다. 이릉이여, 이릉이여……
농부는 맑은 하늘 아래에서 중얼거린다. 이릉이여, 이릉이여……

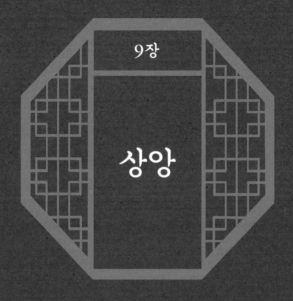

9장

상앙

> 역사의 깊은 곳에 있는 나무토막 <

역사에 전례가 없는 거대한 나라가 우뚝 일어서는 사건에는 장난기 다분한 서막序幕이 있다. 이것은 어쩔 수 없이 이 말을 떠올리게 한다. 아이들의 장난은 종종 장엄하지만 어른의 장엄은 늘 장난 같다.

법령이 마련되었으나 아직 공포하지 않았으니 백성이 믿지 않을까 염려했기 때문이다. 이에 도읍의 저자 남문에 세 길의 나무를 세워놓고 그것을 북문으로 옮길 수 있는 사람에게는 황금 10냥을 주겠다고 했다. 그러나 사람들은 이상하게 여기며 아무도 감히 옮기지 않았다. 이에 다시, 옮길 수 있는 사람에게는 황금 50냥을 주겠다고 했다. 어떤 사람이 그것을 옮기자 바로 황금 50냥을 주어 속이지 않았음을 분명히 했다. 그리고 마침내 법령을 내렸다.

_『史記』「商君列傳」

이 놀이에서 그 규칙을 제정하고 막후에서 조종한 사람은 한 명이었다. 그는 상앙商鞅(기원전 390?~기원전 338)이었다.

의미심장한 나무토막

상앙이 진나라의 도성인 역양櫟陽의 남문에 놓아둔 나무토막은 보아하니 보통의 나무토막인 듯하고 무게도 지나치게 무겁지 않아서 정상적인 체력을 가진 사람이라면 둘러멜 수 있을 정도였던 듯하다. 그러나 이 나무토막은 역사에서 너무나 보통이 아니었고, 무게도 사실 너무 무거웠다.

기원전 359년에 상앙은 나라를 부강하게 하여 패자가 되려고 급급했던 진나라 효공孝公을 설득하여 자기가 설계한 변법變法이라는 위대한 사업을 추진하게 했다. 상앙의 설계에서 이것은 '전통 관념과 철저히 결별한' 변법이라고 할 만했다. 그는 이 변법이 틀림없이 진나라를 휘젓고 나아가 천하를 휘저을 것을 예견했다. 당연히 그와 동시에 '인심'을 휘저을 수밖에 없었다. 변법의 장정章程은 이미 다 준비되어 있었으나 공포하지 않는 유일한 이유는 "백성이 믿지 않을까 염려했기" 때문이다.

새로운 법령을 반포하기 전에는 어떤 분위기를 조성하여 효과가 나타나게 할 필요가 있었다. 이 나무토막은 상앙에게서 특별한 '사명'을 부여받았다. 즉 천성적으로 의심하는 기능을 타고난 '인심'이 의심을 버리고 여러 생각 할 것 없이 믿게 하는 것이었다. 역사에서는 이것을 "나무를 옮겨 믿음을 세운徙木立信" 일이라고 칭송한다.

"백성이 이상하게 여기며 아무도 감히 옮기지 않는" 상황은 틀림없이 나타날 수 있다. '술책'의 냄새가 너무 짙기 때문이다.

나무토막 하나 옮기는 것은 전혀 어렵지 않으나, 그 나무토막의 배후에 어떤 현묘한 계략이 숨어 있는지 모른다는 데에 어려움이 있었다. 과

연 잠시 동안 아무도 감히 그 나무를 옮기지 못했다. 그도 응당 이것을 예상했을 것이다. 보아하니 틀림없는 나무토막인데 의미심장하게도 심지어 거기에는 두려움의 의미까지 담겨 있었다. 상금이 터무니없이 높은 걸 보니 이 나무토막은 너무 신비하구나! 보아하니 큰 파이餡餅 같은데, 혹시 큰 함정이 아닐까? 가슴이 두근거릴 수밖에 없다. 사람들이 관망하며 논의가 분분할 때 갑자기 상금이 원래의 다섯 배로 올라갔다. 모여든 구경꾼이 갈수록 많아졌으리라는 것은 상상할 만하다. 하늘에서 파이가 떨어지는 일은 누구나 상상했을 수 있으나 아무도 실제로 당해본 적이 없다. 길한 것은 추구해도 흉한 것은 피하려는 본능과 대중 심리에 따라 사람들은 대부분 감히 '맨 처음으로 생김새도 괴상한 게를 먹은 사람'은 되지 못해도 아주 기꺼이 구경꾼이 되었다. 누가 그 사람이 될까? 먹고 나면 어찌되지? 구경꾼은 갈수록 많아지고, 막후의 상앙은 더욱 성취감을 느끼게 된다. 선전 효과가 너무 좋구나! 이야말로 적은 자본을 투자하여 큰 효과를 보는 광고 전략이 아닌가!

결국은 누군가 나서기 마련이다. 상금이 너무 매혹적이기 때문이다. 첫째가 나오게 되면 둘째, 셋째는 염려하지 않아도 된다. 누군가 나무토막을 옮기기만 한다면 관청에서도 틀림없이 황금 50냥을 줄 것이다. 그것을 통해 "속이지 않았음을 분명히 하기" 위해서. 계속 주지는 않을 테고, 결정적인 순간이 되면 갑자기 멈출 것이다. 생각해보라. 이 상황에서 과감하게 첫 번째로 나설 사람은 어떤 품성을 지니고 있을까? 선량한 사람, 어질고 후덕한 사람, 성실하고 믿음 있는 사람, 옳고 그름을 명확히 판단하는 사람 가운데 누구일까? 가능성은 모두 크지 않다. 재물과 이익을 중시하는 사람, 대담하고 함부로 행동하는 사람, 지능지수가 떨어지는 사람, 아니면 그다지 정상적이라고 할 수 없는 다른 사람이 아닐까? 이럴 가능성은 아주 크다. 이와 유사한 놀이가 오늘날 어느 광장에 나타난다면, 인심을 휘젓는 정도가 여전히 이와 같을까? 상식적으로 보더라도, 사심이 없이 떳떳한 사람은 별의별 궁리를 다 해 '술책'을 써서 자기를 '믿게' 할 필요가 없고, 그럴 리도 없다. 떳떳한 체제 역시 이러해야 한다.

상앙의 변법 과정과 훗날 진나라의 역사가 증명하듯이, 진나라에서 전통적인 의미의 양민良民은 포상을 받지도 못했고 오히려 보통 사람으로서는 생각할 수도 없었던 엄중한 타격을 입었다.

인심은 속임수가 있을까 염려했고, 관부에서는 '속이지 않았음'을 분명히 했다. 이 '속이지 않음'에 잠복된 공포의 기운은 어렵지 않게 느낄 수 있다. 이것은 계약도 없고 미끼만 있는 놀이다. 민중은 피동적인 참여자가 되지만, 알 권리는 전혀 없다. 이 점은 분명하다. 대담하게 나무토막을 나르는 사람이든 수많은 관객이든 간에 본질적으로 모두 '자신'이 없다는 것이다. 자신이 없는 사람에게 의심하지 말고, 말하지 말고, 무작정 '믿음'을 주게 하는 것이다. 이것이 이 놀이의 본질이다. 미리 법령을 반포하여 사람들이 분명히 알게 하는 것이 아니라, 먼저 아무 말도 못 하는 나무토막을 운반하여 사람들이 '믿게' 한다. 이 '믿음'은 절대적으로 일방적이다.

이 '믿음'의 전제적專制的인 냄새를 맡는 것은 어렵지 않다. 관부는 의심을 용납하지 않고, 원래부터 옳다. 그것이 의외로 드러내는 정보는 관부가 목적을 달성하기 위해 수단을 가리지 않을 것이라는 사실이다.

상앙과 훗날의 한비 등 법가의 인물들이 사람에 대해 시종일관한 책략은 단 하나다. 즉 모든 인간에 대해 '불신'하는 태도를 견지해야 한다는 것이다. 술術과 세勢로 신민臣民을 통제하는 것이 바로 입만 열면 법치를 얘기하는 법가 인물들이 떠받드는 준칙이다.

대규모 변법의 전주가 "나무를 옮겨 믿음을 세우는" 하찮은 기술이었다.

뜻밖에 특수한 '사명'을 떠맡은 나무토막, 암실의 조작을 전제로 한 속임수의 '정치적' 나무토막이 역사에서 추파를 던졌다.

각박한 나무토막

상앙은 위衛나라 공실公室의 공자 신분이었기 때문에 위앙衛鞅 또는 공손앙公孫鞅이라고 불렸다. 그는 위魏나라에서 벼슬살이했고, 진나라에 들어간 뒤에는 변법으로 공을 세워서 '상군商君'에 봉해졌기 때문에 역사에서는 상앙商鞅이라고 부른다.

상앙의 학식 기반은 법술法術과 형명학刑名學으로서 이리李悝[1]와 오기吳起[2]에게 아주 큰 영향을 받았으며, 잡가雜家 인물인 시교尸佼[3]가 그의 스승이었다. 그는 위魏나라의 국상國相 공숙좌公叔痤[4]의 가신家臣으로서 중서자中庶子를 역임했다. 공숙좌는 자기 병세가 위중해지자 위나라 혜왕惠王에게 상앙을 천거하면서, 그의 재능은 국상을 맡기에 충분하다고 했다. 그러면서 또 그를 중용하지 않는다면 반드시 죽이라고 했다. 그러나 혜왕은 그의 말을 받아들이지 않아, 상앙을 중용하지도 죽이지도 않았다. 공숙좌는 다시 상앙에게 사실을 얘기하며 위나라를 떠나게 해주었다. 그

---

1 이리李悝(기원전 455~기원전 395)는 자하子夏의 제자로, 위魏나라 문후의 재상이 되어 변법을 주도했고, 경제적으로 지력地力을 다하고 곡물을 공평하게 사는 정책으로 농업을 부흥했고, 정치적으로 법치를 시행하면서 지위와 봉록을 세습하는 귀족의 특권을 폐지했다. 아울러 각국의 법률을 모아 『법경法經』을 편찬했다고 하나 지금은 전해지지 않는다.
2 오기吳起(기원전 440~기원전 381)는 위衛나라에서 태어나 평생 노나라와 위魏나라, 초나라에서 벼슬살이했다. 병법과 법가, 유가에 두루 정통해 국내 정치와 군사 분야에서 높은 성취를 보였다. 초나라에서는 도왕悼王을 보좌해 변법을 시행했는데, 그 바람에 귀족에게 미움을 받아 살해당했다. 『오자병법吳子兵法』의 저자로 알려진 그는 남송 휘종徽宗 때에 광종백廣宗伯에 추봉되었다.
3 시교尸佼(기원전 390?~기원전 330)는 위魏나라 출신으로 형명학에 뛰어났고 도가 사상에 많은 계발을 준 인물이다. 사회 개혁과 철학에 관한 생각이 『시자尸子』에 담겨 전해진다.
4 공숙좌公叔痤(?~기원전 261)는 위魏나라의 국상으로 사람을 잘 알아봤으나 나라보다는 자기의 이익을 더 중시하여 오기吳起를 배제했고, 병세가 위중해진 뒤에야 공손앙公孫鞅을 천거했다.

러나 상앙은 혜왕이 자기를 중용하지도 죽이지도 않을 게 분명하다고 충분히 자신했다. 그래서 그는 여전히 위나라에서 서성거리며 천하를 관망했다.

『사기』「상군열전」첫머리의 이런 서술은 어쩔 수 없이 훗날 그의 운명을 연상하게 한다. 역사를 헤아리고 의기義氣가 충만했던 사마천은 인물 서술에서 복선을 잘 활용했다. 상앙은 이사와 한비 등의 문인과 마찬가지로 사마천을 아주 깊이 개탄시킨 인물이었다. 중용하거나 하지 않는, 죽이고 죽이지 않는 선택권은 상앙 등의 '주인공'에게 있는 것이 아니었다. 어느 나라로 가서 목숨을 바쳐 일하고 얼마의 대가를 받느냐 하는 부분에는 그래도 상앙 등에게 상당히 자유로운 선택권이 있었다.

상앙과 같은 전국 시기의 사인들은 조국이나 고국에 관한 감흥이 적었고, 공명과 이익이 있는 곳이라면 어디든지 격정을 쏟았다. "나라에는 정해진 외교 관계가 없고 사인에게는 정해진 군주가 없는" 이런 국제 환경은 투기를 일삼는 수많은 종횡가縱橫家의 출현을 촉진했다. 상앙은 종횡가가 아니었으나 완전히 종횡가의 심리를 갖추고 있었고, 심지어 일반적인 종횡가보다 더 철저했다.

문화적으로 낙후되고, 대륙 한 귀퉁이에 치우쳐 있으며, 주위를 둘러싼 오랑캐가 틈을 엿보는 상황에 처해 있던 진나라는 오랫동안 동방의 여러 나라를 선망하면서 또 복잡한 시선으로 바라보았다. 주周나라 왕실의 권위가 거듭 쇠락함에 따라 역사는 전국 시기로 들어섰다. 기원전 364년에 진나라는 위나라와 석문石門에서 격전을 벌여 대승을 거두고 적군 6만 명의 목을 베었다. 그러자 천하의 공통된 주인인 주나라 천자가 진나라의 대승을 '축하'하는 희극적인 국면이 나타났다. 진나라는 진즉부터 주먹이 말로 하는 것보다 훨씬 낫다는 사실을 잘 알고 있었다. 문화가 발달하면 거꾸로 나라가 유약하고 무력한 상태에 빠지게 될 가능성이 있다. 진나라가 천하를 바라보는 시선은 슬며시 '호시탐탐虎視眈眈'으로 바뀌어 있었다. 최대한 신속하게 '무쇠 주먹'을 만들어 천하의 패자가 되라! 진나라의 통치자들은 이것을 역사적 사명으로 간주했다.

진나라 효공孝公은 석문대전石門大戰이 일어난 지 3년 뒤에 즉위했는데, 마침 그는 패자가 되고 싶은 욕망이 지극히 강렬했던 젊은 군주로서, 즉위할 때 나이가 스물한 살이었다.

효공은 즉위 초기에 바로 「현자를 구하라求賢令」라는 명령을 내렸다.

> (…) 삼진三晉이 내 선군先君의 하서河西 땅을 점령했는데, 제후들이 진나라를 천대하여 막대한 수모를 당했다. 헌공獻公이 즉위하여 변경을 진무鎭撫하고 도성을 역양으로 옮겨 장차 동쪽을 정벌하여 목공穆公 때의 옛 영토를 회복하고 목공의 정령政令을 닦으려 했다. 과인은 선군의 뜻을 생각하면 항상 마음이 아팠다. 빈객과 군신 가운데 빼어난 계책으로 진나라를 강성하게 할 수 있는 자가 있다면 나는 그에게 높은 벼슬을 주고 땅을 나눠줄 것이다.
>
> (…) 三晉攻奪我先君河西地, 諸侯卑秦, 醜莫大焉. 獻公卽位, 鎭撫邊境, 徙治櫟陽, 且欲東伐, 復穆公之故地, 修穆公之政令. 寡人思念先君之意, 常痛於心. 賓客群臣有能出奇計強秦者, 吾且尊官, 與之分土.

효공의 첫째 목표는 200년 전 목공이 이룩했던 패업을 회복하는 것이었다. 그가 현자에게 바라는 것은 오직 하나의 기준, 빼어난 계책으로 진나라를 강성하게 하는 것이었다. 여기에 내건 상은 더없이 높았으니, 높은 벼슬과 봉토封土가 바로 그것이었다.

드디어 상앙이 등장할 차례가 되었다.

역사는 늘 인재들이 흔치 않은 기회로 서로 만나게 되는 현상을 보여준다. 지극히 귀중하고 보기 드문 백가쟁명의 국면이 지속되고 있는 상황에서 그것을 마무리 지을 역량도 소리 없이 커지고 있었다. 상앙은 법가의 선구자인 이리의 『법경法經』을 지닌 채 스승 시교를 모시고 진나라로 갔다. 진나라의 국가적 성격은 갈수록 선명해지고 유력해지고 있었다. 이 성격은 진즉부터 상앙에게는 강렬한 유혹이었다. 이후로 20년 동안 진나라의 국가적 성격은 상앙의 성격과 서로 어울려 찬란하게 빛나게 된다.

훗날 젊은 왕 영정이 진나라에 막 도착한 이사에게 비현실적인 상상을 하게 했던 것처럼, 젊은 효공도 상앙을 격동하게 했다. 효공은 당연히 국가의 성격을 구현하는 가장 중요한 인물이었다. 상앙은 효공이 총애하는 신하 경감景監(?~?)의 천거를 받아 신속하게 효공을 알현했다. 효공과 대담하면서 상앙은 제도帝道와 왕도王道, 패도霸道를 차례로 설명했다. 앞의 두 가지를 말할 때 효공은 몽롱하게 졸리는 표정이었다. 그러나 패도를 얘기하자 눈을 크게 뜨고 자기도 모르게 무릎걸음으로 상앙에게 다가갔다. 그들은 이때부터 기나긴 세월 군주와 신하 사이로 맞아 지내면서 개혁이라는 대규모 연극을 감칠맛 나게 공연할 수 있었다. 상앙은 자신과 효공 모두 제도와 왕도에 대한 믿음이 없음을 알았다. 그가 그것들을 먼저 얘기한 것은 패도를 주장하기 위한 복선으로서, 좀 더 효과적으로 패도를 설명하기 위해서였을 따름이다. 상앙의 구상에 따르면 패도를 추동하는 유일한 길은 바로 법가 노선을 채용하는 것이었다. 그의 '법술法術'은 오로지 패도와 결합했을 때만 천하무적이 될 수 있었다.

사마천은 상앙보다 200년 뒤의 인물인데, 「상군열전」에 담긴 인물의 목소리와 말투는 마치 눈앞에서 보고 서술한 듯하다. 어떤 장면을 창조하여 역사에 대한 자기의 판단을 심화하는 것은 사마천이 늘 채용하는 방법이었다. 사마천이 나타내려 한 것은 역사를 표상하는 것이 아니었다. 그가 묘사한 장면은 역사에서 실제 있었던 장면이 전혀 아니었다. "상앙이 효공에게 유세하는" 장면도 마찬가지다.

한바탕 기세 높은 변법, 역사에서 유일하게 성공한 것으로 간주되는 변법이 시작되었다. 효공의 강력한 보장과 추진을 통해 몇 년 동안에 상앙은 두 차례 변법을 진행했다. 변법의 핵심은 농업과 전쟁에 있었다.

상앙이 나라를 부강하게 하는 기술은 매서웠다고 할 만하다. 이것은 냉혹한 국가주의로 격렬하게 진입하는 시험이었다. 전투력을 끌어올리고 식량을 증산하는 데에 방해가 되는 모든 요소가 공격의 대상이었다.

> 십 년 동안 그것을 행하자 진나라 백성은 크게 기뻐했다. 길에 떨어진 물건은 주워가지 않았고, 산에는 도적이 없으며, 집집마다 풍요로웠다. 백성은 공적인 전투에서는 용맹했으나 사적으로 싸우는 것은 겁냈고, 고을들이 아주 잘 다스려졌다.
>
> 行之十年, 秦民大說. 道不拾遺, 山無盜賊, 家給人足. 民勇於公戰, 怯於私鬪,
> 鄕邑大治.　　　　　　　　　　　　　　　　　　　　　　_「商君列傳」

사마천은 상앙의 변법이 가져온 효과를 충분히 긍정했다. 하층 민중도 희생한 뒤에는 예전에 얻지 못했던 이로움을 조금 얻을 수 있었다.

진나라는 더욱 순수한 전차戰車로 바뀌었다. 종전의 '오랑캐의 나라'는 신속하게 개조되어 '맹수의 나라'로 등급이 올라갔다. 기원전 343년에 주나라 천자는 진나라에 제사 지낸 고기胙를 보내주면서, 효공에게 "군대를 일으켜 맹약하고 신의로 세상을 바로잡도록興兵約盟, 以信義矯世" 패자의 명의名義를 얹어주었다. 진나라에 관한 이야기만 나와도 안색이 변하던 각 나라도 어쩔 수 없이 찾아와 축하했다.

진나라가 우뚝 일어나는 것과 더불어 상앙은 생애의 정점에 근접했다. 다만 봉우리에 도달하기 위해서는 철저하게 영혼을 건 한바탕 전투가 더 필요했다.

진나라는 예로부터 줄곧 가까운 위魏나라를 노리고 있었다. 위나라와 제나라가 싸워서 위나라가 패하자 상앙은 이야말로 하늘이 내린 호기임을 느끼고, 즉시 효공에게 위나라를 정벌하자고 제안했다. 기원전 340년, 상앙은 몸소 진나라 군대의 통수統帥가 되어 위나라를 정벌했다. 위나라의 통수는 공자公子 앙卬이었다. 상앙은 위나라에서 벼슬살이할 때 공자 앙과 사이가 좋았다. 양측이 대치하고 있을 때 상앙은 공자 앙에게 편지를 보냈다.

내가 처음에 공자와 친했는데 지금은 모두 두 나라의 장수가 되었으니, 차마 공격하지 못하겠소이다. 공자와 만나 맹약을 하고 즐거이 술을 마시고 군대를 물려서 진나라와 위나라를 평안하게 합시다.

_「商君列傳」

친구 관계는 상앙이 도덕적 마지노선을 끌어내리는 데에 편의를 제공했다. 옛 우정을 이용해 벗을 해치는 일을 그는 마음에 아무 거리낌 없이 해치웠다. 공자 앙은 전혀 의심하지 않았다. 맹약을 위해 모여 잔치 자리에서 술을 마시는 와중에 공자 앙은 상앙이 매복해둔 병사들에게 사로잡혔고, 위나라는 참패했다. 위나라는 어쩔 수 없이 하서河西 지역을 할양하며 화친을 청했다.

"누군가 내게 칼로 찌르는 것은 무섭지 않지만, 돌아보았을 때 나를 찌른 사람이 형제라는 것을 확인하는 것은 두렵다."

공자 앙은 아마 이런 심정이었을 것이다. 땅을 할양하고 화친한 후 위나라 혜왕은 탄식했다.

"공숙좌의 말을 듣지 않은 게 한스럽구나!"

상앙은 인생의 절정에 도달했다. 효공은 「현자를 구하라」라는 명령에서 약속했던 대로 상앙에게 상商과 오於 등 15개 읍을 주고 '상군商君'에 봉해주었다. 거의 '일인지하, 만인지상'의 존귀한 영예를 누리게 된 것이다. 일반적으로 극단적인 수단을 쓰거나 수단을 가리지 않는 것이 종종 가장 효과적인 수단이 된다고 한다. 상앙은 이것을 믿었고 또 증명했다. 진나라가 체제를 이룬 것도 이러했다. 절정은 그러나 벼랑이기도 하다.

삶이 즐거웠는지는 상군 자신만이 알 것이다. 그는 방대한 호위군이 필요했다. 외출할 때마다 엄밀하게 배치된 십여 대의 수레가 따랐고, 수레 가득한 무사들은 창칼을 든 채 호위했다.

이 가운데 한 가지라도 없으면 그대는 한사코 외출하려 하지 않지요.

_「商君列傳」

사마천은 진나라의 산에는 도적이 없고 고을이 아주 잘 다스려지고 있다고 했는데, 상군의 불안감은 왜 이렇게 강했을까? 변법은 성공했으나 살아가기는 위험해졌다. 몽매에도 바라던 것을 얻었는데 삶은 그가 바라지 않는 것을 기어이 떠안겼다. 한 걸음 물러서면 안 될까? 꼭대기에는 퇴로가 없다.

변법의 설계자는 사람을 물건으로, 나무토막으로, 돌멩이로, 무기로 만들려고 노력했다. 사람이 사람으로서 가치를 잃어갈수록 군왕과 국가에는 더욱 쓸모가 많아지고, 또 쓰고 나면 버리기에도 편해진다. 민중은 상앙을 나무토막이나 돌멩이로 간주할 능력이 없었으나 그런 능력을 가진 사람도 있다.

기원전 338년에 한 사람의 죽음이 상앙에게 재앙으로 닥쳤다. 그는 자기보다 여남은 살이나 어린 효공이 갑자기 죽을 줄은 생각지도 못했다.

그의 가장 강력한 '호위'는 사실 효공이었다. 군왕의 만수무강을 소리 높여 외치는 것이 어떤 때, 어떤 이들에게는 틀림없이 진정에서 우러난 행동일 수 있다.

효공의 아들 혜왕惠王이 즉위했다. 변법으로 타격을 입은 옛 귀족들이 미친 듯이 반격을 개시했는데, 닥치는 대로 채용한 것이 바로 상앙이 제창했던 '고발告奸' 책략이었다. 상앙이 반란을 모의했다는 것이었다. 상앙은 도망쳤다. 그런데 그는 민중들의 교제를 줄이기 위해 나라 안의 많은 여관을 폐쇄하라고 명령을 내린 바 있었다. 간신히 국경까지 달려갔는데 여관 주인은 '통행증驗'이 없다는 이유로 숙박을 거부했다.

"상군께서 법으로 규정하셨지요. 통행증이 없는 사람을 숙박하게 하면 여관 주인까지 처벌한답니다."

그가 위나라로 도주하자, 위나라 사람들이 그를 쫓아냈다. 그들은 그가 공자 앙을 속인 일을 잊지 않았다. 상앙은 어쩔 수 없이 봉지封地로 돌아가 병력을 꾸려서 궁지에 몰린 맹수처럼 최후의 몸부림을 쳤다. 그런데 그것이 그만 '모반'이 사실이었다는 증거가 되고 말았다. 그가 받아야 했던 것은 가장 처참한 거열형과 족멸族滅의 운명이었다.

인생의 슬프고 처량함 가운데 성공 후의 철저한 실패보다 더한 것은 없다. 상앙의 이 운명은 100년 뒤 법가의 신도인 이사의 그것과 너무나 유사했다. 상앙이 "변법을 위해 희생되었다"라고 애석해하는 현대인들의 글을 읽노라면 마음이 답답해진다. '희생'이라는 말은 너무 남용되기 쉽다. 상앙은 전혀 희생을 자각하지도 못했을뿐더러 희생의 장렬함도 전혀 없었다. 손에 쥔 부귀공명이 연기로 스러지는 모습을, 나무가 쓰러지자 원숭이들이 흩어져 달아나는 모습을, 자신과 가문이 하잘것없는 지푸라기나 흙덩이가 되는 모습을 두 눈 빤히 뜨고 지켜보았을 따름이다.

사마천은 습관적으로 글의 말미에서 자기의 근본적인 판단을 발표하는데, 「상군열전」에서도 마찬가지였다.

> 상군은 타고난 바탕이 각박한 사람이었다. (…) 내가 일찍이 상군의
> 「개새開塞」와 「경전耕戰」을 읽어보니 사람이 행한 일과 비슷했다. 끝내
> 진나라에서 악명을 얻은 것도 이유가 있었구나!
>
> _「商君列傳」

"십 년 동안 그것을 행하자 진나라 백성은 크게 기뻐했다"라는 구절
에서 결국은 금방 "끝내 진나라에서 악명을 얻었다"까지 이르렀다. 어떤
이는 상앙에 대한 사마천의 평가는 앞뒤가 모순된다고 지적한다. 모순이
아니라 이것이 바로 사마천의 심오한 부분이다. 전자는 변법이 짧은 기간
에 효과를 거둔 것을 인정한 것이고, 후자는 인성과 역사를 바탕으로 한
근본적인 판단이다. 사마천은 무수한 역사의 폐허를 답사하고 수천 년을
척도로 한 역사라는 큰 건물을 지었다. 그가 판단한 상앙은 변법에 성공
한 인물이기도 하고 진나라의 폐허에 놓인 인물이기도 하다. 그 폐허는 일
찍이 상앙을 영혼으로 삼았다. 사마천은 상앙의 인격과 언행에 대해 모질
게 부정적인 태도를 견지하여, 상앙의 "글은 그 사람과 같았다文如其人"라
고 말했다. 이것은 중국 고대 역사에서 최초로 나온 "글은 그 사람과 같다"
라는 판단이 아닐까? 사마천의 결론은 상앙의 비참한 운명은 각박한 인
격과 언행에 근원을 두고 있다는 것이었다. 이런 관점은 전혀 그 혼자만의
것이 아니었다. 상앙은 "너무 각박하고 은혜가 박해서刻深寡恩" "혜왕이 거
열형을 내렸으나 진나라 사람들은 동정하지 않았다." 이 서술은 『전국책戰
國策』에 들어 있는 것이다. 후세의 이른바 위대한 개혁가도 그가 살았던 시
대와 근세近世의 사람들이 보기에는 각박하고, 죽어도 애석하지 않은 사
람에 지나지 않았다. 살아 있을 때 사람이 되어야, 무엇보다도 먼저 사람

이 되고 나서야 지금 사람이든 옛사람이든, 위인이든 평범한 사람이든 될 수 있는 것이다. 인성과 도덕으로 역사적 인물을 판단하는 것은 당연히 일종의 기본적인 판단이다. 이것은 역사적 인물을 그가 살았던 환경에 놓고 판단하는 것과 전혀 모순을 일으키지 않는다.

진나라 사람들도, 사마천도 동정하지 않았지만, 누군가는 동정할 것이다.

광대하지만 침묵하는 나무토막들

인성을 포용하려 하지 않는 학설은 없다. 어떤 학설의 본질을 판단하려면 인성에 대한 그 학설의 태도를 정리해야 한다.

변법의 핵심인 농업과 전쟁을 둘러싸고 상앙은 일련의 정전井田을 폐지하고, 밭두렁阡陌을 트고, 현제縣制5를 시행하는 등 천지개벽에 가까운 조치들을 추진했다. 이런 점에서 그의 변법이 가진 매력을 인정할 수밖에 없다. 다만 목적을 달성하는 길에 너무 많은 피비린내를 풍겼다. 인간성에, 상식에 맞서라! 상앙은 전혀 꾸미지 않고 강력하게 주장했다.

상앙은 일종의 '해독을 나르는輸毒' 독특한 이론을 가지고 있었다.

나라가 가난하면 전쟁에 힘써야 하는데 해로운 독을 적에게 나르고, 우리에게는 이6와 같은 여섯 종류의 해충이 없다면 틀림없이 나라가 강해진다. 나라가 부유하여 전쟁을 하지 않으면 나라 안에 구차하게

---

5 상앙은 전통 분봉제를 폐지하고 소도향읍小都鄉邑을 모아 진나라를 전체 31개 현縣으로 개편했다.
6 일반적으로 여섯 이六蝨는 예악禮樂, 『시경』과 『서경』, 수선修善, 효제孝悌, 성신誠信, 정렴貞廉, 인의仁義, 화평和平을 가리킨다고 설명한다.

살려는 이들이 생겨나고 여섯 종류의 이와 같은 해충이 있어서 틀림없이 나라가 약해진다.

國貧而務戰, 毒輸於敵, 無六蝨, 必強. 國富而不戰, 偸生於內, 有六蝨, 必弱.

_『商君書』「靳令」

나라가 궁핍하면 내부에 해독이 생기고, 부유해지면 구차하게 게으름을 피우려는 해독이 생기니 전쟁을 통해 해독을 적에게 보내버릴 수 있기 때문에 나라가 궁핍하든 부유하든 간에 모두 전쟁을 해야 한다는 것이다. 이것은 어쩌면 전쟁을 통해 국내의 갈등을 다른 곳으로 옮기자는 요즘의 주장과 비슷한 면이 있다. 상앙이 추구한 기계는 순수하고 또 순수한 것을 요구했다.

그는 모든 것을 군공軍功의 유무와 식량 생산의 많고 적음으로 설명한다.

군공을 세운 자는 각자 기준에 따라 관작官爵을 주고, 사적으로 싸운 자들은 각자 경중에 따라 크고 작은 형벌을 받았으며, 본업에 힘써서 밭 갈고 베를 짜서 곡식과 비단을 많이 바친 자는 부역을 면제해주었다. 상공업과 같은 말단의 이익을 추구하고 게을러 가난해진 자는 모두 거두어 노비로 삼았다. 종실은 군공이 없으면 관작과 봉록을 받지 못하게 했다.

_「商君列傳」

평민도 군공에 따라 관작과 봉록을 상으로 받을 수 있으며, 귀족도 군공이 없으면 종실 신분이라도 안위를 보장받기 어려웠다. 이것은 세습 귀족에게 타격을 주며 사회의 재조직을 촉진했으니 확실히 효과가 즉시 나타났다. 상공업과 같은 말단 직업에 종사하여 이익을 추구하거나 게을러서 가난해진 사람은 일가족이 모두 노비가 되었다. 이것은 이미 상당히 잔혹한 처사였다. 그런데 군공은 적의 수급을 계산 단위로 삼았다.

> 백성이 적을 만나면 굶주린 늑대가 고기를 본 것 같아지고, (…) 아비는 자식을 남겨두고, 형은 아우를 남겨두고, 아내는 남편을 남겨두고 오면서 모두 이렇게 말할 것이다. "적의 수급을 얻지 못하면 돌아오지 마라!"
> 民之見戰也, 如餓狼之見肉 (…) 父遺其子, 兄遺其弟, 妻遺其夫, 皆曰, 不得, 無反.　　　　　　　　　　　　　　　　　　　　　_『商君書』「畫策」

아비든 형이든 아내든 상관없이 모두 출정하는 가족에게 적의 머리를 많이 베어서 많은 군공을 세우고, 그러지 못하면 집에 돌아오지 말라고 말한다. 이것을 보니 중국을 침략했던 일본군 아즈마 시로東史郎(1912~2006)가 『아즈마 시로의 일기』에 쓴 장면이 떠오른다. 그가 중국인을 학살하는 장도에 오를 때, 그의 모친이 비수를 주면서 이렇게 당부했다는 것이다.

"이것은 천금을 주고도 사기 어려운 출정이다. 신나게 다녀오너라. 만약 불행히 중국군에게 붙잡히게 되면 즉시 할복해라!"

2000년의 세월을 사이에 두고도 파시즘(혹은 군국주의軍國主義)의 본질, 인성을 훼손하는 본질은 똑같다. 나는 또 친링秦陵의 병마용兵馬俑을 떠올렸다. 8000명 병사 인형들은 예외 없이 공손히 복종하는 표정이고, 모두의 얼굴에 불가사의한 미소, 싸늘한 무기를 손에 쥔 채 짓고 있는 미소가 걸려 있다. 차이가 있다면 공손함 사이의, 미소 사이의 차이뿐이다. 강력한 순종, 확고한 비천함을 갖추어야 비로소 진나라 군대인 것이다. 독재 권력을 쥐고 또 호전적인 봉건 통치자가 보기에 민중은 모든 개체가 무기처럼 가지런히 정리되어 있을 때가 가장 좋은 상태일 것이다.

상앙은 과감하게 평상의 규칙을 타파하고 상식을 포기했다. 새로운 법을 어기는 자는 귀족이든 평민이든 가리지 않고 모두 비정하게 공격했다. 이것은 충분히 이해할 만하다. 예전에 변법이 나쁘다고 말한 이들 가운데 생각을 바꾼 이들이 나타났다. 일반적인 이치에 따르면 이것은 정말 기뻐하고 축하할 일이다. 그러나 황당무계한 상황이 발생했다.

> 상앙은 "이는 모두 교화를 어지럽히는 백성이다"라면서, 모두 변방의 성으로 이주시켰다. 그 후로 감히 법령에 대해 이러쿵저러쿵 논하는 백성은 아무도 없었다.
>
> _「商君列傳」

어떤 형태의 비평도 절대 허락되지 않았다. 누군가 아직 머리를 굴리고 있다는 것 자체가 용납되지 않았다. 잘못되었다는 데에서 좋다는 쪽으로 변한 것은 잘못에 잘못을 더한 것이니, 그 사이에 자기의 관찰과 판단이 들어 있기 때문이다. '나무토막'의 요지는 생각이라는 것을 하지 않는 것이다.

상앙이 투지를 드높이고 백 배의 믿음으로 추진한 가치를 나는 억지로나마 '보편적으로 부적합한 가치'라고 부르고자 한다.

전통적인 가치관은 뒤집어야 한다.

> 선한 자를 임용하면 백성은 자기와 가까운 이를 친하게 여기고, 간사한 자를 임용하면 백성은 그 제도와 친하게 된다.
> 用善, 則民親其親. 任奸, 則民親其制.   _『商君書』「說民」

선한 백성을 신임하여 이용하면 민중은 가족만 친근하게 여길 것이고, 간사한 백성을 신임하여 이용하면 민중은 국가 체제에 친근하게 의지할 것이라는 뜻이다.

> 나라가 선하게 대하면 간사한 이가 많아질 수밖에 없고, (⋯) 나라가 간사한 백성을 이용해 선한 백성을 다스리면 틀림없이 잘 다스려져서 강국에 이르게 된다.
> 國爲善, 奸必多 (⋯) 國以奸民治善民者, 必治至強. _『商君書』「去強」

군자가 소인과 싸워 이기지 못하는 것은 흔히 볼 수 있는 현상이다. 국가가 체제를 이용해 소인과 간사한 자들을 후원한다면 그들은 당연히 호랑이에게 날개를 달아준 격으로 더욱 못된 마음을 품고 대담하게 횡포를 저지를 것이다. 상앙의 구상 속에서는 이렇게 해야 비로소 국가와 군주 및 그 자신에게 가장 큰 이익이 실현될 수 있다.

> 나라에 『시경』과 『서경』, 예악, 효제, 선수善修 같은 것을 두고 다스리면 적이 쳐들어왔을 때 반드시 나라를 깎아 먹을 것이고, 적이 쳐들어오지 않더라도 반드시 가난해질 것이다.
> 國有詩書禮樂孝弟善修治者, 敵至必削國, 不至必貧. _『商君書』「去強」

모든 것을 거꾸로 해야 한다. 기왕에 전통에 반하거나 혹은 상식에 반하려면 통치자에게는 일상과 반대되는 환경이 필요하다. 그런데 일정한 시공 아래에서 봉건 통치자가 일련의 조치를 맞추어 추진할 때, 인성에 반대되는 가치관이 종종 확립될 수 있고, 통치자의 수요에 부합하는 어떤 '잘 다스려지는' 국면이 나타날 수 있다는 점에서 역사는 냉혹하다.

맞추어진 조치는 적절해야 한다.

백성을 십什과 오伍로 조직하여 서로 관리하여 연좌하도록 한다. 잘못을 고발하지 않는 자는 요참형에 처하고, 고발한 자는 적의 수급을 벤 것과 같이 취급하여 상을 내리며, 간악한 자를 숨겨준 자는 적에게 투항한 것과 같이 취급하여 처벌한다.　　　　　　　　_「商君列傳」

'고발'과 '연좌'를 통치의 기술로 삼은 것은 유래가 이미 오래되었으나, 상앙은 처음으로 그것을 제도화하고 체계화하여 엄밀하게 만들었다. 고발과 은닉에 대해 상벌을 시행하는 것은 상당한 피비린내를 풍긴다. 공공연히 고발을 장려하는 시대는 틀림없이 가장 어둡고 비참한 시대라는 것은 역사가 이미 증명했다.

간사한 자가 있을 때 반드시 고발하면 백성은 간사한 짓을 하려는 마음을 품지 않는다.
有奸必告之, 則民斷於心.　　　　　　　　_『商君書』「弱民」

간사한 자를 고발한 이에게 상을 주면 작은 과실도 놓치지 않는다.
賞施於告奸, 則細過不失.　　　　　　　　_『商君書』「開塞」

지속적으로 고발을 장려하면 사람들의 마음에 '자율'과 '자가절단autoamputation'이 생기게 되어 아무도 감히 한계를 넘으려 하지 못할 것이다. 공포정치는 사람의 행위뿐만 아니라 심리까지 바꿀 수 있다. 인성은 물론 안정성을 지니고 있다. 그러나 그것은 또 어느 정도는 유동적이고 액체 상태다. 비인간적인 체제에 오래 갇혀 있다보면 인성에 변화와 왜곡이 생기는 것도 정상적인 현상이다. 밀고 등 인성에 반하는 행위가 장려되는 시대는 사회의식과 사회 생태, 문화가 강력하게 재조직되어 "타인은 곧 지옥이다"[7]와 같은 것이 보편적인 현상이 되기가 쉽다. 어쩌면 나라의 크기와 지옥의 크기가 같다고 할 수도 있을 것이다. 봉건 통치자들은 그들에게 이렇게 큰 지옥과 감옥이 필요하다는 것을 강렬하게 느꼈다.

상앙은 민중이 이렇듯 적나라하게 인성에 반하는 논리에 반항할 수도 있다는 염려는 전혀 하지 않았다. 우선 그가 목표로 하는 독자는 군왕한 사람뿐이었기 때문에, 자기의 이론을 군왕이 좋아하고 실행에 옮기면 되는 것이다. 또 그에게는 전례 없이 엄격한 우민정책이 있었다. 백성을 어리석게 만드는 것은 오래된 전통으로서, 전통에 반대했던 상앙도 이 부분에서는 전통에 반대하지 않았을 뿐만 아니라 그것을 극단으로 추진했다.

상앙에게 백성을 어리석게 하는 것은 '부저추신釜底抽薪' 즉 솥 밑에 타고 있는 장작을 꺼내 버리는 것처럼 문제를 근본적으로 해결하는 효과가 있는 방법이었다.

백성이 어리석으면 쉽게 다스릴 수 있다.
民愚, 則易治也. _『商君書』「定分」

『상군서』에서는 '일壹'이라는 글자를 아주 많이 사용했으니 일언壹言과 일교壹敎, 일민壹民, 일형壹刑, 일상壹賞, 일산택壹山澤 등이 그것이다.

이익이 한 구멍에서 나오면 나라에 재물이 많아지고, 열 구멍에서 나오면 나라에 재물이 적어진다.

---

7 2019년 OCN에서 만든 드라마인데 중국에 수출되어 「他人卽地獄」이라는 제목으로 방영되었다.

利出一孔, 則國多物. 出十孔, 則國少物.　　　　　　　_『商君書』「弱民」

　정신에서 물질까지 모든 것을 통일하고 획일화함으로써 국가와 군주
가 손으로 철저히 장악하면, 백성을 어리석고 유약하게 만들어 통제해 강
국을 만들 수 있다. 상앙은 백성과 나라가 대립할 때 군주의 마음이 너그
러워져서 수단이 약해지는 것이 걱정스럽다는 점을 거듭 강조했다.

　백성이 약하면 나라가 강해지고, 백성이 강하면 나라가 약해진다. (…)
　그러므로 나라를 다스리려면 백성을 약하게 하는 데에 힘써야 한다.
　民弱國強, 民強國弱 (…) 故有國之道, 務在弱民.　　　　_『商君書』「弱民」

　강한 적을 이길 수 있으려면 반드시 먼저 그 국민을 제압해야 한다.
　能勝強敵, 必先制其民者也.　　　　　　　　　　　　_『商君書』「畫策」

　그가 보기에 백성이 '강'하여 순복하지 않는 원인은 지식과 학문을
좋아하여 지혜를 가지고 생각하기 때문이다. 그러므로 일체의 언로言路는
두절되고, 일체의 문화적 지식은 전파되지 않도록 해야 한다. 그는 예악과
『시경』『서경』과 수선修善, 효제孝弟, 성신誠信, 정렴貞廉, 인의仁義, 전쟁을
비판하고 부끄러이 여기는 등의 주장은 모두 국가를 해치는 '여섯 종류의
이六蝨' 즉 해로운 존재이기 때문에 모두 없애야 한다고 했다.

　백성이 배움을 귀중히 여기지 않으면 어리석어지고, 어리석으면 외부
　와 교유가 없어지며, 외부와 교유가 없으면 게으름 피우지 않고 농사
　에 힘쓰게 된다.
　民不貴學則愚, 愚則無外交, 無外交則勉農不偸.　　　　_『商君書』「墾令」

그는 대신과 대부들이 외부로 나가 배우고 벼슬살이하는 행위를 일체 금지하여 민중이 지식과 정보를 얻을 수 있는 통로를 끊어야 한다고 주장하고, 심지어 가무와 오락을 금지하고 여관을 없애서 민중의 교제 활동을 최대한 줄여야 한다고 제안하기도 했다.

그는 책을 불태웠다. 한비는 상앙이 "『시경』과 『서경』을 태워서 법령을 밝힌" 행위를 칭찬하기도 했다. 백성을 어리석게 만들기 위해 별의별 고심을 다 해서 이렇게 극단적인 조치까지 취한 예는 정말 보기 드물다.

우민 정책과 호응해서 행정적 조치들도 반드시 "도리에 반해서 시행해야 한다."

> 백성이 싫어하는 정치를 하면 백성은 약해지고, 백성이 즐거워하는 정치를 하면 백성은 강해진다.
> 政民之所惡, 民弱. 政民之所樂, 民強.　　　　　　　　_『商君書』「弱民」

백성이 증오하는 곳에서 정치를 시행하면 민중을 쇠약하게 만들 수 있지만, 거꾸로 하면 민중이 강대해질 것이라는 뜻이다.

> 벌을 무겁게 하고 상을 가볍게 하면 윗사람이 백성을 아끼고 백성도 윗사람을 위해 목숨을 건다. 상을 무겁게 하고 벌을 가볍게 하면 윗사람은 백성을 아끼지 않고 백성도 윗사람을 위해 목숨을 걸지 않는다.
> 重罰輕賞, 則上愛民, 民死上. 重賞輕罰, 則上不愛民, 民不死上.
> 　　　　　　　　　　　　　　　　　　　　　　_『商君書』「去強」

벌을 무겁게 하고 상을 가볍게 하면 백성은 기꺼이 군주와 나라를 위해 '죽을힘'을 다할 것이라는 뜻이다.

내가 말하는 형벌은 도의의 바탕이지만, 세상에서 말하는 도의는 폭력의 도다.

吾所謂刑者, 義之本也. 而世所謂義者, 暴之道也.　　　　_『商君書』「開塞」

『상군서』에서는 또 민중이 부유해지는 것을 방지해야 한다고 제시하면서, 그들이 부유해졌다는 것을 발견하면 가난하게 만들 방법을 생각해야 한다고 했다. 그래야만 나라의 '살상력'(전투력과 유사한)을 배양하고 유지할 수 있다는 것이다. 백성을 조금 가난하게 만드는 것이 조금 부유하게 만드는 것보다 통치자를 안심시키고, 통치자에게 더 유용하다고 했다. '도구'는 반쯤 굶주린 상태가 되면 더욱 고생을 잘 견디고 더욱 전장에 나가고 싶어 한다. 도구가 구현하는 도구성이 철저할수록 독재자는 더욱 성공한다. 이와 유사하게 보통 사람으로서는 생각하기 어려운 주장들이 『상군서』 곳곳에서 발견된다. 조건이 갖춰진 뒤에 사상은 더욱 거칠고, 초라하고, 극단적으로 변하며 종종 더 쓸모 있고 효과적으로 변한다. 구호나 표어로도 나라를 다스릴 수 있다.

　독재 체제에서 상층의 정치가 흑막으로 변하는 모습과는 달리, 고도의 압력과 상호 감시 아래 어떤 사적인 말도 할 수 없는 민중은 심지어 귀여운 면이 없지 않은 '우둔하면서도 순박한愚朴' 형상까지 드러낸다. 상앙이 죽고 약 100년 뒤에 사상가 순자는 줄곧 상앙의 법술을 관철해온 진나라에 와서 그 지역 백성의 기풍을 보고 칭찬을 하기도 했다.

그곳 백성은 소박하고 소리와 음악도 오염되지 않았으며, 복장도 방정맞지 않고, 관리를 무척 두려워하며 순종한다.

其百姓朴, 聲樂不流汚, 其服不挑, 甚畏有司而順.　　　　_『荀子』「强國」

"관리를 무척 두려워하며 순종"하는 것이야말로 독재자가 가장 동경하는 모습이다.

"우리 백성은 얼마나 훌륭한가!"

최고 통치자는 어쩌면 이렇게 감탄할지 모른다. '패도'의 '패霸'는 당연히 본국의 민중에게 먼저 시행하여 '도구'들이 체제가 요구하는 통일을 구현하고, 심지어 모든 백성이 한마음이 되는 국면을 이루어야 한다. 목동 하나가 한 무리의 가축을 방목할 수 있는데, 가축들을 물과 풀이 있는 곳까지 몰아가는 것이 바로 가축들에게 베푸는 최대의 은혜다. 독재자는 가축 무리에서 가장 존귀한 지위를 차지하고 있는 목동을 선망하여 자기의 일을 '목민牧民'이라고 한다. 목동은 당연히 가축들이 명령을 알아듣고 어떤 풀을 먹으면 되는지 구별할 정도의 지능만 갖추기를 희망한다. 나치 독일로부터 시민권을 박탈당한 작가 토마스 만Thomas Mann(1571~1641)은 나치 독일은 '국가'가 아니라 '백치의 야전 캠프'라고 불러야 한다고 했다. 그리고 백치들은 "심지어 공화국 환경보다 좋고 행복하다고 느낄 것"이라고 했다. 어떤 상황은 수천 년의 간격이 있더라도 전혀 본질적인 차이가 없을 수 있다.

『상군서』의 내용은 복잡하다. 거기에는 상앙의 글 외에도 상앙 학파의 인물들이 쓴 글이 많이 포함되어 있다. 이 글에서 인용한 부분들은 당연히 대부분 극단적이라고 간주할 수 있는 말들이다. 극단적인 말은 또 본질적인 말이기도 하다. 『상군서』를 읽고 그 시대와 연계하면 이렇게 묻지 않을 수 없다. 설마 견제하여 균형을 잡아주는 힘이 없었단 말인가?

이미 수백 년을 지속해오면서 문화의 기초를 다져준 백가쟁명의 여운은 아직 남아 있었다. 그러나 상앙이 진나라에 들어가는 것을 표지로 백가쟁명은 진나라에서 먼저 끝났다. 오랫동안 문화적으로 낙후되었던 진나라는 상앙에게서 자신감을 얻었다. 우리가 너희보다 문화는 덜 발전했으나 주먹으로 겨뤄보자! 진나라는 반反지성, 반문화, 심지어 반문명의 길로 걸음을 내디뎠다. 진나라에서 법가를 견제하여 균형을 이룰 역량은 모조리 냉정하게 소멸되었다.

나라는 강대해졌으나 민중은 스스로 우둔하면서도 순박한 형상으로 아주 작게 움츠러들 수밖에 없었다. 국가는 그들을 채찍 아래의 소나 양의 무리로, 광대하지만 침묵하는 나무토막으로 만들었다.

뿌리내려 싹을 틔우는 나무토막

순자는 진나라 백성을 찬양했으나, 또 다른 글에서는 '진나라 군대'를 철저히 부정했다.

『순자』「의병議兵」에는 순자와 제자 이사 사이의 논변이 기록되어 있다. 이사는 진나라가 강대해진 원인이 "일을 처리하는 데에 편리함을 추구以便從事"할 수 있었기 때문이라고 결론을 내렸다. 그는 "목적을 위해 수단을 가리지 않는" 방법을 상당히 칭송했다. 순자는 화를 냈다.

"네가 말한 편리함이란 불편한 편리함이다. (…) 이것은 이른바 말세의 무력이지 인의를 바탕으로 한 전통이 아니다."

순자는 진나라의 군대를 '말세의 무력'이라고 했다. 그는 사납게 날뛰는 이 강국에 멀리까지 이어지도록 지탱할 '소프트웨어'가 결여되어 있음을 간파했다. 이것은 마치 몸을 진맥해준 것 같았다. 이 무렵 진나라는 천하통일을 위한 발걸음의 속도를 끌어올리고 있었다. 순자는 정말 위대했다. 그는 번영의 배후에 잠복한 황량함을, 질서의 배후에 널린 무질서를 간파한 듯했다. 같은 글에서 순자는 또 역사를 거슬러 올라가 100년 전에 상앙이 통솔했던 진나라의 군대는 '강도 같은 군대盜兵'라고 했다. 진나라는 국내의 언론 자유는 없앨 수 있었으나 천하의 언론 자유를 없앨 방법은 없었다.

상앙이 죽은 후 상앙의 노선을 받들어 따랐던 진나라는 잔혹한 전국 시기의 환경에서 기본적으로 줄곧 불패不敗의 자리를 지켰다. 영정 시대에 진나라에는 또 정신적 지도자인 한비가 찾아왔고, 그의 사상은 상앙의 그것과 일맥상통했다. 『사기』에서는 영정이 한나라 공자 한비의 글을 읽고 강렬한 자극을 받았다고 기록했다.

"아! 이 사람을 만나 함께 노닐 수 있다면 죽어도 여한이 없으리라!"

한비를 얻기 위해 그는 군대를 보내서 한나라를 공격했다. 한비는 진나라로 갔으나 금방 그곳에서 비참하게 죽었다.

한비의 이론은 상앙의 이론에 비해 더 철저하고 더 인성에 반한다. 한비가 보기에 사람은 '위장을 근본으로 하는' 생물적인 존재로서 군주와 신하, 아비와 자식, 부부, 벗 등은 모두 이익에 따라 이합집산할 뿐, 정의情義라고 할 만한 것은 전혀 없다. 그는 군왕에게 누구도 믿지 말라고 경고하면서, '잠자리를 함께하는' 사람과 '곁에 있는' 사람 등 가장 가까운 이들을 제일 먼저 방비해야 한다고 했다. 그도 상앙처럼 한쪽에서는 법치를 고취하면서 다른 한편에서는 군왕을 법률 위의 존재로 만들었다. 그것도 모자라서 그는 군왕은 자신의 욕망을 무한대로 마음껏 채울 권리가 있다고 주장했다.

법도 하늘도 두렵지 않은 폭군이 이미 불려 나오려 하고 있었다.

독일 실존철학자 야스퍼스Karl T. Jaspers(1883~1969)는 기원전 800년부터 기원전 200년까지를 인류의 '축의 시대axial period'라고 명명했다. 인류의 오랜 문명과 지금까지 인류를 지배하고 있는 사상이 모두 이 시기에 생장하여 번영했다. 진정 위대하고 따스한 시기였다. 노자와 장자, 공자, 맹자, 묵자, 상앙과 한비도 모두 이 시대에 활동했다. 상앙과 한비를 제외한 제자백가의 글을 읽으면 그 주장이 무엇이든 간에 모두 진하든 옅든 어떤 인문 정신을 갖추고 있다.

먼 곳의 사람들이 순복하지 않으면 문덕을 닦아 오게 한다.
遠人不服, 則修文德以來之.   _『論語』「季氏」

이것은 이상이자 현실이다. 문화가 발달한 지역이 문화가 낙후된 지역을 감화하여 부르기 마련이며, 인류 문명의 발전 주류는 지금까지도 이러하다. 노자와 장자는 물처럼 아래로 내려가 인간과 사회를 올려다보는 시각을 취함으로써 냉담하고 황당무계한 면모를 조금 드러냈으나, 그들이 표홀하게 세상을 벗어난다는 생각도 바로 세상살이의 근심 위에 건립된 것이지 결코 인성에 반하는 주장이 아니다. 인간과 인간 정신에 대한 호응을 완전히 배척하거나 절망한 사람은 아무도 없다.

"멀리 있는 사람이 순복하지 않으면 무쇠 주먹을 먹여주고, 나라 안의 백성이 순복하지 않으면 무거운 형벌을 가하고, 인심이 순복하지 않으면 고발로 꺾어버린다."

상앙과 한비의 이론을 이렇게 개괄한다면 조금 각박할까?

상앙과 한비에게는 자기반성, 양심, 시적 정취 대신 음험함, 간사함, 각박함이 있었다. 그들이 만든 것은 비좁고 긴장되며, 일체의 지식에 반대하는 '지식 체계'이고 일체의 사상에 반대하는 '사상의 어두운 동굴'이다. 지식과 사상의 체계는 의심할 바 없이 모든 문명의 핵심이며, 이 핵심이 없이 발육하고 성장할 수 있는 문명은 어디에도 없다. 문화적으로 낙후되었고 또 패자가 되려고 급급했던 진나라에는 문명 정도가 상대적으로 높은 지식과 사상 체계를 받아들일 인내심과 시야가 없었으니, '상앙과 이사의 체계'라는 이 효과 빠른 극약을 삼킨 것은 그들의 필연적인 선택이었다.

인류의 본성은 생물성과 사회성, 정신성이 통일된 것이라는 현대의 관념은 제자백가에게서도 똑같이 성립했다. 그런데 상앙과 이사에게서 인간의 생물성은 무한히 확대되었고, 사회성과 정신성은 모조리 말살되었다. 신앙의 관점에서 상앙과 이사, 법가 신도인 한비는 모두 믿음이 없었다. 다만 그들은 또 강력한 권력과 공리功利, 거짓, 술수術를 극도로 견실하게 믿었다. 그들의 언론은 오직 군왕만을 목표로 했다. 그들은 군왕에게 영혼을 팔고 출세와 영광을 추구했다. 상앙과 이사는 기적을 창조했고, 잠시나마 성공을 누렸다.

시황이 되기 전에 영정은 한비의 동창 이사의 손을 빌려 한비를 대충 처리해버렸다. 그는 한비의 사상이 필요했을 따름이지 그 사람은 필요 없었다. 이사는 한비에 비해 기세 높게 수십 년을 더 살았으나, 마지막에는 상앙과 마찬가지로 성공 후의 철저한 실패라는 운명을 받아들일 수밖에 없었다. '법치'를 추진하고 절대군주의 권리를 주장한 이 세 명의 대표적 인물들은 모두 자기가 동경했고 아울러 직접 만든 체제에서 죽었다. 이 체제의 품질은 응당 그들의 기대에 아주 잘 부합했다. 비정하고 으스스한 위세를 풍기며 도의를 따지지 않았다. 상앙과 한비, 이사는 모두 사인이거나 한때 사인이었으나, 다른 사인에게 실낱같은 생존의 공간도 남겨주지 않았다. 다만 자신들이 체제 밖의 다른 이들보다 이 체제에 더 쉽게 잡아먹힐 줄은 생각하지 못했을 것이다. 자신을 죽일 법을 만들고 자기를 가둘 고치를 만들었다는 말이 더없이 적절하다. 그들은 스스로 아주 만족스러운 '항아리'를 만들었으나, "들어가시지요!"라고 말할 자격과 능력을 가진 사람이 금방 다른 사람으로 바뀌었음을 발견했다.

상앙의 변법과 상앙과 한비의 이론은 인성이 결핍되고, 영양분에 한계가 있었으며, 독성이 대단히 강했다. 700년 가까이 완강하게 서 있던 진나라는 통일을 완성하고 체제가 극한까지 강력해졌을 때 뜻밖에 붕괴를 맞이했다. 강한 적이 없어졌는데 갈수록 많은 '독'을 축적한들 어디에 쓰겠는가? 제국이라는 기계는 신속하게 효율을 잃었고, 체제는 즉시 광기에 찬 자멸의 길에 빠져들었다. 시황의 자손 사이에, 체제 내부의 고위층 사이에 상대방을 없애고 혼자만의 안전을 추구하는 대결이 펼쳐졌다. 누구나 불안해하는 철혈의 공포로 상상 속의 안전을 추구했으나 얻은 것이라고는 와르르 무너지는 빌딩과 같은 소멸뿐이었다. 자손이 번창하여 만세까지 전해지기 바랐던 오묘한 계획은 비참하기 그지없는 제국의 악몽을 연출했다. 독약과 극약이 효과가 빠르다는 것은 부인할 수 없으나, 빨리 죽는다는 것은 더욱 인정할 수밖에 없는 사실이다. 독재자는 고압적인 우민 정책에 미련을 갖는 동시에 자기의 어리석음과 독성을 심화할 수밖에 없다. 민중은 우매함 속에서 필요한 순간을 깨닫고, 통치자는 늘 어리석은 꿈에서 깨어나기 어렵다는 것을 역사는 잘 보여준다. 진승과 오광은 "나무를 베어 무기를 만들고 대나무에 깃발을 매달아 드는" 길을 갈 수밖에 없다는 것을 깨달은 즉시 '우둔하면서도 순박한' 겉옷을 벗어던졌고, 수천 수만의 나무토막이 갑자기 침묵을 깼다. 진승은 말했다.

"왕후장상에 어찌 따로 씨가 있겠는가?"

곧이어 항우와 유방이 등장했다.

시황이 순행하는 대오를 멀리서 바라본 항우는 "저것은 취하여 대신할 만하겠구나彼可取而代之!" 탄성을 내질렀다. 그런데 그 취하여 대신하는 임무는 건달의 품성이 더 강한 유방이 완성했다. 위대한 한나라는 진나라의 폐허에서 잉태되었다. 한나라 무제 유철이 '제자백가를 내쫓고 유학만 추존해야罷黜百家, 獨尊儒術' 한다는 주장을 받아들이고 실시함으로써 황제 권력은 멀리까지 이어질 수 있는 소프트웨어를 갖게 되었다. 이것은 민중이 숨 돌릴 틈을 준 소프트웨어였다. 그리고 너무나 숨 돌릴 틈이 없는 때가 되면 다시 한 차례의 '취하여 대신하는' 웅장한 연극이 공연된다.

2000년 황제 권력의 시대에 모든 황제는 상앙과 한비를 마주해야 했다. 폭군 진시황을 꾸짖는 것은 황제들의 공통된 선택이었다. 상앙과 한비를 폄하하거나 최소한 공개적으로 그들을 찬양하지 않는 것도 대다수 황제의 태도였다. 황제는 먼저 유가가 요구하는 '인의도덕'의 면모를 내보여야 했으나, 황제 권력이 '겉으로 유가를 표방하면서 속으로는 법가를 추구하는外儒內法' 것도 고금에 널리 알려진 사실이다. 상앙과 한비의 '법술'은 황제 권력이 영원히 의지하는 암기이자 날카로운 무기였다. '취하여 대신하는' 거창한 연극이 거듭 상연되더라도 영원히 황제 권력의 클론이어서, 낡은 영혼만 있을 뿐 새로운 생명은 없었다.

'축의 시대'의 서양에는 상앙과 한비와 비슷한 이론이 전혀 없었다. 플라톤이 주장한 철인정치는 사람의 정치였고, 체제로는 군주제를 옹호했다. 아리스토텔레스는 법치를 주장했는데, 체제로는 민주제와 공화제를 주장했다. 같은 시기의 중국에서는 유가와 법가가 모두 군주의 독재를 옹호했다. 유가에는 군주의 권한을 제한하려는 사상이 있었으나 법가는 늘 군주가 충분히 사납고, 음험하고, 독하지 않다고 애석해했다. 상앙과 한비 같은 법가는 결코 진정한 법치로 이끌지 못했고 그저 극단적인 사람의 정치로만 이끌었을 따름이다. 그들 자신의 비참한 죽음이 가장 직접적으로 증명한다. 그들의 이론이 법도 하늘도 무시하는 폭군을 양육한 것은 전혀 이상하지 않다. 그런 방식의 생각은 예나 지금이나 늘 있었다. 나치 독일이나 그와 지극히 유사한 환경 아래에서는 어떤 '보편적으로 부적합한 가치'가 열광적으로 진리로, 심지어 궁극적인 진리로 간주될 수도 있다.

상앙의 운명은 성공한 후 철저히 실패하는 것이었는데, 시황과 진나라의 운명도 이와 마찬가지가 아니었는가? 특히 단명한 진 제국은 상商·주周 이래 최대 규모의 백성을 도탄에 빠뜨렸다. 누가 이겼는가? 사마천은 답을 찾지 못했다. 옛사람도 모두 몰랐다. 그들의 눈에는 상앙에서 진 제국의 멸망까지 승자는 없고 그저 전대미문의 참상만 비쳤다. 이 또한 후세 황제들이 진시황과 상앙, 한비에 대해 일반적으로 공개적인 긍정의 태도를 보이지 않고 또 감히 그러지 못하는 원인이다. 역사와 역사적 인물의 희극성은 사실 어떤 연극 못지않다. 이것은 권력의 첨탑 꼭대기를 차지한 제왕조차 눈이 어지럽고 가슴이 떨릴 수밖에 없게 한다.

천하가 야만적인 진나라에 의해 통일된 것을 역사의 조류에 순응한 것이라고 여기는 온갖 주장은 "성공하면 제왕이요 실패하면 역적"이라는 관념보다 전혀 훌륭하지 않다. 제나라와 초나라, 조나라 등은 모두 천하를 통일할 실력과 가능성을 지니고 있었다. 이 역사의 거대한 연극판에서 천하통일은 어쩌면 필연적일 테지만, 누가 그것을 해내느냐 하는 것은 우연이고, 개인의 운명은 더욱이 우연 속의 우연이다. 현대의 몇몇 해설은 종종 기성의 역사적 사실에 대한 변호에 지나지 않는다. 우연적인 결과에 대해 필연이라고 변호하는 것이다. 충분히 야만적이었던 상앙과 한비의 이론은 힘겨운 싸움을 견뎌내고 문화가 부족하며 이성이 결핍된 진나라의 국가 성격과 단번에 일치했다. 진나라가 6국을 멸망시킨 것과 원나라가 송나라를, 청나라가 명나라를 멸망시킨 것은 본질적으로 비슷한 역사 현상이다. 즉 상대적으로 저열한 문명이 더 높은 문명에 대해 군사적으로 승리한 것이다. 이런 현상은 인류 문명사에서 전혀 희귀하지 않으며, 아울러 높은 문명이 낮은 문명에 영향을 주어서 동화시키는 주류 흐름을 바꿀 수도 없었다. 원나라가 실현한 '통일'은 전 세계적으로 비할 데가 없을 정도였지만, 문명의 진보라는 의미는 말할 게 없다. 청나라가 명나라를 멸망시킨 것도 마찬가지다. 최근 100년 동안 상앙이 "역사의 진보를 추동했고" "변법을 위해 희생했다"라고 주장한 이야기들은 현대의 '역사 진보주의' 관점에서 붙인 딱지에 지나지 않는다. 심지어 이것은 상앙의 비참한 운명을

'희롱'하는 측면도 있다고 생각한다. '문화대혁명' 기간에 인류의 사상적 성과는 거의 모두 봉건주의와 자본주의, 수정주의修正主義라는 유해물품黑貨에 포함되었으나 오직 '법가'만이 대대적으로 이채를 피워내서, 상앙과 이사는 불가사의한 높이까지 떠받들어졌다. 이것은 그야말로 호기 충천하고 법도 하늘도 없던 시대였다고 할 만하다.

한나라 및 그 이후로 상앙과 한비의 이론은 어쩔 수 없이 막후로 물러나야 했다. 한나라는 진나라를 대신하면서 하드웨어는 계승하고, 소프트웨어는 '포기'했다. 유교는 통치자의 승강장이 되었는데, 뜻밖에도 그 상태를 2000년이 넘도록 지켰다.

상앙과 한비, 이사는 그들의 현실에서 죽을 수밖에, 그것도 아주 비참하게 죽을 수밖에 없었다. 그런데도 역사에서 그들의 '독성'은 줄곧 쓸모가 있었다. 일부 나무토막들은 뿌리를 내리고 싹을 틔우는 능력이 아주 강하다. 소식은 「상앙론商鞅論」에서 이렇게 말했다.

한나라 이래로 학자들은 상앙과 상홍양桑弘羊[8]에 대해 말하는 것을 수치로 여겼으나, 군주들만은 유독 그들을 달가워하여 겉으로는 그 이름을 꺼리면서도 남몰래 그 실질을 이용했고, 심한 경우에는 이름과 실질을 모두 높이 받들었다.

自漢以來, 學者恥言商鞅桑弘羊, 而世主獨甘心焉, 皆陽諱其名, 而陰用其實, 甚者則名實皆宗之.

---

8 상홍양桑弘羊(기원전 155?~기원전 80)은 상인 가정에서 태어났으나 13살에 황궁에 들어가 시중과 대농승大農丞, 대사농 등을 역임하고 원수 3년(기원전 120)부터 무제의 지지 속에서 염철鹽鐵과 주각酒榷 등 각종 경제정책을 추진하고 변방의 둔전을 대대적으로 확장했다. 어사대부까지 지냈으나 원봉元鳳 1년(기원전 80)에 곽광과 대립하다 연왕 유단劉旦 등의 모반에 연루되어 피살되었다.

소식의 말은 편파적인 면이 없지 않다. "상앙에 대해 말하는 것을 수치로 여기는" 이들이 물론 주류였으나, 상앙을 긍정하는 이들도 대대로 없지 않았다. '군주'들이 상앙에 대해 '겉으로는 꺼리면서 남몰래 이용'했다고 한 것은 완전히 역사적 사실이다. 유가 신하의 전형적인 인물로 꼽히는 제갈량은 후주後主 유선劉禪을 가르치면서 『상군서』를 열심히 읽혔다. 마음 씀씀이가 엄격했던 이 정치가는 틀림없이 더욱 유감스러웠을 것이다. 제왕이라면 배우지 않아도 저절로 알 수 있는 술수를 어리석고 나약한 유선은 이해하지 못했다. 제갈량은 당연히 유가의 대도大道를 따르고 받들었는데, 법가는 내세우기는 쉽지 않았으나 쓰기에 좋은 소도小道 혹은 잠재적인 규칙으로서 역시 없어서는 안 될 것이었다. 유비가 살아 있을 때는 아들에게 『한비자』와 『관자管子』 『육도六韜』 등의 책을 많이 읽혔다. 허울 좋은 황제 권력이 암실의 조작과 음흉한 맛을 떨치지 못한 것은 이상하게 여길 일도 아니다.

상앙과 한비의 이론이 현대와 통할 가능성은 거의 없다고 봐도 좋을 것이다. 칸트Immanuel Kant(1724~1804)의 유명한 말이 있다.

인성이라는 이 굽은 나무로는 어떤 반듯한 것도 만들 수 없다.

물론 칸트가 인성에 대해 실망한 것은 절대 아니었고, 그저 인성의 복잡성을 인정한 것이다. 상앙과 한비는 늘 무지막지하게 인성을 계속 간략화하여 '악'의 직선으로 만들어버렸다. 그들은 반드시 간단하고 반듯한 것, 군주가 만족하면서 쉽게 쓸 수 있는 것을 만들어내려 했다.

나무토막을 옮겨 믿음을 세우는 것을 백성에게 '믿음을 얻는' 전형적인 모범으로 간주하는 말들이 수천 년 동안 계속되었다. 이 놀이에서 믿음을 세우는 것은 표면적인 것일 뿐이고 이면에서는 권위를 세운다. 즉 나는 말을 바꾸지 않고 한 말을 그대로 실천하니 의심을 용납하지 않는다는 뜻이다. '나무토막을 옮겨 믿음을 세우는' 장면을 상상해보라. 선량한 사람에게 나쁜 짓을 강요하는 냄새가 풍기지 않는가? 그 장면은 바로 '사슴을 가리켜 말이라고 하는指鹿爲馬' 장면과 통하는 잠재된 소질을 함유하고 있다. 이 두 장면은 진나라 대지에서 선후로 상연되었는데, 그 거리는 겨우 100여 년이었다. 현대인 가운데 누군가 '나무토막을 옮겨 믿음을 세우는' 놀이에 연연하여 잊지 못한다면 아마 그는 '상앙의 마음'을 가진 사람일 수도 있다. 상앙과 한비의 영혼이 사라지지 않는다면 현대의 법치는 난항을 겪을 수밖에 없다.

『상군서』를 읽을 때와 『한비자』를 읽을 때의 느낌은 비슷하다. 조급하고, 예리하며, 음흉하고, 각박하다. 상앙과 한비를 꼼꼼히 읽은 후에는 조금 따스한 것을 읽어서 자기의 균형을 맞출 필요가 있다. 척추가 오싹해지는 느낌은 별로 경험하고 싶지 않다. 인류의 가치 있는 사상을 모두 '관부'에서 창조한 것은 아니나, 관부는 '관리를 스승으로 삼는' 환경을 만들 수 있다. 상앙과 한비의 이론은 당연히 친부모도 군왕보다 가깝지 않다는 반反인성, 반反인륜의 논리를 도출해낸다.

현대 정치경제의 게임 법칙은 이미 대단히 간단하고 명백해졌다. 계약을 확립하고, 공개한 뒤에 게임을 시작하는 것이다. 이 '간단'함과 상앙 및 한비가 추구한 간단함은 본질적으로 완전히 상반된다.

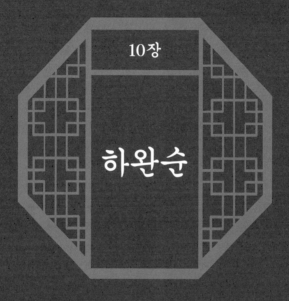

10장

하완순

> 소년의 절창絕唱 <

一

    청나라 순치順治 4년(1647) 9월 19일에 하완순 등 43명의 항청抗淸 명사名士가 남경에서 동시에 살해당했다. 그 전에 하완순의 벗 두등춘杜登春[1]은 소식을 알아보러 남경에 갔다가 공교롭게도 청나라 조정에서 처형하는 장면을 목격하게 되었다. 그는 하완순이 순절하는 과정을 직접 목격했고, 이것은 그의 생애에서 결코 잊을 수 없는 기억이 되었다. 살해당한 사람들 가운데는 하완순의 여러 친구와 장인 전전錢栴[2]이 포함되어 있었고, 처형 방식은 참수斬首였다.

---

1   두등춘杜登春(1629~1705, 자는 구고九高)은 이른바 하윤이 등과 함께 '기사幾社'를 대표하는 여섯 인물 중 하나로 꼽히는 두인징杜麟徵의 아들로 순치 8년(1651) 발공생發貢生이 되었다가 광창지현을 역임했다. 저작으로『임계지고壬癸志稿』『포동헌문집抱桐軒文集』『사사시말社事始末』등이 있다.
2   전전錢栴(1597~1647, 자는 언림彦林, 호는 단자檀子)은 숭정 6년(1633) 거인으로 응사應社를 결성했다가 다시 복사復社에 가입했고, 명말 혼란기에 옛날 병법을 수집하여『수성요략守城要略』을 편찬했다. 저작으로『백문집白門集』이 있다. 남명 홍광 1년(1645)에 병부직방사랑중에 임명되어 청나라에 항거하다가 체포되어 사위 하완순 등 34명이 함께 처형당했다. 그의 아내도 장강에 몸을 던졌다.

하완순은 벗 유서劉曙와 손을 맞잡고 당당히 나와서 무릎 꿇기를 거부했다. 망나니는 우뚝 버티고 선 그들의 목을 시원하게 벨 수 없게 되자 어쩔 수 없이 턱 아래에 칼을 대고 목구멍 쪽으로 그었다. 두등춘은 보았다. 하완순은 반짝이는 망나니의 칼을 차분히 바라보며 죽었다.

하완순(1631~1647)은 송강현松江縣 화정華亭(지금의 상하이 쑹장松江) 사람으로 명·청 교체기에 살았으며, 순절할 때는 음력 나이로 열일곱 살이었으니, 인간 세상에서 6000일도 채 살지 못했다. 300여 년 동안 소년 하완순의 쓰러진 육신은 무수한 이들의 신경을 내리쳤다. 그의 목숨은 혜성처럼 짧았으나 그 정신의 무게는 항성에 비하더라도 틀리지 않았다.

시간과 역사로 말하자면 370년은 길다고도 할 수 있고, 순간이라고도 할 수 있다. 하완순이 충성을 다 바쳤던 대명大明 왕조도 이미 멀리 사라졌을 뿐만 아니라 그가 목숨을 걸고 반항했던 청 왕조도 점점 멀어지는 뒷모습이 되어버렸다.

소년 시절부터 하완순이라는 인물이 있음을 알았던 나는 줄곧 『하완순집夏完淳集』을 한 부 소장하고 싶었으나 수십 년이 지나도 얻지 못했다. 2000년대 초기에 요란한 인터넷의 도움으로 마침내 물경 50만 자에 이르는 『하완순집』[3] 및 기타 관련 자료를 수집할 수 있었다. 이 소년 영웅의 문학 창작 전모를 보고, 아울러 그의 정신세계에 대해 조금 깊이 관찰할 수 있게 된 것이다.

『하완순집』을 읽고 그 비장한 작자의 마음과 씩씩하고 위대한 영혼에 나는 한없이 감동했다. 그렇게 짧은 세월에 그렇게 격렬하고 풍부한 삶을 경험하고, 애증의 극단에 이르다니! 열예닐곱 살에 그가 도달한 정신의 고도와 강도는 동서고금에 필적할 만한 이가 드물 정도였다. 역사와 문학

---

3 하완순夏完淳, 백견白堅 전교箋校, 『夏完淳集箋校』(上海古籍出版社, 1991)를 가리킨다.

사에 모두 깊은 흔적을 남긴 소년을 대하자 나는 하나씩 하나씩 의문이 들었는데, 답을 찾은 듯했다가도 답이 보이지 않았다.

하완순을 이렇게 조숙하게 한 요인은 무엇일까?

무정한 역사 앞에서 인격은 독립적인 가치가 없는가? 유가의 인격은 어떻게 평판評判해야 하는가?

하완순은 단지 충효와 절의의 부호일 뿐인가? 그의 자발적인 희생은 어떤 의의가 있는가?

하완순은 체포되었을 때 오언율시 한 편으로 고향과 작별했는데, 이 것이 바로 유명한 「운간을 떠나며別雲間」('운간'은 송강현의 옛 명칭)다.

삼 년 동안 나그네살이하다가
오늘 또 포로가 되었구나.
산하의 눈물 한없이 흐르는데
뉘라서 천지의 넓이를 얘기하랴!
저승길 가까워졌음을 이미 알고 있으나
고향과 작별하기는 어렵구나.
영령英靈이 돌아오는 날
영기靈旗가 하늘에 보이겠지.
三年羈旅客, 今日又南冠.
無限河山淚, 誰言天地寬.
已知泉路近, 欲別故鄕難.
毅魄歸來日, 靈旗空際看.

하완순은 이번에 가면 틀림없이 죽을 곳에 이르리라는 것을 알았다. 수련首聯에서는 1644년에 나라의 변고가 일어나고 삼 년 동안 여기저기 떠돌며 항청抗淸의 뜻을 세우다가 포로가 되기까지를 개괄했다. 중간의 두 연은 배를 갈라 심장을 꺼내 보이듯이 솔직하게 천지와 산하에 의문을 던지는 망망한 심사를, 인생과 고향에 대한 미련을 서술했다. 미련尾聯은 죽음에 직면한 맹세다. 내가 죽은 후에도 불굴의 영혼은 틀림없이 깃발을 높이 들고 있으리라! 전체적으로 시의 기세가 호방하고 웅혼하다. 누가 열일곱 살에 이렇듯 분명하게 자기의 죽음을 이해할 수 있었던가?

「운간을 떠나며」는 중학교 국어 교과서에 수록되어 있어서 그것을 낭독하는 이들이 마침 열예닐곱 살의 소년 소녀들이다. 요즘 젊은이들이 370년 전의 이 위대한 소년을 얼마나 이해할 수 있을까?

탈구조주의deconstructionism가 유행하는 이 시대에 하완순과 같은 숭고는 어쩌면 전혀 어렵지 않게 해체될 수 있을 것이다. 그가 청나라 말엽에 살았다면 변발辮髮을 지키기 위해 용감하게 '희생'했을까? 그럴 수도 있다. 명나라는 충성을 요구했는데, 청나라는 그것을 더욱 요구한 듯하다. 구조를 해체하면 당연히 새로운 시야를 제공하겠지만, 하완순이 해체되고 나면 그저 한 조각 폐허만 남을 것이고, 당신은 이렇게 결론을 내릴 수밖에 없다. 역사는 어떤 숭고한 것이라도 보존할 방법이 없다.

二

하완순은 의심할 바 없이 지극히 높은 천부적 재능을 타고났으니, 다섯 살 때 벌써 신동으로 소문이 났을 정도였다. 당시 이미 일흔여덟 살의 저명한 학자 진계유陳繼儒[4]가 면접을 마치고 "불가사의로다!"를 연발하며 다음과 같은 「동자찬童子贊」을 지었다고 한다.

대담하기 그지없고, 긴 눈썹. 정밀한 뜻을 설명하는 다섯 살 아이. 가
르치는 선생이 이 아이로구나⋯⋯

包身膽, 過眼眉. 談精義, 五歲兒. 老講師, 是童兒⋯⋯

진계유는 이렇게 주석註釋을 달아놓았다.

다섯 살의 하완순이 고금을 설명하며 논하는데, 오래 공부한 학자도
따라갈 수 없다.

講上下論語, 宿儒弗及.

진계유는 이처럼 이 신동에게 빠져 있어서, 하완순의 부친 하윤이夏
允彝에게 보낸 편지에서 이렇게 썼다.

내가 일흔여덟 해 동안 유생 노릇을 했는데, 뜻밖에 성스러운 아이聖
童이자 신동을 만났소. 예전에 책에서 보았는데, 오늘 선업을 많이 쌓
으신 귀댁에서 만났구려.

儒七十八矣, 不意見聖童神童, 昔得之於書, 今日得遇之積善之家.

진계유뿐만 아니라 하완순 스승 연배인 진자룡陳子龍과 전겸익錢謙
益[5], 후기증侯岐曾[6] 등이 모두 시와 문장에서 신동 하완순을 칭찬하고 큰

---

4 진계유陳繼儒(1558~1639, 자는 중순仲醇, 호는 미공眉公)는 제생諸生 출신으로, 29세 때부터 소
곤산小崑山에 은거해 지내다가 나중에 동사산東佘山으로 거처를 옮긴 후 저술에 전념했다. 뛰어난 서
예가이자 화가로『진미공전집陳眉公全集』『소창유기小窗幽記』『니고록妮古錄』등의 저술이 있다.
5 전겸익錢謙益(1582~1664, 자는 수지受之, 호는 목재牧齋)은 명말 숭정(1628~1644) 연간의 문인
결사인 동림당東林黨의 영수였다. 그는 명나라가 망하자 마사영馬士英(1591~1646) 등과 복왕福王의
남명 홍광 정권을 세워 예부상서를 지내기도 했으나, 훗날 투항하여 예부시랑을 지냈다. 문집으로『초학
집初學集』『유학집有學集』『투필집投筆集』등이 있었으나 대부분 금서로 지정되어 훼손되었다.

기대를 걸었다. 진계유는 또 하완순이 여섯 살 때 「여섯 살의 단가가 글을 잘 지음에 대하여題端哥六歲能文」('단가'는 하완순의 유명乳名)라는 짧은 글을 지었으니, 그가 여섯 살에 이미 시와 문장을 잘 지었음을 알 수 있다. 『하완순집』에 수록된 작품 가운데 가장 초기의 작품은 그가 여덟아홉 살 무렵에 쓴 것으로서, 대부분 흉내 낸 것이지만 문채가 볼 만하다.

신동은 역대로 있었으나, 어려서 신동으로 명성을 날리다가 끝내 큰 인물로 성장한 이는 지극히 드물다. 신동은 종종 우담바라처럼 반짝 나타났다가 사라진다. 왕안석의 명작 「방중영을 슬퍼함傷仲永」은 바로 한 신동의 몰락을 개탄한 작품이다. 그 방중영方仲永이라는 아이는 다섯 살 때 사물을 가리키면 바로 시로 쓸 줄 알았는데, 부친이 사방으로 데리고 다니며 늘 자랑했다. 그러다가 스무 살 때는 부친과 마찬가지로 농부가 되었다. 왕안석은 이런 변화의 이유를 방중영이 제때에 교육을 받지 못했기 때문이라고 결론지었다. 그러나 그는 절반만 맞았다. 방중영이 제때에 교육을 받지 못한 것은 외재적인 현상일 뿐이다. 그는 지식과 문화를 자발적으로 추구하도록 길러지지 않았고, 더욱이 인격과 정신의 각성이 없었다. 내부에 동력이 없으면 천재의 싹이 성장을 멈추는 것도 이상하지 않다.

하완순이 정신적, 인격적으로 일찌감치 각성하여 성숙한 것은 정말 놀랍다.

하완순은 그 시대에 최고로 뛰어난 교육을 받았다. 그에게는 인걸人傑이라고 할 만한 부친이 있었다. 하윤이(1596~1645)는 숭정崇禎 10년(1637) 진사에 급제하여 진자룡과 함께 명나라 말엽 '기사幾社'를 창시했으며, 도덕과 문장이 사림士林에서도 빼어났다. 그는 독자인 하완순에 대

---

6 후기증侯岐曾(1594~1648, 자는 옹첨雍瞻, 호는 광유廣維)은 11세에 현학縣學의 생원이 되었으나 모친을 모시고 고향에서 지냈다. 영력 2년(1648)에 진자룡이 청 조정에 쫓겨 그의 집으로 오자, 하인의 집에 숨겨주고 절강으로 피신할 길을 논의했으나 발각되어 진자룡과 함께 체포되어 처형당했다.

한 기대가 아주 커서 늘 데리고 다녔으며, 진사에 급제한 뒤 복건福建 장락현長樂縣에서 5년 동안 지현知縣으로 있었다. 하완순과는 여덟 살 때부터 열세 살 때까지 줄곧 함께 지냈다. 저보邸報(조정에서 발행한 공문 성격의 신문)를 즐겨 읽는 하완순의 습관은 바로 이 시기에 키워졌다. 하씨 집안은 하완순에게 가장 우수한 스승을 골라줄 여건이 되었으며, 개중에 그에게 가장 영향이 컸던 이는 진자룡과 오양吳易,[7] 장부張溥[8]였다. 명나라 말엽의 혼란한 국면에서 이들은 모두 하윤이처럼 많은 이에게 우러름을 받았다. 하씨 집안에서는 하완순이 어렸을 때 가선嘉善의 명망 높은 전씨錢氏 집안과 정혼해놓았는데, 하완순의 장인 전전錢栴은 소탈하고 호탕하여 문인들의 결사結社를 잘 운영하기로 유명했다. 이런 환경에서 하완순이 타고난 초인적인 재능은 충분히 발휘될 수 있었다. 갑신년甲申(1644) 이전 열 살 전후에 지은 「연문燕問」과 「주공론周公論」 등의 책론策論은 당당하고 차분하면서도 천하고금의 일을 논했는데, 그 정신적 면모는 이미 엄연하게 중임을 맡은 충정에 찬 늙은 신하에 가까웠다. 『대학』에서는 사인들에게 "수신, 제가, 치국, 평천하"를 순서대로 수양할 것을 요구했는데, 하완순은 극히 이른 나이에 그것들을 완성한 듯하다.

하완순에게는 통상적 의미의 어린 시절, 심지어 소년 시절조차 없었다. 집은 그의 조숙을 요구했고, 문화는 그것을 촉진했으며, 시대는 그것을 압박했다. 중국 전통문화는 조숙을 촉진하는 문화여서 아이들은 어른의 언행을 흉내내도록 장려되었다. 그것의 이로움과 폐단은 특별히 연구해볼 만하다. 그런데 하완순은 어른을 흉내 낸 게 아니라 실제로 늙은 신하의

---

7 오양吳易(?~1646, 자는 일생日生, 호는 삭청朔淸)은 숭정 16년(1643) 진사에 급제했고, 이후 굳건하게 청나라에 대항하며 세 차례나 오강성을 점령하기도 했으나 끝내 패전하여 피살당했다.

8 장부張溥(1602~1641, 자는 건도乾度, 호는 서명西銘)는 숭전 4년(1631) 진사에 급제했고, 복사復社를 결성하여 환관 세력과 싸웠다. 많은 저작을 남겼는데 『칠록재집七錄齋集』과 『춘추삼서春秋三書』 등이 유명하다.

정서가 가슴에 가득 찬 소년이었다. 체제와 문화는 사인들에게 충효와 절의를 요구했고, 이것은 신속하게 그의 피와 골수에 녹아 들어가 생명 깊숙한 곳에서 자발적으로 추구하는 것이 되었다.

하완순이 이처럼 신속하게 성장하고 성숙한 것은 예사롭지 않은 시대를 위한 준비처럼 보인다. 그 시대가 도래하자 그는 아직 어린 자기의 육신을 제단에 바쳤다.

三

1644년에 하늘이 무너지고 땅이 와해하는 시대가 도래했다.

그해 3월 9일에 이자성李自成이 북경을 점령하고 숭정제崇禎帝가 매산煤山(지금의 징산景山)에서 스스로 목을 맴으로써 300년을 이어온 대명 왕조는 멸망이 선고되었다. 원래 명나라 장수였던 오삼계吳三桂9는 군주와 부친의 원수(그의 부친 오양吳襄과 30여 명의 가족이 이자성에게 살해됨)를 갚는다는 명분으로 청나라 군대를 관문 안으로 끌어들였다. 청나라 조정은 유리한 시기를 장악하여 백성을 위로하며, 죄인을 토벌하고 숭정제의 복수를 해주겠다는 핑계로 오삼계에게 투항을 권유했다. 이자성의 군대는 신속하게 패망하고, 청나라 군대는 북경을 점령했다.

명나라 말엽에는 광대한 사대부와 백성이 황제를 대표로 하는 부패한 통치 집단에 대해 진즉 절망했으나, 숭정제가 스스로 목을 맨 것은 그

---

9 오삼계吳三桂(1612~1678, 자는 장백長伯)는 숭정제 때 요동총병으로 평서백平西伯에 봉해졌다. 그러나 숭정 17년(1644) 청나라에 투항해 산해관에서 이자성을 격파하고 평서왕에 봉해졌다. 강희 1년(1662)에는 곤명에서 남명 영력제를 죽이고 평서친왕으로 승진했다. 그러다가 강희 12년(1673)에 번진을 철수하라는 어명이 내려오자 주왕周王을 자처하며 반란을 일으키고 형주衡州에서 황제에 등극하기도 했으나, 얼마 후 병사했다.

래도 사대부와 백성에게 중대한 심리적 타격이었다. 이 때문에 청나라가 관문을 들어선 초기에는 비교적 순조로웠으나 야심이 신속하게 커져서, 중원에서 말을 달리며 천하를 삼키고 방대한 민족을 정복하겠다는 결심이 점점 굳어졌다.

이민족의 통치는 중국에서든 아니면 다른 세계에서든 드문 현상은 아니며, 심지어 역사의 어떤 일반적인 모습이라고 할 수도 있다. 이민족 통치는 종종 민족 융합의 원인이 되기도 한다. 처음에 홍타이지愛新覺羅 皇太極(1592~1643)는 중원에 들어와 점거하는 것에 관해 무척 조심스럽게 생각했다. 금나라와 원나라의 전철을 밟게 되어 여러 세대가 진 뒤에는 모두 한나라에 동화되어 자기 민족이 오히려 드넓은 바다에 잠겨버리게 될까 두려웠던 것이다. 1642년에 송금松錦에서 일어난 대규모 전투에서 명나라가 참패함으로써 형세는 청나라에 유리해졌다. 명나라의 사신이 화친을 청하러 심양沈陽에 도착하자, 홍타이지는 5월 17일에 조선 국왕에게 의견을 구하기 위해 보낸 서신에서 이렇게 말했다.

짐이 생각하기에 우리에게 굴복한 지역이 적지 않고 강역도 좁다고 할 수 없는데, 저들이 기왕 화친을 청해왔으니 응해주어 함께 태평의 복을 누리고 싶소. 여러 왕과 패륵貝勒[10] 가운데는 명나라의 시운時運과 세력이 이미 쇠락했으니 마땅히 이 기회에 북경을 점령해야지 어째서 화친하려 하느냐고 말하는 이들도 있소. 다만 정벌 전쟁이 끊이지 않아 많은 이가 죽거나 다치게 될 터인지라 차마 하지 못하는 바가 있소. 설사 하늘의 보살핌을 입어 통일을 이룬다 해도 세상에 어찌 장생하는 사람이 있겠으며, 자손 대대로 이어져 끊어지지 않을 리 있겠소?

---

10 패륵貝勒은 금나라 때 발극렬勃極烈의 의역으로 일반적으로 다라패륵多羅貝勒 즉 만주의 귀족을 가리킨다. 종실의 봉작 중 3급에 해당하며 다라군왕多羅郡王의 아래이고, 고산패자固山貝子의 위다.

옛날에 위대한 금나라도 통일을 이룬 적이 있는데, 지금은 어디 있소?

외교적 언사라 하더라도 홍타이지의 마음은 상당히 감동적인 면이 있다. 만주 청나라의 귀족들이 머뭇거리며 결정하지 못할 때마다 명나라에서 투항한 조가법祖可法[11]과 장존인張存仁[12] 등이 모두 중원으로 진군하여 명나라를 멸망시켜야 한다고 강력하게 주장했다. 왕조가 바뀔 무렵에 명나라에서 투항한 장수들은 종종 명나라를 멸망시키는 선봉에 섰는데, 이 현상의 원인은 상당히 복잡하여 많은 생각을 하게 한다. 얼마 전에 송금의 전투에서 포로가 되었다가 투항한 홍승주洪承疇[13]는 이후 명청의 생사를 건 전투에서 청나라의 중원 통일에 탁월한 공을 세웠다.

몇몇 사람에게 배반은 전혀 어려운 일이 아니었으나, 또 다른 몇몇은 절대 반역자가 될 수 없었다. 역사의 큰 국면과 세부로 깊이 들어가보면 개탄할 만한 곳이 참으로 많다.

갑신년의 변고로 중원은 침몰했고 산하는 색을 잃었으며 해와 달도 빛을 잃었는데, 열네 살의 하완순은 부친과 함께 용감하게 일어섰다. 국난에 몸을 바치는 것이 그에게는 당연한 일이었다. 보통 사람이라면 가르

11   조가법祖可法(?~1657)은 명말의 장수 조태수祖大壽의 양자로 숭정 4년(1632) 대릉하의 전투에서 인질로 청나라 진영에 억류되어 있다가 이듬해 귀화성歸化城을 정벌하는 데 참여하여 일등남一等男 작위를 받고 도찰원승정에 임명되었다. 숭덕 7년(1642)에 한군팔기漢軍八旗가 만들어지자 정황기부도통正黃旗副都統에 임명되었고, 이듬해에 전공을 세워 일운기위一雲騎尉로 승진했다. 순치 1년(1644)에는 예친왕 도르곤多爾袞을 따라 관문을 들어서서 이자성의 군대를 격파하는 데 참여했고 이듬해에 좌도독으로 승진했다.

12   장존인張存仁(?~1652)은 원래 명나라의 부장副將이었으나 나중에 조대수祖大壽를 따라 청나라에 투항하여 도찰원승정, 한군매륵액진漢軍梅勒額眞을 역임했고, 청나라가 관문을 들어선 이후 민절총독, 병부상서 겸 직예삼성총독 등을 역임했고 삼등자까지 올랐다.

13   홍승주洪承疇(1593~1665, 자는 언인彦仁)는 만력 44년(1616) 진사에 급제하여 섬서포정사참정을 거쳐 섬서삼변총독, 계료총독까지 역임했으나 송금松錦 전투에서 청나라에 투항한 후 대학사에 발탁되어 남방의 전투를 총괄하여 큰 희생 없이 강남을 평정하는 데 기여했다. 순치제의 신임을 받아 만주족과 한족 사이의 차이를 줄이려고 노력했고, 다양한 군공을 세웠다.

침을 받고 보호를 받아야 하는 나이에 그는 이미 충분한 힘을 갖추고 있었다. 이후 삼 년 동안 지극히 높은 천부적 재능과 문화 수양은 피와 불의 단련 속에서 비약적으로 발전하여, 보통 사람은 수십 년을 연마해도 도달하리라 보장하기 어려운 경지에 이르렀다. 국가의 중대한 재난에 직면하여 하완순이 보여준 정신적 기상은 천군만마를 지휘하는 장군에 비해 전혀 손색이 없었다.

하윤이는 가산家產을 모두 털어 국난國難을 구제하면서 사랑하는 독자를 데리고 군중軍中을 드나들며 위험을 무릅쓰고 적극적으로 청나라에 대항했다. 부자는 자신과 가문의 목숨을 도외시했다. 하완순이 죽기 전 몇 년 동안 그가 가장 친근했고 앙모했던 사람들이 분분히 뒤를 이어 살해당했다.

부친 하윤이는 1645년에 진자룡과 함께 송강에서 의병을 일으켰으나 곧 패전하자 고향에서 스스로 송당松塘에 몸을 던졌는데, 다음과 같은 절명사絕命詞를 남겼다.

어려서는 부친의 훈육을 받고
자라서는 나라의 은혜 입었다.
몸 바쳐 나라 위해 죽나니
충정에 부끄러움이 없다.
(…)
사람이 누군들 죽지 않으랴만
마음은 없어지지 않는다.
몸을 수양하여 운명을 기다리며
후세 사람들을 공경하고 장려하노라.
少受父訓, 長荷國恩.

以身殉國, 無愧忠貞 (⋯)

人誰不死, 不泯者心.

修身俟命, 敬勵後人.

하윤이가 기대를 걸었던 남명 조정은 부패가 극에 이르러 있어서, 성립되고 얼마 지나지 않아 소멸해버렸다. 그는 진즉부터 순국하려 마음을 정하고 여러 차례 가족들에게 얘기했다.

"내가 물에 들어가더라도 절대 구하지 마라. 구하면 되살아날 테고, 되살아나면 또 죽을 것이니, 이는 두 번 죽는 것이다. 그것은 나를 위하는 게 아니다."

이 때문에 그가 물에 몸을 던졌을 때 못가에 둘러선 가족들은 그가 죽는 모습을 지켜보면서 구하지 못했다. 못이 얕아 몸이 잠기지 않자 그는 연못물에 엎드려서 죽었다.

하완순의 스승 오양은 숭정 16년(1643) 진사에 급제했다. 하윤이가 순국한 뒤에 하완순과 진자룡은 오양을 따라 의병을 일으켰고, 1646년 6월에 패전한 후 오양은 가선嘉善에서 체포되었다가 며칠 후 항주杭州 초교문草橋門에서 순국했다. 하완순은 전우들에게 연락하여 오양의 고향에 의관총衣冠冢을 만들었다.

하완순의 또 다른 스승 진자룡은 하윤이와 같은 해 진사에 급제했다. 그는 청나라에 대항하여 여러 차례 전투를 벌였으나 패배를 거듭하다가 1647년 5월에 체포되어 압송되는 도중에 기회를 엿봐서 강물에 몸을 던졌다.

하완순의 백부 하지욱夏之旭(1591~1647)은 1647년 5월 27일에 공자의 문묘文廟에 모셔진 안자顏子의 위패 앞에서 스스로 목을 맸다. 처음에 그는 아우 하윤이의 당부에 따라 불문佛門에 숨어서 잠시 구차한 삶을 유지하며 지리멸렬한 가족을 돌보려 했다. 죽을 때 남긴 유서에서 그는 이렇게 썼다.

아, 새 왕조에서 이른바 반란은 고국에서 이른바 충성이니, 얼마나 가슴 아픈 일인가! 내가 성현의 책을 읽고 이제 성현이 계신 곳에서 죽나니, 나는 성현의 가르침에 따라 죽은 것이지 새 왕조의 법에 의해 죽은 것이 아니다.

嗚呼, 新朝之所謂叛, 乃故國之所謂忠也. 夫何傷哉. 余讀聖賢書, 今死聖賢地, 夫亦死於聖賢之教, 非死於新朝之法也.

이것은 옛날 사인이 도덕적 곤경을 나타낸 극히 드문 예이며, '도를 위해 죽는다殉道'라는 절대적인 선언이다.

가장 가까운 이들 가운데 국난에 목숨을 버린 사람은 아직도 많다. 이들은 자신이 목숨을 잃었을 뿐만 아니라 종종 그 가족까지 지극히 처참하게 박해당했다.

가정嘉定의 명망 높은 후씨侯氏 가문으로 시집간 하완순의 누이 하숙길夏淑吉의 예를 살펴보자. 하숙길은 열아홉 살에 후씨 가문에 시집가서 몇 년 후 남편 후순侯洵이 병으로 죽었다. 가정은 왕조 교체기 강남에서 가장 처참한 살육을 당한 도시 가운데 하나였으니, 체발령剃髮令을 거부한 죄로 세 차례나 피로 씻겼기 때문에 역사에서는 '가정삼도嘉定三屠'라고 부른다. 그런데 하숙길의 시아버지 후기증侯岐曾과 그의 동생 후동증侯峒曾[14]에게 각기 아들 세 명이 있어, 사람들이 그 여섯을 '가정육후嘉定六侯'라고 불렀다. 후동증은 가정 지역에서 청나라에 항거한 의병을 이끈 지도자였는데, 패전한 후 큰아들 후인侯演과 셋째 아들 후정侯瀞과 함께 연못에 투신해 죽었고, 둘째 아들도 도망치던 도중에 죽었다. 후기증의 아들

후함侯涵도 죽었다. 후기증은 요행으로 목숨을 건졌으나, 나중에 진자룡을 은닉해주었다가 청나라 군대가 체포하러 오자 스스로 목을 매어 죽었다. 후씨 가문의 두 세대 사람들 가운데 남은 이들은 하숙길을 포함한 네 명의 과부뿐이었고, 그들은 대부분 머리를 깎고 비구니가 되었다. 후씨 가문의 비참한 운명을 목도한 하완순은 후기증이 죽기 전에 벗 이서장李舒章(당시 청나라 홍문원 중서中書)에게 「이서장에게 후씨 가문을 관대히 처분해달라고 청함與李舒章求寬侯氏書」이라는 편지를 보냈다. 그런데 이때는 하씨 가문도 이미 청나라에 항거하다가 쇠락한 상태였다. 부친이 죽고 나자 적모嫡母 성씨盛氏는 출가하여 도사가 되어버렸고, 생모 육씨陸氏는 다른 사람에게 재가했다. 나라도 가문도 잃어버린 호탕한 강호인이 되어버린 자신을 보는 하완순의 마음이 얼마나 비장했을지 상상할 만하다.

장렬한 분위기가 하완순을 비롯한 사내들의 가슴을, 수많은 보통의 사인과 백성의 마음을 덮었다.

여기서 만주 청나라의 체발剃髮 제도에 대해 언급하지 않을 수 없다. 청 왕조는 한 가지 특수한 정책이 있었는데, 정복지의 한족은 반드시 만주족 양식으로 복식을 바꿔 입고 머리를 깎아야 한다는 것이었다. 정수리 주변의 머리카락을 모두 깎고, 정수리 부분에 남은 머리카락을 땋았는데, 한족들은 그것을 멸시하여 '금전서의 꼬리金錢鼠尾'라고 불렀다. 머리를 깎고 안 깎고는 당시에 중대한 정치적 문제이지 풍속이나 습관의 문제가 아니었다. 한족의 입장에서는 비록 왕조는 바뀌었더라도 의관과 문물은 바

---

14 후동증侯峒曾(1591~1645, 자는 예첨預瞻, 호는 광성廣成)은 만력 46년(1618) 향시에 급제하고 천계 5년(1625) 진사에 급제하여 남경무선주사를 거쳐서 순천부승을 역임했으나 얼마 후 북경이 함락되었다. 홍광 1년(1645)에 체발령剃髮令이 내려지자 가정嘉定의 민중이 청나라에 항거하여 의병을 일으켰고, 그와 황순요黃淳耀가 수령으로 추대되었다. 이들은 열흘 남짓 버티다가 결국 성이 함락되었고, 그는 두 아들과 함께 엽지葉池에 몸을 던져 죽었다. 그런데 전투에서 청나라 사령관 이성동李成棟의 동생이 전사하는 바람에 군대가 대대적인 살육을 벌였다. 이것이 제1차 도륙이다.

꿈 없이 옛날과 같기를 바랐다. 그러나 머리를 깎고 의관을 바꾸는 것은 개개인의 신체에 손을 대는 것이고, 신체에 손을 대는 것은 정신을 망가뜨리는 것이었다. 즉 '중화를 버리고 오랑캐로 변하게' 되면 조상을 뵐 면목이 없어지니, 이것은 종족과 문화를 없애는 것과 유사한 일이었다. 청나라가 중원으로 들어왔을 때 한족이 체발에 격렬히 반항하자, 한때 체발령을 취소한 적도 있었다. 1645년 5월에 청나라 군대가 남경을 함락하고 천하가 조금 안정되자 청 조정은 다시 엄격한 체발령을 내렸다. 이를 어긴 자는 용서 없이 처형했으니, 이른바 "머리카락을 남겨두면 머리를 남겨두지 않을 것이니, 머리를 남기려면 머리카락을 남겨두지 말라留髮不留頭, 留頭不留髮"라는 것이었다. 강음성江陰城 점령 시 군대에는 성안의 모든 이를 도륙하되 머리카락이 없는 사람은 죽이지 말라는 명이 내려졌다. 그 바람에 승려들만 죽음을 면했고 성 안팎으로 살해당한 사람이 거의 20만 명에 이르렀다. 성이 함락되자 남녀노소가 다투어 강물에 몸을 던지고, 불길로 뛰어들고, 스스로 목을 긋고, 스스로 목을 맸다.

다들 먼저 죽는 것을 영광으로 여겼으며, 순종하는 이가 하나도 없었다.
咸以先死爲榮, 無一順從者.　　　　　　　　　　　_韓菼, 「江陰守城記」

중서사인中書舍人 척훈戚勳(?~1645, 자는 백병伯屛)의 일가족 37명은 모두 불길에 몸을 던졌는데, 척훈은 유서에서 이렇게 썼다.

감히 국난에 순국하여 대명의 충신이 되지 못한다면, 차라리 머리카락을 온전히 하여 대명의 충성스러운 귀신이 되고자 한다.
非敢殉難稱大明忠臣, 抑求完髮爲大明忠鬼.　　　　_高承埏, 『崇禎忠節錄』

이민족이 황제가 되어 목에 칼을 들이대니 받아들일 수밖에 없으나 머리카락만은 절대 깎을 수 없다. 참으로 가련하고 애석하다! 도륙을 당한 성은 그 외에도 양주揚州가 있는데, 그곳에서 죽은 이들은 80여만 명에 이른다. 중국 역사상 평화롭게 왕조가 교체된 예는 없었고, 왕조 교체의 참상이 동서고금에서 명·청 교체기보다 심한 경우는 아마 없는 듯하다.

어떤 사학자는 청나라의 체발 제도가 문화적으로 몽매했기 때문이며, 객관적으로 볼 때 불필요한 대대적인 도륙을 조장했고 천하 통일의 속도도 늦추었다고 비판한다. 일리 있는 말이다. 그러나 문화적으로 몽매했던 만주족 청나라의 통치 관점과 수단은 전혀 근시안적인 것이 아니었다. 그들은 토지와 산하를 점유하려 한 것이 아니었다. 근본적으로 더 중요한 것은 민중을 신하로 굴복시키는 것이었다. 이것이야말로 장기적으로 안전하게 다스릴 방책이었다. 만주족 청나라는 군사적으로 자신감이 있었으나 한족 문화의 동화력에 대해서는 깊은 두려움이 있었다. 머리를 깎고 복식을 바꾸게 한 것은 한족의 정신적 만리장성을 무너뜨리려는 것이었다. '화하華夏의 문화로 오랑캐를 변화시키는以夏變夷' 것을 피하기 위해서는 자기들이 먼저 '오랑캐의 문화로 화하를 변화시킬' 필요가 있었다. 다른 왕조 교체기에 비해서 한족이 더 길고 격렬하게 저항했으나, 청나라는 한족이 아닌 민족의 통치 기간을 가장 길게 유지할 수 있었다. 만청을 제외한 전체 청 왕조에서 한족 문화는 생장을 멈추었다고 할 수 있고, 가치 있는 사상을 생산해낸 것도 지극히 적었다. 만주족의 입장에서는 통치가 성공적이었다. 신해혁명辛亥革命(1911년 10월 10일)으로 변발을 자르자는 운동이 일어나면서 만주족이 한족에게 강요했던 이 '쥐꼬리'를 제거하는 것은 뜻밖에도 또 한바탕 지난한 혁명이 되었다.

머리카락을 둘러싼 청나라 역사의 시작과 끝은 상당히 음미할 만하다. 사람을 개조한다는 것은 쉬운 일이 아니며, 문화적으로 인간을 개조하기는 더욱 어렵다. 그런데 일단 문화적으로 개조되면 다시 되돌리는 것도 쉬운 일이 아니게 된다.

청나라의 칼날 아래 절대다수가 결국은 '개조'를 받아들일 수밖에 없었다. 구차한 삶이든 굴욕이든 간에 시간이 오래 지나면 희미해지기 마련이라, 많은 이가 또 '종奴才'이 되는 재미를 느끼게 되었다.

하완순은 차분히 죽음을 맞이함으로써, 자기의 죽음을 나라와 군주와 부친을 위한 숭고한 죽음으로 여겼다. 문화와 연계하면 그것은 결국 문화와 도道를 위한 죽음이었고, 목숨으로 실천한 충성이었으며, 자신의 문화적 신분을 위한 죽음이었다.

하완순의 백부 하지욱은 '성현의 가르침'을 위한 죽음이었다고 공개적으로 선언했다. 타이완의 학자 쑨후이민孫慧敏은 「하윤이 하완순 부자의 순절 이야기의 전파와 형성夏允彛夏完淳父子殉節故事的流傳與形成」이라는 글에서 이렇게 지적했다.

하지욱이 공자의 사당에서 스스로 목을 맨 것은 충성이라는 도덕 항목에 대한 정권의 해석 권한을 철저히 부정한 것으로, 그는 자기의 죽음을 위법에서 순도殉道의 차원으로 끌어올렸다.

유교의 교화 역량은 참으로 두려워할 만했다.

四

시는 중국 고대 사인의 정신이 깃든 것이자 그들의 삶에서 빠져 있어서는 안 될 부분이었다. 하완순의 시와 문장은 그의 정신에 관한 가장 홀룡한 해석이다.

이 조숙한 천재는 아홉 살 때 벌써 『대유집代乳集』을 간행했다. 1644년 나라의 변고가 생기기 전에 귀공자 풍류와 시주창화詩酒唱和의 작품을 씀으로써 "새로운 작품을 위해 억지로 시름을 얘기하는" 폐단을 면치 못했다. 그런데 나라의 변고가 생긴 뒤로 이 아름다운 보석 같은 천재 소년이 불길 속에 던져지자, 왕성한 격정이 살아나 기세 높게 나서니 도저히 막을 수 없게 되었다. 명나라 말엽의 문학사에서 하완순의 시와 문장은 수많은 노신老臣과 명가에 비교하더라도 전혀 손색이 없고, 감동의 역량은 오히려 명가가 따라잡을 수 없을 정도였다.

역사의 깊은 곳에서 이 위대한 어린 소년이 비통하게 울며 노래하는 소리를 들어보라!

「대애부大哀賦」「육애六哀」「군중에서軍中有作」「연경을 애도함哀燕京」「들판에서 통곡하다野哭」「세림산 들판에서 통곡하다細林野哭」「오강의 들판에서 통곡하다吳江野哭」「오 도독을 위해 곡함哭吳都督」「운간을 떠나며別雲間」「사실여론土室餘論」「옥중에서 모친께 올리는 서신獄中上母書」「부인에게 남기는 유언遺夫人書」 등. 눈앞의 산하는 이미 옛 나라가 되어버렸고, 극심한 비통함과 아득하고 크나큰 원한이 일제히 소년의 마음을 짓눌러 한줄 한줄 핏물 같은 어휘가 되었다.

1만 자에 이르는 장편 「대애부」는 1646년 가을에 지어졌다. 그보다 몇 달 전에 하완순이 깊이 의지했던 오양이 패전하여 순국함으로써 나라를 회복하려는 웅대한 기획이 다시 몽환으로 변해버리니, 하완순은 너무나 슬프고 가슴 아팠다. 이 작품에서는 명나라 말엽의 역사적 교훈을 통렬하게 서술하고 강남, 특히 남경이 함락된 후의 참담한 모습을 묘사하면서, 청나라에 대항하여 나라를 회복하겠다는 의지를 스스로 다졌다. 두 해에 걸쳐서 피와 불길의 세례를 받고 나자 하완순은 이미 완전히 풍부한 경험과 시사時事를 통찰하는 안목을 갖춘 '노회한 신하'가 되었다. 기록에 따르면 위대한 시인 오위업吳偉業[15]은 청나라의 신하가 된 후 「대애부」를 읽고 부끄러움과 공경이 교차하여 사흘 동안 통곡했다고 한다.

하완순은 진정으로 흉중의 비분을 시와 문장으로 표현한 작가였다. 「세림산 들판에서 통곡하다」는 스승 진자룡을 위해 통곡한 작품으로, 그가 체포되어 압송되는 도중에 진자룡의 옛 거처인 세림산을 지나면서 지었다. 「오강의 들판에서 통곡하다」는 스승 오양을 위해 통곡한 작품으로서, 압송 행렬이 오양의 고향 오강을 지날 때 지었다. 산하에 원한은 무겁고 스승과 벗의 정의 깊으니, 두 시는 모두 중후하고 기세가 격변하여 읊조릴 때마다 감탄을 금치 못하게 한다. 사료 및 관련된 시와 문장을 통해 보면, 하완순과 가장 친밀했던 스승과 벗은 그보다 나이가 많든 적든 간에 모두 그를 어린아이로 대하지 않고 장래가 깊이 촉망되는 전우로 대했다. 진자룡과 오양은 더욱 그러해서, 하완순은 그들의 가장 중요한 군사 작전을 계획하고 행동하는 데에 모두 참여했다.

하완순은 여름에 체포되어 가을에 순국하기까지 몇 달 동안 비분에 찬 심정으로 끊임없이 시를 읊고 글을 썼다. 그 가운데 가장 감동적인 것은 「옥중에서 모친께 올리는 서신」과 「부인에게 남기는 유언」이다.

「옥중에서 모친께 올리는 서신」은 전체 800자로 되어 있는데 그 가운데 일부는 다음과 같다.

불효자 완순은 오늘 죽습니다. 아버님을 따라 죽으니 어머님께는 보

15　오위업吳偉業(1609~1672, 자는 준공駿公, 호는 매촌梅村)은 숭정 4년(1631) 진사에 급제하여 한림원 편수와 좌서자 등을 역임했고, 순치 10년(1653)에 청나라 황실의 부름을 받아 북경에 갔다가 이듬해에 비서원 시강에 임명되었다. 이후 국자감 좨주까지 승진했으나 계모의 장례를 이유로 사직하고 귀향했다. 전겸익 등과 더불어 청나라 초기의 시인으로 명성을 날렸다.

은할 수 없게 되었습니다. 애통하게도 아버님께서 돌아가시고 두 해가 지났습니다만 원한은 나날이 깊어지고 온갖 고난을 두루 겪었습니다. (…) 온 가문이 떠돌게 되었으니 살아서는 서로 의지하지 못하고 죽어도 서로 안부를 묻지 못하게 되었습니다. 제가 오늘 갑자기 먼저 저승으로 떠나게 되었으니 불효의 죄는 위로 하늘에 통할 것입니다.

제가 죽은 후 신부의 유복자가 태어난다면 가문을 위해 행운이겠으나, 그렇지 않다면 절대 후사後嗣를 잇지 마십시오. (…) 천지는 아득한데 끝내 후사를 남기지 않고 돌아갑니다.

대도는 본래 생성함이 없으니 자신을 낡은 신짝처럼 여기지만, 기분이 격앙되어 하늘과 인간의 이치를 깨닫게 되었습니다. 17년 동안의 악몽을 꾸고, 원수는 내세에서나 갚겠습니다. 천지간을 정신으로 노닐더라도 부끄러움 없을 것입니다.

不孝完淳, 今日死矣. 以身殉父, 不得以身報母矣. 痛自嚴君見背, 兩易春秋, 冤酷日深, 艱辛歷盡. (…) 一門漂泊, 生不得相依, 死不得相問. 淳今日又溘然先從九京, 不孝之罪, 上通於天. 淳死之後, 新婦遺腹得雄, 便以爲家門之幸. 如其不然, 萬勿置後. (…) 大造茫茫, 終歸無後. 大道本無生, 視身若敝屣, 但爲氣所激, 緣悟天人理. 惡夢十七年, 報仇在來世. 神遊天地間, 可以無愧矣.

"천지는 아득한데 끝내 후사를 남기지 않고 돌아갑니다." 열일곱 살 소년이 뜻밖에 이런 말을 했다. 이것만 보더라도 보통 사람들과 얼마나 다른가!

'후사를 잇는 것'은 옛사람들에게 가장 중요한 일이었으니, 하씨 가문의 독자 하완순은 세상을 떠나기 전에 이 문제에 대해 의견을 제시하지 않을 수 없었다. 1645년 여름에서 가을로 넘어가는 무렵, 천하가 요동칠 때, 하완순은 부모의 분부에 따라 전진전錢秦篆과 서둘러 혼례를 마쳤으니, 하윤이는 후사를 잇게 해야 한다는 생각이 다급했던 듯하다. 하완순은 순국하기 전에 이미 딸을 하나 두고 있었고, 순국한 뒤에는 아들을 하나 낳았으나 요절했다. 옛날에는 가문의 대를 이을 사람이 없으면 양자를 들이곤 했는데, 하완순은 후사를 잇는 것에 결연히 반대했다. 옥중의 하완순은 천지를 살피고 고금을 헤아린 후 자기의 목숨을 자연과 우주라는 배경 위에 놓고 생각했다. 삶의 미련이 마음에 무척 걸렸으나 죽음에 대한 두려움은 없었다. 어쩌면 이렇게 추측할 수 있겠다. 하완순은 마음속으로 자기의 후대가 청나라의 하늘 아래 구차하게 살기를 바라지 않았는지도 모른다.

五

하완순은 사요문謝堯文이 바다에 있는 저항세력과 내통한 사건 때문에 체포되었다. 청나라 군대가 남경을 점령한 뒤에 청나라에 저항하는 세력은 대부분 동남쪽으로 이동하여 호수와 바다에 의지해 저항을 계속했다. 먼 곳에 있던 남명의 노왕魯王[16]은 하완순을 중서사인中書舍人에 임명했다. 사요문은 하완순 등이 노왕에게 올린 상소문을 가지고 주산舟山 일대로 가서 연락하다가 청나라의 나졸邏卒에게 사로잡혔는데, 상소문 가운

---

16 주이해朱以海(1618~1662)는 태조 주원장의 10대 손으로서 노숙왕 주수용朱壽鏞의 다섯째 아들이다. 숭정 17년(1644)에 노왕의 지위를 세습했고, 청나라 순치 2년(1645)에 전숙락錢肅樂 등이 절동浙東에서 의병을 일으키면서 그를 소흥으로 데려가 감국監國으로서 황제를 대신해 정치를 맡게 했으며, 이듬해에 정서후定西侯 장명진張名振 등이 호위하여 주산舟山으로 갔으나 당왕唐王 주율건朱聿鍵을 지지하는 참장參將 황빈경黃彬卿이 받아주지 않아 어쩔 수 없이 복건의 영승백永勝伯 정채鄭彩에게로 갔다. 이듬해에 장명진 등이 황빈경을 죽이고 다시 그를 주산으로 모시고 행궁을 세워 정권을 수립했다. 그러나 순치 8년(1651)에 청나라 총독 진금陳錦 등이 주산을 공격하여 1만8000여 명의 군민軍民이 수난을 당했고, 주이해는 하문廈門의 정성공鄭成功에게 투신했다. 이듬해 감국의 칭호를 취소했고, 이후 정성공을 따라 타이완으로 갔다가 그곳에서 죽었다.

데 나열된 하완순 등 23명이 모두 체포되었다.

이미 청나라 정부에 6년 동안 봉사해온 홍승주洪承疇가 이 사건을 직접 심문했다. 홍승주는 이 소년의 정신적 역량을 과소평가한 게 분명했다. 그는 하완순에게 나이가 어려서 세상 물정을 모르는데, 청나라에 귀순하면 목숨을 구할 수 있을 뿐만 아니라 관직을 얻어 공명을 이룰 수 있을 거라고 설득하려 했다.

하완순은 신랄한 풍자로 홍승주에게 한바탕 모욕을 주었다. 이것은 유명한 일화이기 때문에 다시 설명할 필요가 없을 것이다. 악비岳飛가 진회秦檜를 마주했을 때처럼, 하완순은 홍승주를 마주했다.

홍승주(1593~1663)는 스물네 살에 진사에 급제했으니, 청나라에 투항하기 전까지는 의심할 바 없이 대명 제국의 동량으로서 제국 서북부와 동북부 변방을 지켰다. 그러다가 1642년에는 이미 쉰 살이 되었는데, 대명 제국을 위해 수십 년 동안 전장에 나섰던 몸인지라 투항하기도 쉽지 않았을 것이다. 그래서 사로잡힌 직후에는 죽음을 각오하고 단식했으나, 얼마 후 살고 싶은 욕망이 점점 커져서 결국은 두 달 후에 홍타이지 앞에 무릎을 꿇고 신하가 되었다. 그는 청나라에 투항한 명나라 장수 가운데 지위가 가장 높았다. 그의 일생은 음과 양으로 뚜렷하게 대비되었다. 왕조 교체기에 청나라에 투항했다가 다시 반란을 일으킨 인물도 적지 않지만, 홍승주는 투항한 뒤로 청나라 정부가 자신을 어떻게 대하든 간에 시종일관 군은 충성심을 견지했다. 그는 청나라를 위해 남명 정권을 철저히 분쇄하여 다시 천하를 통일하는 데에 절대적인 공을 세웠다. 그가 투항하지 않았더라면 명·청 교체기의 역사는 틀림없이 다른 양상으로 전개되었을 것이다.

하완순은 열일곱 살에 이미 삶과 죽음의 관건을 깨달았고, 홍승주는 쉰 살에도 삶을 탐하고 죽음을 두려워하여 투항했다. 강희康熙 2년

(1663)에 청나라를 위해 20여 년 동안 헌신한 홍승주는 마침내 집안에서 편안하게 천수를 다하고 죽었다. 그로부터 세 해가 지나고 나서야 청나라 조정은 질질 끌다가 그를 위해 비석을 하나 세워주었다. 만주어와 한문을 함께 쓴 비문은 상당히 음미할 만한데, 그 가운데 일부는 다음과 같다.

> (…) 그대 홍승주는 재능이 민첩하고 유능하며 도량이 깊고 크다. 우리 왕조가 금주錦州와 송산松山 등지를 평정하면서 명나라 군대 13만 명을 격파할 때 그대를 얻었고, 태종 황제께서 관대한 은혜를 베푸시어 정성껏 양육해주셨다. 경성을 점령하고 대군이 남쪽으로 내려갈 때 그대는 보살펴 양육해주신 은혜에 보답하고자 녹기군綠旗軍을 통솔하여 대군과 협동해 역적을 섬멸하면서, 맨 먼저 위왕僞王을 사로잡고 첩자를 색출하고 역도를 투항하게 함으로써 폭동을 없애고 백성을 평안하게 하여 가는 곳마다 현저한 공을 세웠으며……

이 공신이자 '종'에 대해 청나라 조정이 내린 평가에는 상당히 주저하는 기색이 보인다. 그가 재능 있고 공적이 있다는 것은 인정하면서도, 높은 곳에서 내려다보며 개에게 소리치고 종을 부르는 듯한 어조가 더해져 있다. 홍승주의 인격에 대해서는 완전히 멸시하는 태도를 취한 것이다. 보아하니 신민의 도덕적 곤경이 바로 통치자의 도덕적 곤경이 되는 것은 아닌 듯하다. 홍승주를 위해 비석을 세우고 전기를 쓰는 것은 어렵다. 건륭 연간에 편찬된 『명사明史』에서 홍승주는 단지 두 왕조를 섬긴 신하들을 위한 「이신전貳臣傳」에 전기가 수록되었을 뿐이니, 살아서도 허리를 똑바로 펴지 못했고 죽어서도 이중인격자밖에 될 수 없었다. 이것은 황제 권력의 특징이 가장 잘 나타난 도덕적 평판의 모델로서, 뼈대에는 당연히 신민이 되기를 추구하는 자들의 '어리석은 충성'이 들어 있다.

왕조 교체는 황제 권력 시대에 거듭된 참담한 연극이었으며, 시간과 인생이 철저하게 단절된 현장이었다. 그리고 명·청의 교체는 다른 왕조의 교체와 달랐다. 신민은 이전 왕조의 암흑 속에서 더욱 심각한 암흑 속으로 강제로 편입되었다. 당시의 문학가 가운데 어떤 이는 홍승주가 청나라의 개국공신이며, 역사에서 문무를 겸비한 걸출한 인물이라고 여겼다. 이것은 홍승주의 역사적 공헌을 가지고 얘기한 것이다. 이른바 역사적 공헌이라는 것은 가장 의심스러운 딱지다. 문화적으로 낙후된 종족이 선진 민족에게 잔혹하게 통치하도록 촉진하고, 부모의 나라에 피가 강을 이루어 흐르게 하여 공훈을 세워 공명을 추구하고 구차하게 목숨을 이어가려면 정말 환골탈태에 가까운 '개조'가 필요할 것이다.

건륭 40년(1776)에 청나라 정부는 '천하'에 대한 믿음이 극도에 이르러서, 마침내 왕조 교체기에 명나라를 위해 순국한 인사들을 대대적으로 표창했다. 하완순 등 882명에게 일괄적으로 '절민節愍'이라는 시호가 추증되었다. 독재자는 늘 충성을 갈망하기 마련이니, 청나라 정부는 하완순 등의 의사들이 명나라에 충성했던 것처럼 자기의 신민도 청나라에 충성하기를 갈망했다. 이런 식으로 이해할 수도 있다. 또 다른 층위에서는 청나라 통치자들이 왕조의 시야를 넘어서서 천하와 인류가 공동으로 준수해야 할 도덕적 가치관을 인가했다고 할 수 있다. 물론 독재자의 이기적 본질과 통치 책략에 의하면 그들은 필연적으로 충성의 개념을 좁게 해석하여 한 명의 독재자 혹은 그의 가문으로 이끌게 될 것이다. 부패하고 취약해질수록 더욱 '어리석은 충성'에 의지하고자 갈망하게 된다.

하완순보다 수십 년 뒤에 같은 고을에서 태어난 요홍서姚弘緒[17]는 『송풍여운松風餘韻』에서 하완순에 대해 평가했는데, 그 태도는 하완순에

---

[17] 요홍서姚弘緒(?~?, 자는 기도起陶, 호는 청암聽巖)는 강희 30년(1691) 진사에 급제하여 한림원편수를 역임했다. 저작으로 『초은려시招隱廬詩』가 있다.

대한 후세의 평가 가운데 지극히 드문 것이었다.

> 난세를 만나니 나이가 아직 성동成童(15~17살)도 되지 않았는데 삶을
> 근심하고 세상을 한탄하며, 이별을 애석하게 슬퍼했으니, 끝이 좋지
> 않을 징조이며 망국의 음악이 아닌가? (…) 그리고 공명을 세운 바도
> 없고 저술도 책으로 완성하지 못한 채 그 나이에 재난을 당하고 또 그
> 재앙이 혹독했으니, 타고난 기재가 과연 무엇을 위한 것이었던가?

요홍서는 강희 30년(1691)에 진사에 급제하여 『명사』 찬수관纂修官
이 되었다. 그가 보기에 하완순의 비분에 찬 마음은 망국의 음악이며 그
의 죽음은 전혀 가치가 없는 것이어서, 목숨과 재능을 헛되이 버린 셈이었
다. 이것은 비천한 종의 사상이자 보잘것없이 왕조에 순응하는 백성의 의
식이다. 이런 자들은 오직 종노릇만 할 수 있을 뿐이며, 어떻게든 공명을
얻을 수만 있다면 바로 달려간다. 이런 정신적 난쟁이는 출중한 재능을 가
진 하완순과는 천양지차를 드러낸다. 청나라 때의 백성은 노예근성을 충
분히 갖추고 있었다고 할 수 있으며, 이중의 노예근성은 어느 왕조의 그것
보다 더 심했다.
　하완순의 언행은 결코 수양이 부족해서 나온 일시적 충동이 아니었
으며, 평소 축적된 소양을 바탕으로 한 필연적인 결과였다. 유학의 교화와
부친과 스승의 격려, 시대의 시련으로 인해 그는 극히 이른 나이에 거대
한 고난을 감당할 만한 담력과 식견, 정의를 위해 뒤를 돌아보지 않는 기
개와 절도를 양성했다. 그는 시운에 따라 태어난 걸출한 인물이었다. 하늘
이 무너지고 땅이 갈라지는 시절에 처한 그로서는 무엇을 바꾸기 어려웠
으나, 의심할 여지도 없이 무언가를 확신했다. 만약 이렇게 확신한 사람이
아무도 없었다면 문화와 민족 같은 것은 모두 설 자리를 잃게 될 것이다.

六

청나라 때의 학자 주이존朱彝尊[18]은 하완순을 높이 찬양했다. 그는 젊은 나이와 충렬忠烈, 문채를 동시에 갖춘 사람은 예로부터 오직 하완순 밖에 없었다고 했다. 우리가 줄곧 그를 잊지 못하고 슬퍼하는 이유가 바로 여기에 있다.

몇 년 사이에 『하완순집』이 책상 위에서 펼쳐졌다가 덮이기를 되풀이 했다. 중년인 내가 300여 년 전의 소년을 이해해보려고 시도했던 것이다.

주변에 있는 열예닐곱 살들의 찬란하고 천진한 얼굴들을 보고, 다시 그 나이 때의 내가 '문화대혁명'이 끝났을 무렵 '젊은 백치'처럼 정신적으로 허망했던 모습을 돌이켜 생각하면 나도 모르게 하완순이라는 존재의 사실성에 대한 의문이 일어났다. 그의 풍부하고 격렬하며 폭발적인 인생은 한 줄기 번개처럼 역사의 하늘을 비추었다. 열일곱 살이라니! 이것은 정말 쉼 없이 내 영혼을 내리치는 칼이다. 목숨이 정말 너무 짧았구나! 누구라도 그 나이에 죽으면 안타까운 요절이라고 여겨질 것이다. 그런데 하완순은 그렇지 않았다. 그는 이미 인생의 진풍경을 성취했다.

한 세기 전에 량치차오는 고함치듯 「소년중국설少年中國說」을 지어서 늙은 제국에서 '소년 중국'을 호환했다. 신해혁명에서 항일전쟁까지 중화

---

18 주이존朱彝尊(1629~1709, 자는 석창錫鬯, 호는 죽타竹垞)은 명나라 때에 예부상서 등을 지낸 주국조朱國祚의 증손으로, 1645년 이후 10여 년간 반청 운동에 참여했다. 28세 이후로는 전국을 떠돌며 고염무 등 명사와 교류하면서 학문 연구와 시사 창작에 전념했다. 강희 13년(1674) 이후로는 노하潞河 (지금의 베이징시 교외)에 거처하며 유명한 「원앙호도가鴛鴦湖棹歌」 100수를 지었고 훗날 '절서사파浙西詞派'의 기초가 된 사 창작 이론서 『사종詞綜』을 편찬했다. 박학홍사로 천거되어 『명사明史』 편찬에 참여하기도 했지만 1692년에 벼슬을 잃고 고향으로 돌아갔다. 1696년에는 왕점王店에 '폭서정曝書亭' 을 지어 8만 권의 장서를 모으고 학술 저작에 전념했다. 주요 저작으로 『일하구문日下舊聞』『폭서정집 曝書亭集』이 있고, 또 『명시종明詩綜』을 편찬했으며, 진유숭陳維崧과 함께 『주진촌사朱陳村詞』를 간행하기도 했다.

민족은 또 명·청 교체보다 더 복잡한 변화의 국면에 직면했고, 젊은 하완순의 비장한 그림자가 역사의 깊은 곳에서 다시 떠올랐다. 수없이 많은 인의지사仁義之士가 그에게서 공전의 위태로운 국면에 맞설 힘을 흡수했다. 류야즈柳亞子[19]는 이 기간에 하완순을 칭송하는 시와 문장을 수십 편이나 지었다.

> 슬픈 노래 비장하게 천 년의 피를 토했고
> 문채와 풍류는 한 시대의 으뜸이었지.
> 나도 열여덟의 나이가 되었는데
> 머리는 어찌 이렇게 영웅에게 모자라는가!
> 悲歌慷慨千秋血, 文采風流一世宗.
> 我亦年華垂二九, 頭顱如許負英雄.　　　　　_「題夏內史集」其五

류야즈는 열여덟 살에 이 시를 지어서 또 다른 소년에 대한 무한한 숭배와 존경을 나타냈다. 궈모뤄郭沫若는 하완순의 사적을 근거로「남관초南冠草」라는 연극을 창작하여 한동안 지속적으로 상연한 바 있다. 나라에 재난이 생겨 허리를 펴야 할 때면 사람들은 이 소년을 떠올릴 것이다.

하완순이 충성을 다한 대상이나 반항한 대상이 무엇이든 간에, 역사가 어떻게 발전했든 간에 언젠가 세계가 대동大同의 단계로 접어들어 국경이 없어진다 해도 그는 여전히 위대할 것이다. 왕조 교체기에 하완순과 같은 인물이 보여준 충정은 일종의 깊고 넓은 신앙과 연계되어 있으며, 종

19　류야즈柳亞子(1887~1958)는 본명이 웨이가오慰高다. 광서光緒 29년(1903)에 중국교육회에 참가했다가 이후 동맹회와 광복회에서 활동했고, 광서 31년(1905)에는 잡지『복보復報』를 창간했다. 선통 1년(1909)에는 남사南社를 설립하여 1914년부터 1918년까지 주임을 맡았다. 이후 항일운동에 참여하고, 쑨원의 총통부비서 등으로 활동했고, 중화인민공화국에서 중앙인민정부위원 등을 맡았다.

교와 유사한 마음은 절대로 군주만을 지향하지 않는다. 그의 시와 문장은 격정에 차 있고 또렷하게 깨어 있으며, 어리석게 나라를 그르치는 군주에 대한 비판으로 가득 차 있다. 문화적으로는 낙후되어 있으나 정신적으로는 강인했던 만주 청나라는 사실상 하완순으로 대표되는 문명의 정신에 깊이 감복했다. 어리석은 충성을 사인에게서 완전히 떼어내는 것은 비현실적이고 불가능한 일이다. 하완순이 가진 어리석은 충성을 인정한다고 해서 그의 위대함이 손상되지는 않는다. 그의 위대함은 정신적·인격적 위대함이다.

명나라의 백성이었다가 청나라의 백성이 되어버린 위대한 학자 황종희黃宗羲와 고염무顧炎武[20] 등은 왕조 교체의 참담함과 인성의 손상을 통감하면서 황제와 황제 권력, 황제 권력의 도덕에 대해 전례 없이 심각하게 비판했는데, 그들의 사상 가운데 많은 부분은 이미 현대에도 통할 수 있었다. 그들은 어리석은 충성을 철저히 부정하는 시각을 이미 갖추고 있었으며, 현대인은 말할 것도 없다. 어리석은 충성을 부정하는 것은 똑같지만, 황제 권력 시대의 위대한 인격을 인식하는 것은 또 다른 일이다. 어떤 시대든 열혈을 지닌 사람이 있고, 또 인간쓰레기도 있다. 이것이 인류다. 하완순은 바로 루쉰이 말했던 '중국의 중추中國的春梁'와 같은 인물이었다.

七

하완순은 무쇠처럼 단단한 의지와 바다처럼 깊은 정이 있어서, 안 된다는 것을 알면서도 과감하게 뛰어들었다. 위대한 도량만이 이런 경지에

---

20 고염무顧炎武(1613~1682, 본명은 강絳, 자는 충청忠淸)는 황종희, 왕부지와 명말·청초 '3대가'로 꼽히는 학자로『일지록日知錄』『음학오서音學五書』『조역지肇域志』등 많은 저작을 남겼다.

이를 수 있다. 무한한 발전 가능성을 지닌 천재의 젊은 목숨이 갑자기 멈춰버렸다. 그 자신의 선택이었다. 그리고 더 깊이 들어가 보면 그것은 문화가 주도한 것이었다. 시대는 하완순에게 시간을 주지 않았다. 만약 그랬다면 그는 어느 분야로든 발전할 수 있었을 것이다. 소식이나 장대張岱[21], 조설근 등 어떤 유형의 인물이든 될 수 있었을 것이다.

좀 더 큰 시야에서 살펴보자.

척도를 조금 키워본다면 굴원과 사마천, 조조, 도잠, 소식, 이지 등 옛사람들의 인격은 모두 유가의 인격이라고 볼 수 있으며, 심지어 공자에게 반대하는 면모를 보였던 사상가 이지조차도 예외가 아니다. 현대 사회가 되어 오랜 중화 문명이 낮은 골짝에 빠져버리고 나라가 예전과 같은 나라가 아닌 것으로 변해 유가의 인격은 인격이 아니게 되었고, 나라의 백성은 사람으로서 설 자리를 잃게 되었다. 그러나 굴원과 사마천의 인격은 얼마나 웅장하고 격동적이며, 도연명과 소식의 인격은 얼마나 아름답고 웅혼한가! 조조의 인격은 또 얼마나 복잡하고 흥미로운가! 그리고 또 조설근이 있다. 조설근은 문화적으로 가장 몽매했던 건륭 연간에 뜻밖에도 인간과 우주의 오묘한 비밀을 깊이 깨달을 수 있을 듯한 『홍루몽』을 써냈으니, 그 인격의 풍부함은 무한한 상상을 자아내게 한다. 생각해보라. 조설근이 다시 태어난다면 그가 이해하고 용납하지 못할 현대의 철학이나 인격이 어디 있겠는가? 서양에서 소식이나 조설근처럼 인성과 인격이 풍부한 이를 찾기는 결코 쉽지 않으며, 하완순과 같은 위대한 소년을 찾는 것은 더욱 어렵다. 이런 위대한 인물을 만들어낼 수 있는 문명의 생명력이 설마

21　장대張岱(1597~1689, 자는 종자宗子)는 뛰어난 재능을 지녔음에도 향시에 급제하지 못해 벼슬길에 들어서지 못한 채 명나라가 망했고, 전란을 피해 섬중剡中에서 지내다가 이후 사명산四明山에 은거했다. 가난한 생활 속에서도 저술에 전념하여 『도암몽억陶庵夢憶』『서호몽심西湖夢尋』 등 많은 저작을 남겼다.

갑자기 사라질 수 있겠는가? 그 결함이 설마 치명적이겠는가?

　부패하고 비루한 유생은 논할 가치가 없고, 건강한 유가의 인격은 깊고 넓은 인격과 연계되어 있으며, 현대의 인격까지 포용할 수 있다. 옛것과 새것이 교체되던 청나라 말엽과 중화민국 시기의 몇몇 인물은 흥미롭고 역량이 있었다! 그것은 바로 이질적인 문화가 구체적인 인물에게서 교차되고 융화된 결과였다. 오랜 옛 문명이 20세기에 "바닥을 치고 다시 부흥할 것"이라는 주장도 있는데, 이 '바닥'은 구체적으로 어느 '시간 단위'인가? 오로지 '십 년 내란' 즉 문화대혁명일 수밖에 없다. 전통은 가장 심각하고 철저하게 훼손되었다. 최근 수십 년 사이에 전통은 조금씩 되살아나고 있다. 오늘날에 이르러서 오랜 문명 체제 가운데 어떤 역량을 되살려야 하는가는 당연히 중대한 시대적 과제다. 예를 들어서 충성은 인류가 공인한 미덕인데 그것을 한 개인, 한 가문을 향한 '충성'으로 이끄는 것은 황제 권력 시대의 갈망이자 조작이었다. 그리고 정직하고 위대한 모든 인격은 틀림없이 충성을 바칠 가치가 있는 모든 사물과 사람에게 변함없는 충성을 바칠 것이다. 하완순이 바로 그런 전형적인 인물이다. 이 태평성대에 주위 사람들은 대부분 하완순이라는 이름에 대해 점점 낯설게 느끼고 있다. 다시 절박하게 그를 떠올릴 필요는 없다는 것을 시대의 행운이라고 할 수 있을까? 그럼 그렇게 생각하자. 영웅은 적막을 두려워하지 않는다. 그러나 나는 두렵다. 하완순의 시와 문장은 나의 적막을 위로해주었고, 그는 인류의 영혼이 가질 수 있는 웅장한 모습을 내게 보여주었다. 이 나이가 되어서야 사람과 세상, 자신에 대해 심각하게 알게 되었다. 매번 이런 생각이 들 때마다 서글픈 마음을 억제할 수 없다. 이 소년의 시간은 정말이지 너무 짧았다. 그는 그 짧은 생명으로 대명 왕조를 위해 가장 처량하고 아름다운 만가를 불러주었을 뿐만 아니라, 수백 년 동안 세상인심을 위로해주었다.

300여 년 뒤에 태어났고, 그보다 몇 배를 더 산 사람으로서 나는 삼가 이 글을 통해 그에게 숭고한 경의를 표한다. 오늘날 소년들을 둘러싼 교육 여건은 국제적이고, 넓은 시야를 키워낸다. 이것은 당연히 진보에 속한다. 그렇다고 하완순의 일이 언급할 가치도 없는 일에 속할까? 물질주의가 넘실거리는 대양에서 고개를 들고 대지를, 하늘을, 역사를, 미래를 바라보라!

에필로그

2017년에 삶에 몇 가지 변화가 생겼다.

그해 하반기에 책을 읽고 글을 쓰는 작업이 일단락 지어지는 듯해서, 묵은 종이 더미에서 최대한 빨리 벗어나고 싶었다. 분위기를 바꿔야 했다.

그해에 『종산鐘山』에서는 내 산문 시리즈 『시간의 압력』의 속편續篇을 다시 머리기사로 실었다. 한 해 전에 『시간의 압력』 첫 번째 시리즈를 게재하고 '『종산』 문학상'을 수상했고, 이어서 또 '린위탕林語堂 산문상'을 받았다. 독서와 글쓰기에 몰두하는 것은 내가 추구하던 삶이었으나, 상을 타는 것은 정말 뜻밖이었다. 이것을 내 '시간 단위'를 나누는 하나의 마침표로 삼자.

그해에 바닷가의 작은 도시에 살던 나는 린하이샤오취臨海小區의 고층 아파트로 이사했다. 60미터의 고공에서 마음껏 '드넓은 바다'를 바라볼 수 있게 된 신선한 느낌은 말이 필요 없을 것이다. 지구상의 이 모든 소란이 겨우 수백 미터 떨어지자 금방 고요해졌다. 물결은 소리가 없고, 날아 모이는 갈매기들은 흡사 환영幻影 같다. 이것이 황해黃海다. 대해를 마주하자 꽃 피는 봄이 오든 말든 나는 수시로 아무 데서나 "크기를 자랑하던 하백河伯이 바다를 보고 탄식望洋興嘆"했듯이 부족한 능력을 개탄할 수 있게 되었다.

그해에 내 개인에게 가장 중요한 사건은 베이징에서 7년 동안 공부하던 딸이 바다 건너 저쪽에서 박사과정에 들어간 것이었다. 딸은 원래 상과商科에 들어갔는데, 대학 2학년 때 자진해서 복수전공으로 서양철학을 택했다. 딸의 얘기로는 철학과 학생들이 상당히 안정적인 느낌을 준다고 했다. 이 말이 내게 먹혔다. 딸의 선택으로 인해 철학 서적에 대해 원래 가지고 있던 나의 흥미가 조금 진해졌다. 딸은 베이징에서 7년 동안 사 모은 책을 가져갈 방법이 없어서 집에 택배로 보냈다. 그것들을 책장 하나에 정리하다보니, 대부분 서양철학이었다. 내 월급으로 산 책들이었지만 싸게 산 느낌이 들었다. 딸은 늘 아빠가 책을 살 때 판본을 중시하지 않는다고 놀렸다. 딸의 책들과 대조해보니 그 점을 인정하지 않을 수 없었다. 이 차이도 의미심장한 맛이 있다.

시대의 혜택으로 아이들은 이미 자연스럽게 어떤 국제적 시야를 갖추게 되었다. 그러나 우리의 삶에서 적지 않은 '대인선생大人先生'들이 여전히 폐쇄적인 역량을 추구하고 있으니, 이 또한 의아하지 않은가!

이후에도 끊임없이 뭔가 새로운 것을 쓰고, 무엇을 쓰든 간에 새로운 시각과 새로운 수준을 설립할 수 있으리라 자신한다. 쉰 살이 넘어서야 뒤늦게 전문 작가가 되었다. 마침내 시간을 대부분 스스로 지배할 수 있게 되었는데, 그럴싸한 작품을 내지 못하면 소모해버린 목숨 앞에 면목이 서지 않을 것이다. 평범하기만 했던 절반의 생애에서 문학에 뿌리를 내릴 수 있었던 것도 행운이라 할 수 있겠다. 다시 5년, 10년 동안 같은 일을 한다면 설마 사정이 조금 나아지지 않겠는가?

삶의 시련에 감사한다. 문학은 시련을 승화한다. 나를 도와주고 감화해준 분들께 감사한다.

처음 이 시리즈를 쓰고 발표할 곳을 찾을 때 내가 목표로 삼은 잡지는 주로 『종산』이었는데, 이 잡지의 도량과 포용력을 오래전부터 앙모하고 있었기 때문이다. 당연히 그 잡지에 부끄럽지 않을 작품을 내놓을 수 있어야 했다. 그런데 나중에 『종산』이 졸작을 중시해준 정도는 뜻밖이었다. 이 잡지의 편집인 자멍웨이賈夢瑋 선생과는 겨우 한 번 만나본 사이였으나 여러 차례 글로 교류한 바 있다. 그는 내외가 잘 어우러진, 키도 크고 훤칠한 인물이라 내 허약한 몸과는 뚜렷하게 대비되었다. 그를 보니 『종산』의 기도를 짐작할 만했다.

문학적 선배인 량형梁衡 선생과 리춘바오李存葆 선생, 한샤오후이韓小蕙 선생에게 감사한다. 그분들의 관심과 사랑을 잊지 못할 것이다. 자오더파趙德發와 딩젠위안丁建元, 옌춘이우嚴春友. 리무성李木生, 리덩젠李登建, 리잉가이李應該, 취쉬안瞿旋 등 사우師友들에게도 감사한다. 그들은 성공한 작가 또는 학자로서 내 곁이나 가까운 곳에 머물며 내가 성장하는 데에 더없이 귀중한 밑천을 주었다. 창작은 혼자 분투하는 것이지만, 반드시 같은 기질을 추구하는 이들의 도움을 받아야 한다. 그리고 말없이 마음속으로 감사하는 벗들은 여기서 일일이 이름을 밝히지 않겠다.

2017년 11월 10일

샤리쥔夏立君이 왔다.

2000년의 시간을 차곡차곡 배낭에 추려 넣고 설산과 사막과 평원, 바다를 건너 터덜거리는 걸음으로 내게 왔다. 머쓱하게 내려놓은 배낭 안에서 굴원과 조조, 도잠, 이사, 사마천, 이릉, 이백, 상앙, 하완순이 차례로 일어섰다. 중국 고전문학 연구자로서 내가 한때는 잘 안다고 생각했던 이들이 완연히 새로운 모습으로 걸어 나와, 격동하는 역사를 배경으로 꼿꼿한 개성과 감성, 문채를 두른 천진한 '인성'의 민낯을 제각기 드러냈다. 군왕과 황제 권력이 지배하는 왕조 시대에 '비첩 심리'와 자존심의 길항拮抗을 가슴에 품은 채 '생존'의 벌판에서 알몸을 드러냈다.

샤리쥔은 역사의 심층으로 파고들어 각 인물의 내면으로 깊이 침잠하여 그들의 몸부림과 자존자대, 좌절과 비극, 희생을 시종일관 주제한 인성을 끊임없이 소환하여 묻는다. 인류 역사에서, 우주에서 너의 자리는 어디인가? 너의 의의는 무엇인가? 인간으로서, 정치가로서, 역사가로서, 문학가로서 네 비극의 근원은 어디에 있는가? 그리고 존재론적 의미를 함께 두른 이 질문들은 행간으로 스며들어 샤리쥔 자신을 겨냥하고, 지면을 뛰쳐나와 독자를 겨냥한다. 때로는 냉정하게, 때로는 서술하는 인물과 동화된 듯이 격정을 쏟아내는 문체는 순식간에 독자를 흡수해버린다.(아쉽게도 번역이라는 한계로 인해 많은 부분이 마모돼버렸지만.)

어떻게 보면 여기에 소개된 인물들에 대한 평가에는 샤리쥔의 주관적인 관점이 지나치게 많이 반영된 듯한 느낌도 있다. 사마천의 경우처럼 '거세'의 개념에 너무 치중하는 바람에 그의 역사관과 세계관을 소홀히 넘긴 부분이 발견되기도 한다. 예를 들어서 역자의 관점에서는 사마천이 '천도天道'의 허구성을 타파하며 제시한 '인도人道' 중심의 역사관과 세계관에 더 방점을 두고 설명하는 게 필요해 보였다. 그러나 샤리쥔의 이 글은 해당 인물에 대한 이른바 전문적인 연구가 아니다. 그보다는 작가로서 샤리쥔의 '분석적 감상'이 중심이 된 일종의 수필이다. 게다가 작자가 소홀한 부분은 있더라도 객관성을 무시하지는 않았기 때문에, 그의 주관적 격정도 대부분 충분히 공감할 만하다. 그래도 아주 조금 모자란 객관성은 역주에서 보충해 넣었다.

어느 날 글항아리에서 걸려온 전화에 혹해서 하던 일을 멈추고 잠시 '딴 짓'을 해보기로 한 것이 얼마나 행운이었는지, 번역을 마무리하면서 새삼스레 느꼈다. 상앙과 하완순을 제외한 인물들에 대해서는 역자도 전문적으로 혹은 가벼운 수필 형태로 글을 쓰거나 언급한 적이 있다. 그러나 솔직히 나는 샤리쥔만큼 해당 인물들에게 격정을 쏟지 못한 채 어설픈 객관적 평가에만 몰두했었다. 그런 의미에서 문학적 감동을 제외하더라도 샤리쥔의 인간적, 역사적 관점은 상당히 신선한 부분이 많았다.

이 책의 흡인력을 설명하자면 여러 가지 방법이 있겠지만, 역자가 이 책의 원고를 읽기 시작해서 한 달 열흘 만에 원고지 2200매에 가까운 분량의 번역을 끝냈다는 사실만으로도 얼마나 독자의 시선을 붙드는지 충분히 짐작할 수 있을 것이다. 강의와 자잘한 행정 업무에 필요한 시간을 제외한 모든 시간을 여기에 쏟은 결과다. 역자의 모자란 문장력으로 인해 원작의 문학성과 감성이 충분히 전달되지 못한 점은 아쉽지만, 그래도 많은 이에게 일독을 권하고 싶은 책이다.

2021년 3월 백운재에서

시간의 압력
時 間 的 壓 力

초판 1쇄   2021년 4월 5일
초판 2쇄   2021년 4월 29일

지은이   샤리쥔
옮긴이   홍상훈
펴낸이   강성민
편집   이은혜 진상원
기획   김택규
마케팅   정민호 김도윤 최원석
홍보   김희숙 김상만 함유지 김현지 이소정 이미희 박지원

펴낸곳   (주)글항아리 | 출판등록 2009년 1월 19일 제406-2009-000002호

주소   10881 경기도 파주시 회동길 210
전자우편   bookpot@hanmail.net
전화번호   031-955-2696(마케팅) 031-955-2682(편집부)
팩스   031-955-2557

ISBN   978-89-6735-887-7 03910

www.geulhangari.com